동서 인문학의 뿌리를 찾아서

동양과 서양의 인문학은 다름이 아니라 차이이다

동서 인문학의 뿌리를 찾아서

신동주 지음

인간사랑

| 차례 |

|2장| 맹자와 플라톤 : 이상국 실현이 가능한가?

|3장| 순자와 아리스토텔레스 : 정치는 윤리와 나뉘는가?

|5장| 손자와 클라우제비츠 : 상대를 어떻게 이기는가?

왜 동서 인문학을 함께 읽어야 할까?

21세기에 들어와 일반인들이 문학과 사학 및 철학으로 요약되는 인문학人文學을 교양으로 익히는 이른바 '인문학 열풍'이 거세다. 여기에는 대기업 최고경영자들과 임원들이 선구자 역할을 했다. 이들은 대학 부설 '인문학 최고 과정'의 단골 수강생에 해당한다.

최근에는 이런 흐름에 주부들을 포함한 일반 직장인들이 크게 가세한 모습이다. 이들의 열정은 일반인의 상상을 뛰어넘는다. 이제 인문학을 뛰어넘어 이공계 전공학생들도 어려워하는 양자역학 등에 도전하며 열광하고 있는 게 그렇다. 지난 2015년 7월 26일 서울 한남동의 공연장에서 열린 '제7회 카오스과학콘서트'가 대표적이다. 화려한 조명 아래 서울대 물리천문학부 교수가 뉴턴의 중력이론, 아인슈타인의 상대성이론 등 우주의 탄생에 관한 물리학 이론을 동영상과 함께 열정적으로 소개했다. 1천석에 달하는 장내의 모든 좌석은 빈 곳이 없었다. 관객의 70% 이상이 젊은 직장인과 주부들이었다. 관객들 가운데 과학계 종사자는 거의 없었다. 직업이나 전공과 상관없이 오직 과학에 관한 관심만으로 공연장을 찾은 것이다. 최근 거세게 일고 있는 '과학 콘서트' 현장의 모습이다.

많은 전문가들은 '과학 콘서트'의 열기가 21세기에 들어와 한국 사회를 강타한 '인문학 열풍'의 뒤를 잇는 것으로 파악하고 있다. 최근의 '인문학 열풍'은 폭을 넓히는데 치중한 이전의 흐름에서 벗어나 깊이를 심화하는 쪽으로 진화하는 느낌을 주고 있다. 지난 2015년 3월 출범한 건명원建明苑이 대표적이다. 이곳은 스파르타식 교육을 통해 동서양의 주요 고전을 무조건 암기하는 것으로 유명하다. 노자 『도덕경』의 한문 원문을 포함해 플루타르코스의 『영웅전』의 라틴어 원문을 통째로 외우는 식이다. 일정 수준 이상으로 학업을 따라오지 못하면 가차없이 탈락시킨다. 놀라운 것은 이런 고리타분한 인상을 주는 암기식 학습에 동참코자 하는 지원자가 무려 1,000여명이나 몰린 점이다. 30대1의 치열한 경쟁률을 뚫고 선발된 사람은 대부분 대학생이나 직장인, 주부 등이었다. 학점과 스펙, 취업이 거의 유일한 가치로 취급받는 현실에 비춰볼 때 동서고전을 통째로 암기하는 이런 식의 교양학습은 일견 미련스럽게 보인다.

그러나 여기에는 나름 놀라운 매력이 숨겨져 있다. 그것은 바로 '나는 당신들과는 달리 생산적이지 않은 일에 몰두할 정도로 여유가 있다.'는 사실을 과시하고 있는 점이다. 고금동서를 막론하고 교양을 익히는 데는 많은 시간과 돈이 든다. 먹고사는 문제에서 벗어나 어느 정도 여유가 있어야 한다. 그래야 비로소 거문고를 뜯거나, 바둑을 두거나, 시를 짓고 서예를 즐기거나, 그림을 그리거나 감상할 수 있다. 동양에서는 이를 금기서화琴棋書畵로 요약했다. 사대부의 필수교양 기예技藝에 해당한다. 사대부가 대개 땅을 보유한 지주 출신이었던 이유다.

큰 틀에서 볼 때 21세기도 크게 달라진 게 없다. 부모로부터 물려받은 유산이 있거나 퇴임 전에 벌어둔 재산이 좀 되거나 하는 경우가 아니면 '금기서화'를 가까이 하기 힘들다. 주목할 것은 과거처럼 '금기서화'를 필수교양의 기예로 익히는 대신 인문학 내지 일반과학을 교양의 일환으로 접근하는 사람이 점차 늘어나고 있는 점이다. 교양으로 익히고자 하는 내용은 달라졌으나 뭔가를 교양으로 익히고자 하는 동기나 열정만큼은 크게 달라진 게 없다. 어느 경우든 국격國格을 높인다는 차원에서 매우 고무적이다. 국격은 국가구성원인 국민 개개인의 교양수준인 인격人格의 총화인 민격民格이 제고되지 않으면 불가능하기 때문이다.

민격이 제고되기 위해서는 나라 전체가 먼저 여유를 지녀야만 한다. 대표적인 사례로 16세기 후반 1백년간에 걸친 전국戰國 시대에 종지부를 찍은 도요토미 히데요시가 다도茶道를 크게 장려한 것을 들 수 있다. 그의 집권기 20년 동안 호화로운 성곽과 저택, 절, 신사가 줄지어 세워졌다. 건축물의 내부를 사치스럽게 꾸미기 위해 그림, 풍속화, 도예, 칠기, 염직도 크게 발달했다. 그러나 뭔가 허전했다. 하드웨어만 번지르르 할 뿐 그 안을 채우는 소프트웨어가 빈약했기 때문이다.

여기서 바로 오늘날까지 전해 내려오는 일본식 다도가 등장케 됐다. 원래 도요토미는 신분은 비천했지만 머리가 비상했다. 시세의 흐름을 누구보다 빨리 읽고 재빨리 올라타는 데 놀라운 재주를 보였다. 다도를 자신의 트레이드마크로 삼아 신분상승을 꾀한 게 그렇다. 다도가 붐을 이루다보니 도자기로 만든 찻잔의 가격이 천정부지로 폭등했다. 그가 임진왜란과 정유재란을 일으킨 뒤 기를 쓰고 조선의 도공들을 붙잡아 간 이유다. 일각에서는 당시의 왜란을 '도자기전쟁'으로 부르기도 한다.

'도자기전쟁' 당시 도요토미는 일본 다도의 스승으로 일컬어지는 센노리큐千利休와 교유함으로써 '다도'로 요약되는 16세기 일본식 '인문교양 열풍'에서 최고봉에 서 있다는 사실을 은근히 자랑했다. 실제로 그는 출신이 미천했던 까닭에 남들에게 글을 읽지 못하고 교양이 없는 인물로 여겨질까 두려워했다. 홀로 열심히 공부해 시를 짓는 수준까지 스스로를 계발하고, 센노리큐에게서 배운 다도의 이론을 적용해 종종 다도회를 베풀며 교양을 자랑한 이유다. 당시 '다도'를 모르면 교양이 없는 '무식한 사무라이'가 되고 만다. 도요토미는 다도를 통해 순식간에 일본 최고의 '유식한 사무라이'가 된 셈이다.

21세기 한국에 불고 있는 '인문학 열풍'도 따지고 보면 이와 유사한 속성을 지니고 있다. 인문학을 배우게 된 동기야 사람마다 다양할 것이다. 주목할 것은 한국이 선진국 문턱에 들어서면서 단순히 돈만 많은 것만으로는 '사회적 신분'을 향상시키는데 한계가 드러나기 시작한 점이다. 인문학과 일반과학 등의 교양이 뒷받침되지 않으면 천박한 졸부로 치부되는 사회적 현상이 형성된 것이다. 이런 현상이 심화되면 일본처럼 각 분야에 걸쳐 노벨상 수상자가 줄을 잇는 일이 가능해질 것이다. 모두 교양인의 저변이 그만큼 넓어졌기에 가능한 일이다.

서양도 이와 크게 다르지 않은 역사적 과정을 겪었다. 고대 그리스 시대 이래 '문사철'로 요약되는 인문학은 귀족 내지 성직자의 전유물이었다. 실제로 대학 졸업식 때 널리 사용되는 학사모와 가운 모두 종교행사에서 유래한 것이다. 근대에 들어와 대학교육이 보편화하면서 인문학은 각국 국민들의 교양수준을 평가하는 잣대가 되었다. 경제경영학 등의 실용적인 학문이 최고의 인기를 구가하고 있는 21세기 현재에도 인문학이 여전히 각광을 받는 이유다.

다만 미국을 비롯한 서구 사회도 실용을 중시하는 흐름이 거세기는 하다. 비실용적인 인문학은 여전히 시간과 돈에 여유가 없으면 계속 전공키가 쉽지 않다. 대학이 아무리 '학문의 전당'을 자처할지라도 사회의 이런 흐름을 무시할 수는 없는 일이다. 그 내막을 보면 대학이 오히려 시세에 더욱 민감하게 반응하는 모습을 보이고 있다.

인기학과와 비인기학과의 부침이 그렇다. 한국의 경우 한때 비실용적인 학문으로 낙인찍힌 인문학을 지원하는 학생들이 날로 줄어들면서 '인문학 위기론'이 팽배했다. 그러던 것이 일거에 분위기가 뒤바뀌었다. 모두 세계 주가총액 1위를 차지한 애플 제국의 창업주 스티브 잡스로 인한 것이었다. 잡스는 생전에 일본의 젠禪 문화와 서예에 심취했다. 그는 인문학을 애호한 덕분에 IT업계를 석권하고, 마침내 '스마트혁명'을 주도할 수 있게 됐다고 공언했다. 전 세계의 글로벌기업이 발칵 뒤집힌 이유다. 경제경영을 전공한 학생보다 인문학을 전공한 학생을 뽑는 '혁명적인 상황'이 빚어진 배경이다.

IT강국을 자처한 한국은 이런 흐름의 선두에 서 있다. 삼성과 현대 등 글로벌 기업이 경제경영학 전공자보다 인문학 전공자를 선호하면서 어제까지만 해도 '인문학 고사' 운운하며 울상을 지었던 인문학 계통의 교수들이 환호작약했다. 수많은 학생들이 몰린 덕분이다. 현재 인문학 열풍은 대학가와 기업을 넘어 사회 각계를 뜨겁게 달구고 있다. 평범한 주부를 포함한 일반 대중이 가세하면서 그야말로 '인문학 전성시대'를 구가하는 듯한 모습이 연출되고 있다.

사회경제적 관점에서 보면 1인당 GNP가 3만 달러에 육박하면서 생긴 현상으로 해석할 수 있다. 과거 일본이 유사한 길을 걸었다. 깃발을 들고 한국으로 단체관광을 오던 일본인들이 어느 날 문득 단독여행 형식으로 유럽을 여행지로 삼은 게 그렇다. 일반 대중이 인문학에 열광할수록 국민 전체의 교양수준은 높아지고, 여기서 한 발 더 나아가 '무역대국'의 이미지를 뛰어넘는 '문화대국'으로의 도약을 꾀할 수 있다. 우리는 지금 통일시대에 부응하는 '1등 국민'으로 거듭나는 길을 걷고 있는 셈이다. 필자가 이번에 본서를 펴낸 것도 바로 이 때문이다. 통일한국에 부응하는 '1등 국민'의 교양수준을 고양하는데 일조코자 한 것이다.

21세기는 천하를 호령하는 G1의 자리를 놓고 미중이 치열한 접전을 벌이는 G2시대이다. 한반도가 그 한복판에 있다. 위기이자 기회이다. 이를 적극 활용할 필요가 있다. 2015년 9월 3일 중국 베이징 천안문 앞에서 열린 70회 전승절에 한국의 박근혜 대통령이 러시아의 푸틴 대통령에 뒤이어 최고의 외빈으로 호명된 게 좋은 실례다. 미국도 이를 적극 양해해 주었다. 일본이 미국의 눈치를 보며 참석치 못하는 바람에 고립을 자초한 것과 대비된다.

우리가 하기에 따라서는 G2시대의 위기를 전화위복의 계기로 활용할 수 있다. 민족의 염원인 통일의 실현과 동서를 잇는 명실상부한 '허브국가' 건설이 눈앞으로 다가왔다. 동서 문명의 뿌리에 해당하는 고전 인문학을 깊이 파고들어야 하는 이유다. 본서가 고대 그리스의 3대 사상가인 소크라테스와 플라톤 및 아리스토텔레스의 사상을 동양 유가사상의 태두인 공자와 맹자 및 순자와 비교분석한 것은 바로 이 때문이다.

본서 이전에도 유사한 시도가 전혀 없었던 것은 아니다. 그러나 동서양의 대표적인 사상가를 짝을 지어 비교하며 그 활용방안들을 탐색한 것은 본서가 처음일 듯싶다. 마키아벨리와 한비자, 클라우제비츠와 손자, 헤로도토스와 사마천, 플루타르코스와 진수를 비교하며 장단점을 논한 것도 같은 맥락이다. 과문한 탓이기는 하나 이 또한 본서가 사상 최초로 시도한 것일 듯싶다.

본서의 이런 시도는 말할 것도 없이 동서양의 인문고전을 하나로 녹인 '퓨전 인문학'을 시대가 요구하고 있기 때문이다. 『군주론』 제25장에 나오는 'la qualtà de tempi'의 주문에 부응코자 한 것이다. '시대적 요구'라는 뜻이다. 마키아벨리는 '시대적 요구'에 부응하는 자는 살아남고, 그렇지 못한 자는 도태될 수밖에 없다고 단언했다. '강한 자가 살아남는 게 아니라 살아남는 자가 강하다.'라는 속담이 연상되는 대목이다. 미중이 치열한 접전을 벌이는 오늘날이 바로 그런 시기에 해당한다.

진정한 의미의 세계사는 19세기 중엽의 아편전쟁 이후 비로소 시작됐다고 할 수 있다. '팍스 브리타니카'와 '팍스 아메리카'로 이어지는 서양 위주의 세계사가 2백년 가까이 지속되고 있다. 향후 G2시대가 어떻게 귀결될지 예단키가 쉽지 않다. 그러나 '영원한 1등은 없다'는 속설처럼 G1의 교체는 자연스런 일이다. '팍스 시니카'의 도래가 조만간 현실화할 공산이 크다.

이는 미국 최고의 외교전문가인 키신저가 지난 2011년 『중국론』에서 예언한 것이기도 하다. 그는 이 책에서 G1 미국이 취할 수 있는 최상의 방안은 미중이 서로 협력해 함께 발전하는 이른바 '공진共進co-evolution' 계책을 취하는데 있다고 했다. '팍스 시니카'를 전제로 한 얘기다. 이는 근 2백년 만에 동서의 중심축이 바뀌는 것을 의미한다. 하드웨어는 물론 역사문화에 기초한 소프트웨어, 세상을 바라보는 인식의 틀인 패러다임에 이르기까지 일대 지각변동이 일어날 수밖에 없다. 천하대세의 이런 도도한 흐름에 재빨리 편승할 필요가 있다. 동서의 고전인문학에 대한 교양수준을 더욱 강화해야 하는 이유다. 스티브 잡스처럼 동서고전에 나오는 지혜를 하나로 녹이는 게 관건이다.

21세기 G2시대에는 동서의 구별이 별 의미가 없다. 몸의 병을 치유할 수만 있다면 양방과 한방을 가릴 이유가 없는 것과 같다. 실제로 동서고전의 이동異同을 살펴보면 의외로 다른 점보다는 같은 점을 많이 발견할 수 있다. 특히 난세의 시기에 그렇다. 난세의 이치에 동과 서, 옛날과 지금의 차이가 있을 리 없다. 난세는 기본적으로 고금일여古今一如 및 동서일여東西一如의 관점에서 출발해야 제대로 된 해법을 찾을 수 있다.

『손자병법』은 승전의 요체로 지피지기知彼知己를 들었다. 동양권인 우리는 서양의 고전 못지않게 동양의 고전에 대해서도 깊숙이 천착할 필요가 있다. 객관적으로 볼지라도 최근에는 동양고전과 서양고전을 분리해 읽는 독서 방법을 거부한다. 모든 것이 실시간으로 연결되는 '스마트혁명 시대'에 살고 있기 때문이다. 심기일전의 자세로 현재에 안주하지 않고 부단히 스스로를 채찍질하며 앞으로 나아갈 필요가 있다. 『주역』의 키워드인 자강불식自强不息의 자세가 그것이다.

서양에도 유사한 취지의 '일찍 일어나는 새가 먹이를 먹는다.'는 속담이 있다. 고금을 막론하고 '허브국가'의 국민은 남들보다 일찍 일어나는 새가 되어야 한다. 필자가 본서에서 동서의 대표적인 사상가와 역사가를 사상 최초로 비교분석한 이유다. 국민 모두 폭넓은 인문교양을 무기로 위기를 보다 슬기롭게 헤쳐 나가기를 기대한 것이다. 국민 전체의 교양수준이 고양된다는 것은 곧 소프트웨어 측면의 국력 증강으로 해석할 수 있다. 본서가 '동북아 허브시대'를 여는데 앞장서고자 하는 모든 사람에게 나름 도움이 됐으면 하는 바람이다.

2015년 가을 학오재學吾齋에서 저자 쓰다.

동서양 인문학의 효시

•공자

공자는 지난 세기 문화혁명 때 '반동의 괴수'로 몰렸으나 21세기 현재에 이르기까지 수천 년에 걸쳐 '만세의 사표師表'로 숭앙받고 있다. 스승의 롤 모델이 될 만하다는 뜻이다. 제자백가 및 백가쟁명의 단초를 연 공자는 기본적으로 인간의 이지理智를 깊이 신뢰했다. 제자 자로가 귀신을 섬기는 법을 묻자 사람도 제대로 섬기지 못하는 데 어찌 귀신을 섬기겠느냐고 일축한 게 그렇다. 죽음에 대해 묻자 아직 삶을 잘 알지 못하는 데 어찌 죽음을 알겠느냐고 힐난한 것도 같은 맥락이다. 동서고금의 위대한 사상가 가운데 인간의 이지를 이처럼 높이 드높인 인물은 없다. 그를 두고 인문학 내지 인간학의 효시로 일컫는 이유다. 그는 동시에 안 되는 줄 알면서 애써 행한 인물이기도 했다. 이상과 현실의 조화를 끝없이 추구한 것이다. 인류 역사상 정치가 나아가야 할 방향과 정치사상의 특징을 이처럼 몸으로 보여준 인물은 존재하지 않았다.

•소크라테스

동양의 공자에 비견할 만한 서양의 대표적인 사상가는 소크라테스이다. 그는 제자인 플라톤 및 플라톤의 제자인 아리스토텔레스와 더불어 고대 그리스 철학의 전성기를 이룩한 인물이다. 소크라테스의 생애를 추정할 수 있는 초창기 자료는 대부분 제자인 플라톤과 크세노폰에게서 나왔다. 플라톤의 기록에 따르면 그는 평생토록 남루한 옷차림으로 광장을 거닐며 사람들에게 지혜를 가르치는 철학자의 삶을 살았다. 강의를 통해 세속적인 명예와 부를 누린 소피스트와 달리 가르침의 대가로 돈을 전혀 받지 않았다. 근엄한 철학자의 삶을 산 셈이다. 이와 달리 크세노폰의 『회상록』에 나오는 소크라테스는 친근한 이웃집 아저씨의 모습을 띠고 있다. 학자들은 이것이 소크라테스의 원래 모습에 가까웠을 것으로 보고 있다. 소크라테스는 말년에 청년들을 현혹한다는 죄목으로 사형판결을 받고 삶을 마감했다. 아테네 민주주의의 종언을 상징하는 사건이었다.

제1장

공자와 소크라테스

군자는 철학자와 다른가?

공자는 소크라테스보다 약 10년가량 앞서 태어났다. 동시대인이다. 또한 인仁을 강조한 공자와 선善을 강조한 소크라테스 사이에는 공통점이 많다. 그러므로 동서양의 인문과 고전을 비교하려 할 때 이들을 제일 앞자리에 놓는 것은 무리가 아니다. 그러나 공자의 직계제자 내지 재전再傳 제자들이 공자의 언행을 모은 『논어』 속의 공자와 플라톤의 『국가론』에 묘사된 소크라테스를 비교하는 것은 문제가 있다. 플라톤의 책에 나오는 소크라테스는 철학자로 가공된 소크라테스에 지나지 않는다. 플라톤은 『국가론』에서 스승인 소크라테스의 모습을 자

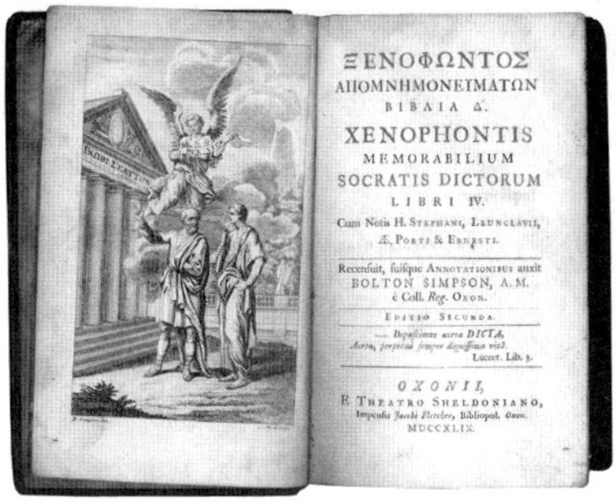

I 크세노폰 『회상록』

신의 입맛에 맞게 변형시켰다. 마치 동양의 맹자가 공자의 진면목을 멋대로 왜곡해 이후 사상 및 학문적 왜곡의 단초를 연 것에 비유할 만하다. 그렇다면 소크라테스의 진면목을 제대로 알 수 있는 방법은 무엇일까? 소크라테스의 또 다른 제자 크세노폰이 쓴 『회상록』이 있다. 무인 출신인 크세노폰은 소크라테스의 인간적인 면모를 있는 그대로 묘사했다. 소크라테스의 참 모습을 보고자 하면 바로 크세노폰의 『회상록』을 읽어야 한다. 『논어』의 가장 큰 덕목은 공자의 인간적인 모습을 가감 없이 그대로 묘사해 놓은 데 있다. 공자의 참 모습을 보고자 한다면 『논어』를 기본서로 삼은 가운데 『사기』 등의 사서와 제자백가서에 나오는 공자의 모습을 두루 망라해 종합적으로 판단하는 수밖에 없다. 여기서는 『논어』 속의 공자와 『회상록』 속의 소크라테스를 비교하여 동양의 군자와 서양의 철학자는 얼마나 다른 것인지 살펴보고 그 가운데서 지금 우리에게 의미 있는 사상의 자취들을 살펴보고자 한다.

01

공자는 군자의 모습을 『논어』에서 어떻게 표현했는가?

역사 속의 공자

『사기』「공자 세가」에 따르면 공자가 활약한 시기는 이른바 오월시대吳越時代로 불리는 춘추시대에서 전국시대로 넘어가는 과도기이다. 신흥 강국으로 부상한 오나라와 월나라가 천하의 패권을 놓고 치열한 각축을 벌이는 와중에 열국列國 모두 내란이 빈발해 시해와 역모가 꼬리에 꼬리를 물었다. 열국의 제후들은 명목상 주周 왕실에 충성을 맹세할 뿐, 정작 제후들도 열국 내의 권력은 '경卿'으로 불리는 대신들에게 빼앗기고, 다시 실권은 대신의 가신家臣들 수중으로 넘어가고 있었다. 이제 제후들은 자신의 권모술수 외에는 아무것도 믿을 게 없었다. 이는 엄격한 신분 질서에 기초한 주 왕조의 봉건제가 더 이상 존재할 수 없음을 보여 주는 것이었다.

고정된 신분 질서가 무너지는 상황에서 가장 비참한 처지에 놓인 계층은 말할 것도 없이 서민이었다. 서민은 하극상이 만연하고 전쟁이 이어지는 상황에서 일종의 전쟁 도구에 불과했다. 과도한 세금과 잇단 출전으로 서민은 매우 피폐한 상황에 놓였다. 신분 세습의 봉건 질서에 대한 근본적인 개혁이 절실히 요구되는 상황이 전개되고 있었던 것이다.

공자의 고국인 노魯나라는 이런 양상이 가장 먼저 나타난 나라였다. 원래 노나라는 주 왕조 개창의 공신인 주공의 봉국封國인 까닭에 전국시대 말기까지 대국에 병탄되지 않고 유지됐다. 이는 노나라가 전통 문화의 보고寶庫로 여겨진 사실과 무관치 않았다. 『춘추』가 다루고 있는 기원전 722년에서 481년 사이에 노나라가 침략을 받은 것은 21회에 불과했다. 이는 10년에 1번꼴로, 당시 거의 모든 나라가 매해 평균 1번꼴로 다른 나라와 전쟁을 치른 사실과 대조된다.

그렇다고 노나라가 무사태평하게 지낸 것은 아니었다. 이웃 대국 제나라는 시종 노나라에게 커다란 위협이었다. 제나라와 마찰을 빚을 때마다 노나라는 끊임없이 영토를 잠식당했다. 노나라는 이를 되찾기 위해 부단히 노력했으나 간헐적인 성공에도 불구하고 시종 삭지削地를 면치 못했다. 노나라는 약소국이었던 까닭에 다른 대국의 원조를 받지 않으면 제나라에 저항하는 일이 불가능했다. 그러나 노나라도 자신보다 작은 나라들에 대해서는 거만하게 군림했고 기회만 있으면 그들을 침략하고 병탄했다.

공자는 이런 상황에서 하급 무사의 아들로 태어났다. 그리고 마침내 만세의 사표師表가 되었다. 어떻게 이런 일이 가능했을까? 이는 공자가 활약한 기원전 6~5세기의 춘추시대 말기에 이미 고착적인 신분세습의 봉건 질서가 크게 동요한 사실과 무관치 않다. 하급 사족士族 출신인 공자가 대부大夫의 반열에 오른 사실이 이를 뒷받침한다. 그렇다면 공자가 태어날 당시 노나라는 구체적으로 어떤 모습이었을까?

당시 노나라는 이른바 '3환三桓'으로 불리는 공족公族 세력이 실질적인 권력을 장악하고 있었다. 이는 기원전 8세기 말에 재위했던 노환공魯桓公의 아들인 경보慶父, 숙아叔牙, 계우季友의 후예인 3환 세력이 춘추시대 중엽 이래 노나라 공실의 권한을 잠식한 결과였다. 노나라는 공자가 태어나기 전에 이미 1세기 반 동안 이들 3환의 과두정寡頭政으로 유지되고 있었다. 이들 3환 세력은 삼형제의 자를 따서 각각 중손仲孫·숙손叔孫·계손季孫으로 성씨를 삼았다. 첩의 소생인 중손씨는 훗날 맹손孟孫씨로 성씨를 바꿔 장자 가문임을 분명히 했다. 이들 3환 가운데 가장 성공한 쪽은 막내 계손씨였다. 재상의 자리는 줄곧 계손씨가 차지했다.

공자가 34세 되던 해에 마침내 3환 세력의 전횡에 분노한 노소공魯昭公이 계손씨의 종주를 죽이고 군권君權을 회복코자 했으나 간발의 차이로 실패하고 말았다. 이에 그는 제나라로 망명한 뒤 끝내 돌아오지 못한 채 이국에서 객사하고 말았다. 이로써 노나라는 14년간에 걸쳐 군주의 자리가 비어 있는 이른바 '공위시대空位時代'가 연출됐다. 이는 서주西周 시대 중엽 주여왕周厲王이 백성들의 봉기로 쫓겨난 이후

두 번째 사례에 속한다. 이 사건은 군권의 회복을 꾀한 노나라 군주의 수많은 시도 가운데 가장 극적인 사건이었다.

공자가 활약할 당시 공자의 존재는 시종 노나라의 실권자인 3환 세력에게 커다란 위협이었다. 공자가 3환 타도를 꾀하다가 실패한 뒤 14년간에 걸쳐 비록 '주유천하周遊天下'를 표방키는 했으나 사실상 망명에 가까운 생활을 영위한 점이 이를 뒷받침한다. 그러나 공자가 말년에 이르러 귀국할 당시에는 3환 세력의 공자에 대한 경계심이 크게 완화되어 있었다. 이는 실권자인 계강자季康子가 공자를 국로國老로 우대하며 자주 국정에 관해 자문한 사실로도 대략 짐작할 수 있다. 3환 세력은 공자가 현실 정치에 참여코자 했던 당초의 꿈을 접고 문하에 수많은 제자들을 육성하는 모습을 보이자 오히려 공자의 존재를 노나라의 긍지로 여겼다.

『춘추좌전春秋左傳』 등의 역사책에 공자의 만년 모습이 비교적 소상히 기술되어 있는 이유가 바로 여기에 있다. 그럼에도 공자의 생애에 관한 정보는 전체적으로 부실하기 짝이 없다. 이는 그가 하급 무사의 후예였기 때문이다.

『사기』「공자 세가」는 공자의 출생과 관련해 이같이 기록해 놓았다.

"숙량흘叔梁紇이 안씨顏氏와 야합野合해 공자를 낳았다. 공자가 태어난 뒤 숙량흘이 세상을 떠났다. 이에 그를 방산防山에 장사지냈다."

먼저, 공자의 부친인 숙량흘은 『춘추좌전』에 모두 두 차례 언급돼 있다. 「노양공 10년」 조에 숙량흘에 관한 얘기가 처음으로 등장한다. 당시 뛰어난 용력을 자랑한 숙량흘은 핍양성偪陽城 전투 당시 무서운 힘으로 현문懸門을 받쳐 들어 적의 계략에 빠져 몰살 위기에 처한 연합군을 무사히 탈출시켰다. 그는 핍양성 전투가 끝난 지 7년 뒤인 기원전 556년 가을에 다시 한 번 뛰어난 용력을 발휘함으로써 세인의 칭송을 받았다. 그러나 그는 뛰어난 용력에도 불구하고 당시의 기준에서 볼 때 은나라 유민의 후손으로 알려져 다소 경멸의 대상으로 취급됐을 공산이 크다.

공자의 출생 및 어렸을 때의 성장 과정을 압축해서 기술해 놓은 「공자 세가」 기록의 핵심어는 '야합'이다. 이를 어떻게 해석하는 것이 좋을까? 사마천은 왜 '야합'이라는 표현을 사용한 것일까? 원래 '야합'은 공식적인 관례를 벗어나 사적으로 이뤄진 일체의 행위를 지칭하는 말이다. 이는 숙량흘과 부인 안씨가 정식 혼례를 치르지 않고 사적으로 부부의 인연을 맺었음을 시사한다. 만일 숙량흘이 뛰어난 용력에 상응하는 대우를 받았다면 안씨를 정식으로 맞이했을 공산이 컸다.

공자의 모친 안씨는 어떤 사람이었을까? 「공자 세가」와 『예기』 「단궁」에는 그녀의 이름을 '징재徵在'로 기록했다. 그녀의 성이 '안씨'라고 한 것은 「공자 세가」에만 나온다. 사마천이 『사기』를 쓸 당시 공자 모친의 이름이 '징재'라는 얘기가 널리 퍼져 있었을 수 있다.

이보다 중요한 것은 안씨가 숙량흘의 정부인이 아니었다는 데 있다. 사서의 기록에 비춰볼 때 공자는 부친 숙량흘의 아들이 분명한 까닭에 사생아라고 할 수는 없으나 적자嫡子는 아니었다. 당시 뛰어난 용력을 자랑하는 숙량흘이 제대로 된 후사를 얻기 위해 새 여인을 얻어 마침내 공자를 낳았을 가능성은 매우 크다. 이는 「공자 세가」에 나오는 공자의 출생 과정과 관련된 기록을 통해 대략 짐작할 수 있다.

"안씨가 니구산에서 기도를 해 공자를 얻었다. 자字는 중니仲尼이고

성은 공씨孔氏이다."

공자의 자인 '중니仲尼'의 '중仲'은 원래 맹孟, 중仲, 숙叔, 계季로 표현되는 형제간의 서열 가운데 두 번째를 의미한다. 『공자가어』「본성해」는 공자의 이복형인 맹피의 자를 백니伯尼로 기록해 놓았다. '백니'의 백伯은 맹, 중, 숙, 계의 항렬 가운데 '맹'에 해당한다. 그러나 맹피의 생모까지 '니구산'에 빌어 아들의 자를 '백니'로 한 것은 전후 맥락에 비춰 자연스럽지 못하다. 이 기록은 대략 맹피가 성치 못한 몸으로 인해 일찍 죽었을 가능성을 시사하고 있다. 숙량흘이 후취인 안씨를 얻어 공자를 얻은 것도 이와 무관치 않을 것이다.

유가의 후학은 공자가 후취인 안씨의 아들이라는 이 불경스런 전설을 없애려고 크게 고심했다. 그 가운데 가장 그럴듯한 변명으로는 다음과 같은 것을 들 수 있다.

"예로부터 성인은 처녀가 천제의 정기를 받아 내어난다는 전설이 있다. 니구산에 기도하여 공자를 잉태했던 것은 바로 이 하늘의 정기를 받은 것이다. 사마천은 이를 '야합'이라고 표현한 것이다."

'처녀잉태설'에 가깝다. 사마천은 『사기』를 저술하면서 터무니없는 이 '처녀잉태설'을 과감히 내버리고 '야합설'을 채택한 것으로 짐작된다. 그러나 '야합설'에 대한 반발도 만만치 않았다. 공자를 사생아 또는 서자로 간주한 얘기가 끊임없이 이어져 온 사실이 이를 뒷받침한다.

뛰어난 용력에도 불구하고 출신 성분의 한계 때문에 다소 차별적인 대우를 받은 하급 무사 숙량흘과 후취 사이에서 낳은 자식이 공자라고 보는 것이 타당할 것이다. 『여씨춘추』「신대愼大」에는 "공자는 도읍

성문의 빗장을 들어 올릴 정도로 힘이 세지만 굳이 힘센 것으로 이름을 드러내지 않았다."는 기록이 나온다. 숙량흘에 관한 얘기가 와전된 것이 확실하나 동시에 공자가 숙량흘의 자식임을 뒷받침하는 유력한 증거이기도 하다.

천하유세와 제자 육성

당초 사마천이 「공자 세가」를 저술할 때 이용한 귀중한 자료 중 하나로 공자의 고향인 노나라 땅에 퍼져 있던 전설이 있다. 당시 사마천은 중국을 돌아다니며 각 지방의 구전 자료와 전설을 채집했는데, 노나라에 들러서는 곡부성 안의 공자묘를 참배한 바 있다. 「공자 세가」 가운데 출전이 불명확한 기사는 대략 곡부 일대 사람들로부터 들은 전설에 토대한 것으로 보면 된다.

역사책의 기록을 종합해 볼 때 공자는 어렸을 때 부친과 모친을 잇달아 여의었다. 훗날 공자가 스스로 15세에 학문에 뜻을 두었다고 밝힌 점에 비춰 공자의 모친은 그 이전에 죽었던 것으로 짐작된다. 그렇다면 모친상을 맞이하기 이전의 공자의 어린 시절은 과연 어떠했을까? 알려진 기록은 거의 없다. 단지 「공자 세가」의 다음 기록이 거의 유일하다.

"공자는 어려서 소꿉놀이를 할 때 늘 제사 때 사용하는 그릇인 조두俎豆를 펼쳐 놓고 예를 올렸다."

씨족사회의 전통을 유지한 당시는 조상신 숭배를 당연시한 까닭에 상례喪禮와 제례祭禮는 가장 성대한 예식으로 치러졌다. 어린아이들이 성대한 예식을 흉내 내며 소꿉놀이를 한 것은 매우 자연스러운 일로 보아야 한다.

공자가 어린 시절 '조두'를 펼쳐놓고 소꿉놀이를 한 일화를 제외하고는 당시의 상황과 관련된 일화는 존재하지 않는다. 대략 공자는 모친상을 당할 때까지 여느 하급 사족의 자식들과 마찬가지로 편모의 세심한 배려 하에 별 탈 없이 성장했을 것으로 짐작된다. 중국에서 나온 수많은 공자 전기는 이 공백을 메우기 위해 모친이 어려운 살림에 학비를 조달해 공자에게 시서詩書와 탄금彈琴 등을 가르친 것으로 묘사해 놓았으나 믿을 바가 못 된다.

공자는 일찍부터 일족의 생계를 책임진 까닭에 밥벌이를 위한 전문 기예를 열심히 습득했을 공산이 크다. 젊은 시절 가난하고 미천한 신분으로 태어난 까닭에 부득이 밥벌이를 위한 전문 기예를 습득하는 데 힘을 쏟은 것으로 보인다. 그렇다면 젊은 시절의 공자가 습득한 전문 기예는 과연 무엇일까? 『논어』「자한」에 이를 추정할 만한 공자의 언급이 나온다.

"내가 무슨 직업을 가질까, 말 모는 일을 할까, 아니면 활 쏘는 일을 할까? 나는 말 모는 일이나 할까 보다!"

이는 예禮·악樂·사射·어御·서書·수數로 약칭되는 6예六藝 가운데 '사'와 '어'를 언급한 것이다. 공자는 젊었을 때 바로 하급 사족의 전문 영역인 6예를 열심히 습득했던 것으로 보인다. 공자가 활 쏘는 일보다 말 모는 일을 선호한 것은 부친과 같이 전문적인 무사로 성공하고자 하는 생각이 없었음을 시사한다. 그렇다면 공자는 무엇이 되고자 한 것일까? 그가 어려서부터 추구한 것은 바로 학문의 길이었다.

"나는 15세에 학문에 뜻을 두었고, 30세에 자립했고, 40세에 의혹

되지 않았고, 50세에 천명을 알았고, 60세에 만사가 귀에 거슬리지 않게 됐고, 70세에 마음이 좇는 바대로 행할지라도 법도를 넘지 않게 됐다."(『논어』 「위정」)

이를 통해 공자는 불우한 환경에도 불구하고 15세에 이미 학문에 뜻을 두었음을 확인할 수 있다. 그렇다면 공자는 왜 자신이 물려받은 자질이나 친숙한 환경과 거리가 먼 학문의 길을 선택한 것일까? 그가 생각한 학문의 길은 과연 무엇을 말하는 것일까?

"옛날의 학자는 치도治道를 밝힐 생각으로 자신을 위해 학문을 했으나, 지금의 학자는 치술治術을 이용할 생각으로 남을 위해 학문을 한다."(『논어』 「헌문」)

공자는 학문의 길을 선택했다기보다는 사실 자연스레 학자의 길에 들어섰다고 말하는 것이 적절하다. 사실 그의 뛰어난 경륜과 식견은 끊임없는 역경과 좌절 속에서 얻어진 것이다.

"군자는 음식을 먹으며 배부름을 구하지 않고, 거처하며 편안함을 구하지 않고, 일을 민첩하게 행하며 말을 삼가고, 도가 있는 곳으로 나아가며 행실을 바로잡아야 한다. 그리하면 가히 호학好學이라고 이를 만하다."(『논어』 「학이」)

공자의 주장에 따르면 '호학'하는 사람은 일상생활을 간소하게 하고, 말은 조심스럽게 하되 실천은 과감하게 하고, 덕망 있는 사람을 찾아가 비판을 청하며 행실을 바로잡는 사람을 말한다. '호학'은 단순히 글을 읽는 것만을 좋아하는 사람을 지칭하는 것이 아니다. 이론과 실천을 겸비한 것이 바로 진정한 '호학'이다. 이는 공자가 이상적인 위정자로 상정한 '군자君子'의 표상이기도 하다. '군자'를 언급한 것은 공자가 수많은 좌절을 겪으며 심득心得한 것이기도 했다.

"출사出仕하여 여력이 있으면 학문을 닦고, 학문을 닦으면서 여력이 있으면 출사한다." 『논어』「자장」

공자의 직제자 자하子夏가 한 말로, '호학'이 아닌 사람은 '위정자'의 자격이 없다고 간단명료하게 정리한 셈이다. 당시 공자는 전통문화의 정수를 보존해 새로운 시대를 여는 것을 자신의 사명으로 여긴 듯하다. 그러나 공자는 단순한 '복고주의자'가 아니었다. 그는 전통문화를 현실에 맞게 취사선택하면서 그 정신을 이어받아 새로운 것을 만들어 내고자 했다.

"예禮 운운하지만 이게 어찌 옥백玉帛 등의 예물만을 말하는 것이겠는가? 악樂 운운하지만 이게 어찌 종고鐘鼓 등의 악기만을 말하는 것이겠는가?"(『논어』「양화」)

이 대목은 예는 형식보다 그 안에 담긴 정신이 훨씬 중요하다는 사실을 상기시키고 있다. 공자는 전통문화의 본질을 인간의 신실信實에서 찾고자 한 구도자였던 것이다.

"술이부작述而不作하면서 신실한 자세로 호고好古하는 것을 나는 사적으로 우리의 노팽老彭에 견준다."(『논어』「술이」)

공자의 전통문화에 대한 기본 입장을 이보다 잘 나타낸 대목도 없다. 여기의 '술이부작'은 전통문화를 기술은 하되 창작하지는 않는다는 뜻이다. '술이부작'의 '술述'은 옛것에 대한 전술傳述을 뜻하고, '작作'은 창작을 의미한다. '노팽'은 700세의 장수를 누렸다는 전설적인 팽조彭祖를 가리킨다. '술이부작'과 '호고好古'를 병칭한 데서 알 수 있듯이 공자가 '술이부작'의 입장을 취하게 된 것은 바로 신실한 자세로

'호고'한 데 따른 것이었다. '술이부작'은 바로 '호고'와 동의어인 셈이다. 그렇다면 '호고'는 구체적으로 무엇을 말하는 것일까?

"예전에 말을 함부로 내지 않은 것은 몸소 실천하는 데 미치지 못할까 부끄러워했기 때문이다."(『논어』「이인」)

'호고'의 요체는 바로 '궁행'과 직결되는 셈이다. 공자가 말한 '호고'는 단순히 옛날을 추구하는 것이 아니라 사물의 원리를 깨달아 지극한 통치를 실현시키기 위해 학덕을 연마하고 실천한다는 뜻을 담고 있다. 여기서 공자 사상의 가장 큰 특징 중 하나인 이론과 실천의 유기적 결합을 의미하는 이른바 '지행합일知行合一' 사상을 읽을 수 있다. 이후 공자는 14년간에 걸친 천하유세를 마친 뒤 고국인 노나라로 돌아와 고전을 정비하고, 후학들을 가르치는 일에 전념하다가 노애공 16년인 기원전 479년 4월 11일에 세상을 떠났다. 당시 그의 나이 74세였다.

객관적으로 볼 때 노년의 공자는 정치가로서의 생명은 사실상 끝이 났다고 할 수 있다. 일견 불우한 처지에서 만년을 보냈다고 볼 수도 있다. 그러나 역사의 판정은 세계 역사상 그 유례를 찾아볼 수 없는 절세의 대성공으로 나타났다. 말할 것도 없이 전래의 고전을 정리해 '치평학'의 교과목을 정립하고 뛰어난 제자들을 대거 육성한 결과다.

실제로 당시 공자는 노나라의 실권자인 계강자로부터 국로國老의 대우를 받았다. 이는 계강자가 공자의 자문을 수시로 구한 일화를 통해 쉽게 확인할 수 있다. 『춘추좌전』의 기록에 따르면, 노애공 12년인 기원전 483년 봄 1월에 계강자가 토지의 대소 등에 따른 징세 및 징병

제도인 전부제田賦制를 새롭게 실시코자 했다. 이에 휘하에 있는 공자의 제자 염구를 공자에게 보내 이에 관한 자문을 구하게 했다. 그러자 공자가 이같이 말했다.

"나 공구는 그런 일을 잘 모른다!"

염구가 세 차례에 걸쳐 물었으나 공자는 아무 말도 하지 않았다. 마침내 계강자가 찾아와 물었다.

"그대는 국로입니다. 그래서 그대의 말씀을 기다렸다가 시행하려고 하는 것인데 왜 아무 말씀도 해 주지 않는 것입니까?"

그러나 공자는 끝내 대답하지 않았다. 이후 공자가 염구에게 사적으로 이같이 말했다.

"군자는 정사를 돌보면서 예에 근거해 일을 헤아린다. 시사施舍는 후해야 하고, 종사從事는 적당해야 하며, 부렴賦斂은 가벼워야 한다. 이같이 하면 종래의 구부제丘賦制로도 충분한 것이다. 만일 예를 기준으로 하여 일을 헤아리지 않고, 탐람하게 재물과 이익을 추구하는 것이 끝이 없게 되면, 비록 새로운 전부제를 시행할지라도 장차 또 부족함을 느낄 것이다. 또한 만일 계손씨가 정사를 법도에 맞게 시행코자 한다면 이미 주공이 마련해 둔 전장典章이 있다. 그러나 만일 정사를 대충 편의에 따라 행하고자 하는 것이라면 또 어찌하여 내 의견을 구하려고 하는 것인가?"

이 일화는 역사적 사실과 부합한다. 그러나 공자가 계강자가 시행코자 하는 전부제에 대해 직접적으로 비판하지 않고 제자인 염유를 통해 간접적으로 비판했다는 대목만큼은 납득키가 어렵다. 계강자에 대한 공자의 통렬한 직언 및 공자가 염구를 비난한 것 등을 감안할 때 당시 공자가 사적으로 염구에게 말했을 가능성은 그리 높지 않다. 유가 후학의 위문일 가능성을 배제할 수 없는 것이다. 다음 대목이 이를 뒷받침한다.

"계씨는 주공보다 부유했으나 계씨의 가신인 구求가 그를 위해 혹독하게 세금을 거두어 그의 재부를 더 늘려 주었다. 공자가 구求의 소행을 두고 질책키를, '그는 우리 무리가 아니다. 나의 제자들은 북을 울려 그를 성토하는 것이 가할 것이다!'라고 했다."(『논어』「선진」)

여러 제자들 앞에서 염구를 직접 성토한 공자가 사적으로 염구에게 조심스럽게 말했을 가능성은 그리 크지 않아 보인다. 맹자도 비슷한 입장에 서 있다. 『맹자』「이루 상」에 나오는 다음 구절이 그 증거이다.

"염구가 노나라 계씨의 가신이 되어 그의 덕을 좋게 변화시키지는 못하고 세금만 전보다 배로 부과했다. 그러자 공자가 제자들에게 말하기를, '염구는 나의 제자가 아니다. 너희들은 북을 울리며 그를 성토해도 좋다!'고 했다."

공자가 파문에 가까울 정도로 단호하게 제자를 비난한 사례는 이것이 유일하다. 그러나 이 또한 별다른 효과를 거두지는 못했던 것으로 보인다. 『춘추좌전』에는 염구가 이후에도 계속 공문의 일원으로 활약한 기록이 나온다. 당시 계강자는 공자의 충고를 무시한 채 끝내 전부제를 실시했다.

당시 공자는 천하유세에서 돌아온 뒤 언제인지 정확히 단정키는 어려우나 귀국 이후 죽기 전까지 불과 4년밖에 안 되는 자신의 70대를 '종심소욕불유구從心所欲不踰矩'로 술회한 바 있다. 이는 60대의 이순耳順 경지에서 한 단계 더 나아간 것으로 허심虛心으로 사물을 관조觀照

하는 경지를 말한다. 공자는 죽음을 앞두고 사물을 허심하게 바라보는 관조의 경지에 들어가 있었다. 공자의 70대 삶은 비통의 연속이었다. 장남인 백어伯魚의 사망과 애제자 안회와 자로의 죽음, 공자 자신의 와병 등이 그렇다. 자로가 죽었을 때 공자의 나이는 이미 73세에 달해 있었다. 『춘추공양전』은 종결문에서 당시 자로의 죽음에 낙담한 공자가 하늘을 향해 이같이 탄식한 것으로 기술해 놓았다.

"아, 하늘이 나를 죽이려 하는구나!"

당시 공자는 안연에 이어 자로마저 세상을 떠나자 하늘이 무너지는 듯한 슬픔을 느꼈을 것이다. 결국 그 또한 자로가 죽은 지 불과 반년 만에 세상을 떠나고 말았다. 공자의 장례는 공자의 지위가 하대부였던 만큼 일반 대부의 수준에서 제자들의 애도 속에 치러졌을 것이다. 『춘추좌전』이 공자의 죽음을 소략하게 기록해 놓은 사실이 이를 뒷받침한다. 공자의 죽음에 특별한 의미를 부여한 전승傳承도 없다. 장엄하게 묘사되어 있는 '소크라테스의 독배' 및 '예수의 십자가'와 커다란 차이가 있다. 그러나 와쓰지 데쓰로和辻哲郎는 사신의 지시 『공자』에서 공자의 이러한 죽음이 오히려 얼마나 위대한 것인지를 명쾌히 분석해 놓았다.

『논어』「선진」에 나와 있듯이 공자는 생전에 죽음에 대해 묻는 자로의 질문에 대해 "삶도 제대로 알지 못하는데 어찌 죽음을 알 수 있겠는가?"라고 대답한 바 있다. 그에게는 산다는 것 자체가 바로 죽음에 대한 의미 부여였던 셈이다. 이는 「위령공」에 나와 있는 것처럼 그가 자신의 삶을 평하기라도 하듯 "삶을 구하여 인仁을 해치지 않고, 몸을 던져 죽을지언정 인을 이룬다."고 언급한 데서 보다 선명히 드러난다. 공자에게 죽음은 삶과 괴리되어 있는 것이 아니라 삶의 또 다른 면이었다. 공자의 위대한 죽음은 제자들의 3년상과 수제자 자공의 6년 시묘侍墓를 통해 극명하게 확인할 수 있다.

「공자 세가」에 따르면 공자의 혈통은 공자보다 일찍 죽은 아들 백어가 낳은 급伋을 통해 계속 이어지게 됐다. 급의 자字는 자사子思로 62세까지 살았다고 한다. 『사기』 「중니제자 열전」에는 자사의 이름이 원헌原憲으로 되어 있다. 자사는 『중용』을 지은 것으로 알려져 있으나 이는 후대에 만들어진 얘기로 보인다.

공자 사후 산동성 곡부의 집과 제자들이 쓰던 내실은 공자묘孔子廟로 조성됐다. 훗날 한고조 유방이 노나라 땅을 지나면서 공자묘에 제사를 지낸 후 제후와 경대부 및 재상은 부임할 때 먼저 공자의 묘를 참배하고 정사에 임하는 관행이 생겨났다. 이런 관행으로 인해 역대 왕조 모두 공자묘를 성역으로 조성해 공자의 후손으로 하여금 이를 관리케 했다. 유학을 유일한 관학으로 삼은 상황에서 왕조의 정통성을 유지하기 위해서라도 이는 불가피한 조치이기도 했다. 이민족이 지배한 왕조 역시 마찬가지였다.

『논어』의 군자 개념

『논어』의 키워드는 군자君子이다. 공자 이전까지만 해도 군자는 문자 그대로 '군주의 아들'로, 군주의 친척을 의미했다. 이는 생산에 종사하는 평민 즉 '소인'과 대비되는 말로 사용됐다. 초기 문헌에는 세습 귀족을 지칭하는 의미로 사용되기도 했다. 그러나 공자는 『논어』를 통해 그 의미를 완전히 바꿔 놓았다. 공자가 말한 '군자'는 학덕을 겸비한 이상적인 위정자를 지칭한다. 후대에는 말할 것도 없이 모두 공자가 말한 의미로 통용됐다.

공자는 생전에 제자들에게 끊임없이 군자유君子儒가 될 것을 강조했다. 현실적으로 위정자가 되지 못할지라도 '정신적인 위정자'로서의 품위를 잃어서는 안 된다고 주문한 것이다. 이를 계기로 유가의 행동 규범에 따르지 않은 군주들은 자동적으로 '비군자' 즉 '소인'으로 분류됐다. 이런 풍조가 봉건 질서를 무너뜨리는 데 결정적인 공헌을 했다.

공자는 '군자'를 이상적인 위정자의 개념으로 새롭게 해석하면서 자신의 학문을 일종의 '군자학君子學'으로 정의한 것도 이런 맥락에서 이해할 수 있다. 군자는 치국평천하를 본령으로 삼는 까닭에 '군자학'은 곧 치국평천하를 탐구하는 학문인 치평학治平學에 해당한다. 공자가 이상적으로 생각한 '군자의 치평'은 국가 및 천하 단위에서 이뤄지는 인간의 정치적 행위를 말한다. 이는 기본적으로 인간에 대한 전폭적인 신뢰 위에서 출발하고 있다.

『논어』에 나오듯이 공자는 자신의 인간에 대한 이런 신뢰를 '인'仁으로 표현했다. '인인人人'을 합성한 이 글자는 사람간의 신뢰 위에서 생성된 인간성을 의미한다. 그는 평생을 두고 이 '인'을 실현키 위해 헌신했다. '인'이 실현된 상태를 '성인成仁'이라고 한다. 이는 공자가 이상적인 위정자로 상정한 '군자'가 평생을 두고 지향해야 할 목표이기도 하다. 공자 사상에서 차지하고 있는 '인'의 의미가 이처럼 크다.

그러나 공자는 특이하게도 생전에 '인'에 대한 구체적인 개념 정의를 내리지 않았다. 『논어』 5백 장章 가운데 '인'을 언급한 대목이 총 60여 곳에 달하지만 모두 간접적인 언급에 불과할 뿐이다. 이는 공자가 '인'

을 직접적으로 설명하기보다는 구체적인 사례를 들어 제자들이 각자 그 의미를 천착토록 하는 방식을 택한 데 따른 것이다. 그는 이 방법이 '인'을 이해하는 데 훨씬 효과적이라고 판단했음에 틀림없다.

공자가 생각한 '인'은 머리와 책 속에 들어 있는 추상적인 개념이 아니라 일상생활 속의 다양한 인간관계에 내재해 있는 매우 실천적인 개념이다. 이는 삼라만상에 두루 내재해 있다고 간주한 절대불변의 진리인 성리학의 '천리天理' 개념과 커다란 차이가 있다. 공자의 '인'은 인간에 대한 전적인 신뢰가 선행되어야만 실현 가능한 덕목이다. 이는 인간 자체의 영원한 승리를 의미한다.

『논어』에 나오는 공자의 '인'은 사람을 용서하는 서인恕人과 사람을 사랑하는 애인愛人, 사람을 아는 지인知人 등으로 표현돼 있다. '인' 속에는 남을 자신처럼 사랑하고, 용서하고, 이해한다는 의미가 두루 담겨 있다. 내용상 소크라테스의 '지知'와 부처의 '자비慈悲', 예수의 '애愛' 등과 서로 통하면서 동시에 이를 총괄적으로 내포하고 있다. 공자의 군자학 내지 치평학을 달리 인학仁學으로 표현할 수 있는 이유다. 21세기 스마트 혁명 시대의 용어로 풀이하면 인간관계학 내지 인문학으로 해석할 수 있다.

그럼에도 후대의 성리학은 인간의 감성을 인욕人欲으로 간주해 배척 대상으로 삼음으로써 공자의 '인'을 크게 왜곡시켰다. 공자의 '인'은 인간의 자연스런 성정을 억압하는 일체의 편견을 배격함은 물론 인간성과는 동떨어져 있는 귀신의 존재도 부정한 게 특징이다. 공자가 이른바 괴력난신怪力亂神에 대한 언급을 극도로 꺼린 사실을 통해 쉽게 알 수 있다. 그렇다고 공자가 사후 문제와 내세 문제 등을 전혀 생각지 않은 것은 아니다. 단지 '인'을 추구하는 데 도움이 안 된다고 보아 외면한 것일 뿐이다.

공자의 '인'은 인간과 세상에 대한 관계에서 편재해 있는 까닭에 구체적으로는 인간과 인간, 인간과 자연, 개인과 국가사회 등의 총체적인 관계에 대한 고찰에서 출발하고 있다. 인간이 모든 관계의 중심에서 있는 점에 주목할 필요가 있다. 우주 만물 가운데 인간을 가장 귀하게 여기는 이른바 '인귀人貴' 사상은 바로 공자의 '인' 개념에서 나온 것이다.

'인귀' 사상은 인간을 역사 문화의 주체이자 창조자로 파악한 결과다. 물론 공자의 '인'에도 천지 개념이 등장하기는 한다. 그러나 이는 어디까지나 인간을 중심으로 하여 존재하는 자연의 하늘과 땅일 뿐이다. 공자의 '인'에는 맹자의 '천도'와 성리학의 '천리' 개념은 존재하지 않는다. 『논어』「공야장」에 나오는 자공의 다음 언급이 그 증거다.

"부자夫子의 문장文章은 가히 들을 수 있었다. 그러나 부자가 인성人性과 천도天道를 얘기하는 것은 들을 수 없었다."

공자는 인간을 배제한 하늘을 얘기한 적이 없다. 인간과 관련이 없는 천지만물은 단지 자연의 존재물에 불과할 뿐이다. 하늘과 땅도 예외일 수 없다. 천지만물은 인간이 중심에 섬에 따라 비로소 그 존재 가치를 인정받게 된다. 천지 속에 존재하는 국가 및 사회의 존재 역시 인간을 그 중심에 놓았을 때 비로소 그 존재 가치를 인정받게 된다. 공자가 말하는 인간은 단순히 우주 속에 하나의 점처럼 존재하는 하찮은 존재가 아니다. 우주의 중심에 서 있는 까닭에 모든 존재를 적극적으로 해석하고 우주를 조화롭게 창조해 나가는 주체이다. 공자의

'인'에 내재된 인문주의 사상의 웅혼한 면모가 여기에 있다.

이는 기본적으로 인간의 합리적인 이지에 대한 전폭적인 신뢰가 전제됐기 때문에 가능한 것이다. 그가 자신의 가르침을 종교화하지 않은 이유이기도 하다. 동양은 서양보다 무려 2천여 년이나 앞서 인간을 중심으로 하는 계몽주의 시대가 이미 활짝 열린 셈이다. 지知에 대한 공자의 해석이 이를 뒷받침한다.

"백성들을 의롭게 만드는 데 힘쓰고, 귀신을 경원敬遠하면 가히 '지'라고 할 수 있다."(『논어』「옹야」)

'경원'과 관련해서 여러 해석이 있으나 대략 군주나 상관을 대하는 것처럼 귀신에게도 합당한 것은 행하되 그 이상의 것은 안 된다는 뜻으로 풀이하는 게 그럴 듯하다. 공자가 활약한 춘추시대 말기만 하더라도 사람들 모두 귀신을 섬기는 제사를 매우 중시했다. 묵가가 이런 흐름을 상징한다. 그런 상황에서 공자는 귀신을 섬기는 제사와 백성을 섬기는 치국평천하를 분명히 구분하고 나선 것이다. 귀신을 경원하는 방법을 제시한 덕분이다. 정치와 종교의 엄격한 분리를 주장한 셈이다. 서양이 르네상스시기에 학술 문화에서 종교로부터의 해방을 선언한 것보다 수천 년이나 앞서 있다.

공자의 '인'은 바로 '지'와 불가분의 관계를 맺고 있다. 공자의 '인' 사상을 이른바 인지합일仁知合一로 풀이하는 이유다. 이는 「선진」에 나오는 다음 일화를 통해 쉽게 알 수 있다.

하루는 자로가 귀신을 섬기는 마음가짐을 묻자 공자가 이같이 대답했다.

"사람을 제대로 섬기지 못하는데 어찌 능히 귀신을 섬길 수 있겠는가!"

"감히 죽음에 대해 묻고자 합니다."

"삶도 제대로 알지 못하는데 어찌 죽음을 알 수 있겠는가!"

공자의 '인'이 인간의 문제를 초월한 사안을 배제하는 데서 출발하고 있음을 알 수 있다. 인간의 문제와 초월적인 문제를 구별할 줄 아는 '지'를 기초로 인간 중심의 인문주의에 충실한 이유가 여기에 있다. 그렇다면 보다 구체적으로 '인'의 기초가 되고 있는 '지'는 과연 어떤 것을 말하는 것일까? 「위정」에 나오는 공자의 언급에 그 해답이 있다.

"유由야, 너에게 안다는 것이 무엇인지 가르쳐 줄까? 아는 것을 안다고 하고, 모르는 것을 모른다고 하는 것이 바로 아는 것이다."

동서고금의 '지'에 관한 언급 가운데 가지可知와 불가지不可知를 구별해 말하는 것이 바로 '지'라고 말한 이 대목만큼 명쾌한 설명은 없다. 공자가 말한 '지'는 단순히 가지와 불가지를 구별하는 수준에서 그치는 게 아니다. 이미 알고 있는 기지既知를 바탕으로 아직 알지 못하는 미지未知를 예견하고, '가지'를 바탕으로 '불가지'를 탐구하는 수준에 이르는 것을 뜻한다.

"많이 들으면서 그 가운데 좋은 것을 가려 좇고, 많이 보면서 그 가운데 좋은 것을 가려 기억해 두는 것이 '지'를 얻는 순서이다."(「술이」)

'지'를 판별하고 실천하는 주체가 바로 인간 자신이라는 점을 역설하고 있다. 공자의 '인'이 합리적이면서도 이성적인 '지' 위에 성립해 있다는 사실을 보여 준다. 공자는 '지'를 바탕으로 하지 않은 '인'은 불완전할 수밖에 없다고 지적했다.

"불인자不仁者는 오랫동안 곤궁한 곳에 처하지 못하고, 오랫동안 즐거움에 처하지 못한다. 인자는 '인'을 편히 여기고, 지자는 인을 이롭게 여긴다."(「이인」)

'인자'와 '지자'는 두 개의 실체가 아닌 하나의 실체임을 보여 준다. 여기의 '불인자'는 '지'가 뒷받침되지 못한 사람을 의미한다. 그럼에도 맹자는 공자의 '인지합일' 개념을 해체해 '인'의 발단은 측은지심惻隱之心, '지'의 발단은 시비지심是非之心에 있다고 주장했다. 맹자가 말한 '인'에는 공자 사상에 나오는 '인'과 같은 통일적인 사고가 결여돼 있다. 공자는 결코 '인의예지'의 덕목을 인간의 본원적인 인성이라고 말한 적이 없다.

공자가 말한 '인의예지'는 인간이 타인 및 국가 사회를 비롯한 모든 타자와의 관계 속에서 실천하는 덕목을 뜻한다. 맹자가 인의예지의 '4덕'을 떼어내 이른바 '4단설四端說'을 만들어 낸 것은 자신이 주창한 왕도王道를 합리화하려는 속셈에서 비롯된 것이다.

성리학은 여기서 한 발 더 나아가 '4단설'을 극히 추상적인 '천리인욕설'과 결합시켜 '이기론'을 만들어 냈다. 성리학이 인간의 자유로운 성정을 극도로 억압한 이유다. 공자 사상에 대한 일대 왜곡이 빚어진 근본 배경이 바로 여기에 있다. 동양이 서양보다 뒤처지게 된 것도 이런 맥락에서 이해할 수 있다.

02

소크라테스는 왜 『회상록』에서 이웃사람처럼 묘사된 것일까?

역사 속의 소크라테스

소크라테스는 흔히 공자, 예수, 석가와 함께 세계 4대 성인으로 불린다. 실존철학의 거장인 카를 야스퍼스가 저서 『위대한 사상가들』에서 그같이 정의했다. 그러나 공자와 소크라테스는 종교적 성인인 예수 및 석가와 성격을 달리한다. 종교적 성인이라기보다는 각각 '동서 학문의 대부'에 가깝다. 공자가 제자백가의 선구자 역할을 했다면 소크라테스는 서양의 학문을 대표하는 '철학'의 아이콘에 해당한다.

소크라테스는 기원전 469년 고대 그리스 아테네에서 태어나 평생

철학에 관한 토론으로 일관했다. 그를 두고 '서양철학의 태두'로 평가하는 이유이다. 그럼에도 그는 아테네 시민들에 의해 기원전 399년에 사형을 당했다. 공자가 제자를 비롯한 만인의 애도 속에 숨을 거둔 것과 대비된다. 삶을 마무리 짓는 장면에서 두 사람이 이런 엇갈린 모습을 연출한 배경을 이해하는 것은 동서양의 학문적 차이를 이해하는 열쇠이기도 하다.

소크라테스는 생전에 이미 '아테네의 명물'이었다. 맨발에 허름한 옷차림을 한 채 종일토록 사람들이 모이는 광장인 아고라agora를 돌아다니며 상대를 가리지 않고 토론을 즐긴 게 그렇다. 21세기를 사는 그리스 사람들이 지금도 소크라테스처럼 낯선 이방인과 만나 거리낌 없이 토론을 즐기는 것도 이런 역사문화 전통과 무관치 않을 듯싶다.

기록에 따르면 소크라테스는 기원전 469년경 아테네 남쪽에 있는 알로페케에서 석공인 아버지 소프로니코스와 산파인 어머니 파이나레테 사이에서 태어났다. 그의 부친은 석공으로 알려져 있지만 페르시아 전쟁 때 아테네를 이끌었던 정치가 아리스티데스의 아들과 절친한 사이었던 것으로 보아 결코 낮은 신분의 소유자는 아니었던 것으로 짐작된다. 산파였던 그의 모친은 그의 부친 사후 재혼한 까닭에 종종 소크라테스는 '카이레데모스의 아들'로 언급되기도 한다. 그러나 그는 석공 기술을 제외하고는 생부인 소프로니스코스에게 더 많은 영향을 받았다. 그가 일찍부터 아테네 유력 가문의 자제들과 어울릴 수 있었던 것도 생부가 생전에 쌓아 둔 친분 덕분이었을 것으로 추정된다.

소크라테스는 생장 과정에서 아테네 시민으로서의 의무를 충실하게 이행했던 것으로 짐작된다. 37세 때 포티다이아 전투에 참전했고,

45세 때 델리온에서 있었던 보이오티아 군대와의 교전 때 참전한 게 그렇다. 47세 때는 암피폴리스에서 벌어진 전쟁에도 참여했다. 첫 번째 참전에서는 당대의 미남자인 알키비아데스의 생명을 구해 훈장까지 받았고, 두 번째 참전에서는 모두 꽁무니를 빼고 후퇴할 때 용감하고 침착하게 행동해 그의 대담한 행동이 오랫동안 회자되기도 했다.

그러나 그는 결코 맹목적으로 국가공동체에 헌신하거나 무조건 정치적 권위에 머리를 숙이지는 않았다. 스스로 판단컨대 옳지 않다고 생각되면 강하게 항변하고 나섰다. 아르기누사이 전투에서 승리하고도 법정에 설 수밖에 없었던 장군들을 옹호한 게 그 증거다. 자신이 속한 부족이 '500인회Boule'의 운영을 담당한 덕분에 1일 의장을 맡게 됐을 때 소명 기회도 주지 않고 6명 모두를 한꺼번에 표결에 부쳐 처벌하는 것은 불법이라며 반대한 것도 같은 맥락이다. 그는 선동가들의 협박과 대중의 고함에도 불구하고 자신의 뜻을 굽히지 않았다. 이런 태도는 과두제 하에서도 전혀 변함이 없었다. '30인의 참주' 정권이 그에게 살라미스 출신 레온의 체포를 명령했지만 끝까지 좇지 않은 게 대표적이다.

그는 젊었을 때 남을 가르치는 철학적 토론에 매진했다. 남루한 옷차림으로 광장을 거니는 그에게 다양한 계층의 제자들이 모여들었다. 강의를 통해 세속적인 명예와 부를 누렸던 소피스트와 달리 그는 가르침의 대가로 돈을 받지 않았다. 왜소한 체격과 투박한 외모를 가졌으나 체력이 좋고 참을성이 많았다. 느긋한 성격으로 사색에 잠기는 일이 많고, 부귀에 연연해하지 않는 삶을 살았다고 한다.

그는 자신보다 훨씬 나이가 어린 크산티페와 결혼하여 3명의 자녀를 두었다. 크세노폰은 『회상록』에서 어머니의 엄격함에 대해 불평하는 아들과 아들을 타이르는 소크라테스의 모습을 묘사해 놓았다. 이를 근거로 후대의 저작물은 크산티페를 종종 잔소리 많은 악처惡妻로 묘사했지만 과장된 측면이 크다. 이는 그가 무척 가난했던 사실과 무관치 않을 것이다. 집안을 돌보지 않는 남편에게 부인이 잔소리를 퍼붓는 것은 필연이다. 악처로 몰아가는 것은 분명 지나치다.

게다가 그는 특별한 경력도 없었다. 단지 세 번 참전하고, 선거로 뽑히는 관직을 한 번 역임한 게 가장 눈에 띄는 것이다. 당시 아테네의 모든 시민이 그런 길을 걸은 까닭에 특별한 경력으로 내세울 것도 못된다. 그는 전 그리스 세계가 인정할 정도로 추남이었다. 대머리에 개구리처럼 툭 튀어나온 눈, 볼록한 올챙이배 등이 그렇다. 당시 '소크라테스를 닮았다!'는 말이 추남을 상징하는 말로 통용된 사실이 이를 뒷받침한다. 일찍이 부모를 여읜 공자가 젊었을 때 온갖 천한 일에 종사하며 세인들의 주목을 받지 못한 것과 닮았다.

소크라테스는 말년에 정치적 문제에 휩쓸렸다. 공자가 중도에 정치적 문제에 휩쓸려 천하유세에 나선 것과 비슷하다. 당시 아테네에는 기존의 민주주의 세력과 스파르타의 법을 새로이 차용하고자 한 귀족주의 세력 간의 갈등이 지속되고 있었다. 아테네가 펠로폰네소스전쟁에서 패배하자 일시 귀족주의 세력이 힘을 얻는 것처럼 보였으나 이내 다시 세를 회복한 민주주의 정권은 소크라테스를 귀족주의의 본보기로 처형코자 했다. 비록 현실정치에 직접 참여하지는 않았으나 그의 이론이 민주주의를 비난하는 것처럼 보인 탓이다. 실제로 그의 제자와 지인들 가운데 상당수가 귀족주의 편에 서 있었다. 결국 소크라테스는 신성모독과 청년들을 현혹한다는 죄목으로 사형 판결을 받았다.

플라톤은 『소크라테스의 변명』에서 당시 상황을 상세히 묘사해 놓았다. 이 책은 모두 3부로 되어 있는데, 1부에서 소크라테스는 먼저 자신을 고발한 자들을 크게 두 부류로 나누고 있다. 하나는 예전부터 자신을 헐뜯어 온 불특정 다수이다. 이들은 소크라테스가 근거 없는 논리로 허황된 자연학自然學을 연구하며 다른 사람에게 이를 전파하고 있다고 비방했다. 다른 하나는 아뉴토스 일파의 사주를 받은 멜레토스이다. 그는 소크라테스가 청년에게 해로운 영향을 주고 있고, 국가가 인정하는 신 대신 다른 신을 섬기고 있다고 비난했다. 이에 대해 소크라테스는 허황된 자연학을 연구한 적도 없고, 다른 소피스트들처럼 많은 보수를 받고 청년들을 지도한 적도 없다고 반론한다. 이어 많은 사람들에게서 미움을 받은 이유로 델피의 신탁 사건을 언급하면서 자신의 무지를 깨닫는 것이 신의 뜻에 부합한 것이라는 주장을 펼친다. 멜레토스에 대해서는 대화 방식을 통해 그의 무지와 모순을 지적한 뒤 자신의 소신을 다음과 같이 당당히 피력했다.

"나는 여러분에게 복종하기보다는 오히려 신에게 복종할 것이다. 나의 목숨이 붙어 있는 한 결코 지知를 사랑하고 추구하는 일을 그만두지 않을 것이다!"

그의 이런 당당한 변명에도 불구하고 그는 결국 30표의 근소한 차로 유죄가 결정됐다. 유죄가 결정되면 형량을 정하는 절차에 들어간다.

2부에서 피고인이 된 소크라테스는 배심원에게 애걸하기는커녕 오히려 자신은 국가 원로로 대접을 받는 게 옳다고 항변한다. 이 때문인지 몰라도 형량을 표결에 부친 결과 그에게 사형이 결정됐다.

3부에서는 소크라테스의 최후 발언이 나온다. 그는 유죄 투표를 한 사람들을 향해 이같이 예언했다.

"여러분은 나의 죽음을 결정했지만, 내가 죽은 뒤 당신들에게 징벌이 내릴 것이다!"

그러고는 무죄라고 투표한 사람들을 향해서는 자기 자신에게 있었던 일을 반성하면서 죽음의 의미를 담담한 어조로 설명했다.

"선한 사람들에게는 살아 있는 동안이나 죽은 후에나 악한 것은 하나도 없습니다!"

플라톤은 이후 소크라테스의 형이 집행되는 과정에 대해서는 『파이돈』에서 상세히 묘사했다. 이에 따르면 제자들이 감옥을 찾아갔을 때 소크라테스는 막 족쇄에서 풀려 있었고, 옆에는 크산티페가 어린 아들을 안고 앉아 있었다. 크산티페가 제자들을 보더니 울음을 터뜨렸다.

"여보 소크라테스, 당신이 친구들에게 말하는 것도, 친구들이 당신에게 말하는 것도 이제 마지막이 되겠구려!"

소크라테스가 친구이자 제자인 크리토를 쳐다보고 말했다.

"크리토여, 누굴 시켜서 저 사람을 집으로 좀 보내다오."

크리토의 하인들이 가슴을 치며 통곡하는 크산티페를 밖으로 데리고 나갔다. 소크라테스가 의자에 앉아 구부린 다리를 손으로 주무르며 말했다.

"사람들이 '쾌락'이라고 부르는 것은 '고통'과 어쩌면 그렇게 꼭 맞게 짝을 맺고 있는 것일까? 두 가지가 한 사람에게 동시에 찾아오는 것은 아니지만, 하나를 추구해서 손에 넣으면 또 하나가 피할 수 없이 따라오는 것이 마치 꼬리를 서로 묶어 놓은 것 같네. 이를 이솝이 생각했더라면 쾌락과 고통이 늘 서로 싸움질하는 것을 신께서 화해시키려 애쓰다가 정 안 되니까 꼬리를 서로 묶어 놓고, 그래서 하나가 찾아오면 다른 하나도 꼭 따라오는 식의 우화를 만들지 않았을까? 내가 그렇다네. 족쇄 때문에 고통을 겪고 나니 이제 거기서 풀려나는 쾌락이 따라오니 말일세."

크리토가 물었다.

"선생님, 저희가 해 드릴 만한 일이 있으면 말씀해 주십시오."

"내가 늘 말하지 않던가, 크리토! 새로 말해 줄 게 없다네. 자네들이 무슨 일을 행하든 스스로를 잘 돌보면 지금 굳이 무슨 약속을 하지 않을지라도 자네나 나에 대해 좋은 일을 하는 것일세. 자신을 소홀히 하고 우리가 그동안 나눈 대화를 통해 밝혀 낸 길을 잘 디뎌 나가지 않으면 여기서 아무리 대단한 약속을 한들 아무것도 이룰 수 없을 것일세."

"선생님 말씀대로 하겠습니다. 그런데 선생님 장례는 어떤 식으로 하는 게 좋겠습니까?"

"자네가 하고 싶은 식으로 하게나. 독을 마신 뒤에는 내가 자네들 곁을 떠나 축복받은 자들이 있는 곳으로 갈 것이라고 늘 얘기해 왔는데도 저 친구는 그것이 자네들과 내 마음을 편하게 하기 위해 지어낸 이야기라고 생각하는 모양일세. 나를 위해 내 재판 때 저 친구가 재판관들에게 증언한 것과 반대쪽으로 증언을 좀 해 주시게. 저 친구는 내가 떠나지 않을 것이라고 증언했지만, 자네들은 내가 죽으면 머물지 않고 떠나갈 것이라고 증언해 주게. 그래야만 저 친구가 견뎌내기에 더 나을 듯하네. 여보게, 사랑하는 크리토, 그런 잘못된 말은 영혼까지도 악으로 물들이는 것임을 믿어 주게. 매장은 자네가 생각하는 대로 하면 된다네."

소크라테스가 여기까지 말한 뒤 의자에서 일어나 몸을 씻기 위해 다른 방으로 갔다. 목욕을 마치자 아이들과 집안의 여인들이 찾아와 이야기를 나눴다. 집안 여인들이 돌아간 뒤 다시 제자들과 이야기를 나눈 지 얼마 안 돼 11인 위원회의 관원이 다가와 말했다.

"소크라테스여, 공공公共의 필요에 따라 독을 마시기를 요구할 때 화를 내고 욕하는 자에 대해 그 잘못을 비판했지만 그대에 대해서는 그리하지 않겠소. 지금까지 이곳에 온 누구보다도 그대가 고결하고 점잖으며 훌륭한 사람이라는 것을 알아볼 수 있었소. 내가 무슨 볼일로 그대에게 온 것인지 잘 아실 것이니, 잘 가시오! 부득이 겪을 수밖에 없는 일을 가능한 한 쉽게 견뎌내기 바라오."

그가 눈물을 터뜨리고는 돌아가자 소크라테스가 제자들에게 말했다.

"얼마나 멋진 사람인가! 내가 여기 있는 동안 그는 이따금씩 나를 보러 와서 이야기를 나누었는데 참으로 훌륭한 사람이라네. 이제 나를 위해 눈물을 흘리니 이 또한 고결하지 않은가! 자 크리토, 독이 준비되어 있으면 가져오도록 하고, 준비되어 있지 않으면 준비를 시키도록 하게."

크리토가 말했다.

"선생님, 해가 아직 산 위에 걸려 있고 지려면 시간이 조금 있습니다. 명령이 떨어진 뒤에도 한참 뒤에야 독을 마시는 것으로 알고 있습니다. 그 사이 먹기도 하고 사랑하는 사람들과 함께 있는 시간을 즐기도록 하십시오. 서두르지 마십시오."

"크리토여, 그리 행동하는 게 이익이 된다고 믿는 사람들에게는 그게 옳은 일이지. 그러나 나는 독을 마시는 시간을 조금 늦춰서 얻는 게 아무것도 없다고 생각하네. 더 이상 살 수 없게 된 상황에서 삶에 집착하고 매달린다면 내 꼴이 너무 우습게 되지 않겠는가? 어서 내가 시키는 대로 해 주게나."

크리토가 마지못해 곁에 있던 소년에게 고개를 끄덕이자 소년이 밖으로 나가 독배를 든 사람과 함께 돌아왔다. 소크라테스가 독배를 든 자를 보고 이같이 말했다.

"자, 선량한 자여, 내가 이제 어찌하면 되오?"

"별 것 없습니다. 독을 마신 뒤 걸음을 좀 걸으십시오. 그러다가 다리가 뻣뻣해질 때 누우시면 됩니다. 그러면 독이 알아서 제 할 일을 할 것입니다."

그러면서 독배를 내밀었다. 소크라테스가 아무런 표정의 변화도 없이 늘 그랬듯이 크게 뜬 눈으로 그를 쳐다보며 물었다.

"이 잔에서 고수레를 조금 올려도 되오?"

"소크라테스여, 우리는 꼭 필요한 분량만큼만 준비합니다."

"알겠소. 내가 올리는 기도가 신들에게 잘 받아들여지기를 바라오."

그러고는 독배를 입술로 가져가 조용히 잔을 비웠다. 제자들은 스승이 독배를 비운 것을 보고는 참았던 눈물을 쏟아내며 통곡했다. 소크라테스가 꾸짖었다.

"이것이 도대체 무슨 행실인가, 이 사람들아! 내가 여인들을 돌려보낸 것은 무엇보다 바로 이런 꼴을 보일까 걱정했기 때문이라네. 죽을 때는 조용히 죽는 게 제일 좋다고 나는 알고 있다네. 용기를 갖고 조용한 자세를 지켜 주게나."

제자들이 눈물을 거두자 소크라테스는 걸음을 좀 걷다가 이내 형을 집행하는 자가 권하는 대로 반듯이 누웠다. 얼마 후 형을 집행하는 자가 발을 한 번 세게 꼬집으며 감각이 있는지 물었다.

"아무 감각이 없소."

잠시 후 넓적다리를 시작으로 계속 꼬집어 나갔다. 소크라테스의 몸이 아래쪽에서부터 차츰 위쪽으로 옮겨 가며 굳어졌다. 경직이 사타구니에 이르렀을 때 소크라테스가 문득 얼굴을 덮고 있던 이불을 치우며 이같이 말했다.

"크리토여, 우리가 아스클레피오스에게 수탉 한 마리 값을 치르지 않은 것이 있다네. 잊지 말고 갚아 주기 바라네."

아스클레피오스는 의술의 신을 뜻한다. 자신을 죽음으로 이끄는 독배를 의술의 신을 빗대어 풍자한 것이다. 크리토가 대답했다.

"잘 알겠습니다. 달리 하실 말씀은 없으신지요?"

이 물음에 대답이 없었다. 한참 후 소크라테스의 몸이 한 차례 꿈틀댔다. 형을 집행하는 자가 이불을 벗기자 소크라테스의 눈이 굳어져 있었다. 크리토가 울음을 참으며 스승의 입과 눈을 닫아 드렸다. 이상이 플라톤의 『파이돈』에 나오는 소크라테스의 최후 모습이다.

원래 소크라테스 생전의 모습을 보면 그의 주변에는 늘 유명 인사들이 북적거렸다. 말할 것도 없이 그의 학문적인 명성 때문이었다. 당대의 내로라하는 소피스트들치고 그와 논쟁을 벌이지 않은 자가 드물 정도였다. 플라톤 같은 명문가 자제들이 앞 다투어 그의 제자를 자청하고 나선 이유다. 대부호 칼리아스가 그를 연회에 초청하고, 명망 높은 정치가 페리클레스의 아들이 가르침을 청하고, 당대 최고의 미소년 알키비아데스가 '소크라테스를 보면 가슴이 떨린다.'는 고백을 한 것도 이런 맥락에서 이해할 수 있다. 당시 인기 작가 아리스토파네스는 그를 풍자하는 내용의 연극 『구름』으로 공전의 대히트를 거두기도 했다. 아무리 학문적인 명성이 높을지라도 이는 확실히 이채로운 일이었다. 도대체 무엇이 소크라테스를 이토록 유명 인사로 만든 것일까? 이는 한미한 가문 출신인 공자가 청년기 이후 꾸준한 학문 연마를 통해 제후를 비롯한 경대부들로부터 존경을 받은 것에 비유할 만하다.

소크라테스 역시 공자와 마찬가지로 생전에 글을 남기지 않았다. 그러나 그가 세상을 떠난 직후부터 이미 그에 관한 수많은 기록들이 나돌기 시작했다. 특히 그의 사형에 관한 재판은 너무도 충격적이어서 이후 이를 소재로 한 작품이 수십 편이나 쏟아져 나왔다. 그러나 현재까지 전해지는 것은 플라톤과 크세노폰의 저서밖에 없다.

주목할 것은 현재 우리가 알고 있는 소크라테스에 대한 모든 지식은 대부분 플라톤의 저작에서 나온 것이라는 점이다. 플라톤은 소크라테스를 주인공으로 삼은 수십 편의 '대화편Dialogue'을 썼다. 그러나 현재 플라톤의 저서에 나온 소크라테스의 언행을 액면 그대로 믿는 학자는 거의 없다. 플라톤의 작품에 나오는 소크라테스는 플라톤이 말하고자 하는 내용을 전달하는 가공의 인물에 지나지 않는다. 맹자가 자신의 주장을 뒷받침하기 위해 다른 제자백가서나 사서에서는 찾을 길이 없는 공자의 언행을 멋대로 지어낸 것과 닮았다.

플라톤의 '대화편' 속에 나오는 소크라테스는 극히 논리정연하며, 철학적이다. '거리의 철학자' 모습과 크게 동떨어져 있다. 플라톤이 스승 소크라테스를 '대화편'의 주인공으로 삼은 것을 두고 스스로를 스승과 같은 반열에 올려놓으려는 불순한 동기에서 비롯된 게 아니냐는 비판이 나오는 이유다. '대화편'에 나오는 소크라테스의 모습은 귀족 출신인 플라톤과 꼭 닮았다. 석수장이의 아들인 소크라테스를 귀족 출신 플라톤과 동일시하는 기존의 잘못된 통념을 내던져야 하는 이유다.

스승과 제자

크세노폰은 소크라테스에게 플라톤 못지않은 애제자였다. 그가 소크라테스를 만난 일화는 지금도 회자되고 있다. 일화에 따르면 하루는 그가 좁은 길을 걸어가는데, 소크라테스가 길을 가로막고 두 가지 질문을 했다. 하나는 '어디로 가야 필요한 물건을 살 수 있는가?'라는 질문이었다. 크세노폰은 아는 바대로 말했다. 그러자 소크라테스가 다시 물었다.

"그렇다면 과연 어디로 가야 사람이 올바르게 될 수 있는 것인가?"

크세노폰은 머리를 망치로 맞은 듯한 느낌이었다. 입을 벌린 채 아무 말도 못하자 소크라테스가 짤막하게 말했다.

"나를 따르라!"

이게 사실인지 여부는 확인할 길이 없으나 훗날 크세노폰이 스승의 행보를 마치 살아 있는 것처럼 묘사해 놓은 것을 보면 전혀 터무니없는 것도 아닌 듯하다. 현재 크세노폰이 언제 태어났는지는 확실하지 않으나, 학자들 대부분은 그가 기원전 430년경 도시국가 아테네 근처에서 태어난 것으로 보고 있다. 플라톤과 마찬가지로 상류층 출신이었다. 크세노폰의 젊은 시절에 관해서는 자세히 알 길이 없다.

젊었을 때 그의 관심은 플라톤처럼 사변적인 철학적 논증이 아니라 현실적이며 구체적인 정치적 실천에 있었다. 아리스토텔레스가 『정치학』에서 사변적인 '철학적 삶'과 현실적인 '정치적 삶'을 언급한 것은 바로 두 사람을 비교한 것이다. 스승인 플라톤을 '철학적 삶', 스승의 동문인 크세노폰을 '정치적 삶'의 표상으로 삼은 것이다. 아리스토텔레스는 후술하는 바와 같이 수학 및 자연과학 등에서는 비록 스승인 플라톤의 학문적 방법론을 좇기는 했으나 정치학 및 철학 등에서는 오히려 크세노폰의 이론을 좇은 게 많다.

당시 아테네의 귀족과 마찬가지로 그 역시 '30인의 참주' 정권이 들어섰을 때 과두제의 일대 개혁을 주장했다. 이후 민주정이 복원되면서 정치적으로 큰 타격을 입었던 것으로 보인다. 일각에서는 기원전 401년 그가 친구의 권유를 받아들여 페르시아 다리우스 2세의 아들인 '소少 키루스'가 이끄는 페르시아 반란군에 그리스 용병으로 참여한 이유를 여기서 찾고 있다. 당시 리디아의 총독으로 있던 소 키루스는 페르시아 왕인 친형 아르타크세르크세스 2세의 의심을 받자 이내 반란을 일으켰다. 소 키로스는 페르시아 병사로 구성된 대규모 군단을 편성하면서 전투력이 뛰어난 것으로 알려진 그리스 용병을 따로 1만 명 모집했다. 크세노폰이 바로 여기에 자원한 것이다.

그러나 객관적으로 볼 때 30세가 채 안 된 그가 적국인 페르시아의 용병으로 전쟁에 참가하는 것은 일종의 도박에 가까웠다. 이 때문인지는 몰라도 크세노폰 역시 소 키로스의 원정 참여를 앞두고 스승인 소크라테스를 찾아가 이 문제를 진지하게 상의했다. 소크라테스는 델포이 신탁을 통해 신과 상의해 볼 것을 권했다. 그러자 크세노폰은 아폴론 신을 찾아가 자신의 원정을 성공적으로 잘 마치고 무사히 돌아오기 위해서는 어떤 신에게 제물을 바치고 기도 드려야 하는지를 물었다. 아폴론 신의 신탁이 긍정적으로 나오자 곧바로 스승을 찾아가 이를 보고했다. 소크라테스가 크게 나무랐다.

"어찌하여 원정을 떠나는 것이 좋은지 여부를 묻지 않고, 원정을 결정한 뒤 어떻게 여행하는 게 좋은지 물은 것인가?"

그러나 크세노폰의 마음은 이미 전쟁터에 가 있었다. 아폴론이 일러 준 신들에게 제물을 바친 뒤 곧바로 배를 타고 소 키로스를 찾아간 게 그렇다. 스승인 소크라테스의 충고를 뿌리치고 페르시아 반군에 참여한 크세노폰은 확실히 열혈 청년의 전형에 해당한다. 훗날 아리스토텔레스의 제자이기도 한 알렉산드로스 대왕은 페르시아 원정을 떠나기에 앞서 크세노폰이 위험을 무릅쓰고 과감히 반군에 지원한 것을 두고 찬탄해 마지 않았다.

훗날 당시 상황을 기록한 크세노폰의 『아나바시스ἀνάβασις』에 따르면 당초 그는 일개 용병에 지나지 않았다. 그러나 크낙사에서 벌어진 전투에서 그리스 용병들은 뛰어난 무용을 자랑했다. 페르시아 군대를 파죽지세로 격파하고 바빌론에 육박한 게 그렇다. 그러나 도중에 소 키루스가 전사하고 말았다. 그리스 용병들로서는 더 이상 싸울 이유가 없게 된 셈이다. 무사 귀환이 급선무였다. 이때 군사전략가 크세노폰의 위대함이 빛을 발하기 시작했다. 그리스 용병들은 크세노폰을 대장으로 선출했다. 그의 탁월한 지휘 덕분에 그리스 용병대는 눈이 쌓인 아르메니아로부터 흑해 연안과 소아시아를 거쳐 2년 만에 귀환할 수 있었다. 이는 그에게 커다란 명예와 부를 안겨 주었다. 당시의 여정을 담은 수기가 바로 『아나바시스』이다. 총 7권으로 구성된 이 책은 '1만인의 퇴각'으로 불리기도 한다. 훗날 알렉산드로스 대왕은 페르시아 원정을 떠날 때 이 책을 길 안내서로 삼은 바 있다.

크세노폰은 아테네로 귀화한 후 커다란 명성을 누렸지만 이내 조국으로부터 버림받는 처지에 놓이게 됐다. 이는 스승의 죽음과 무관치 않았다. 기원전 399년 스승이 독배를 마시고 세상을 떠나자 제자들이 사방으로 흩어졌다. 크게 실망한 크세노폰 역시 소아시아로 건너가 스파르타 왕 아게실라오스 2세와 친교를 맺고 그를 위해 일하게 됐다. 이후 페르시아의 침공을 격퇴해 또 다시 명성을 떨치게 됐으나 기원전 394년에 빚어진 코로네아 전투에서 아테네에 맞서 싸운 게 치명타로 작용했다. 이를 계기로 '반역자'로 낙인찍히면서 그는 다시는 고국 땅을 밟지 못하는 신세가 되고 말았다. 여기에는 그가 페르시아를 위해 복무했을 뿐 아니라 독배를 마신 소크라테스를 계속 옹호하는 등의 행보를 보인 점도 적잖이 작용했을 것으로 보인다. 어쩌면 그는 내심 페르시아를 정복하는 것이 결코 망상이 아니라는 점을 일깨워주며 그리스 전체의 '위대한 장군'으로 기억되길 더 원했는지도 모를 일이다. 『아나바시스』에 따르면 당시 이 사실을 알게 된 스파르타는 그를 위로하기 위해 올림피아 부근의 스킬루스에 넓은 영지를 주었다.

이후 그는 이곳에서 저술에 전념했다.

그러나 기원전 370년 스킬루스가 반反스파르타의 에리스 반군에 점령되자 이내 코린토스로 옮겨가 살았다. 이후 크세노폰의 아들 그릴로스가 만티네이아 전투에서 아테네를 위해 싸우다 죽게 되자 아테네가 그에 대한 추방명령을 철회했다. 아테네로 다시 돌아와 옛날과 같은 생활을 시작하게 됐으나 그는 여전히 아테네의 민주주의에 대해 비판적이었다. 기원전 355년 아테네와 모든 그리스 도시국가들이 평화 정책을 시행할 것을 주장하는 『방법과 수단』이라는 책을 쓴 이유다. 그의 사망 연대는 확실하지 않다. 사가들은 『방법과 수단』을 쓸 즈음 대략 코린토스나 아테네에서 그가 숨을 거둔 것으로 보고 있다.

『회상록』에서 말하는 철학자

원래 크세노폰의 작품은 일찍부터 아티카 산문의 모범으로 존중된 덕분에 거의 모든 작품이 21세기 현재까지 전해지고 있다. 대표적인 작품으로 『아나바시스』를 비롯해 『회상록』, 『키로스의 교육』, 『그리스 역사』 등을 들 수 있다. 『그리스 역사』는 헤로도토스의 『역사』를 뒤이은 투키디데스의 『펠로폰네소스 전쟁사』 후속편에 해당한다는 호평을 받고 있다. 펠로폰네소스 전쟁은 동양의 춘추시대 말기인 기원전 431년부터 약 30년 동안 계속된 아테네와 스파르타 간의 싸움을 말한다. 당시 그리스의 도시국가는 둘로 나뉘어 격렬한 싸움을 전개했다. 이 싸움은 스파르타의 승리로 끝났으나 결과적으로 고대 그리스 쇠망의 한 원인으로 작용했다. 그 배경이 『그리스 역사』에 소상히 밝혀져 있다.

『회상록』의 원래 명칭은 고대 그리스어로 아폼네모뉴마타απομνημονεύματά이다. 16세기에 처음으로 붙여진 라틴어 명칭은 메모라빌리아Memorabilia이다. 모두 회상해 기록했다는 의미이다. 소크라테스는 공자처럼 단 한 권의 저서도 남기지 않은 까닭에 제자들이 편찬한 저서를 통해 그 사상과 행보를 알아볼 수밖에 없다. 크세노폰은 플라톤과 달리 자신이 본 그대로의 모습을 기록해 놓은 까닭에 『회상록』은 사료적 가치가 매우 크다. 『회상록』을 총 4권으로 나눠 장과 절을 매긴 사람은 알렉산드리아의 학자이다.

『회상록』에는 소크라테스가 매우 다양한 사람들과 대화를 나눈 일화가 실려 있다. 소크라테스와 대화를 나눈 자들은 정치가, 소피스트, 장군 지망생, 전역군인, 갑옷 제작자, 생활고에 찌든 가장, 심지어 제자의 정부情婦에 이르기까지 매우 다양하다. 각 일화마다 소크라테스 특유의 위트와 유머가 넘친다. 다음은 소크라테스가 길을 가다가 하인을 지독하게 혼내고 있는 사람을 만나 나눈 대화의 일부이다.

"그대는 어찌하여 이토록 심하게 하인을 벌주고 있는 것인가?"

"이놈은 엄청 먹기만 하는 바보니까 그런 것이오! 형편없는 게으름뱅이 놈이 돈 욕심은 또 얼마나 많은지 말로 할 수도 없소."

소크라테스가 조용히 말했다.

"그런데 말일세, 지금 말한 기준대로라면 그대는 자신과 하인 가운데 누가 더 매를 맞아야 하는지 생각해 본 적이 있는가?"

촌철살인의 위트이다. 크세노폰의 『회상록』에는 이른바 '소크라테스

방식의 농담'을 통해 세상을 통렬하게 풍자한 일화가 넘쳐난다. 크세노폰은 '그 속에는 늘 진지한 교훈이 담겨 있다'고 평해 놓았다. 『회상록』에 나오는 이런 일화는 그 내용이 무척 다양하기는 하나 나름 일관된 논지를 견지하고 있다. 그게 바로 주어진 삶에 만족하며 도를 추구하는 안빈낙도安貧樂道이다. 『논어』에 나오는 공자의 모습과 사뭇 닮아 있다.

"공자에게는 네 가지가 없었다. 사사로운 뜻이 없었고, 꼭 하겠다는 것이 없었고, 고집하는 것이 없었고, 내가 아니면 안 된다는 것이 없었다."(『논어』「자한」)

원문은 무의毋意, 무필毋必, 무고毋固, 무아毋我이다. '안빈낙도'의 취지와 같다. 이는 공자의 다음 언급과 궤를 같이하는 것이기도 하다.

"군자는 천하에 임해 반드시 해야 한다고 주장하는 것도 없고, 결코 해서는 안 된다고 주장하는 것도 없다. 오직 사리事理를 좇을 뿐이다."(『논어』「이인」)

『회상록』에 나오는 소크라테스의 모습이 꼭 이와 같다. 그는 늘 빈궁한 삶을 살았지만 자신의 지식을 팔아 넉넉한 삶을 추구하는 짓을 하지 않았다. 바로 '안빈낙도'를 실천한 셈이다. 오히려 돈에 쪼들리지 않는 생활을 견딜 수 있도록 자신의 정신과 육체를 가다듬었다. 식사를 할 때 즐거울 정도에서 그친 이유다. 적당한 시장기를 조미료로 삼는 지혜를 발휘한 셈이다. 술의 종류를 가리지 않고 모든 술을 늘 미주美酒로 대할 수 있었던 것도 같은 맥락이다. 목이 마르지 않으면 결코 마시지 않은 덕분이다.

소크라테스가 볼 때 인간의 고통은 자신에게 필요한 것 이상의 것을 갈망한 데서 나온다. 배고프지도 않은데 굳이 미식美食을 찾는 게 그렇다. 미식을 취하려면 좋은 요리사가 필요하고, 좋은 요리사를 고용하려면 돈이 들고, 돈을 억지로 구하고자 하면 탐욕스런 모습을 보이게 된다. 미색美色을 밝히는 것도 똑같다. 이는 미식과 미색에 한정된 것도 아니다.

전장에서 뛰어난 무용을 자랑하는 장군도 유사한 덫에 걸릴 수 있다. 예컨대 갑옷의 기본 목적은 전투할 때 몸을 잘 보호하는 데 있다. 튼튼하면서도 몸을 가볍게 놀릴 수 있는 게 가장 좋은 갑옷이다. 허영에 들떠 '좋은 갑옷' 대신 번쩍이는 '황금 갑옷'을 좇게 되면 이내 몸을 보호할 길이 없게 된다. 인간의 헛된 욕망이 불러일으키는 모든 참사는 바로 이런 맥락 속에서 빚어지는 것이다. 수단이 목적으로 뒤바뀐 결과다. 수전노守錢奴가 대표적이다. 군주에서 일반 서민에 이르기까지 그 누구일지라도 스스로 자제하는 절제節制의 미덕을 발휘해야 하는 이유다. 소크라테스는 이를 통찰했다.

모든 것이 급변하며 새로운 욕망을 창출해내는 21세기 디지털시대의 관점에서 볼 때 소크라테스의 이런 통찰은 많은 것을 시사한다. 주지하다시피 21세기의 모든 기업은 소비자의 욕구를 끊임없이 자극하여 새로운 수요를 창출해 낸다. 무차별적인 선전 공세에 그대로 노출된 소비자들은 늘 자신이 누리는 것보다 더 많은 것을 원하는 덫에 걸리기 십상이다. 좀 더 세련되고, 품위 있고, 최첨단을 걷는 제품과 사람을 손에 넣고자 하는 끝없는 욕망에 시달리는 이유다. 이전 세대보다 훨씬 더 풍요로운 삶을 살고 있으면서도 '상대적인 박탈감'에 시달리며 자신의 마음을 더 가난하게 만드는 근본 배경이 여기에 있다.

소크라테스는『회상록』에서 현대인에게 따끔한 충고를 하고 있다.

"쓸데없는 욕심을 버리면 인간은 누구나 신과 같은 경지에 오르게 된다!"

소크라테스는 이미 수천 년 전에 공자처럼 '인간답게 사는 길'을 제시한 셈이다. 먼저 과도한 욕심을 버리고, 생리적 욕구에 필요한 최소한의 자연스런 욕구에 충실한 삶을 사는 게 관건이다. 이는 그리 어려운 일도 아니다. 마치 물 흐르듯 주어진 환경에 맞게 자연스럽게 살면 되는 것이다. 소크라테스가 결코 설교하는 식으로 자신의 생각을 남에게 강요한 적이 전무했던 것도 바로 이런 맥락에서 이해할 수 있다. 그는 비록 무지를 깨닫게 하는 지知를 사랑하는 '애지자愛知者'를 자처했지만 결코 이를 남에게 강요한 적이 없다. 상대방이 스스로 자신의 무지를 깨달아 '애지자'의 길로 나아가기를 기대한 것이다. 그가 일명 산파술産婆術로 불리는 '소크라테스 식 문답술Socratic elenchus'을 구사한 이유다. 아무리 명망이 높은 인물일지라도 소크라테스 앞에서는 자신의 주장을 끝까지 고집할 길이 없었다. 바로 '소크라테스 식 문답술'로 인한 것이다.『회상록』은 이런 '소크라테스 식 문답술'에 관한 일화로 가득 차 있다. 하루는 소크라테스가 민중 위주의 민주주의를 역설하는 상대방에게 이같이 반문했다.

"민중이란 과연 누구를 말하는 것인가?"

"가난한 자들을 지칭하는 것입니다."

"그렇다면 가난한 자들은 구체적으로 어떤 사람을 말하는 것인가?"

"늘 돈에 쪼들리는 사람들을 뜻합니다."

"그런데 부자들도 늘 돈이 부족하다고 아우성이다. 그렇다면 부자도 가난한 사람과 다를 게 없지 않은가?"

"그렇게 볼 수 있을 것입니다."

그러자 소크라테스가 되물었다.

"그렇다면 민중이 주체가 되는 민주주의는 가난한 사람들의 정체政體인가, 아니면 부자들의 정체인가?"

'소크라테스 식 문답술'은 늘 이런 식으로 전개됐다. 누구나 당연히 인정하는 사실에서 출발해 상대방이 자가당착에 빠져 스스로 진실을 인정할 수밖에 없는 상황에 이르도록 유도하는 게 관건이다. '소크라테스 식 문답술'의 위력은 엄청났다. 뛰어난 논변을 자랑하는 무수한 '소피스트'들이 번번이 나가떨어진 게 그 증거다.

크세노폰은 『회상록』에서 소크라테스와 소피스트의 차이를 이같이 간명하게 요약해 놓았다.

"소크라테스는 아름답고 선한 게 뭔지 아는 자들은 그것 외에 다른 것을 선택할 리가 절대 없다고 말했다. 따라서 아름답고 선한 게 뭔지 모르는 자들은 결코 아름답고 선하게 행동할 수 없다. 실사 아름답고 선한 것으로 생각해 행동에 옮길지라도 이내 실패하게 마련이다. 정의를 포함한 모든 덕은 결국 지知의 산물이라고 정의해도 좋은 이유다."

일각에서는 이를 두고 이른바 '지행합일知行合一'로 평하고 있다. 지혜가 생략된 논쟁은 합의된 목표도 없이 방법론만 놓고 다투는 것과 같다. 지혜가 필요한 이유다. 플라톤은 소크라테스가 말한 지혜를 형이상학적인 개념으로 변질시켰다. 그게 바로 영어 '아이디어'의 어원이 된 '이데아Idea'이다. 플라톤의 '이데아' 개념은 스승인 소크라테스가 지향한 '지행합일'의 지혜와는 거리가 먼 것이다. '지행합일'에서 말하는 지혜는 어디까지나 현실에 뿌리를 둔 형이하의 지혜를 말한다. 자세히 알 길이 없는 형이상의 '이데아'를 역설하면 역설할수록 현실과 거리가 먼 공상空想의 세계로 빠져들게 된다. 후술하는 바와 같이 플라톤이 이른바 '동굴의 비유'를 통해 절대지絶對知를 상징하는 비현실적인 '철인왕'을 주장하게 된 근본 배경이 바로 여기에 있다. '공상'이 지나치면 몽상夢想의 단계를 뛰어넘어 망상妄想으로 치닫게 된다. 나라의 운명을 짊어진 군주가 이런 망상에 빠지게 되면 그 나라는 이내 패망할 수밖에 없다. 고금동서를 막론하고 군주의 자리에 오른 자는 반드시 현실을 직시해야 하는 이유다.

플라톤이 재판 직전의 상황을 묘사한 『에우티프론』 등에 나오는 '소크라테스 식 문답술' 일화가 늘 아포리아ἀπορία로 끝난 것도 이런 맥락에서 이해할 수 있다. '아포리아'는 대화를 통해 문제를 해결해 나가는 과정에서 맞닥뜨리는 난문難問을 뜻한다. 이는 미해결의 상태를 방치하는 게 아니라 다른 방법이나 관점에서 새로이 탐구하는 출발점이 된다는 뜻도 내포하고 있다. 『회상록』에 나오는 소크라테스 역시 공자처럼 단정적인 어법을 쓰지 않았다. 인간의 지혜로는 파악키 어려운 난문이 존재한다는 사실을 통찰한 결과다. 그가 찾아낸 최선의 방안은 철학적인 사유를 통해 본질에 접근해 가는 점진적인 방식이다. 불가의 용어를 빌리면 돈오頓悟 대신 점수漸修에 방점을 찍은 것이다.

주의할 것은 크세노폰의 『회상록』에 나오는 소크라테스가 플라톤의 『국가론』에 나오는 모습과는 정반대로 현실세계에 깊은 관심을 기울이며 실용에 초점을 맞춘 점이다. 장군의 자질을 묻는 젊은이에게 '지'의 중요성을 역설한 소크라테스의 다음 답변이 이를 뒷받침한다.

"의사는 의술을 알고 있는 사람이다. 설사 진료를 하지 않는다고 해도 의학 지식이 있는 한 그는 여전히 의사이다. 장군도 마찬가지다. 장군이 갖추어야 할 '지'를 지닌 사람은 실제 보직을 맡고 있지 않을지라도 여전히 장군이다. 장군이 되고자 하는 자는 아부하여 사람들의 환심을 사려고 해서는 안 된다. 이런 식으로 장군이 되면 자신과 병사들에게 해만 될 뿐이다. 군대를 지휘하는 데 필요한 '지'를 지니지 못한 장수가 제대로 싸울 리 없다. 장군이 되고자 하는 젊은이가 가장 먼저 해야 할 일은 바로 장군에게 필요한 '지'를 쌓는 일이다."

나아가 그는 남자의 마음을 사는 방법을 묻는 여인에게 이같이 충고한다.

"여인이 아무리 요염할지라도 그것으로 진정한 사랑을 얻을 수는 없는 일이다. 먼저 손쉽게 당신을 건드리려는 자를 피하는 게 답이다. 이후 진실로 그대를 위하는 자를 받아들여 정성을 다해 부드럽게 대하면 된다."

『회상록』에 나오는 소크라테스의 문답은 이처럼 매우 실용적이면서도 형이하적인 것이다. 진정한 철학은 바로 인간의 일상 삶과 밀접한 관계를 맺어야 한다는 사실을 시사한다. 소크라테스가 바로 그런 삶을 살았다. 다양한 유형의 사람들과 만나 매우 현실적인 사안을 놓고 문답을 하면서 상대가 스스로 자신의 무지를 깨닫고 실질적인 지혜를 얻는 쪽으로 나아가는 길을 일러준 것이다.

21세기를 사는 많은 사람들이 철학을 뜬구름 잡는 학문으로 여기는 데는 무엇보다 철학을 업으로 삼는 자들의 잘못이 가장 크다. 소크라테스의 행보와는 정반대로 입만 열면 추상적인 이론으로 범벅이 된 비현실적인 논제를 들먹이며 현학적衒學的인 모습을 보이는 게 그렇다. 현실의 삶과 동떨어진 주제는 철학이 아니라 공리공담空理空談에 지나지 않는다. 그런 점에서 『회상록』 속의 소크라테스는 진정한 철학자의 모습을 잘 보여 주고 있는 셈이다. 진실한 대화와 탐구를 통해 삶의 지혜를 일러주는 철학이 바로 공허한 사변의 세계로 타락한 21세기의 철학자들이 지향해야 할 대상이다.

03

WHY

공자와 소크라테스는 왜 바람직한 국가의 규모를 달리한 것일까?

제자와 사상적 제자의 한계

『논어』와 『회상록』의 현대적 의미는 무엇일까? 무엇보다 먼저 만세의 사표인 공자와 서구 지성의 효시인 소크라테스의 진면목을 가장 잘 전하고 있다는 점을 들 수 있다. 이는 공자의 사상적 제자를 자처한 맹자와 소크라테스의 제자인 플라톤이 전한 스승의 왜곡된 이미지를 떨쳐버리는데서 출발한다. 『맹자』와 『국가론』에 나오는 공자와 소크라테스의 이미지를 완전히 폐기할 필요가 있다.

원래 맹자는 인人을 민民으로 대체한 민본民本을 사상 최초로 주창한 인물이다. 훗날 프랑스 계몽주의 학파는 공맹의 '인본' 및 '민본' 사상을 토대로 '인권'과 '국권' 등의 개념을 만들어냈다. 이게 서구 민주주의의 초석이 됐다. 이는 주겸지朱謙之의 『중국이 만든 유럽의 근대화』와 미국의 중국학자 크릴의 『공자, 인간과 신화』 등을 통해 이미 세상에 널리 알려진 것이다. 동서의 만남은 이토록 연원이 깊은데도 불구하고 에드워드 사이드가 『오리엔탈리즘』에서 설파했듯이 서양의 동양에 대한 멸시 풍조인 '오리엔탈리즘'으로 인해 이런 사실들이 모두 무시되거나 파기됐다. 그러나 진실은 언젠가 드러나게 마련이다. 이는 모든 유형의 인人의 관계를 인仁으로 요약한 공자의 정치사상이 그만큼 위대하다는 방증이기도 하다. 우리는 『논어』를 통해 공자가 역설한 인학仁學의 정수를 찾아볼 수 있다. 공자의 진면목과 공자사상의 실체를 파악하기 위해서는 반드시 『논어』를 매개로 해야 한다는 얘기다.

『회상록』에 대해서도 유사한 얘기를 할 수 있다. 객관적으로 볼지라도 크세노폰의 저서 가운데 『회상록』은 공자의 언행을 모아놓은 『논어』에 비견할 만하다. 『회상록』 속의 소크라테스가 마치 공자처럼 '철인왕'을 들먹인 플라톤과 달리 극히 실용적이면서도 실질적인 충고를 해주고 있기 때문이다. 이는 크세노폰의 글 쓰는 스타일이 플라톤과 크게 다른 사실과 무관치 않다.

원래 플라톤은 비극작가가 되고 싶어 했던 까닭에 『국가론』을 비롯한 모든 작품이 엄숙하면서도 감동적인 문체를 자랑한다. 군인 출신인 크세노폰의 작품에서는 전혀 찾아볼 수 없는 것이다. 엄숙한 문체를 자랑한 플라톤의 글과 달리 크세노폰의 글은 쾌활하고 생기가 넘친다. 무인 출신 크세노폰의 성격이 그대로 반영된 결과로 볼 수 있다.

소크라테스의 대화법은 서로간의 부족한 면을 메워 더 완벽한 진리를 깨달아 가는 게 목적이다. 토론식 수업의 원조에 해당한다. 원래 토론의 목적은 상대를 논파하는 데 있는 게 아니다. 서로 부족한 면을 메워 더 완벽한 진리를 깨달아 가는 데 있다. 그런 점에서 현대의 토론식 교육은 적잖은 문제가 있다. 상대를 논파하기 위한 논리적 기법만을 강조하기 때문이다. 소크라테스의 대화법은 기본적으로 상대도 옳다는 전제 하에서 출발한다. 보다 합리적이고 올바른 대안을 찾는 자세가 그것이다. 논쟁만 있고 합의는 없는 한국식 토론 교육이 지양해야 할 점이다. 많은 학자들이 소크라테스의 진면목을 『국가론』이 아닌 『회상록』 속에서 찾아볼 수 있다고 말하는 이유다.

인문학과 인본주의

객관적으로 볼 때 동서를 통틀어 사상 최초로 '인본' 사상을 체계적으로 정립한 공자는 인간에게 전폭적인 신뢰를 보냈다. 서구의 사상이 21세기 현재에 이르기까지 신神의 세계에서 벗어나지 못한 것과 대비된다. 공자의 '인仁'은 인간에 대한 깊은 이해와 이를 토대로 한 전폭적인 신뢰가 전제되어야만 실현 가능한 덕목이다. 이는 인간 자체의 승리를 의미한다. '인'의 실현을 인격의 완성으로 간주한 것은 동서고금을 통틀어 그 유례를 찾을 수 없는 것이다. 공자가 '태평천국의 난' 이래 5·4운동과 문화대혁명을 거치는 동안 많은 오해와 왜곡, 탄압이 잇따랐음에도 다시 찬연히 부활해 21세기 '동아시아 문명'의 아이콘으로 등장한 것도 이와 무관치 않다고 보아야 한다.

공자의 '인'은 내용상 소크라테스의 지知와 부처의 자비慈悲, 예수의 애愛와 상통하면서도 이를 총괄적으로 내포하고 있다는 점에서 매우 특이하다고 할 수 있다. 마르크스의 공산共産도 여기에 포함시킬 수 있다. 21세기에 들어와 중국 수뇌부가 공산당 지도 원칙을 거듭 언급하면서 공자의 '인'을 더욱 강조하고 있는 게 그 증거이다. 공자는 '공산'을 균부均富로 표현했다. 인간에 관한 상하좌우의 모든 관계를 '인' 속에 녹일 수 있기 때문에 가능한 일이다.

이는 『논어』에 나오는 '인'에 대한 해석을 보면 쉽게 알 수 있다. 공자의 '인'은 남을 내 몸처럼 이해한다는 뜻의 서인恕人, 사람을 사랑한다는 뜻의 애인愛人, 인간을 깊이 이해한다는 뜻의 지인知人, 모든 사람을 공평이 대한다는 뜻의 균인均人 등으로 표현돼 있다. '인' 속에 다른 사람을 마치 자신을 대하듯이 사랑하고, 용서하고, 이해하고, 다룬다는 의미가 모두 포함되어 있는 것이다.

공자의 '인' 속에는 후대의 성리학에서 나타나는 것과 같이 금욕주의적인 색채가 전혀 없다. 성리학은 인간의 감성을 인욕人欲으로 간주해 배척대상으로 삼음으로써 공자의 '인'을 크게 왜곡시켜 놓았다. 이는 중세의 기독교가 이교도를 이단으로 단죄해 사랑의 대상에서 배제하고, 수당대의 불교가 인륜을 금욕의 대상으로 삼고, 근대 서구 열강이 '백인의 의무'를 떠벌이며 유색인을 지배대상으로 간주한 것과 닮았다. 모두 원래의 본의를 일탈한 것임은 말할 것도 없다. 마르크스가 서구 제국주의 열강의 동양에 대한 식민지 침탈을 용인한 것도 같은 맥락에서 이해할 수 있다.

공자의 '인'은 오히려 인간의 자연스런 성정을 억압하는 일체의 견해를 배격한 것은 물론 인간성과는 동떨어져 있는 귀신의 존재도 부정했다. 이는 인간이 학덕을 연마해 도달할 수 있는 최고의 경지를 군자로 상정한 사실과 무관치 않다. 그가 말한 군자는 바로 '인'을 체현한 사람으로 인격이 구비된 전인全人에 해당한다. 훗날 맹자는 공자가 말한 군자를 두고 호연지기浩然之氣를 지닌 대장부로 해석했다. 그러나 그 뜻은 크게 다르다. 맹자가 말한 대장부는 호연지기로 표현되는 덕행만을 강조하고 있다. 공자가 학식과 덕성을 겸비한 군자를 역설한 것과 대비된다. 맹자가 공자사상의 정수를 제대로 잇지 못했다는 지적이 나오는 이유다. 공자의 모든 관심은 시종 학덕을 닦아 군자가 되는데 있었다.

그렇다고 공자가 사후문제와 내세문제 등을 전혀 생각지 않은 것은 아니다. 단지 '인'을 추구하는데 도움이 안 된다고 보아 외면한 것일 뿐이다. 사후문제와 내세문제에 깊이 침잠할 경우 이는 필연적으로 '괴력난신'과 직결된 종교의 세계에 함몰될 소지가 크다. 공자는 이를 경계한 것이다. 공자의 학문이 『대학』이 역설하는 수제치평修齊治平의 군자학으로 정립된 이유가 여기에 있다. 후대의 성리학은 도교 및 불교와 사상논쟁을 전개하는 과정에서 이를 어기고 '괴력난신'의 문제에 깊이 천착한 경우에 해당한다.

성리학에서 말하는 태극太極과 무극無極 개념은 장자가 역설한 무無와 불가에서 말하는 공空의 개념을 차용한 것으로 군자학과는 하등 상관없는 것이다. 그럼에도 성리학은 무극과 태극 등의 개념을 도입한 '이기론'과 '천리인욕설'을 통해 우주 삼라만상에 대한 궁극적인 해답을 찾아낼 수 있다고 주장했다. '수제치평'의 통치사상으로도 기능할 수 있다고 떠벌인 것은 말할 것도 없다. 개인 차원의 수도修道 이론을 치국평천하 이론으로 호도한 것이다. 이는 서양이 중세 때 신학 이론으로 세속의 문제까지 해결코자 한 것과 같다.

서구인들은 야훼로부터 행복한 내세를 약속받기 위한 노력의 일환으로 내세의 고민을 야훼에 의탁한데 따른 잉여시간을 인간 및 자연에 대한 탐색에 쏟아 부었다. 서양이 근대로 들어오면서 산업혁명 등을 통해 뛰어난 과학기술문명을 이루게 된 이유다.

사상사적으로 볼 때 중국은 전 역사를 통틀어 크게 두 번에 걸쳐 거대한 외부충격에 휩싸였다. 하나는 남북조 때 풍미한 '불교'이고, 다른 하나는 근현대의 '공산주의'다. 불교는 교리 자체가 '충효'를 역설하는 유가원리와 정면으로 배치됐다. 불교를 숭상한 고려조를 대신한 이성계의 조선조가 성리학을 새로운 통치이데올로기로 채택할 당시 개국공신 정도전이 『불씨잡변佛氏雜辯』을 통해 불교의 폐해를 신랄하게 비판하면서 성리학에 의한 새로운 통치질서를 주창한 게 그 증거다. 중국은 불교를 숭상했던 당나라가 패망한 후 5대의 혼란기를 거쳐 조광윤이 960년에 북송을 건립할 때 이미 불교를 폐기하고 다시 유학을 제국의 통치이데올로기로 내세웠다.

그럼에도 비슷한 시기에 창건된 고려조는 5백년 내내 불교를 국가의 통치이데올로기로 삼았다. 중심부에서는 이미 폐기한 불교를 5백년이나 껴안고 있었던 것이다. 요즘과 같은 인터넷 세상에서는 있을 수 없는 일이 빚어진 것이다. 더 황당한 것은 중국에서는 이미 그 한계를 드러낸 성리학 대신 양명학이 등장해 일세를 풍미하고 있는데도 5백년 내내 오직 성리학만 붙들고 늘어진 점이다.

21세기라고 크게 나아진 것도 없다. 미적분도 모르는 학생이 이공계 대학에 진학하는 게 그렇다. 글로벌 기업을 자처하는 대기업의 상황도 별로 나은 게 없다. 남을 뒤쫓아 하는 하드웨어는 세계 최고의 수준을 보이면서도 창조적인 사고를 요하는 소프트웨어 분야에서는 후진국의 상황을 면치 못하고 있다. 'IT 강국'의 자화자찬이 절로 무색해지는 대목이다. 일각에서는 이를 두고 '변방문화의 한계'로 지적하고 있다. 문화를 자체적으로 만들어내지 못한 탓이다.

서구사상의 원조에 해당하는 플라톤과 아리스토텔레스는 맹자보다 약간 앞선 시기에 활동하며 '인문' 및 '과학' 분야에 대해 많은 저술을 한 인물이다. 서양에서는 이들의 사상을 공자를 비롯한 제자백가와 비교하는 연구가 제법 진척돼 있다. 이웃 일본과 중국도 이런 비교연구가 활발하다. 맹자와 플라톤, 순자와 아리스토텔레스, 주희와 칸트, 한비자와 마키아벨리 등에 관한 비교연구가 그것이다.

천하와 폴리스의 차이

수목할 점은 공자가 생각한 치국평천하와 소크라테스가 상정한 정치 개념에 적잖은 차이가 있다는 점이다. 가장 큰 차이는 국가의 규모이다. 소크라테스가 상정한 국가는 고대 그리스의 조그마한 도시국가 아테네였다. 그러나 공자가 생각한 국가는 작게는 그리스 반도 크기의 중소 규모에서 크게는 초나라처럼 유럽 전체의 크기와 맞먹는 대국을 모두 포함했다. 공자가 활약한 춘추시대만 해도 약육강식의 전국시대와 달리 외교상의 프로토콜에 해당하는 빙례聘禮 등이 국가 간 수교의 중요한 절차로 인정받았다. 춘추시대 자체가 21세기의 국제사회와 별반 차이가 없는 하나의 세계질서였다. '치국'과 '평천하'가 불가분의 관계를 맺은 이유다.

'너 자신을 알라'고 역설한 소크라테스는 지知를 말하기는 했으나 학學을 말하지는 않았다. 그의 제자 플라톤은 아카데미아를 개설한 점에서 사상 최초의 사립학교에 해당하는 사숙私塾을 연 공자와 닮았다. 그러나 플라톤이 말한 '철인'은 공자가 말한 군자와 달리 '지' 자체를 즐기는 말 그대로 애지자愛知者일 뿐이다. '학'의 차원에서 볼지라도 기하학과 수사학 등을 중심으로 한 아카데미아의 교과목은 육예六藝의 수준에 머문 채 결코 인문학을 집대성한 군자학의 단계로 나아가지는 못했다. 나아가 소크라테스가 영혼의 윤회설을 언급한 사실을 통해 알 수 있듯이 이들 모두 '괴력난신'으로부터 자유롭지 못했다.

공자가 일찍이 군자학을 정립할 수 있었던 것은 기본적으로 인간의 합리적인 이성과 지혜에 전폭적인 신뢰를 보냈기에 가능했다. 공자가 인간의 이지理智에 전폭적인 신뢰를 부여하며 인간이 끝없는 노력 끝에 최상의 경지에 오를 수 있는 인물로 제시한 모델이 바로 '군자'이다. 공자가 제시한 군자는 맹자가 '왕도'의 구체적인 모델로 제시한 왕자王者와 다르다. 플라톤의 '철인왕'을 빼어 닮은 맹자의 '왕자'는 덕행德行만 유독 강조돼 있고 학행學行이 제대로 언급돼 있지 않다는 점에서 공자의 군자와 큰 차이가 있다.

공자는 인간이 부단히 학덕을 연마하기만 하면 능히 도달할 수 있는 군자의 모델을 제시함으로써 현세에 이상국을 세울 수 있는 구체적인 가능성을 제시했다. 후대인들이 학덕을 쌓은 인물을 군자로 지칭한 사실을 통해 알 수 있듯이 그가 제시한 군자는 그 누구라도 열심히 학덕을 닦기만 하면 충분히 이룰 수 있는 모델이다. 동서고금을 통틀어 통치자 유형과 관련해 이토록 구체적이면서도 현실적인 이상형을 제시한 사람은 없다. 공자사상의 가장 큰 특징을 인문주의에서 찾는 이유다. 우주만물의 중심에 사람을 놓은 게 그것이다. 21세기 스마트혁명 시대는 인문주의에서 출발하고 있다. 공자사상에 대한 올바른 이해가 필요한 이유다.

서양 지성을 대표하는 소크라테스에 대해서도 유사한 얘기를 할 수 있다. 객관적으로 볼 때 소크라테스 사상은 그의 제자 플라톤에 의해 정리돼 서구의 사상사에 커다란 영향을 미쳤다. 문제는 플라톤이 스승의 사상을 크게 왜곡시킨 데 있다. 소크라테스는 결코 이데아 Idea와 같은 형이상의 세계를 언급한 적이 없다. 그는 이상에 치우쳐 현실의 삶을 간과한 사람이 아니다. 『회상록』의 여러 일화를 통해 알 수 있듯이 그는 매우 현실적이면서도 실용적인 사람이었다. 단지 정의와 절제 같은 덕목이 일상의 쾌락이나 부도덕보다 더 큰 행복을 준다는 점에서 이런 추상적인 가치들을 중시했을 뿐이다. 이후의 철학이 소크라테스의 원래 생각과 달리 형이상의 방향으로 줄달음친 데에는 플라톤의 죄가 크다. 이는 마치 맹자가 공자사상을 크게 왜곡함으로써 마침내 남송 때에 이르러 일종의 '유신론적 무신론'에 해당하는 성리학을 만들어낸 것에 비유할 수 있다. 서구에서 이를 최초로 혁파한 인물이 바로 마키아벨리였다.

그런 의미에서 소크라테스 사상의 원형을 알기 위해서는 반드시 크세노폰을 통해야만 한다. 21세기에 들어와 많은 학자들이 크세노폰의 대표작인 『회상록』을 중시하는 이유가 여기에 있다. 『회상록』에 나오는 소크라테스는 모든 덕德을 지知로 연결시키고 있다. 소크라테스 사상의 키워드를 '지'로 정의하는 이유다.

주목할 것은 참주僭主에 대한 정의이다. 소크라테스는 말하기를, "원하는 사람을 법에 따라 다스리는 정체가 '군주정', 원하지 않는 신민들을 법이 아니라 통치자의 의지에 따라 다스리는 정체가 '참주정'이다."라고 했다. 당시 아테네는 매우 소란스러웠다. '좋은 삶eu zen'이 어떤 것인지 알고 있는 자들은 정치를 혐오하거나 권력을 잡을 능력이 없었다. 신민의 동의와 적법한 절차 따위는 관심도 없는 참주들이 판을 친 배경이다. 크세노폰의 『히에론』에 따르면 소크라테스는 시라쿠사의 참주인 히에론 2세에게 이같이 갈파했다.

"히에론, 내가 말하리다. 당신의 경쟁상대는 다른 도시의 수호자들prostates이요. 만약 당신이 당신의 도시를 다른 수호자들의 것보다 더 살기 좋게 만든다면 당신은 세상에서 가장 고귀하고 위대한 경쟁의 승자nikon가 될 것이오!"

크세노폰의 작품이 이후 이소크라테스와 아리스토텔레스에게 커다란 영감을 준 이유가 여기에 있다. 르네상스 시대 참주들 아래에서 고민했던 사상가들도 크세노폰의 사상적 세례를 받았다. 대표적인 인물이 바로 니콜로 마키아벨리였다. 『군주론』 제20장에 이를 뒷받침하는 구절이 나온다.

"시라쿠사의 히에론 2세는 원래 일개 시민의 신분에서 보위에 오른 자이다. 당시 그에게는 통상적인 기회를 제외하고는 별다른 운이 없었다. 그 기회란 시라쿠사 백성이 절망적인 위기 상황에 몰려 있을 때 그를 장군으로 선출한 점이다. 그는 자신의 직무를 성공적으로 수행함으로써 마침내 보위에 오르게 됐다. 백성의 위치에 있을 때부터 뛰어난 자질을 보여준 덕분이다. 당시 어떤 자는 그에 관해 평하기를, '군주가 되기 위해 그가 갖지 못한 것은 단지 나라밖에 없다!'고 했다. 그는 구식 군대를 해체하면서 신식 군대를 확립했다. 또 과거의 동맹관계를 파기하고 새로운 동맹관계를 구축했다. 그는 자신의 군대와 믿을 만한 동맹을 갖게 되자 이를 토대로 하여 자신이 평소 원하던 나라를 만들어 나갔다. 그가 겪은 어려움은 나라를 얻는 과정에서 빚어진 것으로 결코 유지하는 과정에서 나온 게 아니다."

마키아벨리는 무력을 동원해 보위에 오른 시라쿠사의 참주 히에론 2세가 나라를 지키기 위해 부국강병을 이룬 사실을 높이 평가한 것이다. 크세노폰이 『히에론』에서 소크라테스의 입을 빌려 '도시의 수호자'가 될 것을 역설한 것과 닮았다. 마키아벨리가 히에론 2세를 두고 '참주'의 행보를 전혀 문제 삼지 않고 부국강병을 이룬 '도시의 수호자'가 된 사실을 칭송한 점에 주목할 필요가 있다. 군주의 미덕은 결코 도덕적인 선을 행하는데 있는 게 아니라 나라를 외적의 침입으로부터 방비해 백성의 생명과 안전을 지키는데 있다고 역설한 것이다. 소크라테스가 히에론 2세에게 '당신이 당신의 도시를 다른 수호자들의 것보다 더 살기 좋게 만든다면 당신은 세상에서 가장 고귀하고 위대한 경쟁의 승자가 될 것이오!'라고 언급한 대목이 이를 뒷받침한다. 21세기에 들어와 학계에서 소크라테스 사상이 플라톤이 아닌 크세노폰에게 전해졌다고 보는 견해가 점증하는 이유다. 이는 최근 동아3국에서 마치 공자사상의 적통이 맹자가 아닌 순자에게 이어졌다고 보는 견해가 늘고 있는 것과 닮았다.

많은 전문가들은 플라톤만큼이나 용모가 수려했던 크세노폰이 군사전문가로 평생을 보내면서 스승인 소크라테스의 가르침을 충실히 따랐던 것으로 파악하고 있다. 플라톤처럼 스승의 말을 멋대로 만들어내는 짓을 하지 않았을 것으로 보는 이유다. 실제로 『히에론』에 나온 소크라테스의 언행을 역사적 사실로 간주되고 있다. 크세노폰의 작품에 커다란 감명을 받은 마키아벨리가 『군주론』에서 참주로 악명이 높았던 히에론 2세의 사적을 거듭 언급한 것도 이런 맥락에서 이해할 수 있다.

크세노폰의 『회상록』과 관련해 눈여겨볼 대목은 크게 2가지이다. 첫째, 크세노폰이 묘사한 소크라테스의 모습이다. 폴리크라테스가 소크라테스의 재판과정을 악의적으로 왜곡하자 이에 격분한 크세노폰은 플라톤이 『국가론』을 쓴 것과 같은 이유로 스승의 명예를 방어하기 위해 『회상록』을 쓰기 시작했다. 그 또한 플라톤과 마찬가지로 당시 유행하던 대화체로 저술한 까닭에 어디까지가 소크라테스에 대한 기억이고, 어디까지가 그의 생각인지 불분명하다. 다만 자기과시욕이 강하고 뛰어난 문체를 자랑한 플라톤과 달리 무인 출신인 크세노폰은 스승의 모습을 있는 그대로 묘사했을 것으로 짐작되고 있다. 많은 학자들이 소크라테스의 사적 및 사상과 관련해 『국가론』보다 『회상록』에 높은 점수를 주는 이유다.

실제로 『국가론』과 『회상록』의 관련 대목을 비교해 보면 『회상록』의 소크라테스 모습이 훨씬 자연스럽다. 『국가론』에 나오는 소크라테스의 모습은 너무 정제돼 있고, 지나치게 현학적이다. 크세노폰이 '관조의 삶'을 살고자 한 플라톤과 달리 '정치적 삶'을 살고자 한 군사전문가였던 점을 감안하면 당연한 일이기도 하다. 이를 두고 레오 스트라우스는 『크세노폰의 소크라테스』에서 크세노폰이 스승을 진정한 '애지자'로 묘사키 위해 애쓴 덕분에 『회상록』의 소크라테스가 『국가론』에 묘사된 것보다 훨씬 더 인간미를 풍기게 된 것으로 파악했다. 확실히 『회상록』의 소크라테스는 『국가론』에 비해 훨씬 인간적이면서 동시에 훨씬 정치적이다. '철학적 삶'을 지향한 플라톤과 '정치적 삶'을 추구한 크세노폰의 차이가 스승의 모습을 전혀 다르게 표현하는 근본 배경이 됐다고 볼 수 있다.

크세노폰이 『히에론』에서 타인을 지배하려는 욕망에 사로잡힌 히에론 2세를 롤 모델로 삼아 '잠재적 참주'에게 나라의 수호자가 될 것을 강력히 주문한 것도 바로 이런 맥락에서 이해할 수 있다. 그런 점에서 크세노폰이 시모니데스의 입을 통해 '잠재적 참주'에게 요구한 내용은 매우 의미심장하다. 참주에게 '올바른 삶'을 가르치는 게 아니라, 자신의 욕망을 충족시키면서 공포로부터 해방되는 방법을 일러준 게 그렇다. 해답은 '나라의 수호자'로 우뚝 서는 길이다.

크세노폰은 구체적인 방법과 관련해 잠재적 참주에게 신민을 배불리고 안전하게 만드는 것이 스스로를 영광스럽게 만드는 지름길이고, 강력한 무력은 반드시 다른 도시의 통치자들을 제압하는데 사용해야 한다고 조언했다. '철인왕'과 같은 지고지선의 비현실적인 성황을 추구할 게 아니라 현실적으로 가능한 '강군'이 되라고 주문한 것이다. 만일 크세노폰이 플라톤처럼 군주의 덕목으로 '절제'를 지나치게 강조하지만 않았다면, 그의 정치적 현실주의는 마키아벨리만큼이나 매우 근대적이었을 것이라는 평을 받고 있다.

따라서 『히에론』 및 『키로스의 교육』에 나오는 히에론 2세와 키로스 2세는 부국강병을 실현한 강력한 군주의 전형에 해당한다. 그들의 모습은 살벌한 경제전에서 최후의 승리를 거머쥐는 글로벌 기업CEO의 이미지와 겹친다. 『회상록』에 나오는 소크라테스의 가르침도 이런 맥락에서 이해할 수 있을 것이다.

21세기에 들어와 학자들은 이구동성으로 소크라테스의 행적과 사상의 참모습을 찾고자 하면 반드시 『회상록』을 통해야 한다고 말하고 있다. 이는 크세노폰이 플라톤과 달리 애초부터 '철인왕'과 같은 비현실적인 우연에 기대를 걸지 않은 사실과 무관치 않다. 사실 이게 소크라테스의 기본입장이기도 했다. 소크라테스와 크세노폰 모두 '철인왕' 대신 온갖 욕망에 휘둘리는 현실 속의 인간에 주목했다. 『키로스의 교육』에서 설파했듯이 절제와 부단한 노력을 통해 커다란 영광을 차지하는 '정치적 삶'을 산 키로스 2세와 같은 '강군強君'이 바로 그가 생각한 대안이었다. 사상사적으로 볼 때 플라톤의 '철인왕'은 맹자가 말한 전설상의 성군인 요순, 크세노폰의 '강군'은 한비자가 천하통일의 주인공으로 꼽은 현실 속의 진시황과 닮았다. 『논어』의 키워드인 군자는 플라톤의 '철인왕'과 크세노폰의 '강군'의 중간쯤에 위치에 있다고 할 수 있다.

짚고 가자

'악법도 법이다'의 진실

많은 사람들은 소크라테스가 두 가지 명언을 남긴 것으로 기억하고 있다. "너 자신을 알라!"와 "악법도 법이다"라는 구절이 그렇다. 그러나 '너 사진을 알라'의 그리스어 '그노티 세아우톤γνῶθι σεαυτόν'은 소크라테스가 지어낸 말이 아니라 델포이의 신전에 새겨진 글귀이다. 소크라테스는 하나를 알면 열을 말하는 소피스트들에게 이 말을 썼다. 스스로 얼마나 무시한지 깨달으라고 이 말을 인용한 것이다.

소크라테스가 독배를 마시고 숨지기 전에 한 말로 알려진 '아법도 법이다'라는 말도 와전에 지나지 않는다. 이 말은 원래 고대 로마의 법언인 '법은 엄하지만 그래도 법이다'.라는 뜻의 라틴어 '두라 렉스Dura lex, 세드 렉스sed lex'에서 나온 것이다. 2세기경 로마 법률가 도미티우스 울피아누스는 이를 두고 "이는 실로 지나치게 심하다. 그러나 그게 바로 기록된 법이다."라는 의미로 풀이한 바 있다.

소크라테스가 이 말을 한 것으로 와전된 단초는 경성제대 교수를 지낸 오다카 도모오尾高朝雄가 제공했다. 그는 1937년에 펴낸 『법철학』에서 이 법언을 인용해 소크라테스가 독배를 든 것은 실정법을 존중했기 때문이라며 '악법도 법이므로 지켜야 한다'고 주장했다. '악법도 법이다'라는 주장은 바로 로마법언을 인용한 오다카의 주장에 지나지 않는다. 그런데도 한국에서는 소크라테스가 이 말을 한 것처럼 와전되어 유포된 것이다. 여기에는 일본인 작가 시오노 나나미가 『로마인 이야기』에서 이 대목을 마치 사실인 양 부각시킨 것도 크게 작용했다.

주목할 것은 오다카 역시 소크라테스가 '악법도 법이다'라고 말한 것으로 기술하지는 않은 점이다. 그는 단지 소크라테스의 사례를 거론하며 로마법언을 인용해 '악법도 법이므로 지켜야 한다.'고 주장했을 뿐이다. 이를 곡해한 것은 전적으로 오다카 밑에서 법철학을 공부한 황산덕 등의 법학자들 탓이다. 이런 왜곡된 얘기가 전파되는 과정에서 과연 이들은 무엇을 했는지 묻지 않을 수 없다. 일각에서 과거 권위주의 정권 시절 이 말이 억압적인 법집행을 정당화하는 데 악용된 것에 책임을 져야 한다는 지적이 나오는 이유다.

지난 2005년 서강대 정외과의 강정인 교수가 공저로 펴낸 『소크라테스는 악법도 법이라고 말하지 않았다』가 대표적이다. 그는 소크라테스가 이런 말을 한 적이 없다는 사실을 정밀하게 추적하면서 이 말이 과거 권위주의 정권의 억압적인 법 집행을 정당화하는 데 악용됐다고 비판했다.

그러나 그 다음이 문제였다. 그는 주장키를, "소크라테스가 독배를 마신 것은 법을 지키기 위해서가 아니라 자신을 지키기 위한 것이었다."고 했다. 만일 소크라테스가 독배를 거부하고 해외로 도망갔다면 이는 자신의 철학을 전면적으로 부인하는 행동이 될 수밖에 없다. 강정인은 이를 근거로 소크라테스가 지키고자 한 것은 악법이 아니라 법보다 더 상위에 있는 진리였다는 식으로 주장했다. 이는 소크라테스가 친구이자 제자인 크리톤의 탈옥 권유를 좇을 수도 있었는데 그리하지 않았다는 것을 전제로 한 것이다.

그러나 이는 아무래도 지나쳤다. 객관적으로 볼 때 당시 소크라테스가 탈옥하는 것은 불가능에 가까웠다. 불가능에 가까운 일에 대해 소크라테스는 법 위에 있는 진리를 지키기 위해 독배를 마셨다는 식으로 주장하는 것은 논리의 비약이다. 이는 복잡하게 해석할 일이 아니다. 비록 타락한 형태이기는 했으나 소크라테스도 자신에게 독배를 내린 아테네의 민주주의 체계를 수용한 것에 지나지 않았다. 오다카의 주장처럼 소크라테스 역시 비록 그같이 말하지는 않았으나 내심 '악법도 법이다'라는 로마의 법언을 수용했다고 풀이하는 게 옳다.

『히산록』의 기록에 따르면 당시 소크라테스는 자신의 유무죄를 논하는 자리에서 "왜 새점을 치는 자들은 내버려 두고 나만 신을 모독했다고 하는 것인가?"라고 항변했다. 이어 30표의 근소한 차로 유죄가 결정된 후 형량을 논하는 자리에서는 더욱 거칠게 항변했다.

그를 비판한 사람들 입장에서 볼 때는 소크라테스 역시 여타 소피스트와 별반 다를 게 없는 일개 '철학자'에 지나지 않았다. 더구나 사형선고를 받고 감옥에 갇힌 상황에서 소크라테스가 '철학자'답게 죽을 수 있는 유일한 길은 조용히 독배를 마시는 길밖에 없었다. 분노를 이기지 못해 독배를 내던지거나 할 경우 이는 치명타로 작용할 게 빤했다. 강요된 죽음을 순순히 받아들이면서 자신의 고고함을 드러내는 게 최상의 선택이었다. 실제로 그는 그같이 행동했다. 『소크라테스의 변명』에 나오는 자문자답 형식의 대화가 이를 뒷받침한다.

여기서 소크라테스는 '국법'이라는 가상의 화자를 등장시켜 과연 자신에게 사형을 내린 판결을 수용할 것인지 여부를 자문자답한 바 있다. 이에 따르면 개인에 의해 국법이 짓밟힐 경우 나라는 존속할 수 없다는 '국법'의 주장에 대해 그는 "국가는 공정하지 못한 선고를 내렸다."고 항변했다. 이어 소크라테스 부모의 결혼을 규제하지 않았고, 이어 그 자식인 소크라테스를 국가에서 훈육했으니 소크라테스 역시 국가의 자녀에 해당한다는 '국법'의 주장에 대해 그는 이같이 대답했다.

"그렇다. 나라의 처벌을 받았을 때는 감금이든 처형이든 조용히 참고 따르지 않으면 안 된다."

이를 통해 소크라테스 역시 비록 타락하기는 했으나 아테네의 민주주의 체제를 중시했음을 알 수 있다. 그런 그가 막다른 상황에 몰려 부득이 택할 수밖에 없었던 행보를 놓고 '법보다 상위에 있는 진리' 운운하며 미화하는 것은 또 다른 논란을 일으킬 소지가 크다.

객관적으로 볼 때 당시 소크라테스는 '힘이 곧 정의다.'라고 생각하는 아테네 시민들의 상식을 정면으로 부인했다. 그의 이런 도발적인 행보는 시민들의 불쾌감만 조장할 뿐이었다. '불의를 당하는 게 불의를 저지르는 것보다 낫다.'는 말은 나름 이해할 수 있으나 당대의 정치가인 페리클레스를 두고 시민에게 아부만한 정치가일 뿐이라고 직격탄을 날린 것은 도가 지나쳤다. 페리클레스는 아테네 민주주의의 상징이나 다름없는 인물이었다. 이는 시민 대다수를 적으로 돌리는 짓에 가까웠다.

게다가 그는 자신만이 '진정한 정치적 기술'을 실천하고 있다고 주장했다. 일각에서 그의 죽음이 그가 법정에 서기 훨씬 이전부터 예견된 것이었다고 주장하는 이유다. 소크라테스의 죽음을 과도하게 미화하는 것은 결코 바람직하지 않다는 얘기다. 사권과 공권 내지 사익과 공익의 질과 양을 따져 합리적으로 결정하는 교량較量이 필요한 이유다. 객관적으로 볼 때 당시 소크라테스는 자신을 비판하는 자들의 잘못된 표결에 의해 자신이 억울하게 죽음을 당하게 됐다는 사실을 정확히 인식하고 있었다. 그럼에도 이를 받아들여 독배를 들이킨 것은 도저히 어찌할 수 없는 부득이한 상황에 몰린 탓이다. 결코 법보다 위에 있는 진리를 지키기 위해 독배를 들이킨 게 아니라는 얘기다. 이같이 해석하는 것이 크세노폰이 『변명』 등에서 묘사해 놓은 소크라테스의 모습과 부합한다.

당대 최고의 현자인 소크라테스가 독배를 마신 것은 아테네 민주주의가 이미 타락할대로 타락했다는 명백한 증거에 해당한다. 민주주의가 타락하면 이런 모습이 나타난다. 실제로 아테네는 이후 쇠락의 길로 치달았다. 최상의 정체로 간주된 민주주의가 타락하면 군주제나 공화제가 타락한 모습보다 더 무서운 모습을 띨 수 있다는 사실을 명심할 필요가 있다.

이상을 추구한 철학자

• 맹자

맹자는 공자와 마찬가지로 열국을 돌아다니며 자신의 정치이상을 설파하는 '유세정치'를 펼쳤다. 이 와중에 양혜왕, 제선왕, 송언왕, 등문공 등 열국의 제후와 인연을 맺었다. 이들 모두 겉으로는 맹자의 주장에 고개를 끄덕이는 모습을 보이면서 속으로는 부국강병의 계책에 귀를 기울였다. 약육강식이 난무하는 난세의 한복판에서 극히 비현실적인 이상향을 추구한 결과다. 맹자의 유세정치가 철저히 실패한 근본이유가 여기에 있다. 그러나 그는 난세가 극에 달한 상황에서 나름 일정한 역할을 수행한 게 사실이다. 현실정치와 구별되는 이상정치의 구체적인 모습을 제시한 게 그렇다. 그 내용이 국제연합의 헌장과 서로 긴밀히 통하고 있다. 아무리 살벌한 난세의 상황이 빚어질지라도 인류 전체의 영구한 평화 정착을 위한 노력 또한 그칠 수 없는 법이다. 21세기에 들어와 맹자의 사상이 새삼 각광을 받는 이유다.

• 플라톤

플라톤은 스승이 독배를 마시고 숨을 거두는 모습을 곁에서 지켜보면서 최상의 국가를 만들기 위한 계책을 마련하는 데 골몰했다. 시라쿠사의 참주 디오니시오스 2세를 바른 길로 인도해 실현가능한 최선의 국가를 만들고자 한 게 그렇다. 그러나 이는 실패로 돌아갔다. 그가 이상국가의 모습을 담은 『국가론』을 저술한 것도 같은 맥락이다. 그 내용이 지극히 이상적이었기에 현실적으로 구현할 길이 없었던 것이다. '철인왕'의 개념이 그렇다. 결국 그는 나이를 먹으면서 『정치가』와 『법률』을 통해 '철인왕'을 세속화하는 작업을 시도했다. 엘리트정치를 긍정적으로 평가한 『정치가』와 법을 제정하는 자에게 기대를 건 『법률』은 그가 죽을 때까지 실현가능한 최선의 국가를 만들기 위해 얼마나 노력했는지를 역설적으로 보여준다.

제2장

맹자와 플라톤

이상국 실현이 가능한가?

맹자와 플라톤은 여러모로 닮았다. 가장 큰 공통점은 서로 매우 이상적인 국가의 모델을 제시하면서 각각 동양과 서양을 대표하는 공자와 소크라테스의 사상적 제자를 자처한 데 있다. 플라톤은 공자를 사숙私淑한 맹자와 달리 소크라테스의 직계제자로서 가르침을 직접 받은 게 다를 뿐이다. 문제는 두 사람이 내세운 이론과 주장이 과연 공자와 소크라테스의 사상과 부합하는가 하는 것이다. 대답은 극히 부정적이다. 두 사람 모두 공자와 소크라테스의 인간과 국가에 관한 많은 언급 가운데 일부만을 떼어내 이것이 마치 공자와 소크라테스의

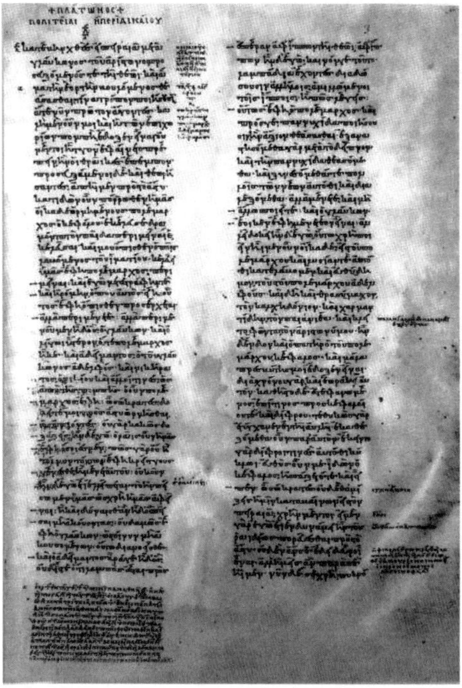

❙ 플라톤 『국가론』

모든 것인 양 내세웠다. 공자와 소크라테스 사상에 대한 왜곡은 여기서부터 시작됐다고 해도 과언이 아니다.

01

맹자는 왕도의 이상을 『맹자』에서 어떻게 설명했는가?

역사 속의 맹자

맹자의 생애에 관한 기록 가운데 대표적인 것으로는 『사기』「맹자순경열전」을 들 수 있다. 이는 맹자에 관한 최초의 기록이기도 하다. 그러나 「맹자순경열전」의 기록은 매우 간략하기 그지없다. 사마천이 『사기』를 저술할 때까지만 하더라도 맹자가 그다지 주목을 받지 못했음을 보여준다. 「맹자순경열전」의 전문全文은 다음과 같다.

"맹가孟軻는 추鄒 땅 사람이다. 학업을 공자의 손자인 자사子思의 문인에게서 받았다. 도를 통한 뒤 유세하며 제선왕을 섬겼다. 제선왕이 그를 쓰지 않자 이내 양梁나라로 갔다. 그러나 양혜왕도 맹자의 주장을 실행하지 않았다. 그의 주장이 매우 우원迂遠한 까닭에 당시의 실정과 맞지 않다고 생각한 것이다. 당시 진秦나라는 상앙을 등용해 부국강병에 주력했고, 초나라와 위나라는 차례로 오기를 등용한 덕분에 전쟁에서 매번 이겨 적국의 세력을 약화시켰다. 제나라도 위왕과 선왕 때에 이르러 병가인 손무孫武와 전기田忌의 무리를 중용한 덕분에 병력이 매우 강했다. 여러 제후들이 제나라에 입조入朝한 이유다. 이를 계기로 천하는 바야흐로 합종연횡合縱連衡에 힘쓰면서 이웃 나라를 공벌攻伐하는 것을 현명한 일로 알았다. 그런 정세 속에서 맹가는 요순과 하, 은, 주 삼대三代의 덕을 주장한 것이다. 어디를 가도 용납되지 못한 이유다. 은퇴한 뒤에는 제자인 만장萬章 등과 함께 『시경』과 『서경』을 차례에 따라 서술해 공자의 뜻을 밝히고, 『맹자』 7편을 지었다."

동양사상사에서 극히 중요한 위치를 차지하고 있는 맹자에 관한 기록치고는 소략하기 그지없다. 맹자의 가계家系와 생몰연대는 말할 것도 없고 당시 누구나 갖고 있던 자字에 관한 기록도 없다. 활동상황 또한 소략하기 그지없다. 그 이유는 무엇일까? 『사기』가 편제되는 전한 초기만 하더라도 맹자가 그다지 주목을 받지 못했음을 보여준다. 맹자 자신이 제자백가의 한 사람 정도로 취급됐던 까닭에 『맹자』가 중시될 이유도 없었다. 사마천이 『사기』에서 맹자를 극히 소략하게 다룬 근본이유다.

맹자는 대략 공자 사후 약 1백여 년 뒤에 노나라의 추읍鄒邑에서 태어난 것으로 보인다. 그의 이름이 가軻인 것은 확실하나 자字는 현재까지 전혀 알려져 있지 않다. 전한 초기에 나온 『공총자孔叢子』는 맹자의 자를 '자거子居'라고 기록해 놓았으나 믿을 수 없다. 삼국시대 위나라의 부현傅玄은 '자여子輿' 내지 '자거子車'라고 했으나 이 또한 무슨 근거가 있는 게 아니다. 사마천의 『사기』와 반고의 『한서』, 최초의 『맹자』 주석서를 쓴 조기趙岐 등이 맹자의 자에 관해 아무런 언급도 하지 않은 점에 비춰 맹자의 '자'는 후대인의 위작으로 보인다.

현재 맹자가 산동성에 소재한 추鄒 땅에서 태어난 것에 이의를 제기하는 사람은 없다. 그러나 그의 가계에 대해서는 아무 것도 알려진 게 없다. 과거 맹자의 성에 주목해 이웃한 노나라의 세족인 맹손씨孟孫氏의 일원이 어떤 사정으로 추 땅으로 옮겨 살아 맹자의 조상이 됐을 것으로 추정하는 견해가 있으나 믿을 바가 못 된다. 여러 기록에 비춰 그는 부친이 누구인지조차 전혀 알려지지 않을 정도로 매우 빈한한 가문 출신인 것만은 거의 확실하다.

이는 그의 모친과 관련한 몇 가지 전설을 통해 어느 정도 추정할 수 있다. 전한제국 말기의 유향劉向이 지은 『열녀전列女傳』에는 '맹모삼천孟母三遷'의 고사가 실려 있다. 어린 맹자의 교육을 위해 '맹모'가 3번이나 집을 이사했다는 게 골자다. 이를 액면 그대로 믿을 수는 없으나 맹자가 어렸을 때 편모 밑에서 생장했을 가능성을 암시한다. 『열녀전』에는 맹자의 면학을 독려하기 위해 학업 도중에 돌아온 아들 앞에서 자신이 애써 짠 천을 과감히 끊어버리는 '맹모단기孟母斷機'의 설화도 실려 있다. 맹자가 빈한한 환경 속에서 어렸을 때부터 최소한의 교양인 6예六藝를 습득했을 가능성을 시사한다. 어렸을 때 가장이 된 공자가 집안을 돕기 위해 6예를 익힌 경우와 닮았다. 맹자 역시 공자와 마찬가지로 지방의 하급 사족士族 출신이었을 공산이 크다.

현재 맹자의 출생연도에 관해 정설이 없다. 후대의 맹자 연보年譜에 실린 출생연도는 모두 추정에 불과한 것이다. 추정의 기준은 『사기』「육국연표」에 실려 있는 맹자의 양혜왕 방문시점이다. 「육국연표」는 양혜왕 35년인 기원전 335년으로 잡고 있다. 그러나 「육국연표」의 이 기록을 액면 그대로 믿을 수 없다. 진제국의 성립 당시 각 나라에 전해오던 연대기가 모두 파기된 까닭에 사마천은 『사기』를 저술하면서 오직 진제국의 연대기를 참조할 수밖에 없었다. 진나라 이외의 나라의 연대에는 적잖은 오류가 있을 수밖에 없다.

다만 사마천이 죽은 지 4세기 후에 발견된 『죽서기년竹書紀年』에 의거해 대략 맹자가 양혜왕을 방문한 시기를 어느 정도 정확히 추정할 수 있다. 『죽서기년』은 양나라 애왕哀王의 능에서 발굴된 위나라의 연대기를 말한다. 『죽서기년』에 따르면 양혜왕은 즉위 36년인 기원전 334년에 후원後元 원년으로 개원改元하여 왕호를 쓰기 시작했고, 이후 16년 뒤인 기원전 319년에 죽었다. 결국 맹자는 유세하던 도중 양혜왕의 죽음을 맞이한 셈이 된다.

그렇다면 맹자가 양나라를 방문한 시점은 양혜왕이 생존해 있던 기원전 319년 이전으로 보아야 한다. 문제는 당시 맹자의 나이를 정확히 알 수 없다는 데 있다. 주목할 것은 『맹자』의 기록이다. 「양혜왕 상」의 기록에 따르면 양혜왕은 맹자를 두고 '수叟'로 칭했다. 이는 50세 이상의 노인을 존경해 부를 때 쓰는 용어이다. 양혜왕을 만났을 때 맹자의 나이는 적어도 50세 이상이었다고 보아야만 한다. 이를 종합하면 맹자의 출생연도는 최소한 기원전 369년 이후는 아니라는 추정이 가능해진다.

그러나 과연 '수'를 기준으로 맹자의 출생연도를 추정하는 게 타당한 것일까? 맹자가 양혜왕을 방문한 후원 15년은 그의 즉위 50년에 해당한다. 당시 양혜왕이 어려서 보위에 올랐다는 증거가 없는 만큼 만일 그가 20세에 즉위했다면 그의 나이는 이미 70세에 달했다고 보아야 한다. 이 경우 70세의 노왕이 50대의 맹자를 두고 과연 '수'라고 칭하는 게 타당한 것일까? 이에 주목해 당시 맹자의 나이 또한 70세 전후로 보아야 한다는 주장이 제기됐다. 나름대로 일리가 있는 주장이다. 이 경우 맹자의 출생연도는 기원전 389년으로 소급해야 한다. 20년 이상 소급하는 셈이다. 이는 공자가 죽은 지 꼭 90년 뒤에 해당한다.

청대의 정복심程復心과 적자기狄子奇는 각각 『맹자연보孟子年譜』와 『맹자편년孟子編年』을 만들면서 기원전 369년과 389년 사이의 적당한 시점을 출생연도로 잡고, 대략 80세 이상의 수명을 누렸을 것으로 간주했다. 출생연도는 그나마 『맹자』에 나오는 내용을 토대로 추정이 가능하나 사망연도는 전혀 추정할 근거가 없다. 맹자의 생몰연대는 여전히 베일에 싸여 있는 셈이다.

그렇다면 맹자의 생장과정은 과연 어떠했을까? 과거 주희를 비롯한 성리학자들은 「맹자순경열전」에 나오는 '자사子思의 문인으로 배웠다.'는 구절을 근거로 맹자가 증자曾子와 자사로 이어지는 노학魯學 계통의 유학을 접한 것으로 분석했다. 그러나 「맹자순경열전」은 『맹자』의 기록을 토대로 한 것인 만큼 이를 액면 그대로 믿을 수는 없는 일이다. 맹자는 「이루 하」에서 '나는 다행히 공문孔門의 학통을 이어받은 사람으로부터 공자를 사숙私淑할 수 있었다.'고 밝힌 바 있다. '사숙'

은 특정인을 사적으로 앙모하여 그의 사상과 학문 등을 배우며 추종한다는 의미이다. 맹자가 자신의 입으로 '자사의 문인으로부터 배웠다.'고 언급하지 않은 점에 주목할 필요가 있다. 이를 어떻게 해석하는 게 좋을까?

당초 공자 사후에 그의 직제자들은 고향을 찾아 각기 여러 나라로 흩어졌다. 나라별로 유가의 여러 학파가 등장한 이유다. 당시 노나라에 그대로 남아 있던 직제자는 증자였다. 그는 성경誠敬과 효행孝行을 토대로 한 실천을 중시하며 공자사상의 요체를 충서忠恕로 해석한 게 특징이다. 치평治平보다 수제修齊를 중시한 노학魯學의 비조에 해당한다. 공자의 손자이기도 한 자사는 『중용』을 저술한 것으로 알려진 인물로 증자의 직제자였다. 공자의 후기 제자에 속하는 증자와 공자의 손자인 자사로 이어진 '노학'은 공자 사후에 공학의 적통을 이어받은 것으로 간주됐다.

한미한 하급 사족 출신인 맹자가 명망이 높았던 자사의 문인으로부터 공학을 전수받았을 가능성은 상대적으로 희소했다고 보는 게 타당하다. 맹자가 스스로 '사숙'을 언급한 사실이 이를 뒷받침한다. 「맹자순경열전」의 기사를 맹자가 자사의 문인으로부터 증자의 '노학'을 전수받았다는 증거로 내세울 수는 없다. 다만 맹자가 증자 계통의 '노학'을 접했을 가능성은 높다. 실제로 맹자의 학풍은 '노학'과 밀접한 관련을 맺고 있다.

후대인들은 「맹자순경열전」의 기사를 액면 그대로 믿었다. 이 기사가 『열녀전』과 『한서』「예문지藝文志」와 『풍속통風俗通』 등에 그대로 인용되고 있는 게 그렇다. 그렇다면 자사의 문인으로부터 '노학'을 전수

받은 맹자는 이후 어떤 행보를 보인 것일까? 맹자의 본격적인 정치활동은 『맹자』「양혜왕 상」의 내용이 보여주듯이 천하유세를 계기로 시작됐다. 자사의 문인으로부터 '노학'을 접한 뒤 천하유세에 나서는 50세 이전까지 고향에서 주로 제자들을 가르치며 자신의 독특한 이론인 왕도론 등을 다듬었을 공산이 크다.

맹자의 천하유세 도정은 14년간에 걸친 공자의 천하유세 만큼 복잡하지는 않다. 그러나 그 또한 나름대로 위魏·제齊·송宋·등滕·추鄒나라 등을 비롯해 여러 나라를 분주하게 돌아다녔다. 그의 천하유세 기간은 대략 10년 정도에 걸친 것으로 짐작된다. 그의 나이 50–70세 사이에 이뤄진 일이다.

그가 최초로 유세한 나라는 위나라였다. 당시 맹자는 위혜왕을 만나 열심히 유세했으나 얼마 후 위혜왕이 죽고 뒤를 이은 위양왕魏襄王이 자신을 홀대하자 이내 위나라를 떠났다. 위나라를 떠난 맹자는 제나라로 가 제선왕齊宣王의 지우知遇로 객경客卿이 됐다. '객경'은 일종의 정치고문과 유사한 직책이다. 당시 제선왕은 도성 임치臨淄의 서쪽에 있는 직문稷門 근처에 커다란 학궁學宮을 지어놓고 천하의 인재들을 모으고 있었다. 여기에 모인 학자들을 흔히 '직문학사稷門學士'라고 했다. 맹자는 물론 맹자보다 반세기 뒤에 태어난 순자도 직문학사의 일원이었다. 순자는 특히 그의 뛰어난 능력을 인정받아 직문학사의 수장인 좨주祭酒의 자리를 두 번이나 역임했다.

현재 임치는 산동반도 서쪽을 흐르는 치수淄水에 인접한 작은 도시에 불과하다. 별다른 특색이 없는 이 지방도시가 전국시대 당시에는 굴지의 대도시였다. 맹자가 직하에 머물 당시만 하더라도 이 도시의 인구는 수십만에 달했다. 제나라는 제위왕齊威王을 위시해 제선왕과 제민왕齊湣王에 이르기까지 '직문학사'들을 크게 우대했다. 당시 '직문학사'들은 왕의 자문에 응하는 것을 제외하고는 마음껏 사색하며 학문을 연마하는 자유를 누렸다. 맹자도 바로 이곳에서 여러 사상가들과 교유하며 자신의 사상을 정립했다. 『맹자』의 전편을 통해 제나라에 체류할 당시의 기록이 가장 활기를 띠고 있는 것도 이와 무관치 않을 것이다. 맹자는 이곳에서 7~8년 가까이 체류했다.

그러나 제나라가 이웃 연나라를 공략하면서 맹자는 제선왕과 갈등을 빚고 이내 제나라를 떠나고 말았다. 제나라의 연나라 침공은 연나라가 자초한 것이다. 당시 연나라 왕 쾌噲는 재상인 자지子之에게 사실상 나라를 양도한 것이나 다름없는 일을 저질렀다. 내란이 일어난 이유다. 제나라는 물실호기勿失好機의 기회로 생각해 이내 불의를 징벌한다는 구실을 내세워 순식간에 연나라를 점령했다. 이때 제나라 대신이 맹자를 찾아와 연나라 공벌에 대한 가부를 묻자 맹자는 거침없이 고개를 끄덕였다. 그러나 얼마 후 제나라 군사는 연나라 백성들의 저항과 열국의 압력으로 인해 진퇴양난의 곤경에 처하게 됐다. 제자들이 이를 추궁하자 맹자는 교묘한 논리로 책임을 회피하는 모습을 보였다. 자신은 연나라 공벌 여부를 묻는 질문에 답했을 뿐이고, 연나라를 칠 자격이 있는지를 묻지 않은 까닭에 결코 제나라의 연나라 공벌을 수긍한 적이 없다는 게 그의 논리였다. 교언巧言이다.

당시 맹자가 연나라 공벌의 전후 사정을 몰랐을 리 없다. 그가 이를 알고도 말렸다는 기록이 없는 점을 보면 맹자는 연나라 공벌을 적극 권유했을 가능성이 크다. 실제로 『사기』와 『자치통감』은 맹자가 연나라 공벌을 적극 권한 것으로 기록해 놓았다. 『맹자』에도 당시의 정황이 제법 상세히 소개되어 있다. 『맹자』를 편찬한 후대의 유자들이 맹자를 옹호하기 위해 맹자의 교언을 삽입시켜 놓았는지도 모를 일이다. 당시 맹자가 제선왕에게 연나라 점령군의 철병을 강력히 요구했으나 제선왕은 이를 거절했다. 둘 사이에 틈이 생긴 이유다.

결국 맹자는 소신을 굽혀 제나라에 머물기보다는 제나라를 떠나는 방안을 선택했다. 자신의 명성이 훼손될 것을 우려한 제선왕이 급히 사람을 보내 만종록萬鍾祿을 주겠다고 제안하는가 하면 친히 찾아가 만류키도 했으나 맹자는 기어코 제나라를 떠나고 말았다. 원칙을 존중하는 맹자의 강의剛毅한 기개가 타협을 용납지 않은 것이다.

그러나 맹자는 막상 제나라를 떠나는 와중에 주晝 땅에 머물러 공연히 지체하는 모습을 보였다. 제선왕이 사람을 보내 자신을 다시 불러주기를 기다린 것이다. 지우지은知遇之恩을 베푼 제선왕에 대한 미련으로 해석할 수밖에 없다. 맹자는 권력자를 대할 때마다 굳이 그럴 필요가 없었는데도 유별나게 고오高傲한 자세를 취했다. 무심한 자세를 취한 장자와 대비되는 대목이다.

제나라를 떠난 맹자는 이후 송나라로 갔다가 다시 설나라와 노나라로 갔다. 그러나 이내 받아들여지지 않자 모든 것을 접고 고향인 추읍鄒邑으로 돌아가 제자육성과 『맹자』 편찬에 매진하다가 생을 마감했다. 그의 삶은 외견상 공자와 닮아 있다. 그러나 그 내막은 크게 다르다. 고전을 정비한 것도 없고, 그럴 듯한 제자를 길러낸 일도 없다. 심하게 말하면 천하를 주유하는 과정에서 제후를 앞에 두고 비현실적인 왕도王道를 역설하며 억지로 고개를 주억거리게 만든 것밖에 없다. 제후들이 황급히 노자를 챙겨주며 속히 떠나기를 바란 이유다. 순자가 그를 속유俗儒로 질타한 것도 이런 맥락에서 이해할 수 있다. 맹자가 고향에 돌아온 이후의 행적 역시 별로 알려진 게 없다. 그가 80세 전후로 세상을 떠났다는 주장이 있으나 하나의 추정에 불과할 뿐이다.

성선설과 왕도론

맹자는 수제修齊를 중시하는 증자 계열의 노학魯學에 뿌리를 두고 있는 까닭에 인간의 덕성 함양에 많은 관심을 기울였다. 언변에 뛰어났던 맹자는 당시 사상계에서 주요 논쟁으로 부상한 인간의 본성에 관해 탁월한 이론을 정립했다. 그것이 바로 인간의 본성은 본질적으로 선하다는 내용을 골자로 하는 성선설性善說이었다. 맹자사상의 출발점은 바로 '성신실'에 있다고 해도 과언이 아니다.

맹자의 생존 당시 사람의 본성에 대해 여러 설이 존재했다. 무선무악설無善無惡說, 가선가악설可善可惡說, 유선유악설有善有惡說 등이 그것이다. 이들 설은 표현의 차이에도 불구하고 인성을 선악의 어느 한쪽으로 규정하지 않았다는 점에서 대동소이하다. 인간의 본성 문제를 놓고 맹자와 설전을 벌인 고자告子가 바로 그런 입장에 서 있었다. 이름이 불해不害인 고자는 맹자와 같은 시대를 살았으나 입장은 정반대였다. 저술은 남아 있는 게 없고 성선설을 놓고 맹자와 문답을 펼친 일화가 『맹자』에 실려 있을 뿐이다. '무선무악설' 등에 입각한 고자의 이런 입장은 예치禮治를 통해 인간의 이욕利欲을 억제함으로써 인간을 군자로 만들 수 있다고 주장한 순자의 성악설性惡說과 맥을 같이 한다.

흔히 순자의 성악설은 맹자의 성선설과 대비되는 이론으로 알고 있으나 이는 잘못이다. 맹자의 성선설에 대비되는 인성론은 한비자 등 법가의 '성악설'이다.

맹자의 성선설은 기본적으로 당시 유행한 '무선무악설' 등을 논파하기 위해 나온 것이다. 고자는 사람의 본성은 선악의 어느 한 쪽으로 단정할 수 없고 환경에 따라 선악이 구분된다고 주장했다. 이에 대해 맹자는 사람의 본성은 본래부터 선하고, 악하게 되는 것은 선한 본성이 주위의 환경에 의해 가려 있기 때문이라고 주장했다. 어린아이가 물에 빠지려는 모습을 보게 되면 누구나 그 아이를 불쌍하게 여기는 측은지심惻隱之心이 일어나는 현상을 그 근거로 제시했다.

맹자는 이를 토대로 사람을 측은하게 여기는 마음에서 비롯되는 인仁과 부끄러움을 아는 마음에서 나오는 의義, 사양할 줄 아는 마음에서 나오는 예禮, 시비를 가리는 마음에서 비롯된 지知는 누구나 갖고 있는 기본 덕성이라고 주장했다. 누구든 원래 부여받은 이런 선한 마음을 잘 기르면 능히 성인이 될 수 있고, 이런 마음을 통치에 적용하면 그게 바로 왕도王道가 된다는 게 골자이다. 인간에 대한 확고한 신뢰와 애정에서 비롯된 주장이다. 맹자가 후대에 널리 존중된 것은 바로 성선설과 왕도설을 주창한데 있다고 해도 과언이 아니다.

맹자와 마찬가지로 덕치德治를 강조한 공자는 왜 성선설과 왕도설을 주장하지 않은 것일까? 공자는 치평治平의 요체를 인격수양을 통한 선성善性의 발현에서 찾은 맹자와 달리 군자지도君子之道에 입각한 학문의 연마에서 찾았다. 공자는 인격수양을 '군자지도'를 이루기 위한 2가지 수단 가운데 하나로 간주했다. 학문 연마의 이론적 접근과 대비되는 실천적 접근이 그것이다. 공자는 인성에 대한 탐구가 학문 연마는 물론이고 실천적 접근인 인격수양에도 도움이 되지 않는다고 보았다. 의도적으로 인성에 관한 언급을 꺼린 게 그 증거다.

그럼에도 전국시대로 들어오면서 인성에 대한 논의가 활발히 전개되기 시작했다. 하극상下剋上이 일상화한 결과다. 과연 인간이 얼마나 사악해질 수 있는지 의구심이 강하게 일어난 데 따른 현상이었다. 악에 대한 관심의 고조는 정반대로 선에 대한 탐구욕을 자극했다. 맹자가 성선설을 주창하기 이전까지만 하더라도 제자백가 내에서는 '무선무악설'과 '가선가악설' 등이 주류를 이뤘다. 맹자는 바로 이런 상황에서 인성은 원래 선하다는 단순명쾌한 주장을 들고 나온 것이다. 절대적인 진리를 찾을 수도 없고 이를 증명할 길도 없는 형이상의 문제에 대해 쾌도난마식의 해답을 제시하고 나선 셈이다. 맹자의 성선설 주창을 계기로 인성론은 전국시대 말기까지 왕패론王覇論과 더불어 제자백가 내에서 가장 뜨거운 논쟁거리가 됐다.

본래 '성性'이라는 글자는 '심心'과 '생生'의 조합으로 이뤄진데서 알 수 있듯이 천부의 재능이나 자질을 의미했다. 이는 기본적으로 인간의 본질에 관한 성찰에서 나온 것이다. 그러나 시간이 지나면서 사람들은 천부의 재능이나 자질 대신 선악을 '성'의 핵심내용으로 간주키 시작했다. 소모적인 사변논쟁의 단초가 여기서 마련됐다. 선악의 판단은 동일한 사안일지라도 시공과 주어진 상황에 따라 달라질 수밖에 없다. 개념 자체가 극히 형이상적인 까닭에 절대적인 기준을 찾고자 하는 노력 자체가 무의미하다.

천부의 재능이나 자질 등을 '성'의 핵심내용으로 삼았다면 후대에 그토록 소모적인 논쟁이 벌어지지 않았을 것이다. 맹자는 내심 어지럽게 전개되고 있는 인성론에 대해 최종적인 해답을 제시했다고 자부했는지 몰라도 오히려 소모적인 사변논쟁을 더욱 부추기는 역할을 수행한 꼴이다. 그렇다면 맹자 자신은 무엇을 근거로 성선설을 주장한 것일까? 크게 인의설仁義說과 사단설四端說에서 그 해답을 찾을 수 있다.

첫째, 맹자는 인간의 본성을 인간만이 지닌 고귀한 성질로 보았다. 그 해답을 인의仁義에서 찾았다. 이는 원래 묵자의 창견創見이다. 『논어』에 '인의' 용어가 단 1번도 나오지 않는데 반해 『묵자』에 무려 29번이나 나오는 사실이 이를 뒷받침한다. 『맹자』에는 총 27번 나온다. 입만 열면 '인의'를 외친 맹자가 무색할 정도로 『묵자』에 '인의' 용어가 더 많이 나오고 있는 것은 무슨 까닭인가? 묵자는 맹자보다 1백년 앞선 사람이다. 그는 비록 겸애兼愛와 절용節用 등을 외쳤으나 그 이론적 배경은 바로 '인의'였다. 인간은 하늘의 뜻인 천지天志 내지 천의天意에 부합하는 삶을 살아야 천복天福을 받고, 그렇지 못할 경우 천벌天罰을 받게 된다는 게 묵자사상의 대전제이다. 이를 실천하는 덕목이 바로 '인의'이다.

묵자의 논리에 따르면 '인의'에 기초한 정사가 의정義政이고, '의정'을 펼치는 자가 곧 성군이 되고, '성군'은 천의 내지 천지에 부합하는 정사를 펼치는 자라는 논리로 연결된다. 『묵자』에는 의정義政 표현이 2번, 의정義正이 2번 나온다. 고대에는 정政과 정正은 같은 뜻으로 사용됐다. 반대로 '인의'에 기초하지 않은 정사는 힘으로 다스리는 역정力政이고, '역정'을 펼치는 자는 폭군이 되고, '폭군'은 천의 내지 천지를 거스르는 정사를 펼치는 자가 된다. 『묵자』에는 역정力政 표현이 2번, 역정力正이 2번 나온다. 맹자가 인의에 기초한 정사를 펼치는 것을 왕도王道, 무력 내지 엄격한 법치에 기초한 정사를 펼치는 것을 패도霸道로 규정한 이유가 바로 여기에 있다. 그는 묵자가 최초로 언급한 '의정'을 '왕도', '역정'을 '패도'로 살짝 돌려 표현한 셈이다.

21세기의 학문적 관점에서 보면 묵자사상의 키워드인 '인의仁義'와 '의정義政 및 역정力政' 개념을 무단으로 도용 내지 표절한 것이나 다름없다. 적잖은 사람들이 맹자를 묵자의 사상적 제자로 간주하는 이유다. 맹자가 사상 최초로 주장한 것으로 알려진 폭군방벌론暴君放伐論 역시 묵자의 폭군천벌론暴君天罰論을 살짝 돌려 표현한 것에 지나지 않는다. 묵자는 비록 맹자처럼 폭군은 신하들이 합세해 몰아내야 한다는 폭군방벌론暴君放伐論을 주장하지는 않았으나 신하들 대신 하늘이 내친다는 폭군천벌론暴君天伐論을 언급했다. 이를 뒷받침하는 『묵자』「법의」의 해당 대목이다.

"옛 성왕인 하나라 우왕禹王, 은나라 탕왕湯王, 주나라 문왕文王과 무왕武王 등은 천하의 백성을 두루 사랑했고, 백성을 이끌고 하늘을 높이며 귀신을 섬겼다. 사람들을 크게 이롭게 한 덕분에 하늘이 그들에게 복을 내려 천자 자리에 오르게 했다. 천하의 제후들이 모두 그들을 공경히 섬긴 이유다. 폭군인 하나라 걸桀, 은나라 주紂, 주나라 유왕幽王과 여왕厲王 등은 천하의 백성을 두루 미워했고, 백성을 이끌고 하늘을 욕하며 귀신들을 업신여겼다. 사람들을 크게 해친 까닭에 하늘이 그들에게 화를 내려 나라를 잃게 했다. 자신들 또한 천하 사람들의 지탄 속에 죽임을 당하고 말았다. 후대인도 그들의 처신을 비난했으니 지금까지도 그런 비난이 그치지 않고 있다. 선하지 못한 일을 행해 화를 입은 자로 걸, 주, 유왕, 여왕을 드는 이유다. 정반대로 사람들을 사랑하고 이롭게 해 복을 받은 사람으로는 우왕, 탕왕, 문왕과 무왕을 들 수 있다. 그래서 세상에는 사람들을 두루 사랑하고 이롭게 해 복을 받는 사람이 있는가 하면, 사람들을 두루 미워하고 해침으로써 화를 입는 자도 존재하는 것이다."

당시의 기준에서 볼 때 묵자의 '폭군천벌론'은 군자의 행보를 보이지 않는 군주는 위정자 자격이 없다고 설파한 공자의 주장만큼이나 혁명적이다. 폭군의 모습을 보이는 군주는 신하들이 합세해 제거할 수 있다고 주장한 맹자의 '폭군방벌론'보다는 강도가 약하지만 공자의 '군자론'보다는 수위가 훨씬 높다. 묵자가 죽을 때까지 전설적인 우왕의 행적을 좇기 위해 애쓰며 지상에 이상국을 세우고자 한 것도 이런 맥락에서 이해할 수 있다. 이상은 늘 그렇듯이 현실과 동떨어진 것이기는 하되 사람들을 감동케 만든다. 묵자의 사상적 후계자인 맹자가 겉으로는 묵가를 금수禽獸와 같은 무리라고 욕하면서도 그의 희생정신만큼은 높이 평가한 이유다. 『맹자』「진심 상」의 해당 대목이다.

"묵자는 겸애를 주장하며 머리끝에서 발뒤꿈치까지 온몸이 다 닳도록 천하를 이롭게 할 수만 있다면 이를 실현키 위해 노력했다!"

맹자도 묵자 못지않은 이상주의자였다. 의정義政을 살짝 돌려 표현한 왕도를 역설한 게 그렇다. 묵자의 희생정신이 어떠했는지를 짐작케 해주는 대목이다. 묵자가 '의정'을 언급한 것은 궁극적으로 '겸애'와 '비공非攻'을 증명하기 위한 것이다. 그는 자신의 주장을 관철키 위해 동분서주했다. 이를 두고 『회남자』「수무훈脩務訓」은 이같이 기록해 놓았다.

"너무 바삐 돌아다니는 바람에 공자는 밥을 짓기 위해 아궁이 불을 때 굴뚝이 검어질 짬이 없었고, 묵자는 앉은 자리가 따뜻해질 틈이 없었다."

공자를 묵자와 같은 반열에 올려놓고 칭송한 셈이다. 원문은 '공자무검돌孔子無黔突, 묵자무난석墨子無煖席'이다. 이것이 『한서』의 저자 반고의 「답빈희答賓戲」에서 '공석불난孔席不暖, 묵돌불검墨突不黔'으로 바뀌었다. 당나라 때 들어와 후대 문인에 의해 '당송팔대가'의 일원으로 칭송받은 한유韓愈가 「쟁신론爭臣論」에서 「답빈희」를 그대로 이어받아 '공석불가난孔席不暇暖, 묵돌부득검而墨突不得黔'으로 표현하면서 공석묵돌孔席墨突 성어가 만들어지게 됐다. 정신없이 바삐 돌아다니는 것을 비유할 때 사용한다.

주목할 것은 묵자 역시 천하유세를 했음에도 맹자와는 다른 모습을 보인 점이다. 맹자는 수많은 무리를 이끌고 다니며 열국 군주가 제공하는 향응을 당연시했다. 그러나 묵자는 맹자와 달리 특별한 보수나 대우를 전혀 바라지 않았다. 월나라 군주가 묵자의 제자 공상과의 유세를 듣고 크게 탄복한 나머지 수레 50승乘을 보내면서 옛 노나라 땅 사방 5백리를 미끼로 내걸고 정중히 초빙했을 때 이를 일언지하에 거절한 게 그 증거다. 하늘의 뜻에 입각한 '겸애'와 '비공'은 결코 어떤 세속적인 명리와 바꿀 수 없다는 사실을 몸으로 보여준 것이다. 무위자연無爲自然을 역설한 장자가 묵자에 대해 커다란 존경심을 표한 것도 이런 맥락에서 이해할 수 있다. 이를 뒷받침하는 『장자』「천하」의 해당 대목이다.

"묵자는 널리 사랑하고 두루 이익을 나눠야 한다고 주장하면서 전쟁을 반대했다. 남이 모욕해도 성내지 않는 것을 도리로 여긴 이유다. 또 학문을 좋아해 널리 배우는 것만은 선왕의 도와 다르지 않았다. 그러나 그의 학문은 선왕의 도와 같지 않았다. 유가의 예악禮樂을 비방한 게 그렇다."

장자는 묵자가 유가의 예악을 질타한 것을 '옥의 티'로 거론했다. 그러나 묵자가 유가의 예악을 비판한 것은 그만한 이유가 있었기 때문이다. 당시 속유들은 번잡한 예제禮制와 의식儀式을 무기로 백성들의 등골을 빼먹고 있었다. 묵자는 크게 분개하며 이를 타파코자 했다. 유가의 후장구상厚葬久喪을 극렬히 반대한 이유다.

원래 '후장구상'은 주나라의 예법으로 적잖은 문제를 안고 있었다. 그 이전까지만 해도 장례와 상례의식은 매우 간단했다. 언덕에서 죽은 자는 언덕, 늪에서 죽은 자는 늪에 장사하는 게 원칙이었다. 따로 화려한 관곽을 마련해 호사스런 장례 의식을 치를 이유가 없었다. 상례도 크게 다르지 않았다. 3년상을 치르는 대신 3월상으로 상례를 마쳤다. 간략히 장례를 치르고 짧은 기간 내에 상례를 끝내는 묵가의 절장단상節葬短喪과 하등 다를 게 없다.

공자도 '후장구상'의 문제점을 잘 알고 있었다. 묵자와 마찬가지로 '절장'을 주문한 게 그렇다. 그러나 '단상'에는 반대했다. 그런 점에서 묵자는 공자보다 뛰어난 바가 있다. 나아가 공자가 생존할 당시 예악은 거의 예외 없이 왕공대부 등 귀족의 유흥 수단으로 전락해 있다. 일반 서민의 입장에서 볼 때 예악은 사치에 지나지 않았다. 묵자와 그의 제자들이 전통적인 예악을 옹호한 유가를 비판한 것은 나름 일리가 있다. '묵가' 출현의 근본배경도 여기서 찾을 수 있다.

이를 통해 '인의' 개념에 기초한 왕도설의 원조가 바로 맹자가 아닌 묵자였음을 쉽게 알 수 있다. 원래 『논어』에 나오는 '의'는 이利와 대비된 개념이다. 군자는 소인과 달리 불의한 이익은 결코 취하지 않는다고 역설한 게 그렇다. 그럼에도 맹자가 묵자의 '인의' 개념을 차용해 엉뚱하게 해석하는 바람에 격렬한 논쟁이 빚어졌다. 이른바 의리지변義利之辨이 그것이다. 맹자는 표면상 인의예지 등 4덕四德을 역설했지만 사실은 묵자처럼 '의'에 방점을 찍은 것에 지나지 않는다. 맹자의 '인의'가 묵가의 '인의'보다 훨씬 강고하고 과격한 성격을 띠게 된 근본배경이다.

맹자가 최초로 주장한 이른바 '4단설' 역시 '인의'를 멋대로 해석한 억지 주장에 지나지 않는다. 당초 묵자는 천의 내지 천지를 실현키 위한 덕목으로 '인의' 개념을 제시했다. 집난생활을 영위한 묵가의 입장에서 볼 때 이는 공동체를 유지하기 위한 기본덕목 내지 규범에 해당한다. 그런데도 맹자는 엉뚱하게도 이를 인간 심성의 내부에서 우러나오는 덕목으로 간주해 인간의 본성 자체가 선하다는 결론을 도출해 낸 것이다. 이는 『맹자』「이루 하」에 나오는 그의 다음 언급을 통해 쉽게 확인할 수 있다.

"사람이 금수와 다른 점은 거의 인의밖에 없다. 서민은 이를 버리고, 군자는 이를 보존한다. 순舜은 여러 사물에 밝아 인륜을 잘 살피면서 인의를 좇아 행했을 뿐, 인의를 억지로 행한 것은 아니었다."

사회공동체 내지 국가공동체의 도덕규범인 인의를 맹자는 인성의 근원으로 확대해석하며 '4단설'을 주창한 것이다. 주목할 것은 그가 비과학적인 '4단설'을 주창하면서 인성의 어두운 측면인 악성惡性을 외면한 점이다. '4단설'의 핵심은 측은지심이다. 동정심과 유사한 의미를 지닌 측은지심은 인간이 인간일 수 있는 가장 뚜렷한 징표라는 게 맹자의 주장이다.

그러나 그의 이런 주장은 인간이 범하는 모든 악행의 기원에 관한 논증이 취약하다. 만일 선성이 인간 심성의 내부에서 우러나오는 것이라면 악성 또한 인간 심성의 내부에 깊숙이 자리 잡고 있는 것으로 봐야 논리적으로 타당하게 된다. 그런 점에서 순자의 성악설은 맹자와 달리 경험적이면서도 과학적인 분석을 토대로 하고 있음을 알 수 있다. 다만 순자의 성악설 역시 선행善行의 기원에 관한 논증이 상대적으로 취약하다는 약점을 안고 있다. 순자는 인성의 악성을 후천적으로 교정해 인간의 선행을 유도할 수 있다고 해명했으나 자연스럽지 못하다.

큰 틀에서 볼 때 맹자와 순자는 각기 성선설과 성악설을 주장했음에도 불구하고 인간의 참모습을 도덕에서 찾고, 도덕적인 인간을 육성코자 했던 점에서는 동일하다. 한비자의 성악설과 대비되는 대목이다. 공자가 모든 덕목을 하나로 녹인 인仁에 입각한 인치仁治, 맹자가 묵자 사상에서 차용한 '인의'에 입각한 의치義治, 순자가 예제에 입각한 예치禮治, 한비자가 엄법에 의한 법치法治를 주장한 것도 이런 맥락에서 이해할 수 있다. 맹자의 성선설과 대비되는 것은 한비자의 성악설이다. 순자의 성악설은 공자의 '인치'와 마찬가지로 맹자의 성선설과 한비자의 성악설을 아우르는 절충적인 관점에 서 있다.

그렇다면 맹자의 성선설은 궁극적으로 무엇을 지향한 것일까? 맹자의 주장에 따르면 인간은 선한 본성을 지니고 있음에도 불구하고 감각적 욕구에 휘둘려 마침내 악을 범하게 된다. 맹자는 이를 미연에 방지하기 위해 감각적 욕망을 스스로 억제하는 게 필요하다고 주장했다. 이른바 과욕설寡欲說이다. 『맹자』「진심 하」의 해당 대목이다.

"선한 심성을 기르는 방법으로 욕심을 적게 갖는 과욕寡欲보다 더 나은 게 없다. '과욕'이면 설령 마음이 보존되지 않을지라도 그 보존되지 않은 바가 매우 적고, 정반대로 다욕多欲이면 설령 마음이 보존될지라도 그 보존된 바가 매우 적을 것이다."

'과욕'이 소극적인 수양론이라면 '사단의 확충'은 적극적인 수양론에 해당한다. 맹자는 이 2가지 방안을 병행해야만 인격의 완성을 기할 수 있다고 주장했다. 맹자의 성선설은 바로 '과욕설'과 '사단설' 위에서 있다고 해도 과언이 아니다.

남송대의 주희는 맹자의 이런 주장을 적극 수용해 유가 도덕철학의 핵심으로 삼았다. 후대에 이르러 맹자의 성선설이 순자 및 한비자의 성악설을 누르고 각광을 받게 된 이유다. 주희는 맹자의 성선설을 토대로 보다 정치精緻한 '천리인욕설天理人欲說'을 만들어냈다. 이는 맹자의 성선설을 기초로 천명을 '천리', 인간의 심성을 '인욕'으로 규정한데서 출발하고 있다.

성리학의 가장 큰 문제점은 '천리' 개념을 통해 우주의 삼라만상은 물론 군신과 부자, 형제관계 등 인륜에 관한 것까지 이분법적 상하관계로 해석해 놓은 데 있다. 남송 대에 이르러 극심한 남녀차별과 관존민비 등 공자사상과 거리가 먼 수많은 폐해가 발생한 근본이유다. 청대의 대진戴震은 『맹자자의소증孟子字義疏證』에서 '천리'의 폐해를 이같이 지적했다.

"사람이 법을 어겨 죽으면 오히려 불쌍하게 여기는 사람이라도 있지만, '천리'에 걸려 죽으면 그 누가 불쌍하게 여기겠는가? 아, 노자와 부처의 말을 섞어 가지고 말하는 화禍가 신불해와 한비자보다 심한 게 이와 같구나!"

대진은 양명학에 대해서도 '천리' 개념의 폐해를 가중시키는데 일조했다고 비판했다. 성리학은 불가의 말을 유가에 잡되게 끌어들인데 반해, 양명학은 유학을 통째로 이끌고 불가로 뛰어 들어갔다는 것이다. 대진의 이런 비판은 천도와 인도를 확연히 구분한 순자사상과 맥을 같이 하는 것이다. 그러나 대진의 이런 주장은 당시 별다른 반응을 불러일으키지 못했다. 성리학의 기반이 그만큼 강고했다.

02

플라톤은 왜 『국가론』에서 동굴의 비유를 든 것일까?

역사 속의 플라톤

일찍이 영국의 철학자인 화이트헤드는 '서양의 2000년 철학은 모두 플라톤의 각주에 불과하다.'고 지적했다. 시인 에머슨도 '철학은 플라톤이고, 플라톤은 철학이다.'라고 평한 바 있다. 그러나 화이트헤드의 이런 주장은 플라톤을 버림으로써 '과학시대'로 진입한 서양의 지성사를 크게 왜곡한 것이다. 그의 주장은 남송 때 주희가 정통설을 거론하며 공자사상의 정맥이 맹자에게 전수한 것처럼 왜곡한 것과 닮았다. 동양은 맹자를 맹목적으로 존숭한 성리학의 만연으로 인해 이내 쇠락의 길로 접어들었다. 이에 반해 서양은 플라톤의 형이상학에 이어 아리스토텔레스의 '사이비 자연과학' 이론까지 내던짐으로써 '과학시대'로 진입했다. 동서양의 우열이 뒤바뀐 결정적인 계기가 여기에 있다. 사상사에서 이를 상징하는 대표적인 인물이 바로 마키아벨리이다. 정치철학 내지 정치사상계에서 그를 '과학시대' 개막의 기폭제 역할을 한 갈릴레이나 뉴턴에 비유하는 이유다.

플라톤은 기원전 427년에 아테네의 명문 귀족의 집에서 출생했다. 맹자보다 약 반세기 가량 앞선 시점이다. 부친은 아리스톤, 모친은 페릭티오네이다. 두 사람 모두 명문가 출신이다. 그의 부친은 아테네의 마지막 왕으로 알려진 코드로스의 후손이고, 모친은 아테네 민주정의 윤곽을 잡은 솔론의 자손이다. 모친이 아테네 정치가이자 페리클레스의 친구인 피릴람페스와 재혼한 까닭에 펠로폰네소스 전쟁 과정 속에서 아테네가 당면한 많은 정치적 사안을 가까이에서 보고 배울 기회도 있었을 것이다. 아테네 정치의 세밀한 부분까지 살펴볼 수 있는 환경 속에서 자랐던 셈이다. 어려서부터 공직에 참여하려는 강한 의욕을 갖고 있었던 것도 이런 맥락에서 이해할 수 있다.

당시 그에게는 형이 둘 있었다. 『국가론』에서 소크라테스와 대화를 하게 되는 아데이만토스와 글라우콘이 그들이다. 누나로 포토네가 있었다. 이 누나한테서 태어난 스페우시포스는 플라톤이 죽은 뒤 아카데미아의 원장이 된다. 플라톤의 어린 시절과 청년기는 아테네가 전쟁과 정치적 격변 속에 휘말려 있던 시기였다

그는 20세 때인 기원전 407년 소크라테스의 제자가 됐다. 당시 소크라테스는 63세였다. 초기만 해도 그는 결코 정치가의 꿈을 버리지

않고 있었다. 그러나 펠로폰네소스 전쟁 이후 정치적 격변들을 지켜보면서 정치가의 꿈을 접기 시작했다. 첫 번째 계기는 기원전 404년에 일어난 과두 혁명이었다. 외가로 당숙에 해당하는 크리티아스가 가담한 과두제의 '30인 정권'은 너무나 무능했다. 그가 내심 이전의 형편없던 민주파가 오히려 더 낫다는 생각을 갖게 된 이유다.

두 번째 계기는 소크라테스의 죽음이었다. 플라톤은 기원전 403년에 복원된 민주 정체에 적지 않은 기대를 했다. 정치적 보복을 삼가고 공정하게 국정을 운영하려 했기 때문이다. 그러나 스승을 사형으로 몰아 간 데마고그의 무모한 행보와 인민들의 무분별한 태도에 크게 절망했다. 그가 28세 되던 기원전 399년 스승 소크라테스는 사형 판결을 받은 뒤 탈옥을 종용하는 지인들의 간곡한 권유를 물리치고 1달 뒤에 독배를 마시고 말았다. 이 사건은 청년 플라톤에게 큰 환멸을 느끼게 함으로써 현실 정치에서 아주 멀어지게 만들었다. 그러나 다른 한편으로는 철학으로 방향을 틀어 커다란 족적을 남기는 계기로 작용했다.

햇수로 따져볼 때 플라톤이 스승 소크라테스의 가르침을 받은 것은 도합 7~8년에 불과하다. 그럼에도 스승의 감화는 지대했다. 정치가의 꿈을 버리고 철학자의 길로 나아가도록 만든 게 그렇다. 실제로 그는 스승 사후 52년 동안 시종일관 철학자로서의 삶을 살았다. 그의 삶은 스승의 실패 원인을 밝히고, 타락한 아테네의 민주주의를 복원하는 일에 집중됐다.

그러나 그가 새로운 길인 철학자의 삶을 찾아 나선 이후의 행적은 거의 알려져 있지 않다. 스승이 독배를 마신 후 그는 잠시 남부 이탈리아로 피신했다가 아테네로 돌아와서 일련의 대화편을 집필했다는 정도만 알려져 있다. 지금까지 알려진 바에 따르면 40세 되는 기원전 387년에 2년 동안 남부 이탈리아와 시칠리아를 여행했다. 남부 이탈리아의 타라스에서 몇몇 피타고라스학파 사람들을 만나 교분을 나눴다. 정치가이자 장군이며 천문학자인 아르키테스는 그 가운데 한 사람이다. 이후 시칠리아의 시라쿠사를 방문해 참주 디오니시오스 1세의 처남인 21세의 디온을 만난다. 디온은 플라톤의 철학에 커다란 관심을 표명했다. 플라톤은 디온을 '철인왕'의 이념을 구현해 줄 재목으로 기대했다. 이후 2번이나 시라쿠사를 방문케 된 이유다.

기원전 387년 아테네로 돌아온 그는 2년 뒤인 기원전 385년 경 아테네의 서북쪽에 사립학교인 아카데미아를 설립했다. 당시 그의 나이는 42세였다. 아카데미아는 서양 최초의 사립학교에 해당한다. 공자가 최초의 사숙私塾을 세워 수많은 제자를 육성한 것에 비유할 만하다. 이는 그가 또 다른 의미에서 정치활동을 시작했다는 것을 의미한다. 그를 두고 '혁명적 철학자'로 부르는 이유다. 당시 '좋은 삶'을 '정치'와 연관시키는 것은 상식에 반하는 것이었다. '정치'는 단지 권력을 얻기 위한 수단일 뿐이라는 인식이 팽배해 있었기 때문이다. 실제로 당시는 데마고그들이 활개를 치던 때였다.

아카데미아 창건 이후부터 2차와 3차 시칠리아 여행에 나서는 기간 동안의 행적에 대해서도 알려진 게 별로 없다. 60세이던 기원전 367년 시라쿠사로 와달라는 디온의 요청을 받았다. 디오니시오스 1세가 죽고 뒤를 이은 어린 나이의 디오니시오스 2세를 가르쳐 '철인왕' 이념을 구현할 좋은 기회라는 게 이유였다. 그러나 방문은 실패로 끝났다. 디온은 모반혐의로 추방당하고, 플라톤은 귀국길마저 막혀버렸다.

우여곡절 끝에 아테네로 돌아온 그는 현실정치에 대한 실망 등으로 인해 2년간을 허비했다. 기원전 364년 디오니시오스 2세의 요청으로 시라쿠사를 3번째 방문하게 됐다. 내키지 않는 방문이었지만 어린 군주를 설복할 수만 있다면 능히 '철인왕' 이념을 실현할 수 있다고 생각해 또 다시 방문케 된 것이다. 그러나 이 역시 참담한 실패로 끝났다. 플라톤은 옛 시인 오르페우스가 언급한 '보이지 않는 세계'를 믿었다. 소크라테스가 지킨 원칙도 바로 '보이지 않는 세계'에 대한 신념에서 나온 것이었다. 그러나 디오니시오스 2세는 '보이는 세계'에 매달렸다. 플라톤을 왕사王師로 대우하기보다는 신하로 간주하려는 생각에 사로잡혀 있었다. 나아가 철학적 성찰보다는 하찮은 지식을 과시하고픈 욕망에서 벗어나지 못했다. 플라톤이 현실정치에 손을 든 이유다.

많은 전문가들은 타락한 아테네에 등장한 '30인 독재'가 젊은 플라톤으로부터 정치가의 꿈을 앗아갔고, 스승의 죽음은 정치권력에 대한 환멸을 불러일으켰고, 시라쿠사에서 맞닥뜨린 마지막 2번의 경험이 노년의 플라톤에게 현실정치에 대한 기대를 송두리째 빼앗아간 것으로 분석하고 있다. 이후 그는 기원전 347년 사망할 때까지 13년 동안 아카데미아에서 제자들에게 직강을 하면서 집필에 전념했다. 사망 당시 그의 나이는 80세였다. 당시의 기준으로 보면 크게 장수한 셈이다.

『국가론』과 『정치가』, 『법률』로 이어지는 일련의 작품을 통해 알 수 있듯이 그는 현실정치에 대한 거듭된 실망에도 불구하고 이상국에 대한 희망을 버리지 않았다. 미완성 원고로 남은 『법률』의 저술에 마지막까지 열정을 불태운 이유다. 이는 그가 정치가로 활동하려는 노력은 포기했지만 정치에 대한 관심은 결코 끊지 않았음을 보여준다. 그가 '아카데미아'의 교육을 통해서 입법자 또는 정치가를 양성코자 한 것은 공자가 14년간에 걸친 천하유세가 실패로 끝나자 고국인 노나라로 돌아가 제자육성에 매진한 것과 닮았다. 현실정치에 커다란 불만과 실망을 느낀 플라톤이 마지막으로 후학 양성을 현실정치를 바꾸고자 한 것과 별반 다를 게 없다. 플라톤이 아카데미아를 설립한 근본배경이다.

40세 무렵까지 그가 남긴 대화편들 중에는 초기 것들로 『소크라테스의 변명』, 『크리톤』, 『에우티프론』, 『카르미데스』, 『라케스』, 『소 히피아스』, 『이온』, 『프로타고라스』, 『리시스』, 『에우티데모스』, 『메넥세노스』, 『고르기아스』 등이 있다. 그는 42세 무렵인 385년경에 이후의 그의 학문 활동의 본거지가 되는 아카데미아 학원을 세우게 된다. 이후 60세에 이르기까지 중기 대화편인 『메논』, 『크라틸로스』, 『파이돈』, 『향연』, 『국가론』, 『파이드로스』, 『파르메니데스』, 『테아이테토스』 등을 저술한다. 후기 대화편으로는 『티마이오스』, 『크리티아스』, 『소피스테스』, 『정치가』, 『필레보스』, 『법률』 등이 있다. 그의 많은 작품 가운데 『국가론Πολιτεία』과 미완성의 『법률Νόμοι』이 2대 역저로 꼽힌다. 기원전 347년경 향년 80세 생을 마감했다. 그러나 그가 생전에 꿈꾼 정치개혁의 구상은 '아카데미아'를 통해 계속 확대 재생산됐다. 비록 실패로 끝나기는 했으나 '철인왕'의 실현을 위한 노력 역시 그의 제자들을 통해 지속적으로 이어졌다. 아카데미아는 이후 1천년 동안 지속되다가 유스티니아누스 황제에 의해 529년에 문을 닫았다. 정치적 판단의 희생양이 된 것이다.

『국가론』의 특징

소크라테스의 사상에 접근코자 할 경우 반드시 먼저 해결해야할 과제가 있다. 아무런 저작도 남기지 않은 그의 생각을 다른 사람의 저작 속에서 찾아내야 한다는 게 그렇다. 사실 이는 공자와 석가모니의 경우도 크게 다르지 않다. 직접 쓴 글을 남기지 않았기 때문이다. 그러나 공자와 석가모니 등은 제자들이 모여 스승의 말씀을 충실히 전달키 위해 노력했다. 이에 반해 소크라테스의 경우는 같은 행적을 놓고도 크세노폰과 플라톤의 저술이 크게 다르다. 어디까지가 소크라테스의 목소리이고, 어디까지가 저자들의 견해인지를 파악하기가 쉽지 않은 것이다. 소크라테스와 관련된 거의 모든 저술이 이런 문제를 갖고 있다. 특히 플라톤의 경우가 심하다. 저술 속에서 스승을 대리인으로 내세우고 그 뒤에 철저히 숨은 탓이다.

예로부터 플라톤의 대표적인 저서인 『국가론』의 이상국에 대해 찬반이 엇갈리게 나오는 것도 이런 맥락에서 이해할 수 있다 이는 21세기 현재까지 그대로 이어지고 있다. 플라톤을 비판하는 사람들은 플라톤의 이상국은 전체주의 독재국가의 모형에 지나지 않는다고 폄하한다. 플라톤이 비판한 고대 그리스의 정치는 중우정치가 아니라 오히려 민주적 가치가 잘 구현된 '직접민주주의'였고, 그가 제시한 '철인정치'는 고대 그리스 민주주의에 반대하기 위해 고안된 군주독재의 방안이라는 것이다. 21세기 현재 이런 해석이 사회과학 이론의 주류로 자리 잡고 있다.

전제專制와 독재獨裁를 엄격히 구분한 한비자와 달리 많은 사람들이 양자 모두 최고통치권자인 군주나 대통령에 의해 자행되는 퇴행적인 통치로 간주하는 것도 이와 무관치 않을 것이다. 대략 플라톤의 『국가론』에 커다란 영향을 받은 결과로 보인다. 그렇다면 과연 플라톤은 『국가론』에서 이상국의 모습을 어떻게 묘사해 놓은 것일까? 해당 대목이다.

"유토피아는 세 계급으로 구성된다. 철인哲人으로 표현되는 통치계급, 국방의무를 전담한 전사계급, 서민으로 구성된 생산계급이 그것이다. 이들 세 계급은 각각 이성을 토대로 한 지혜, 기개에 기초한 용기, 욕망과 관련한 절제의 미덕을 지닌다. 어떤 사람이 어떤 계급에 속하게 될지는 그 사람이 갖고 있는 자질과 능력에 의해 결정된다. 능력에 대한 평가는 교육과정에 의해 이뤄진다. 부모가 생산계급에 속해 있다고 해도 자신의 자질과 능력이 전사나 통치계급에 적합하다면 그 계급에 속하게 된다. 부모가 통치 또는 전사계급에 속해 있을지라도 자질과 능력이 부족하면 생산계급에 속하게 된다. 생산계급에게는 부를 축적할 수 있는 권리가 주어진다. 하지만 전사계급과 통치계급에게는 부를 축적할 권리뿐만 아니라 가족을 이룰 권리마저 주어지지 않는다. 국가를 위해 자신을 희생하면서 봉사해야 하는데 가족이나 사유재산은 장애가 되기 때문이다. 이들 국가 수호자들을 위해 선발된 여인들은 수호자로 선발된 남자들 모두의 공동소유이고 그 자식들 또한 공동소유다. 이 자식들은 국가 전체 차원에서 양육된다. 여성도 한 사람의 시민으로서 정치군사 면에서 남자와 동등하다. 국가는 교육을 담당해야 하며 평생 의무교육을 하도록 보장해야 한다."

플라톤은 이들 세 계급이 각자 맡은 바 업무에 충실할 때 부인과 자식까지 공유하는 이상국이 지상 위에 등장하고, 정의 또한 실현될 수 있다고 주장했다. 이는 기본적으로 인간의 지성에 대한 신뢰에서 비롯된 것이다. 『국가론』의 등장인물 가운데 한 사람인 글라우콘은 인간의 본성에 대해 이같이 갈파했다.

"인간이 자발적으로 정의를 지키기를 기대하기란 매우 어려운 일입니다. 남이 모르게 부정을 저지를 수 있는 한 인간은 누구나 악행을 저지릅니다. 그렇지 않은 사람이 있다면 그는 단지 남들의 이목이 두려워 시치미를 떼고 있을 뿐입니다. 이로써 현명한 삶이란 선량하게 사는 게 아니라, 선량한 사람처럼 보이도록 행세하는 것임을 알 수 있습니다."

글라우콘은 소크라테스와 논쟁을 벌이는 와중에 '기게스의 반지' 전설을 인용해 자신의 주장을 뒷받침했다. 이 전설에 따르면 목동 기게스는 우연히 지진으로 죽은 거인으로부터 반지 하나를 얻게 되는데, 이것을 끼는 순간 자신의 모습이 보이지 않게 되는 마법의 반지였다. 욕심이 생긴 기게스는 급기야 왕궁으로 들어가 왕비와 간통한 후 아예 왕을 죽이고 왕이 된다. 최근 어느 심리학자의 설문조사 결과도 '기게스의 반지'가 먼 옛날 얘기가 아님을 보여준다. 기게스처럼 투명인간이 될 경우 무엇부터 할 것인지를 묻는 설문조사 결과 온갖 얘기가 모두 나왔으나 착한 일을 하겠다는 얘긴 거의 없었다고 한다.

이는 무엇을 말하는 것일까? 인간은 원래 이기적인 동물이라는 취지를 드러낸 것이다. '기게스의 반지'는 플라톤사상의 키워드인 '이데아' 문제와 밀접한 관련이 있다. 플라톤은 『국가론』 10권 가운데 제7권에서 이른바 '동굴의 비유'를 통해 '이데아' 문제를 자세히 다루고 있다. 일종의 성악설에 가까운 '기게스의 반지'가 국가공동체 구성원 개개인의 본성을 논한 것이라면 '동굴의 비유'는 통치의 본질 및 바람직한 통치자인 '철인왕'의 근거를 논한 것이다. 해당 대목이다.

"죄수들이 어두운 지하 동굴에 살고 있다. 그들 뒤쪽에는 동굴 입구가 있는데 희미한 불빛이 비치고 있다. 그런데 죄수들의 사지와 목은 어렸을 때부터 묶여 있어서 그들은 꼼짝 못하고 앞쪽 벽면만 바라본다. 그래서 죄수들은 벽면에 비친 물체의 그림자만 볼 수 있다. 그들 가운데 한 사람이 족쇄를 풀어 주위를 둘러본다면 그는 그동안 봐왔던 벽면의 움직임은 그림자에 불과한 것임을 깨닫게 된다. 만일 그가 동굴 밖으로 나간다면 태양의 밝은 햇빛 때문에 처음에는 사물을 잘 볼 수 없을 것이다. 점차 적응이 되면 그는 태양 때문에 낮과 밤이 있고, 사계절이 있고, 태양이 모든 것을 다스리며, 그동안 동굴에서 봤던 희미한 불빛도 태양에서 비롯됐음을 알게 된다. 그는 자신이 알고 있던 그동안의 지식이 허망한 것이었다고 여기게 될 것이다. 동료들을 가엽게 생각해 밝은 세상을 알려주려고 다시 동굴로 내려가면 동료들로부터 비웃음만 살 것이다."

죄수와 동굴은 왜, 누구에 의해, 언제 생긴 것일까? 어두운 동굴은 정의와 선이 없는 세계를 상징한다. 곧 거짓, 비리, 부조리, 책임 회피, 공금 유용, 중상모략, 투쟁, 모순 등이 가득 찬 타락한 세상을 연상하면 될 것이다. 동굴 입구가 처음 만들어진 원인과 과정을 따져볼 필요가 있다. 동굴 입구에는 희미한 불빛이 비치고 있다. 그 불빛은 분명 동굴 밖의 태양에서 나온 것이다. 태양 덕분에 동굴 밖에는 밝음이 있고, 선함과 아름다운 만물과 자연이 있다. 그곳에는 자유와 평화, 통일, 행복도 있다. 이러한 세계로 통하는 동굴 입구는 희망의 메시지에 해당한다.

여기서 개인의 동굴, 가정의 동굴, 사회의 동굴, 국가의 동굴, 세계의 동굴을 생각해 볼 수 있다. 동굴 속에 있는 사람들은 동굴 입구를 찾아내 동굴 밖으로 탈출하는 방법을 강구할 필요가 있다. 희미한 불빛이 희망이다. 종교인은 계시를 통해 동굴 입구를 찾을 수 있다고 생각할 수 있다. 이에 반해 과학자들은 비록 아직은 동굴 입구를 제대로 찾아내지 못했지만 중지를 모으면 언젠가는 반드시 찾아내 동굴 밖으로 나올 수 있다고 생각할 것이다. 윤리도덕과 이기주의, 종교와 과학, 철학과 정치, 이상과 현실 등의 갈등이 존재하는 한 인간은 각자 종교와 과학 가운데 하나를 선택해 동굴 밖으로 탈출을 시도할 수밖에 없다.

특이한 것은 『국가론』이 제10권에서 영혼불멸을 언급하고 있는 점이다. 불가의 윤회사상과 맥이 닿는다. 원래 윤회사상 자체가 고대 아리안족의 베다 사상에서 나온 것이다. 아리안족의 일부가 서쪽으로 이동해 고대 그리스 민족을 형성한 점에 비춰볼 때 인도 지역으로 들어간 고대 인도인의 윤회사상과 맥을 같이하는 것을 두고 이상하게 생각할 것도 없다.

『국가론』은 제1권에서 정의의 이익을 논하는 데서 시작해 제10권의 영혼불멸설에 이르기까지 다양한 얘기를 전개하고 있으나 결국은 어떤 국가체제 내지 정치지도자가 바람직한 것인가의 문제로 귀결되고 있다. 그는 지도자들의 자질과 관련해 '양치기 개'의 비유를 들어 이같이 역설했다.

"양치기 개를 생각해 보세. 개는 양의 입장에서 보면 자신들을 지키는 보조자라고 할 수 있지. 그런데 그 개가 어떤 연유로든지, 방종 탓이든 굶주림 탓이든 양을 지키기보다 해치는 데 주력한다면 그 개는 이리를 닮았다고 할 수 있네. 이는 양치기의 입장에서 보면 참으로 무섭고 한심한 일일세."

그렇다면 지금 한국을 이끌어가고 있는 지도자 계층은 개일까? 이리일까? 신학자 라인홀트 니버도 『도덕적 인간과 비도덕적 사회』에서 유사한 주장을 편 바 있다. 인간 개개인은 동정심도 있고 자신을 희생하면서 다른 사람을 기꺼이 도우려는 이타심도 지니고 있지만, 일단 어떤 집단의 구성원이 되면 집단이익을 위해 이기적이고도 비도덕적인 성향을 보이게 된다는 것이다. 해당 대목이다.

"인간이란 항상 최소한의 필요 이상으로 자신의 욕구들을 확대시킬 수 있는 상상력이 있고, 또한 다른 사람들의 필요보다는 자신의 필요를 더 절실하게 생각한다는 점에서 이기적이다. 특권적인 지배계급의 도덕적 태도는 전반적인 자기기만과 위선에 의해 특정지어진다. 특권계급이 더 위선적인 것은 자신의 특권을 평등한 정의로 옹호하기 위해 특권이 전체의 선에 무언가 기여할 수 있다는 것을 증명하려 들기 때문이다."

사회구조와 제도가 정의롭지 못하다면 개인의 도덕성만으로는 사회의 비도덕적 현상을 해소할 수 없다는 게 그의 논지이다. 사람을 믿지 말라는 얘기나 다름없다. 부정과 비리를 저지르는 관료나 정치인을 탓하기에 앞서 이들이 악의 유혹에 넘어가지 못하도록 정교한 시스템을 만들라고 주문한 것이다. 견제 받지 않는 권력은 필연적으로 부패하게 마련이다. 고금동서를 막론하고 막강한 권력을 휘두르는 특권세력의 손가락에서 '기게스의 반지'를 빼는 일은 전적으로 깨어 있는 인민의 몫이다. 양치기 개가 이리로 변하지 않으려면 어떻게 해야 할까? 플라톤은 소크라테스의 입을 빌려 이같이 주장했다.

"그들이 꼭 필요한 물건들만 갖도록 해야 하네. 집이든 창고든 사유재산을 갖도록 해서는 안 되지. 식량이나 보수도 필요한 만큼만 지급하되 연간 소비량 이상을 주어서는 안 되네."

왜 이같이 주장한 것일까? 지도자들이 사리사욕을 채우고 재물을 모으는 데 맛을 들이면 그들은 수호자가 아닌 도둑이 된다. 지도자들 내에서 사리사욕을 채우기 위해 피 터지는 유혈전이 빚어지고 마침내 그 나라는 패망하고 만다. 국가지도자의 사명은 무엇일까? 플라톤은 소크라테스의 입을 빌려 이같이 역설했다.

"국가는 어느 한 사람을 위해 세운 게 아니네. 모두가 잘 살고 행복하게 하자는 것이지. 정의는 그런 국가에서만 힘을 발휘할 수 있고, 그렇지 못한 나라에서는 발붙일 곳조차 없네. 우리는 특정 계층뿐만 아니라 전 인민이 행복하도록 국가를 이끌어가야 하네."

『예기』「천운」의 천하위공天下爲公 이념을 방불하는 대목이다. 이를 통해 플라톤이 『국가론』을 통해 제시코자 한 이상국의 기본목적 역시 '천하위공'임을 알 수 있다. 고금동서를 막론하고 위정자가 '천하위공' 이념을 망각하고 사리사욕을 채우고자 할 경우 반드시 내란이나 외침으로 패망하게 돼 있다. 단 하나의 예외도 없다.

03

WHY

맹자와 플라톤은 왜 그토록 이상국을 역설한 것일까?

이상과 현실의 갭

국가공동체가 유지되는 한 바람직한 통치에 관한 논의는 끊임없이 지속될 수밖에 없다. 실제로 동서고금을 막론하고 이에 관한 논의가 중단된 적은 없다. 그러나 시공을 초월해 통용되는 절대적인 기준이 존재한 적은 없다. 현재 전 세계의 모든 나라에 통용되고 있는 민주주의 이념도 큰 틀에서 보면 하나의 시대적 사조에 불과할 뿐이다. 상황에 따른 다양한 변용이 불가피한 만큼 바람직한 통치유형을 하나의 고정된 이념으로 정립시키려는 것은 불필요할 뿐만 아니라 자칫 커다란 부작용을 초래할 소지가 크다는 점에서 주의를 요한다.

주목할 것은 21세기에 들어와 서양에서 맹자의 성선설을 인간 중심의 도덕철학으로 재해석하려는 움직임이 일고 있다는 점이다. 프랑스를 대표하는 정치철학자 줄리앙이 당사자이다. 그는 『맹자와 계몽철학자의 대화』에서 맹자의 성선설에서 동서양을 아우르는 새로운 도덕철학의 기초를 세우고자 했다. 서양 전래의 도덕철학이 초월자에서 도덕적 근거를 찾으려고 한 점을 비판하면서 맹자가 인간 내부에서 그 근거를 찾고자 한 것을 극찬한 점이 눈에 띈다. 그는 맹자로부터 새로운 도덕철학의 가능성을 모색하는 이유를 이같이 설명해 놓았다.

"서양인들에게 중국은 너무 멀고 많은 차이를 느끼게 한다. 철학적으로 중국은 종교적 계시와 같은 것을 경험하지 않은 상태에서 결코 절대자로서의 신을 사변의 대상으로 삼지 않았다. 중국문명은 유럽문명 영향권 밖에 있는 문명 가운데 가장 오래 발전된 것이다. 중국문명의 여러 국면은 도덕 연구에서 매우 이상적이라고 할 수 있다. 이미 파스칼은 '모세가 아니면 중국이다.'라고 말한 바 있다. 이는 중국이 서양 도덕철학의 이론적 대안이 될 수 있음을 지적한 것이다."

사실 맹자는 줄리앙이 언급한 바와 같이 중국에서 처음으로 도덕의 기본논리를 제시한 최초의 사상가에 해당한다. 맹자가 말한 '불인不忍' 즉 '측은지심'은 서양 전통의 '동정pity'에 해당한다. 이는 인간에게 도덕성이 존재한다는 것을 보여주기 위해 루소가 핵심 연구과제로 다루었던 '동정심'과 매우 닮아 있다.

루소는 일찍이 『인간불평등기원론』에서 동정심은 너무 보편적이어서 인간의 모든 사고 작용에 앞서 나타나게 된다고 말한 바 있다. 이는 맹자가 우물에 빠지려는 아이를 보고 느끼는 '측은지심'과 유사하다. 루소는 『에밀』에서 동정심이 '나약함'으로 전락하지 않도록 하기 위해 정의를 실현하는 차원에서만 동정심을 전개해야 한다고 주장했다. 여기서 줄리앙은 동정심이 부정할 수 없는 도덕적 체험이라는 게 분명하다면 서양은 왜 이를 이해하기 위해 루소가 나타날 때까지 기다려야 했는지 의문을 제기하면서 그 해답을 맹자의 성선설에서 찾고자 한 것이다.

줄리앙에 따르면 서양은 도덕을 절대자인 신의 계명으로 인식한 까닭에 정당화의 필요성을 전혀 느끼지 못했다. 이로 인해 서양에서는 왜 그렇게 행동해야 하는지에 대해서는 전혀 설명하지 않은 채 오로지 무조건 그렇게 해야 한다고만 강요했다. 이런 독단주의는 이내 회의주의를 불러일으켰다. 그 선구자가 몽테뉴였다. 그는 『에세이』에서 서양 전래의 도덕적 기초가 너무 허약하다는 사실에 놀라움을 표시했다. 마키아벨리는 『군주론』에서 허약한 도덕적 기초로 인한 불안정한 국면을 제압하는 개인적인 능력을 '비르투virtù'로 규정했다. 이로써 신학에 기초한 도덕의 버팀대는 무참히 무너지고 말았다.

여기서 도덕 자체로부터 출발해 도덕을 구축코자 하는 움직임이 나타났다. 계몽철학자들이 주동이 되어 도덕의 종교로부터의 해방을 시도했다. 인간 자체에서 도덕의 기초를 세우고자 하는 이런 노력은 18세기에 들어와 공개적으로 확인됐다. 이 작업의 지도자는 루소와 칸트였다.

루소는 일찍이 『에밀』에서 '사람들은 자신에게도 생길 수 있는 불행에 대해서만 타인의 입장이 되어 동정심을 느낄 수 있다.'고 주장했다.

타인에 대한 동정심은 그 사람이 겪는 비참한 일이 나에게도 일어날 수 있다고 믿는 경우에만 생길 수 있다는 것이다. 그러나 이런 동정심은 논리적으로 이기주의로 귀착하게 된다. 루소도 이를 인정해 '동정심의 달콤함'이라는 표현을 통해 이를 순화코자 했다. 이는 고통을 겪는 자의 입장이 되면서도 자신은 그 사람의 고통을 느끼지 않아도 되는 쾌감을 의미한다. 일종의 '사디즘적 쾌감'에 해당하는 셈이다.

여기서 루소의 동정심은 결국 이기주의의 포로로 남을 수밖에 없게 된다. 내가 타인에게 보이는 관심은 오로지 나 자신을 위한 게 되기 때문이다. 루소의 동정심 개념으로부터는 결코 도덕의 기초가 될 만한 감정을 찾을 수가 없다. 줄리앙의 지적대로 루소는 가능한 모든 논증을 시도했지만 새로운 것을 찾지 못한 채 원점에서 맴돌기만 한 것이다. 루소처럼 인간을 자애심自愛心의 기초 위에서 인식하게 되면 동정심은 자애심의 변형에 지나지 않게 된다. 결국 루소는 자신의 주장과 달리 '진정한 인간'을 발견하지 못한 채 감성적 인간 내지 감수성이 예민한 인간만을 찾아냈을 뿐이다.

당초 칸트는 루소의 동정심 이론에 크게 매료됐다. 그러나 그는 곧 타인에 대한 뜨거운 연민의 정으로 탈바꿈하는 동정심은 아무리 아름답고 다정스러운 것일지라도 맹목적인 이끌림에 지나지 않고 거기에는 보편성이 결여되어 있다는 점을 파악했다. 이에 그는 결국 동정심을 통해서는 결코 도덕을 생각할 수 없다는 판단 아래 『도덕형이상학의 기초』에서 이같이 천명했다.

"도덕이 이해관계에 의존하거나 신과 자연, 과학집단의 이해 등 외부적인 원리에 의해 만들어진다면 그것은 더 이상 도덕일 수 없다."

이로써 도덕은 더 이상 형이상학에 기대지 않은 채 자신만의 힘으로 절대적 가치를 찾을 수 있게 됐다. 칸트의 선언을 계기로 종교와 도덕의 관계가 역전되어 종교가 도덕의 기초로 사용되기 보다는 도덕 자체가 형이상학적 신념의 기초가 됐다.

칸트의 장점은 도덕의 선험성 속에서 도덕이 요구하는 게 무엇인지를 가장 엄격하게 정의했다는 데 있다. 그러나 그는 도덕으로부터 모든 감성적인 면을 제거했기 때문에 도덕을 더 이상 인간의 경험 차원에 연결시킬 수 없게 됐다. 칸트는 억지로 인간 본성과 도덕을 연결시켜 보려고 노력했으나 실패하고 말았다. 결국 그는 『도덕형이상학의 기초』의 마지막 부분에서 도덕성의 동기는 우리가 이해할 수 없는 차원의 것이라는 애매한 말로 얼버무렸다.

원래 칸트와 같이 도덕을 인간의 경험으로부터 분리시키고 도덕 자체의 순수성을 기대하면서 오직 인간의 이성에만 집착한다면 다른 문제가 제기될 수밖에 있다. 어떻게 도덕법이 인간행위의 동기가 되어 인간의 의지를 결정할 수 있는가 하는 문제가 바로 그것이다. 칸트가 말하는 지상명령으로서의 도덕은 이해관계로부터 자유롭다고 하나 과연 무엇으로써 도덕이 나에게 유익하다는 것을 보장할 수 있는지를 설명치 못하고 있는 것이다.

루소는 도덕의 기초를 동정심에 두면서 도덕성을 인간의 본래 성향으로 인식한 까닭에 끝내 '자애심自愛心'의 관점에서 벗어나지 못했다. 그는 도덕의 동기를 명확히 제시하지 못하고 도덕성을 확실히 보장하는 데에도 실패한 셈이다. 이와 반대로 칸트는 도덕을 선험적인 의무로 간주해 도덕성에 해가 되는 모든 요소들을 애초부터 제거한 까닭에 인간 자체에서 도덕성을 이끌어낼 수 있는 가능성을 스스로 봉쇄하고 말았다.

본래 도덕법은 인간의 본성에서 유래하는 것도 아니고 인간의 체험으로부터 나오는 것도 아니다. 그럼에도 칸트는 자신이 완전히 벗어났다고 생각하고 있었던 낡은 종교적 기초에서 그 원리를 찾은 까닭에 신의 계율을 세속화하는 수준에서 그치고 만 것이다. 결국 칸트는 도덕의 기초와 관련한 순수이성 비판을 통해 기존의 사변적인 신학을 완전히 붕괴시켜 도덕을 명확히 정의하는 공을 세웠음에도 불구하고 도덕법을 만들기 위해 다시 신학자가 되고 만 셈이다.

칸트는 도덕을 이성적인 동시에 선험적인 것으로 본 까닭에 도덕이 이성을 통해 정언명령으로서의 보편성과 필연성을 갖는 규칙을 만들어내는 기능을 갖고 있다고 보았다. 그러나 도덕이 인류역사의 산물이라는 것을 깨닫게 되면서 칸트가 강조한 도덕의 절대성에 대한 강한 의문이 제기됐다.

이에 대한 대안을 제시코자 한 사람이 쇼펜하우어였다. 『도덕형이상학론』에서 칸트와는 전혀 다른 방법으로 도덕의 기초를 탐색한 쇼펜하우어가 찾아낸 것은 결국 루소의 동정심이었다. 물론 쇼펜하우어는 자아의 완성 등을 위해 선행을 하는 것은 이기주의에 지나지 않는다며 동정심이 인간의 상상력에서 비롯됐다는 루소의 주장을 부인했다. 그러나 그 또한 어떻게 남의 고통이 나에게 직접 영향을 미쳐 자신의 고통처럼 느끼게 되는지를 진지하게 자문했으나 이에 대한 명쾌한 해답을 찾아내지 못했다. 그는 이를 해결키 위해 내세운 것은 '도덕의 신비성'이었다.

그러나 이는 결국 동정심에 신비적인 면이 존재한다는 것을 인정하는 것에 지나지 않는다. 쇼펜하우어의 주장은 동정심을 철학적 개념이나 종교교리 등과 같은 외부 조건에 의존하지 않는 자연의 산물이라고 주장하면서도 나와 관련된 난문을 풀기 위해 나를 부정해야만 하는 모순을 안고 있는 것이다.

이에 대한 해답을 제시코자 한 사람이 바로 니체이다. 니체는 『도덕의 자연사에 관한 기고』에서 도덕주의자들에게 그들의 입장을 바꿀 것을 권유하면서 도덕의 기초를 세운다는 환상을 갖기보다는 차라리 도덕의 구원에 주의를 기울이는 편이 더 낫다고 주장했다. 실제로 그는 『도덕의 계보학』에서 도덕은 순수이성 등과는 거리가 먼 '권력의지der Wille zur Macht'의 소산이라는 사실을 적나라하게 파헤쳤다.

'도덕의 계보학'을 천착한 니체의 연구결과가 던진 충격은 막대했다. 이후 서양의 도덕철학자들은 각자 나름대로 도덕의 '탈신비화' 작업을 열성적으로 시도했다. 그 결과 마르크스는 지배계급이 종교라는 도구를 통해 기존질서를 공고히 하는데 도덕을 이용했다고 주장하면서 도덕에 내재해 있는 노예적 성격을 고발했다. 프로이트는 심리적 접근을 통해 도덕의식은 유년기에 부모나 그 대리자의 이상화된 형상이 투사작용을 통해 나타나는 초자아surmoi 형성의 결과에 불과하다고 주장했다. 결국 이들의 노력에 의해 도덕의 문제는 니체가 주장했듯이 여러 상이한 도덕 간의 비교를 통해서만 해결이 가능하다는 사실이 확인됐다.

이를 통해 알 수 있듯이 결국 서양은 동정심 문제를 놓고 루소를 시작으로 칸트와 쇼펜하우어, 니체 등이 다양한 해답을 찾고자 노력했음에도 불구하고 여전히 해답을 찾아내지 못하고 있는 셈이다. 줄리앙은 바로 이 점에 주목해 맹자의 성선설을 통해 동서양을 아우르는 새로운 도덕철학의 기초를 찾고자 한 것이다. 그가 볼 때 동정심을 중심으로 전개된 서양 도덕철학의 가장 큰 잘못은 기본적으로 '비참'의 개념에 지나치게 사로잡힌 데 있었다.

줄리앙에 따르면 루소가 『에밀』에서 '우리의 마음을 인간애로 이끌어 주는 것은 바로 우리가 공유하고 있는 비참함이다.'라고 언급한 데에는 고통에 대한 허무주의적 찬사를 내포하고 있다. 쇼펜하우어도 '고통은 좋은 것이다.'라고 말한 바 있다. 니체 역시 '비참'의 개념에서 벗어나지 못했다. 그는 '동정의 종교'가 폄하해 놓은 인간의 허약함에 강한 의문을 제기하면서 이타성을 강조한 종래의 도덕원리를 거부했다. 그는 『도덕의 계보학』 서문에서 '동정심의 실체에 대한 문제 제기를 누가 시작할지 모르지만 그 사람 앞에는 장차 새롭고도 방대한 시야가 열릴 것이다.'라고 단언하면서 새로운 도덕철학의 정립 필요성을 역설했다.

줄리앙은 바로 여기서 맹자의 '측은지심' 개념을 통해 새로운 도덕철학의 가능성을 찾고자 한 것이다. 사실 맹자의 '측은지심' 개념은 '동정심' 개념과 달리 '비참'의 논리를 가지고 있지 않다. 여기서는 인간의 불행을 전혀 운명적인 것으로 보고 있지 않다. 나아가 인간의 고뇌가 자신에게 유익할 수 있다는 입장을 취하지도 않는다. 줄리앙의 주장에 따르면 '측은지심'은 서양의 동정심 개념이 안고 있는 난문에 부딪칠 염려가 전혀 없다. 맹자의 '측은지심' 개념은 동정심의 특징인 자연발생성과 이해관계에 의존하지 않는 무조건성을 동시에 포용하고 있기 때문이라는 것이다. 사실 맹자의 '측은지심' 개념에서는 비록 동정심과 같이 개인은 존재하지만 그것은 주체로서의 자아라는 고립적인 차원이 아니라 관계의 일부로서만 인식된다. 줄리앙은 맹자의 '측은지심' 개념에서 서양 전래의 개인주의적 관점에서 완전히 자유로워질 수 있는 가능성을 본 셈이다.

정치와 철학의 분기점

『국가론』은 초장부터 '정치적 삶'과 '철학적 삶'의 갈등에 관한 논란으로 시작하고 있어 자세한 검토가 필요하다. 가장 대표적인 것이 소피스트의 상징으로 통한 트라시마코스와 벌인 논쟁이다. 트라시마코스는 '정의란 강자의 이익이다.'라고 못을 박고 나섰다. 정의는 법에 의해 강제되어야 가능하고, 결국 법을 제정하는 강자의 이익이 반영될 수밖에 없다는 논리이다. 21세기 현재 그런 현실을 목도하고 있는 것처럼 이를 반박키가 쉽지 않다. 그럼에도 플라톤은 소크라테스의 입을 통해 통치란 본질적으로 자신만의 이익이 아니라 '다른 사람에게 좋은 것'을 위한 행위로 이어질 때 비로소 진정한 의미의 통치가 될 수 있다고 반박하고 나섰다. 트라시마코스가 설득됐는지 여부와 상관없이 나름 '정치적 삶'과 '철학적 삶'의 갈등을 해소키 위해 애쓰는 모습이 극명하게 드러나는 대목이다.

주목할 것은 플라톤이 자신이 생각하는 이상국에 대한 확신이 지나친 나머지 소크라테스의 원래 모습과는 동떨어진 형상을 만들어 자신의 주장을 뒷받침하고 있는 점이다. 맹자가 공자의 말을 멋대로 만들어낸 것에 비유할 만한 일이다. 『국가론』에서 소크라테스는 현실과 완전히 괴리된 이상국을 확신에 차 얘기하는 '엉뚱한 노인'으로 나오고 있다. 이는 플라톤이 현실적으로 존재했던 타락한 민주제와 무능한 과두제를 경험한 사실과 무관치 않다. 당사자는 나름 이상적인 청사진을 제시했다고 생각했는지는 몰라도 21세기의 관점에서 볼 때 지극히 사변적인 공상空想으로 비춰질 수밖에 없다.

그러나 플라톤이 『국가론』에서 역설한 이상국의 이념이 온통 공허한 것만은 아니다. 치국평천하 차원이 아닌 수신제가 차원에서 접근하면 귀담아들을 만한 내용이 적지 않다. 플라톤 역시 공자와 마찬가지로 현실정치에 깊은 실망을 느낀 뒤 아카데미아를 만들어 후진의 교육παιδεία에 지대한 관심을 기울였다는 사실에 주목할 필요가 있다. 그의 후진에 대한 교육은 공동체의 구성원이 각기 정해진 역할을 수행하는데 필요한 지식을 주입시키는 데 목적이 있는 게 아니다. 그는 우선 인간의 영혼을 크게 통치자 그룹의 덕성인 이성 즉 로고스λόγος, 전사 그룹의 덕성인 기개 즉 티모스θύμος, 생산자 그룹의 덕성인 욕구 즉 에피티미아ἐπιθυμία로 나눴다. 이는 개개인이 추구하는 바를 올바르게 통제해 전 인민이 고루 진정한 행복을 누리도록 유도하려는 취지에서 나온 것이다. 개개인 모두 자신들이 추구하는 바에 따라 각기 다른 역할을 부여받은 것에 지나지 않는다. 이상국에서 개개인이 맡은 역할이 태생적으로 결정되는 게 아니라는 얘기다. 이것이 고정불변한 사회적 지위를 정당화하는 논리로 원용될 수는 없는 일이다.

다만 '철인왕'을 이상국의 우두머리로 내세운 것은 적잖은 문제가 있다. 치세의 경우에는 나름 수긍할 수 있으나 과연 난세에 '철인왕'이

나라를 제대로 수호하고 인민의 재산과 생명을 제대로 지켜낼 수 있을까? 동양의 역대 왕조사를 보면 회의적이다. 오히려 지혜를 추구하는 철학자는 난세 상황에서 조속한 결단이 필요할 때 정반대의 모습을 보이기 십상이다. 마키아벨리가 설파했듯이 상황에 따라서는 때로는 부도덕적한 일도 서슴없이 행해야 하는데 철학자는 이런 일에 적합치 못하다. '정치적 삶'과 '철학적 삶'의 괴리가 이처럼 크다. 치세와 난세를 불문하고 '철인왕'을 국가공동체의 우두머리로 삼아야 한다는 플라톤의 주장을 받아들일 수 없는 이유다. 이는 왕도만을 숭상한 맹자가 치세와 난세를 막론하고 왕도를 통해서만 득천하와 치천하를 동시에 이룰 수 있다고 주장한 것만큼이나 공상적이다.

여기서 주목할 것은 플라톤이 만년에 들어와 『법률』에 앞서 펴낸 『정치가』이다. 당시 '정치가'를 지칭하는 용어는 크게 2가지로 사용됐다. 하나는 플라톤과 아리스토텔레스가 즐겨 쓴 폴리티코스πολιτικός이다. 다른 하나는 아테네 민주정의 발전과 함께 널리 통용되던 레토르ῥήτωρ이다. 양자는 서로 다른 의미를 지니고 있다. '폴리티코스'는 통치에 필요한 지식을 가지고 공동체 전체를 위해 헌신해야 할 위치에 있는 개인 또는 집단을 지칭한다. 반면 '레토르'는 민회나 법정에서 대중을 설득함으로써 자기의 생각을 관철시키려는 개인 또는 집단을 의미한다. 플라톤이 『정치가』의 제목으로 전자를 사용한 것은 후자가 선동가를 뜻하는 데마고그와 크게 다를 바 없는 행보를 보인 사실과 무관치 않다. 아테네의 민주정은 이미 크게 타락해 있었던 것이다. 『정치가』는 디오니시오스 2세의 요청으로 시라쿠사를 3번째 방문한 기원전 364년 이후에 집필됐다. 당시의 마지막 방문은 치욕스러운 결과를 안겨주었다. 아르키테스의 도움이 없었다면 감금 상태조차 벗어나지 못했을 정도로 위험했다. 많은 전문가들은 플라톤이 '철인왕'에 대한 생각을 버리게 된 계기가 이때 마련된 것으로 보고 있다. 그 이전까지만 해도 플라톤은 현실의 '참주'를 능히 이상적인 '철인왕'으로 바꿀 수 있다는 자신감을 갖고 있었다.

실제로 『정치가』는 '누가 다스려야 하는가?'라는 질문에 새로운 해답을 제시하고 있다. 『국가론』에서는 철인哲人 즉 '필로소포스φιλόσοφος'를 들었다. 그러나 『정치가』에서는 책의 제목이 암시하듯 '폴리티코스πολιτικός'가 주인공이다. 여기서 플라톤은 통치를 일종의 '기술'로 간주하면서 정치가를 씨실과 날실을 엮는 '베 짜는 사람'에 비유했다. 공동체 구성원의 상이한 정치적 이해를 조정하는 사람이라는 새로운 정의를 내린 것이다. 『국가론』과 비교할 때 플라톤의 태도는 크게 2가지 측면에서 주의를 끈다.

첫째, 정치적 지식에 관한 논의다. 『국가론』에서 통치를 위한 '철인왕'의 지식은 통상적인 정치적 활동을 초월한 것이다. 그러나 『정치가』에 나오는 정치가의 '정치적 지식'은 현실상황과 밀접히 관련된 '통치에 필요한 기술'로 기술돼 있다. '정치적 지식'을 의사가 환자를 다룰 때 필요한 지식과 동일한 것처럼 언급한 게 그렇다. 물론 지성 즉 누스νοῦς와 결합된 지식을 강조함으로써 '정치가'의 도덕적 품성을 부각시키려는 의도를 드러내기는 했으나 『국가론』의 '철인왕'처럼 초월적이고 절대적인 진리를 들먹이지는 않았다.

둘째, 철학자의 정치참여에 관한 논의다. 『정치가』에서는 철학자가 정치에 참여하도록 강제해야 한다는 말이 없다. 『국가론』은 '정의'

가 무엇인가 하는 질문에서 운을 뗀데 반해 『정치가』는 무엇이 '정치적 기술'인가 하는 질문에서 시작한다. 철학자가 정치를 해야 한다는 당위론도 없고, 철학자가 정치에 참여하기를 꺼린다고 걱정하는 대목도 없다. 정치가가 바람직한 통치를 위해 최선을 다해야 한다고 얘기할 뿐 정치적으로 뛰어난 자질을 지닌 사람이 드러내기 쉬운 도덕적 결함에 대해서는 침묵하고 있다. 철학자가 정치에 개입할 당위성이 줄어든 만큼 『정치가』에서는 '정치적 삶'와 '철학적 삶'의 갈등도 그만큼 약화된 셈이다.

그러나 플라톤은 최후의 저술인 『법률』에서 또 한 번 '정치적 삶'과 '철학적 삶'에 대한 갈등이 그대로 드러나고 있다. 『국가론』의 핵심 주제인 '이상적인 정체政體의 실현'에 관한 질문이 다시 등장하고, 입법과정에 철학자들이 반드시 참여해야 한다고 주장한 게 그렇다. 일견 『정치가』보다 『국가론』에 더 가까운 입장을 보인 점에서 다시 이상주의로 회귀한 것처럼 보인다. 그러나 정반대로 '입법'을 국가공동체의 정치적 덕성을 유지하는 주요 수단으로 부각시킴으로써 『국가론』의 이상국을 대신하는 차선의 이상국을 제시한 것처럼 보이기도 한다.

실제로 로마공화국은 『법률』의 가르침을 좇아 공화국의 기본이념과 국가체제를 정립한 바 있다. 전문가들은 『법률』에 이르러 플라톤의 사상이 마침내 이상적인 '철학적 삶'과 현실적인 '정치적 삶'을 조화시킨 것으로 보고 있다. 현실적으로 실현이 불가능한 『국가론』의 이상국과 달리 『법률』의 이상국은 노력만 하면 능히 현실에 실현할 수 있는 것으로 평하는 게 그렇다. 『법률』의 이상국을 두고 이상과 현실의 조화, 인치로부터 법치로의 전환, 최선이 아닌 차선의 선택 등으로 해석하는 것도 같은 맥락이다. 이런 식의 해석에 반발하는 견해도 만만치 않으나 플라톤이 노년에 들어와 '철인왕'의 등장에 대한 기대를 접은 채 법치를 통해서라도 나름 최선의 정체를 실현코자 한 것만은 분명하다.

이런 관점에서 볼 때 플라톤이 『법률』에서 아테네 이방인의 입을 통해 '명예를 중시하는 정체'인 티모크라티아τιμοκρατία를 화제로 삼은 점에 주목할 필요가 있다. 일견 '절제'를 미덕으로 삼는 농공상의 생산자 집단보다 '기개'를 중시하는 전사戰士 집단이 통치하는 현실을 염두에 둔 것으로 보인다. 철학자가 아니라 정치가가 정체의 변동 과정에서 더 중요한 역할을 수행하는 것처럼 기술한 것도 같은 맥락이다. 영어 '티모크라시'가 금권정치金權政治의 의미로도 사용되는 것은 로마공화정 때 기사계급이 부호富戶의 대종을 이룬 사실과 무관치 않다. 이상적인 도시로 제시된 '미그네시아'가 군주정과 민주정의 요소를 혼합한 형태로 등장하고 있는 점도 유의할 필요가 있다. 일각에서는 현대적 의미의 '선거'에 내재된 정치적 원리와 사뭇 닮은 것으로 분석하고 있다.

후대의 엇갈린 평가

동서양을 막론하고 공자와 소크라테스의 수제자를 자처한 맹자와 플라톤에 대한 평가는 오랫동안 칭송 일변도로 흘렀다. 그러나 현대에 들어와 변화의 조짐이 생겼다. 당나라 이후 맹자가 순자를 제치고 공자에 버금하는 아성亞聖의 반열에 오른 후 처음 있는 일이다. 이는 순자에 대한 재조명과 불가분의 관계를 맺고 있다. 서양도 마찬가지다. 20세기에 들어와 서양의 내로라하는 철학자들 내에서 플라톤에 대한 평가가 극명하게 엇갈리고 있는 게 그렇다. 화이트헤드처럼 극찬을 한 사람이 있는가 하면 칼 포퍼처럼 전체주의 남상濫觴으로 비판한 사람도 있다. 포퍼는 『열린사회와 그 적들』에서 히틀러가 미친 살인마였다면, 플라톤은 도도하고 오만한 관리자였다고 지적했다. 그가 볼 때 확신에 찬 플라톤의 구상은 철저하게 통제되고 계획된 박제된 사회를 건설하는 것이었다. 이름 일리 있는 지적이기는 하나 한쪽 면만 지나치게 부각시켜 바라보았다는 지적을 면키 어렵다.

여기서 플라톤의 스승인 소크라테스의 참모습에 대해 간략히 살펴볼 필요가 있다. 그는 국가의 신을 믿지 않고 젊은이들을 타락시켰다는 죄명으로 사형 선고를 받았다. 그러나 그는 법정에서 자신을 변호할 말을 따로 준비하지 않았다. 그는 자신의 삶 전체가 무죄를 입증하고 있다며 이같이 주장했다.

"나는 정의를 추구하고 부정을 피하는 데 한평생을 보냈다. 그런데도 법정에서의 짧은 시간 동안 내가 무죄라는 것을 보이기 위해 또다시 노력해야 하는가?"

크세노폰의 『회상록』은 무죄를 주장하는 소크라테스의 원래 모습을 있는 그대로 보여주고 있다. 그 역시 소크라테스의 삶 자체를 보여주는 것만으로도 그가 무죄라는 것을 입증할 수 있다고 확신했기 때문이다. 책의 마지막 장에서 크세노폰은 자신 있는 목소리로 이같이 말했다.

"소크라테스는 제일 착한 사람인 동시에 가장 행복했던 사람이다!"

『회상록』을 읽은 사람은 크세노폰의 이런 결론에 대개 고개를 끄덕일 수밖에 없다. 그만큼 확신을 갖고 스승의 무죄를 변론한 것이다. 이에 반해 플라톤의 저서에서는 소크라테스가 자신의 무죄를 논리적으로 입증하기 위해 매우 치밀한 논변을 펼치며 상대의 주장을 반박하는 모습으로 등장한다. 『국가론』을 비롯한 플라톤의 저서에 나오는 소크라테스의 모습이 모두 이와 같다. 평생 철학자의 삶을 산 플라톤이 '정치적인 삶'보다 '철학적인 삶'에 방점을 찍은 탓으로 돌릴 수밖에 없다.

많은 전문가들은 『국가론』을 두고 소크라테스의 학설을 소개하는 데 중점을 둔 초기의 '대화편'과 달리 플라톤의 사상이 그대로 녹아있다는데 입을 모으고 있다. 『국가론』에 나오는 소크라테스는 플라톤이 만들어낸 가공의 인물에 지나지 않는다는 것이다. 실제로 똑같은 행보를 기술해 놓은 크세노폰의 『회상록』에 나오는 소크라테스의 모습과 전혀 다른 모습의 소크라테스가 등장하고 있다. 보다 정확히 말하면 『국가론』에 나오는 소크라테스는 단지 플라톤의 철학과 사상을 드러내기 위한 도구에 지나지 않는다. 마치 『맹자』에 나오는 공자의 모습이 맹자의 사상을 뒷받침하기 위한 도구로 이용된 것과 닮았다. 실제로 『맹자』에 나오는 공자의 언행은 『논어』를 비롯한 다른 제자백가서에서는 전혀 찾아볼 수 없는 게 무수히 많다. 맹자가 자신의 주장을 뒷받침하기 위해 멋대로 지어낸 얘기에 지나지 않는다는 지적을 받는 이유다.

『국가론』이 '동굴의 비유'를 든 것은 인간이 생각할 수 있는 최상의 통치인 이상국에 대한 희망을 버리지 말라는 취지에서 나온 것이다. 이를 실현하는 주인공이 바로 '철인왕'이다. '철인왕'에 준하는 현자들이 동굴의 입구를 찾아낼 경우 이들 역시 집단을 구성해 나라를 이끌 자격이 있다. 『법률』이 상정한 입법자들이 바로 그들이다. 로마공화국의 모델이 된 '귀족국가'의 이론적 원형이 바로 『법률』의 이상국이다.

결국 『국가론』에서 시작된 '누가 다스려야 하는가?'에 대한 플라톤의 물음은 『법률』에서 막을 내린 셈이다. 겉으로 볼 때는 극히 이상적인 『국가론』에서 시작해 현실적인 『법률』로 귀결된 셈이다. 그러나 타락한 아테네 민주주의를 바로 세우고자 하는 플라톤의 의지와 열정이 식은 것은 아니다. 그런 의지와 열정이 없었다면 후대인이 그토록 극명하게 엇갈리는 찬사와 비판을 보내지는 않았을 것이다.

객관적으로 볼 때 『국가론』의 이상국은 지나치게 이상적이고 관념적이다. 통치자의 사적인 욕망을 원천 봉쇄하기 위해 재산을 공유하자는 주장은 어느 정도 수긍할 수 있으나 아내까지 공유해야 한다는 주장에는 결코 동의하기 어렵다. 게다가 그는 전쟁이나 기타 분야에서 뛰어난 활약을 한 젊은이들에게는 여자들과 동침할 기회를 더 많이 제공하고, 태어난 아이들을 선별해 열성인 아이들은 별도로 관리할 것을 제안했다. 히틀러를 방불하는 우생학적 편견이다.

그렇다고 『국가론』의 이상국이 전혀 암시하는 바가 없는 것은 아니다. 그는 지도자의 선발 과정 등과 관련해 매우 의미 있는 제안을 했다. 해당 대목이다.

"국가를 위한 일엔 열성을 다하면서도 그렇지 않은 일엔 초연한 사람 말일세. 그러한 소신을 끝까지 지킬 수 있는지 여부를 알기 위해 다양한 시련과 고통을 주어 시험해볼 필요가 있네."

통치자는 고귀한 지적 쾌락을 추구하는 철학자여야 한다는 게 『국가론』의 요지이다. '세월호 사건'으로 인해 마각이 드러난 민관유착과 고위 공직자의 비리 등 '관피아 및 정피아 척결'이 시대적 과제로 등장한 점에 비춰 시사하는 바가 크다. 고위 공직자 인사에는 플라톤이 언급한 것처럼 다양한 시련과 고통까지는 아닐지라도 만인이 수긍할 수 있는 확실한 검증절차가 필요하다. 주목할 것은 플라톤이 남녀의 성차별을 배격한 점이다. 이를 뒷받침하는 해당 대목이다.

"여자는 단지 여성이라는 이유만으로 어떤 일을 못할 수는 없네. 자연의 천성은 남녀 간에 동일하지. 단지 약하다는 이유로 여성을 모든 의무나 권한으로부터 배제해도 좋겠는가? 교육의 기회는 동등하게 주어져야 하네. 여자들에게 부과할 의무도 동등하게 주어져야 하지. 단지 국가를 보위하거나 전쟁을 치를 때 노동의 강도는 비교적 가벼워야 할 것이네."

당시의 기준에서 볼 때 남녀에게 교육받을 권한이 동등하게 주어지고, 정도의 차이는 있지만 국가적 의무 또한 동등하게 부과해야 한다고 주장한 것은 획기적인 일이다. 주목할 것은 당시 플라톤이 타락한 아테네의 민주주의 체제에 질타를 가한 점이다. 해당 대목이다.

"방종과 무질서가 민주주의 체제를 파멸로 이끌 것이라는 생각이 들지 않는가?"

데마고그가 판을 치는 민주주의의 타락형인 폭민정暴民政을 경계한 것이다. 스승에게 독배를 안긴 아테네의 타락한 민주주의 체제에 극도의 혐오감을 드러낸 셈이다. 그가 『국가론』에서 '철인왕'이 다스리는 군주정과 『법률』에서 '현명한 입법자'가 집단으로 다스리는 공화정을 내세운 것도 이런 맥락에서 이해할 수 있다.

종합적으로 볼때 맹자의 '측은지심' 개념은 자아와 타자를 엄격히 분리하지 않고 나를 포함한 만물의 변전을 음양의 상호작용에 따른 결과로 이해하는 시각 위에 서 있다는 점에서 서양의 동정심과 근원적인 차이가 있다. '측은지심'은 고립된 나로부터 생기는 게 아니라 행위를 일으키는 현상 자체에서 비롯되는 까닭에 서양의 동정심과 같이 그 현상이 내 안에서 일어나는지 아니면 타인으로부터 발생하는 것인지 여부를 알아볼 필요가 없다. 서양인들은 오랫동안 이를 전혀 이해하지 못했던 것이다.

'측은지심'은 우물에 빠지려는 아이를 황급히 잡아 주는 것과 같이 자연발생적인 반응을 통해 드러난다. 줄리앙에 따르면 이는 인간이 본래 타고난 것으로 결코 종교적 신념의 소산도 아니고, 니체가 주장한 것처럼 약자에 대한 애도의 산물도 아니고, 마르크스가 말한 것처럼 계급이익도 아니고, 프로이트의 주장처럼 아버지의 역할도 아니다. 줄리앙은 순수하며 결코 자기소외를 동반하지 않는 맹자의 사단四端을 도덕의 초석으로 쓸 것을 제안하고 있다. 맹자사상은 줄리앙의 제안처럼 21세기 스마트혁명 시대의 관점에서 새롭게 평할 필요가 있다. 한마디로 비록 난세의 치국평천하 방략으로는 커다란 한계를 노정하고 있기는 하나 이상향을 추구하는 도덕철학 면에서는 나름 위대한 면모를 지니고 있다고 요약할 수 있다.

『국가론』도 이런 맥락에서 이해할 수 있다. 『국가론』은 '누가 다스려야 하는가?' 하는 문제와 관련된 플라톤의 주요 저작들 가운데 가장 널리 알려진 책이다. 플라톤의 초기 저술에서 발견되는 소크라테스

식 대화와는 달리 난문難問을 뜻하는 '아포리아ἀπορία'에 대한 자각을 토대로 정의에 대한 구체적인 해답을 제시코자 애쓴 게 그렇다. 플라톤의 사상은 『국가론』을 계기로 소크라테스의 그늘에서 벗어나 자신의 정치철학을 펴기 시작했다는 게 학계의 중론이다. 그러나 반론도 만만치 않다. 『국가론』이 플라톤의 초기 저술과 완전히 구분된다고 단정할 수 없다는 것이다. 이는 플라톤의 작품이 시종 '정치적 삶'과 '철학적 삶'의 갈등을 복선으로 깔고 있는 사실과 무관치 않다.

동서고금을 막론하고 군주정이든, 공화정이든, 민주정이든 위정자가 부패하면 그 나라는 이내 패망하고 만다. 공화정의 주도세력인 여야 정치권이 부패하면 관료세력은 눈치를 보며 사리사욕을 채우게 마련이다. 그 경우 민주주의는 껍데기만 남게 된다. 지금 한국 사회는 지역갈등에 기초한 공화정의 타락형인 과두정寡頭政의 몸살을 앓고 있다. 로마공화정의 말기 증상과 별반 다를 게 없다. 북한은 군주정의 타락형인 전제정專制政 치하에서 북한 인민들이 노예만도 못한 삶을 살고 있다. 이를 혁파하지 못하면 통일은커녕 남북이 공멸하고 만다. 1백년 전의 악몽이 재연되지 말라는 보장도 없다. 최악의 시나리오에 해당한다. 플라톤이 『국가론』에서 통치자 그룹의 절제와 분발을 역설한 배경을 곰곰이 생각해야 할 때이다.

짚고 가자

'법률'과 '팍스 아메리카나'의 닮은 점

『국가론』의 원래 제목은 그리스어로 '폴리테이아πολιτεία'이다. 오랫동안 영역본 내지 일역본을 중역한 까닭에 '공화국론', '이상국론' 등으로 통용돼 왔으나 최근 '국가론'으로 통일됐다. 직역하면 '국체론國體論'이지만 원래 의미에 가장 가까운 번역어에 해당한다. 이 책은 교육론, 예술론, 인식론, 형이상학, 정치철학 등의 다양한 분야를 바탕으로 이상국의 밑그림을 제공한 게 특징이다. 이에 반해 그리스어 '노모이νόμοι'를 번역한 『법률』은 그런 '훌륭한 나라'를 세우기 위해 현실적으로 문제를 어떻게 풀어나가야 좋은지를 논한 저서에 해당한다. 26편 또는 28편으로 손꼽히는 전체 플라톤의 대화편 가운데 가장 분량이 많다. 그만큼 많은 시간과 열정을 『법률』에 쏟았음을 보여준다.

『법률』은 총 12권으로 구성돼 있다. 제1권은 세 나라의 법률에 밝은 원로 3인이 크노소스에서 만나 제우스의 동굴과 신전으로 가는 길을 오르면서 각국의 체제와 법률에 관한 대화를 하는 것으로 시작된다. 다음 권에서는 교육 문제를 비롯해 국가체제의 기원, 입법자가 명심해야 할 목표 등에 관한 대화가 계속된다. 이어지는 대화에서는 크레테인들의 새로운 정착지인 '마그네시아'에 신생국을 세우기 위한 지역과 토지의 분할 문제, 관직의 확립과 재판관의 선출, 혼인과 출산, 군사훈련, 범죄와 재판 등 법제화할 여러 문제에 대한 논의가 전개된다. 종교 문제를 다루는 제10권 이하에서는 정치와 종교 문제를 포함해 재산권과 유산, 소유권 문제, 국가체제와 법률의 보전 대책이 논의되고, 마지막으로 이를 위한 회의체의 구성과 각 구성원이 배워야 할 사항 등에 대한 대화로 마무리된다.

『국가론』이 40-50대 플라톤의 열정이 담긴 역저라면 『법률』은 70대 초입을 지난 철학자가 팔순에 생을 마감할 때까지 붓을 놓지 않고 매달린 또 하나의 역저에 해당한다. 플라톤 자신이 현실의 국가공동체적 속에서 실현가능한 이상국을 세우기 위해 고심을 거듭한 고뇌의 결과물이다. 많은 학자가 『법률』을 두고 플라톤 철학의 총결로 보는 이유다.

당초 플라톤은 『국가론』이 이상국이야말로 실현 가능성 여부를 떠나 인간이 생각할 수 있는 최상의 바람직한 국체國體라고 생각했다. 『국가론』 집필 당시만 해도 플라톤은 이런 이상국을 능히 지상에 세울 수 있다고 생각했다. 외부의 나쁜 영향을 차단키 위해 바다로부터 격리된 지역에 이상국을 건설한 뒤 외부와 유통이 금지된 자급적 농업 국가를 유지해야 한다고 주장한 이유다. 비리와 폭리 등으로 얼룩진 상업주의 및 제국주의 영향으로부터 인민의 건전한 근로정신을 보호코자 한 것이다. 이 경우 '인민은 모든 물건을 공유한다.'는 옛사람의 말이 실현되고, 지배층 모두 하나가 되어 동고동락할 수 있다고 보았다.

플라톤은 처음에는 이런 이상국의 건설이 가능하다고 보았지만 점차 나이가 들면서 회의가 들 수밖에 없었다. 현실적으로 구현이 가능한 차선의 이상국을 진지하게 고민하기 시작한 이유다. 결국 그가 내린 결론은 이런 이상국을 지상에 실현하는 게 사실상 불가능에 가깝다는 것이었다. 그 결과물로 나온 것이 바로 노령기에 접어들어 상당히 오랜 기간에 걸쳐 썼다고 추측되는 『법률』이다.

미완성으로 끝난 『법률』의 이상국에서는 '철인왕' 대신 '입법자'가 다스린다. 완벽한 법치국가를 근본으로 삼은 결과다. 여기서 국가의 주요 권능은 로마의 원로원에 해당하는 집정원執政院, 법무관과 유사한 호법관護法官, 일반시민으로 구성된 민회民會 등으로 나뉘어져 있다. 국사범의 재판, 법률의 변경에 대한 심의, 외국인의 장기 거주 허가 등이 주요 사안으로 다뤄진다. 집정원은 12부로 구분되어 각 부가 매월 교대로 정무를 맡는다. 민회의 정기 및 임시의 회의를 소집하며 사회를 담당한다. 호법관은 민회에서 50세 이상의 시민 가운데서 선출되고, 임기는 20년이다. 법의 준수를 감시하고 재판을 주관한다.

그는 『법률』의 서두에서 입법자가 지켜야 할 진실한 사명은 스파르타처럼 용기 등의 특수한 덕을 목표로 삼아 인민을 지도하는 데 있는 게 아니라 모든 덕을 종합적으로 육성하는데 있다고 주장했다. 그가 입법자와 생산자에게 공통된 덕목으로 절제節制를 역설한 이유다. 이는 『국가론』의 이상국에서 역설한 정의正義의 덕을 갈음한 것이다.

주목할 것은 실현가능성을 염두에 둔 『법률』의 이상국에서는 사유재산이 인정되고, 토지의 경작도 개별적으로 행해지는 점이다. 다만 사람들은 자신에게 주어진 물건이 동시에 국가에도 귀속되고, 사유권은 공공을 위해 설정된 권리라고 생각하는 점이다.

『법률』에서 말하는 실현가능한 이상국의 인구는 아테네와 스파르타 인구의 중간 규모로 한정돼 있다. 규모가 더 크면 통제가 불가능하다고 본 결과다. 전 시민은 12부족으로 분류되고, 개개 시민에게는 균등한 토지의 소유권이 주어진다. 소유지의 일부분은 중앙의 시가지 부근, 다른 일부는 국경 부근에 위치한다. 소유지의 규모는 지질이 좋으면 좁게, 나쁘면 넓게 책정된다. 시민은 부동산 가격의 4배에 해당하는 액수까지 동산을 소유하는 게 허용되고, 이를 초과하는 동산은 국유화된다. 모든 시민의 재산은 등록된다. 인구 규모는 늘 일정하게 유지되어야 하는 까닭에 산아제한이 행해지고, 경우에 따라서는 새로운 식민지의 개척도 가능하다. 자녀가 없을 때에는 양자가 허용된다.

시민과 그 가족으로 구성된 인민 이외에 농노 및 외국인의 존재도 인정된다. 시민은 공공정치에 종사하며 간소한 생활을 영위함으로써 건전하고 행복한 생애를 보낼 수 있는 사회적 지위를 부여받는다. 소유지는 시민 자신이 직접 경작하는 게 아니라 농노를 부려서 경작한다. 농노는 경작지의 점유 및 이용을 허락받고 생산물의 일부를 지대로 납부한다.

상공업은 국내 거주를 허락받은 외국인에게만 인정된다. 이들 역시 12지역으로 나뉘어 거주한다. 농공업 생산물의 교역은 외국인에 의해 영위되지만 그 거래는 반드시 공개시장에서 행해져야 하고, 국가는 폭리를 취하지 못하도록 공개시장을 엄격히 감독한다. 시민은 유지에서 나오는 수확물을 팔아서 공업 생산품을 살 수는 있으나 스스로 상업에 종사하는 것은 허용되지 않는다. 금, 은을 소유하는 것도 금지된다. 외국 무역은 완전 금지되는 것은 아니지만 사치품의 수입이나 생활필수품의 수출은 금지된다.

나아가 여자는 남자와 평등한 교육을 받고, 공동식사의 제도 등을 통해 가능한 한 공공생활에 참가한다. 다만 가정생활의 감시 및 보호를 담당하는 직책 이외의 공무에 참여하는 것은 금지된다. 일부일처의 혼인 제도를 시행하되, 국가는 적당한 배우자의 선택이 가능하게끔 모든 노력을 기울여야 한다. 결혼 후 10년간은 여성공무원이 도덕 및 우생학적 견지에서 부부관계를 감시하고 지도한다.

이처럼 『법률』의 이상국은 비록 『국가론』의 이상국보다 상대적으로 현실에 초점을 맞추고 있다고는 하나 여전히 비현실적이다. 『법률』 역시 『국가론』과 마찬가지로 그리스 사회에 별다른 영향을 미치지 못한 이유다. 그러나 로마가 지중해의 패권을 장악하면서 양상이 바뀌었다. 『법률』에 제시한 이상국의 모습이 로마공화국의 이상과 맞아떨어진 결과다. 실제로 『법률』은 로마의 국가체제 및 사상에 깊은 영향을 미쳤다. 21세기 G1으로 군림하고 있는 미국의 국가체제는 로마공화국의 복사판에 해당하고, 로마공화국의 국체는 바로 『법률』의 이상국을 모델로 한 것이다. 군주국이 아닌 공화국을 실현가능한 최선의 국체로 간주한 결과다. 『법률』에 주로 입법자를 위한 여러 유익한 지식과 다양한 유형의 사회제도에 관한 해석이 실려 있는 이유다.

'팍스 로마나'와 '팍스 아메리카나'의 유사성은 로마와 21세기 미국의 공화정 체제를 비교해 보면 쉽게 알 수 있다. 원래 '팍스 로마나'의 가장 큰 문제는 군사력을 배경으로 한 약탈경제로 팍스 체제를 유지한데 있다. 당초 로마는 게르만 용병이 대거 유입될 당시 인두세와 토지세의 무거운 부담을 견디지 못한 자영농이 보유 토지를 대지주에게 넘겨 부담을 덜고자 하는 양상이 빚어졌다. 하층민 역시 대지주 밑으로 들어가 노동력을 제공하며 가까스로 생계를 이어갔다. 이를 라티푼디움Latifudium이라고 한다. '라티푼디움'의 뿌리는 멀리 기원전 2세기 초까지 거슬러 올라간다. 당시 로마제국에는 영토 확대에 따른 대규모 국유지가 등장했다. 대개 원로원 의원과 기사들이 이를 관리했다. 헬레니즘과 카르타고의 과학적 영농기법이 도입되고 많은 자본이 투하되면서 인근의 소규모 자영농은 경쟁에서 탈락할 수밖에 없었다.

노예노동으로 형성된 '라티푼디움'의 초기 영농방식은 근본적인 문제를 안고 있었다. 도구가 낡게 되면 새 도구를 구입해 보충해야 하듯이 인간도구인 노예 역시 '노예사냥'을 통한 안정적인 공급이 전제돼야만 보충이 가능했다. 그러지 못할 경우 노예의 가격이 치솟아 보충이 어렵게 된다. 그러나 '팍스 로마나'가 찾아오면서 그런 가능성이 사라졌다. 라티푼디움이 소작농에 의해 유지되는 양상이 빚어진 이유다. 소작농인 콜로누스 중에는 자유인 출신도 있었고, 해방된 노예도 있었다. 이들은 라티푼디움 내의 토지 일부를 얻어 거기서 나온 수확으로 자신과 가족의 생계를 유지하고, 금전 내지 수확물로 지대地代를 바쳤다. 사정에 따라서는 무상노동을 제공키도 했다. 중세를 특징짓는 장원경제莊園經濟의 씨앗이 이때 뿌려졌다. 자영농의 몰락은 국방과 경제 기반의 붕괴를 의미한다. 서로마가 쇠퇴의 길을 걷게 된 사회경제적 배경이다.

당시 콘스탄티노플을 중심으로 한 동로마는 상황이 이와 정반대였다. 도시는 여전히 건재했고, 도시를 중심으로 한 상공업이 번영했다. 비록 소작농으로 변모하기는 했으나 자영농 형태를 유지하는 농민이 대거 존재했다. 이들은 농촌공동체를 통해 세금을 부담했다. 비록 일부 지역에서 '라티푼디움' 현상이 나타나기는 했으나 서로마처럼 '장원경제'의 봉건지주로 치닫지는 않았다.

서로마의 몰락에는 '라티푼디움의 콜로누스화'와 더불어 일련의 민란이 결정적인 배경으로 작용했다. 당시 민란은 로마의 모든 속주에서 거의 매일 일어나다시피 했다. 속주에서 빈발하는 하층민의 민란은 게르만족의 제국 내 침공을 용이하게 만들어줬다. 410년 서고트의 추장 알라리크가 노예들의 도움으로 로마를 점령한 뒤 3일 동안 무자비한 약탈을 자행한 게 그 증거다. 알라리크의 로마 침공은 서로마가 역사무대에서 사라지는 전주곡에 해당했다. 막강한 군사력을 배경으로 한 약탈경제의 한계가 여기에 있다. 최강의 군사력으로 세계를 호령했던 G1 미국의 '팍스 아메리카나'도 유사한 모습을 보이고 있다. 2014년에 들어와 G2 중국을 견제하기 위해 일본의 재무장을 부추기고 나선 게 그렇다. 중국이 과거 청일전쟁 당시의 중국이 아니다. 지난 2015년 9월 3일 천안문 앞에서 열린 '항전기념 70주년 전승절' 기념행사가 이를 상징한다.

아시아에서만큼은 일본을 앞세우고 뒤에서 사주하는 식의 섣픈 개입을 용납지 않겠다는 의지를 분명히 보인 것이다. 러시아아 함께 주빈으로 초청된 한국 역시 비록 남북이 분단돼 있기는 하나 자국의 영토를 청일 양국의 전쟁터가 되도록 방치한 구한말 당시의 형편없는 나라가 결코 아니다.

객관적으로 볼 때 미국이 일본의 재무장을 부추겨 중국을 견제코자 하는 것은 소탐대실小貪大失의 부메랑으로 돌아올 공산이 크다. 미국이 취할 수 있는 최상의 방안은 키신저가 『중국론』에서 제시했듯이 미중이 서로 협력해 함께 '윈-윈'하는 공진共進 계책을 취하는데 있다. 그렇지 않을 경우 '팍스 로마나'와 '팍스 브리타니카'의 전철을 소지가 크다.

동서양을 관통하는 현실주의자

• 순자

송나라 때 등장한 성리학은 맹자를 사상적 교주로 삼았다. 명나라 때 맹자와 대립각을 세운 순자가 문묘에서 쫓겨난 근본배경이다. 성선설을 주창한 맹자와 달리 성악설을 주창하고, 법가사상가인 한비자를 제자로 두었다는 등의 이유가 덧붙여졌다. 그러나 순자만큼 공자사상의 핵심을 잘 이어받은 사상가는 존재하지 않았다. 21세기에 들어와 맹자에 의해 개인수양 차원의 사변철학으로 전락한 공자사상을 본연의 통치사상으로 복원시킨 인물로 평가받는 이유다. 일본은 이미 17세기 때 이를 통찰하고 맹자 대신 순자를 수용함으로써 훗날 명치유신을 일으키는 사상적 토대로 삼았다. 19세기 말 동아3국의 운명을 가른 게 바로 순자사상의 수용 여부에 달려있었던 셈이다.

• 아리스토텔레스

아리스토텔레스는 플라톤의 애제자였다. 그러나 그의 사상은 여러모로 스승과 차이가 있었다. 통상 그는 소크라테스와 플라톤이 추구한 '철학적 지혜' 대신 개별적이고 특수한 경우에 적용되는 '실천적 지혜' 차원에서 정치문제를 다룬 것으로 알려졌다. 그러나 그는 '철학적 지혜'를 배제한 적이 없다. 그는 정치학을 윤리학의 일환으로 간주한 까닭에 이론과 실천을 구분하는 것에 반대했다. 아리스토텔레스와 플라톤의 근본적 차이는 정치에 대한 서로 다른 인식론적 태도에 있다. 플라톤은 일상으로부터 벗어난 '철학적 관조'의 차원에서 정의를 풀이했다. 그러나 아리스토텔레스는 '정치적 실천'의 차원에서 정의를 바라보았다. 아무리 '선의 이데아'를 보았을지라도 공동체의 구체적인 요구를 해결치 못하는 철학자는 그저 '철학적 관조'를 즐기는 학자는 될 수 있어도 바른 정치를 행하는 정치가는 될 수 없다. 플라톤과 달리 비철학적인 대중의 의견도 진리를 반영할 수 있다며 상식을 지닌 '다수'가 엘리트 '소수'보다 더 나은 결정을 내릴 수 있다고 주장한 이유다.

제3장 순자와 아리스토텔레스

정치는 윤리와 나눠는가?

순자와 아리스토텔레스는 여러모로 닮았다. 가장 큰 유사점은 맹자 및 플라톤과 달리 현실과 동떨어진 형이상의 사변론 대신 현실을 토대로 한 형이하의 과학정신을 추구한 점이다. 실존한 후대의 제왕의 통치를 본받을 것을 주장한 순자의 법후왕法後王과 '철인왕' 대신 각국의 역사문화에 부합하는 통치체제인 아리스토텔레스의 혼합混合 체제가 그렇다. 순자는 맹자에 의해 왜곡된 공자사상의 원형을 되살렸다. 아리스토텔레스 역시 플라톤에 왜곡된 소크라테스 사상의 원형을 복원했다는 평을 받을 만하다. 『정치학』에서 소크라테스의 삶과 사상을

I 아고라agora 광장

멋대로 꾸며낸 플라톤의 행보를 '관조적 삶'과 소크라테스의 삶을 충실하게 복원한 크세노폰의 행보를 '정치적 삶'으로 규정하며 '정치적 삶'에 중점을 둔 게 그렇다. 아리스토텔레스는 수학 및 자연과학 등에서는 비록 스승인 플라톤의 학문적 방법론을 좇기는 했으나 정치학 및 철학 등에서는 오히려 크세노폰의 이론을 좇은 게 많다.

01

순자는 패도의 의미를 『순자』에서 어떻게 정의했는가?

역사 속의 순자

순자의 생애에 관한 최초의 기록은 사마천의 『사기』「맹자순경열전」이다. 당나라 때 『사기』를 주석한 사마정은 『사기색은史記索隱』에서 순자의 원래 성은 순荀이고 이름은 황況으로 사람들이 그를 높여 순경荀卿으로 불렀다고 기록해 놓았다. 후대의 문헌에 손경孫卿 또는 손경자孫卿子로 기록된 것은 한선제漢宣帝의 이름인 유순劉詢을 기휘忌諱한데 따른 것이다.

「맹자순경열전」에 따르면 순자는 조趙나라 출신이다. 당시 조나라는 춘추시대의 진晉나라가 3분되면서 한韓·위魏와 더불어 건국된 나라로 지금의 산서성 중부와 하남성 남부를 차지하고 있었다. 동으로 제齊, 동북으로 연燕, 서로 진秦, 북으로 흉노匈奴, 남으로 한韓, 남서로 위魏 등과 접경하고 있었다. 수도 한단邯鄲은 당시 상업과 수공업이 크게 번성한 교역의 중심지였다. 본분을 잊고 함부로 남의 흉내를 내는 지각없는 자를 비유한 한단학보邯鄲學步 내지 한단지보邯鄲之步를 비롯해 덧없는 인생을 비유한 한단지몽邯鄲之夢 등의 성어가 나온 것도 이와 무관치 않을 것이다.

「맹자순경열전」에 나오는 그의 사적은 소략하기 그지없다. 가계 및 생장 등에 관한 정확한 기록은 사실상 거의 없는 것이라고 해도 과언이 아니다. 순자의 생몰연대와 관련해 아직 뚜렷한 정설은 없다. 「맹자순경열전」은 순자가 나이 50세에 제나라로 유학을 갔다고 기록해 놓았다. 그러나 이는 그가 초나라 춘신군春申君의 지우知遇를 입은 사실 등을 감안할 때 역사적 사실과 동떨어져 있다. 만일 이 기록이 사실이라면 춘신군이 사망했을 당시의 순자의 나이는 130세가 넘게 된다. 후한 말기에 응소應劭는 『풍속통의風俗通義』를 통해 순자가 15세 때 제나라로 유학했을 가능성이 크다고 주장했다. 대략 수난왕 16년인 기원전 299년 전후에 제나라로 유학을 간 것으로 보인다.

이해는 제나라의 맹상군孟嘗君이 진나라의 재상이 된 해이다. 당시 제나라는 진나라와 더불어 동쪽의 강국으로 군림하고 있었다. 제선왕齊宣王은 부왕인 제위왕齊威王을 계승해 도성을 지금의 산동성 치박시淄博市에 있는 임치臨淄로 옮긴 뒤 도성의 서문西門 아래에 학궁學宮을 짓고 천하의 명사와 학자들을 초빙해 자유롭게 학문을 토론케 했다.

이 학궁은 도성의 서문이 직문稷門으로 불린 까닭에 통상 직하학궁稷下學宮으로 불렸다.

당시 직하학궁에는 맹자를 비롯해 신도愼到, 전병田駢, 순우곤淳于髡, 환연環淵, 송견宋鈃 등이 활동했다. 순자는 이들 '직하학사'들의 영향을 크게 받았을 것이다. 순자는 이곳에서 약 20여 년 동안 여러 학자들과 교류하며 학문을 연마했다. 그는 이때 제자백가의 사상을 두루 섭렵하며 맹자에 의해 왜곡된 유학을 본래 모습으로 돌려놓는 단단한 사상체계를 확립했을 것으로 짐작된다.

순자는 특이하게도 공자의 제자인 자궁子弓을 공자와 같은 반열로 격상시켜 놓았다. 『순자』「비십이자」에 나오는 자궁에 대한 평이다.

"비록 송곳조차 둘 땅이 없어도 왕공이 능히 함께 이름을 다투지 못하고, 일개 대부의 자리에 있을지라도 일국의 군주가 능히 그를 독점치 못하고, 어느 나라도 능히 단독으로 그를 채용치 못했다. 그의 명성이 제후를 능가하니 어느 군주도 그를 신하로 삼으려고 하지 않았다. 이는 성인으로서 권세를 얻지 못한 자를 말한 것이니 바로 중니仲尼와 '자궁'이 그들이다."

여기의 자궁은 구체적으로 누구를 말하는 것일까? 당나라 때 한유韓愈는 자하子夏의 문인으로 알려진 간비자궁馯臂子弓을 지칭하는 것으로 보았다. 그러나 '간비자궁'은 『논어』는 물론 『사기』「중니제자열전」과 『공자가어孔子家語』 등에 나오지 않는다.

원래 자하와 순자는 경학經學의 전수에 매우 밀접한 관련을 맺고 있다. 통상 고문 『시경』인 『모시毛詩』는 자하의 문인에서 순자를 거쳐 대모공大毛公에게 전해졌고, 『춘추좌씨전』은 자하의 문인인 증신曾申에서 순자를 거쳐 한나라 때의 유가인 한유漢儒에게 전해졌고, 『춘추공양전』과 『춘추곡량전』도 자하의 문인이 저술한 것을 순자가 한유에게 전한 것으로 알려져 있다. 순자가 자하의 문인으로부터 공학을 전수받았을 공산이 크다.

그러나 자궁이 과연 공자의 직계제자인지, 아니면 자하의 문인인지 여부를 확인키 어렵다. 순자를 집중 탐구한 일본의 우찌야마 토시히코內山俊彦는 『순자-고대사상가의 초상』에서 '자궁에 관해서는 여러 설이 있으나 구체적으로 누구를 가리키는지 정확히 알 길이 없다.'고 밝힌 바 있다. 이에 대해 시라카와 시즈카白川靜는 『공자전』에서 '4과 10철'의 일원인 중궁仲弓 즉 염옹冉雍을 지칭하는 것으로 파악했다.

그렇다면 시라카와의 설을 좇을 경우 자궁 즉 중궁은 어떤 인물이었을까? 『논어』「옹야」에는 공자가 중궁을 두고 '옹雍은 가히 군주 노릇을 하게 할만하다.'고 칭송하는 대목이 나온다. 당시 공자는 왜 중궁을 왕후王侯의 풍격이 있다고 호평한 것일까? 대략 「옹야」에 나오는 후속 구절에 그 해답이 있는 듯하다. 이에 따르면 중궁은 공자로부터 왕후의 풍격이 있다는 얘기를 듣고 크게 기뻐하며 이내 노나라 사람 자상백자子桑伯子에 대해 물었다. 그러자 공자가 이같이 대답했다.

"그의 간략함도 가하다."

중궁이 이의를 제기했다.

"공경심을 지니고 간략함을 행하는 거경행간居敬行簡으로 백성들을 대하면 가하지 않겠습니까? 그러나 자상백자와 같이 간략함을 지니고 간략함을 행하는 거간행간居簡行簡은 지나치게 간략한 것이 아니겠습니까?"

공자가 중궁을 칭송했다.

"옹의 말이 옳다!"

공자는 중궁의 얘기를 듣고 자상백자에 대한 자신의 당초 평가를 거둔 것이다. 자상백자는 '거경행간'이 아닌 '거간행간'을 행한 까닭에 왕후의 풍격에 모자란다는 중궁의 이의를 수용한 셈이다. 대략 공자는 치국방략과 관련한 중궁의 경륜을 높이 평가했음에 틀림없다. 맹자와 달리 공학의 정수가 수제修齊가 아닌 치평治平에 있다고 확신한 순자가 중궁의 이런 면모에 탄복한 나머지 중궁을 공자와 병칭했을 가능성이 크다.

공자의 중궁에 대한 칭송은 춘추시대 말기에 이미 신분세습의 벽을 뛰어넘어 노력 여하에 따라서는 일국의 재상은 물론 군주도 될 수 있다는 인식이 나타나기 시작했음을 의미한다. 실제로 공자가 죽은 지 얼마 안 돼 이는 곧 현실로 드러나기 시작했다. 전국시대에 이르러 사인士人들이 역사의 주역으로 급부상한 것이 그렇다. 이후 15년간 지속된 진제국이 허무하게 무너지고 유방이 일개 평민에서 몸을 일으켜 한제국을 세우는 상황이 빚어지면서 학덕을 지닌 군자가 위정자가 되어야 한다는 '치평학'의 대원칙은 하나의 불문율이 됐다.

순자는 직하학사로 있던 가운데 제나라를 떠나 다른 나라로 갔다. 더 이상의 기록이 없어 순자가 과연 언제 어떤 이유로 제나라를 떠나 어디로 갔는지 파악키가 쉽지 않다. 일각에서는 순자가 나이 28세가 되는 기원전 286년에 제나라를 떠나 초나라로 간 것으로 분석하고 있다. 이해는 송나라가 주변의 나라들을 제압하고 패자를 자처하다가 제나라에게 멸망을 당한 해이다.

당초 송강왕宋康王 언偃은 지금의 산동성 등현滕縣인 등나라를 멸하고 다시 동쪽으로 나아가 제나라를 쳐 5개 성읍을 취한 뒤 남하해 초나라의 3백 리 땅을 취하고, 서쪽으로 위나라 군사를 격파했다. 혁혁한 전승에 도취한 송강왕은 궁실 안에서 밤이 새도록 술을 마시는 암군의 행보를 거듭하다가 제민왕齊湣王의 공격을 받고 위나라로 도주하다가 지금의 하남성 온현溫縣에서 객사했다. 이번에는 제민왕이 송나라를 멸한 데 도취한 나머지 교만한 모습을 보이기 시작했다.

순자는 이런 상황에서 제나라에 위기가 닥쳐올 것을 짐작하고 초나라로 떠난 것으로 짐작된다. 실제로 2년 뒤인 기원전 284년에 연燕, 진秦, 한韓, 위魏, 조趙 등 5국 연합군이 제나라 도성으로 진군하는 사태가 빚어졌다. 한때 서제西帝를 칭한 진소양왕秦昭襄王과 함께 동제東帝를 칭했던 제민왕은 병사들을 총동원해 저지에 나섰으나 제수濟水 서쪽의 교전에서 대패했다. 제민왕이 이내 위衛나라로 달아나자 위사군衛嗣君이 스스로 칭신하면서 주식酒食을 비롯한 소요 물자를 제공했다. 제민왕이 당연하다는 듯 불손하게 굴자 위나라 사람들이 그를 공격했다. 제민왕은 다시 추鄒와 노魯나라로 달아나면서 여전히 교색驕色을 버리지 못했다. 추·노 두 나라에서도 그의 입국을 제지하자 드디어 거莒 땅으로 달아나게 됐다. 이때 초나라가 요치淖齒를 시켜 군사를 이끌고 가 제나라를 구하게 했다. 제민왕이 요치를 재상으로 삼았다. 그러나 요치는 연나라와 함께 제나라를 나눠 가질 생각으로 이내 제민왕을 잡고는 그 죄목을 열거했다.

"천승千乘 땅에서 박창博昌에 이르는 사방 수 백리 내에서 혈우血雨가 내려 옷을 모두 적셨소. 군주는 이를 알고 있소?"

"알고 있소."

"영嬴과 박博에서는 땅이 갈라져 샘물이 나오는 깊은 곳까지 그 균열이 이르게 됐소. 군주는 이를 알고 있소?"

"알고 있소."

"어떤 사람이 궐문을 향해 곡읍哭泣하자 사람들이 그를 찾으러 갔으나 찾을 길이 없었소. 그런데 사람들이 궐문을 떠났을 때 또 곡읍하는 소리를 듣게 됐소. 군주는 이를 알고 있소?"

"알고 있소."

그러자 요치가 이같이 말했다.

"하늘이 혈우를 내려 옷을 적신 것은 하늘이 군주에게 경고한 것이고, 땅이 갈라져 샘물이 솟는 깊은 곳까지 이르게 된 것은 땅이 군주에게 경고한 것이고, 어떤 사람이 궐문을 향해 곡읍한 것은 사람이 군주에게 경고한 것이다. 하늘과 땅과 사람이 모두 말했는데도 군주는 오히려 스스로 한 약속과 경고를 몰랐으니 어찌 그대를 주살하지 않을 수 있겠는가?"

그리고는 마침내 제나라의 종묘와 가까운 곳에서 제민왕을 거꾸로 매달아 죽였다. 훗날 순자는 『순자』「왕패王覇」에서 이같이 평했다.

"나라는 천하 최고의 이익과 권세이다. 올바른 방략으로 이를 장악하면 나라가 크게 편해지고 번영케 된다. 이는 미덕을 쌓는 근원이다. 그러나 올바른 방략으로 이를 장악하지 못하면 크게 위태로워지고 지치게 된다. 대권을 갖고 있어도 갖고 있지 않느니만 못하다. 극단적인 상황에 이르게 되면 필부가 되고자 해도 안 되는 것이다. 제민왕과 송강왕이 바로 그런 사람들이다."

이 사건으로 인해 직하학궁의 학사들 모두 사방으로 이산하고 말았다. 이런 사태가 빚어질 것을 미리 내다본 순자는 선견지명이 있다고 할 만하다. 제나라는 이 일이 있은 지 5년 뒤인 주난왕 36년인 기원전 279년에 지금의 산동성 평도현 동남쪽인 즉묵卽墨 땅을 고수하고 있던 전단田單 덕분에 실지를 회복해 가까스로 패망의 위기를 면하게 됐다. 이는 연나라 장수 악의樂毅가 참소를 입고 조나라로 도주한 틈을 타 전단이 반격을 가한 덕분이다. 이해에 신분을 속인 채 머슴으로 살면서 목숨을 구한 제민왕의 태자 법장法章이 부왕인 제민왕의 뒤를 이어 제양왕齊襄王으로 즉위하면서 직하학궁을 부흥시켰다.

직하학궁이 복원되자 순자도 다시 제나라로 돌아왔다. 「맹자순경열전」에 따르면 직하학궁으로 돌아온 순자가 이내 노사老師가 됐다고 기록해 놓았다. 그 사이에 선배 학자들이 모두 죽거나 사방으로 흩어진데 따른 것으로 짐작된다. 「맹자순경열전」에 따르면 순자는 10여 년 동안 직하학궁에 머무는 동안 직하학궁의 수장격인 좨주祭酒를 모두 3번에 걸쳐 역임케 됐다. 좨주는 선인들에 대한 간략한 추모의식을 거행할 때 가장 존경받는 사람이 떠맡았다. 직하학궁 최고의 직책이다. 직하학사들 내에서 순자의 성망聲望이 얼마나 높았는지를 짐작케 해주는 대목이다.

순자는 주난왕 49년인 기원전 266년에 진소양왕秦昭襄王의 초청을 받고 진나라를 방문케 됐다. 진소양왕은 진시황의 증조부로 강력한 부국강병책을 구사해 훗날 진시황이 천하통일의 대업을 이루는 기반을 닦아 놓은 명군이다. 『순자』 「유효」에 당시 순자가 진소양왕과 나눈 문답이 실려 있다. 이에 따르면 진소양왕이 먼저 순자에게 물었다.

"유자儒者는 나라에 무익하지 않소?"

순자가 대답했다.

"유자는 선왕을 본받고, 예의를 숭상하고, 신하의 직분을 지키면서 군주를 지극히 귀하게 섬기는 자들입니다. 군주가 그들을 등용하면 곧 조정의 직위를 따라 모든 일이 합당하게 되고, 등용치 않으면 물러나 백성들 틈에 끼어 성실히 지내면서 반드시 순종하는 백성이 될 것입니다. 공자가 궐당闕黨에 있을 때 궐당의 자제들이 사냥한 짐승을 나누면서 부모를 모시는 자에게 좀 더 갖도록 했습니다. 이는 효제孝弟로 교화시켰기 때문입니다. 유자가 조정에 있으면 미정美政을 이루고, 아랫자리에 있으면 미속美俗을 이룹니다. 남의 아래에 있어도 이와 같습니다."

'궐당'은 공자가 처음으로 교육을 실시했다는 궐리闕里로 노나라 도성 곡부 경내에 있었다. 진소양이 다시 물었다.

"그렇다면 그들이 남의 위에 서면 어떻소?"

순자가 대답했다.

"그들은 한 가지 불의를 행하고 무고한 사람 한 사람을 죽여 천하를 얻을지라도 결코 그런 일을 하지 않습니다. 이로써 그 도의는 백성들로 하여금 서로 믿게 하고, 사해에 널리 퍼져 마침내 천하 인민이 일제히 한 목소리로 응하도록 만듭니다. 이는 존귀한 이름이 크게 드러나고 천하 인민이 모두 앙모하기 때문입니다. 그래서 사해 안이 일가一家와 같이 되고, 모든 사람이 복종케 됩니다. 그러니 어찌 그들이 나라에 무익하다고 말할 수 있겠습니까?"

"좋은 말이오!"

순자는 강력한 부국강병책을 추구하며 패도를 구사하고 있는 진소양왕 앞에서 왕도王道의 중요성을 설파한 것이다. 지난 20세기 중반 중국에서 문화대혁명이 일어났을 당시 순자를 법가와 유가 가운데 어느 학파로 볼 것인지 여부를 놓고 논란이 인 적이 있다. 사인방四人幇은 순자를 법가로 보아야 한다고 강조했으나 이 대목을 보면 이런 주장에 무리가 있다는 사실을 쉽게 확인할 수 있다.

사서에는 나오지 않으나 『순자』「강국」에는 순자가 진소양왕의 부국강병책을 강력히 뒷받침하고 있던 진나라 재상 범수范睢와 문답을 나눈 대목이 나온다. 범수는 위魏나라 중대부中大夫인 수가須賈의 가신에 불과했으나 기원전 270년에 진소양왕의 지우知遇를 입어 진나라 재상의 자리에 오른 입지전적인 인물이다. 그는 이른바 원교근공책遠交近攻策을 내세워 진나라의 국세를 비약적으로 신장시킨 공을 인정받아 응應 땅을 봉지로 받고 응후應侯로 존숭 받고 있었다. 「강국」의 기록에 따르면 당시 범수가 먼저 순자에게 물었다.

"진나라로 들어와 무엇을 보았소?"

순자가 대답했다.

"견고한 요새는 험하고, 형세는 유리하고, 산림천곡山林川谷은 아름답고, 천연자원의 이점이 많으니 이것이 지형의 우월함입니다. 입경入境해 풍속을 살펴보니 백성들은 질박하고, 음악은 저속하지 않고, 복색은 방정맞지 않고, 관원을 매우 두려워하면서 순종하고 있으니 옛날 백성과 같습니다. 사대부들을 보니 모두 집 문을 나와서는 곧장 관청으로 가고, 공문을 나와서는 곧장 귀가해 사사私事를 행하는 적이 없습니다. 무리 지어 파당을 결성치 않고 뛰어나게 일처리에 밝고 공정하니 옛날의 사대부와 같습니다. 조정을 보니 퇴조退朝할 때까지 공무를 모두 해 백사百事가 적체되지 않고, 편안해 하는 모습이 마치 아무 할 일이 없는 듯했으니 이는 옛날의 조정과 같습니다. 진나라가 4대에 걸쳐 승리를 거둔 것은 요행이 아니고 일정한 이치가 있기 때문입니다. 진나라는 치리治理의 최고경지에 이른 셈입니다. 그러나 비록 그렇기는 하나 우려되는 부분이 있습니다. 진나라는 이 몇 가지 요건을 모두 갖추고 있으나 왕자의 공명功名과 비교하면 아직 크게 미치지 못하고 있습니다."

"그것은 무슨 까닭이오?"

순자가 대답했다.

"대략 진나라에 유자儒者가 없기 때문입니다. 그래서 이르기를, '예치禮治를 완전히 행하면 왕자가 되고, 불완전하게 행하면 패자가 되고, 하나도 행하지 못하면 망자亡者가 된다.'고 한 것입니다. 이것이 진나라의 결점입니다."

순자가 범수와 나눈 내용 역시 유자의 공효功效에 관한 것이다. 문답내용의 유사성 등에 비춰 순자가 응후와 문답을 나눈 시기는 대략 진소양왕과 문답을 나누기 직전이었을 것을 짐작된다. 범수가 순자와 먼저 문답을 나눈 뒤 진소양왕에게 순자와 유자의 공효에 관해 얘기해 보도록 권했을 가능성이 높다.

순자가 진소양왕 및 범수와 나눈 얘기는 맹자가 양혜왕梁惠王 및 제선왕齊宣王 등과 나눈 얘기와 현격한 차이가 있다. 맹자는 열국의 군왕 앞에서 힐난조로 얘기했다. 하필 이익을 거론할 필요가 있느냐고 꾸짖는 '하필왈리何必曰利'를 들먹이며 오직 왕도만을 역설한 게 그렇다. 일체의 패도를 타기唾棄하며 오직 왕도만을 추구하는 이른바 숭왕척패崇王斥覇의 입장을 견지한 것이다.

이에 반해 순자는 범수와의 문답에 분명히 드러나 있듯이 패도의 유효성을 인정하면서도 왕도를 그 위에 놓는 이른바 '선왕후패先王後覇'의 입장을 내보였다. 왕도를 통한 천하통일이 가장 바람직스럽기는 하나 패도를 통한 천하통일 역시 수용할 수 있다는 입장을 드러낸 것이다. 응후도 순자의 이런 입장에 공감해 진소양왕과의 면담을 적극 주선했을 공산이 크다.

순자가 진나라를 방문한 이듬해에 제나라에서는 제양왕이 죽고 태자 건建이 뒤를 이어 보위에 올랐다. 그는 훗날 5백 리 땅에 봉하겠다는 진시황의 감언이설에 속아 굴복한 뒤 공共 땅에서 홀로 지내다가 아사餓死하는 비참한 최후를 맞이한 인물이다. 시호가 없는 이유다. 사서에 기록된 제왕 건은 암군이다. 순자의 입장에서 볼 때 자신에게 지우지은知遇之恩을 베푼 제양왕이 죽은 상황에서 곧바로 제나라로 돌아갈 이유를 찾기가 어려웠다. 여러 기록을 종합해 볼 때 순자는 진나라를 방문한 이듬해에 곧바로 제나라로 가지 않고 고국인 조나라로 간 것으로 짐작된다. 『한서』「형법지刑法志」와 『자치통감』은 순자가 조효성왕趙孝成王 앞에서 임무군臨武君과 군사문제를 놓고 설전을 벌인 『순자』「의병」의 내용을 길게 인용해 놓았다. 「의병」의 내용이 널리 유포됐음을 보여준다.

조효성왕이 즉위한 해는 진소양왕 51년인 기원전 266년이다. 순자가 조효성왕 앞에서 임무군과 군사문제에 관한 설전을 벌였다면 여러 정황에 비춰 그 시기는 대략 진나라를 떠나 제나라로 돌아오던 중 조나라에 들렀을 때였을 것으로 보인다. 원래 임무군은 이름은 물론 행적이 전혀 알려지지 않은 인물로 『전국책』에는 초나라의 장수로 소개되어 있기도 하다. 『전국책』에 나오는 초나라 장수 임무군은 조나라의 임무군과 전혀 별개의 인물일 공산이 크다. 당시 순자가 임무군과 군사문제를 놓고 설전을 벌인 내용은 『순자』에 나오는 문답내용 가운데 가장 긴 편에 해당한다. 이를 간략히 요약해 보면 다음과 같다.

조효성왕이 임무군 및 순자에게 청했다.

"청컨대 용병의 요체를 묻고자 하오?"

임무군이 먼저 대답했다.

"위로는 천시天時, 아래로는 지리地利를 얻어야 합니다. 또 적의 변동을 살피고 난 뒤 적보다 나중에 움직이되 먼저 목적지에 이르러야 합니다. 이것이 용병의 핵심 술책입니다."

순자가 반박했다.

"그렇지 않습니다. 제가 듣건대 '옛날 병법의 도리는 무릇 용병과 공격전의 근본은 오직 백성을 하나로 단합시키는 일민一民에 있다.'고 했습니다. 백성들로 하여금 군주에게 친부토록 만드는 부민附民에 능한 자가 용병도 잘하게 마련입니다. 용병의 요체는 오직 '부민'을 잘하는지 여부에 달려 있을 뿐입니다."

임무군이 이의를 제기했다.

"그렇지 않습니다. 병법에서 귀하게 여기는 것은 유리한 형세와 조건입니다. 이는 임기응변의 궤사詭詐를 통해 이뤄집니다. 용병을 잘하는 사람은 군사를 신속히 움직여 적들로 해금 아군이 어디에서 뛰쳐나올지를 전혀 모르게 만듭니다. 손무孫武와 오기吳起는 이 방법으로 천하무적이 됐습니다. 어찌 반드시 '부민'을 기다릴 필요가 있겠습니까?"

순자가 다시 반박했다.

"그렇지 않습니다. 제가 말한 것은 인인지병仁人之兵의 용병으로 왕자王者가 나아가야 할 방향이고, 임무군이 말한 것은 권모세리權謀埶利에 의한 용병으로 제후가 취하는 길입니다. '인인지병'은 모이면 군졸이 되고 흩어지면 행렬을 이룹니다. 대오를 횡으로 길게 연장하면 마치 오나라의 전설적인 보검인 막야莫邪의 날카로운 칼날과 같이 되어 여기에 다가서는 것은 모두 곧바로 잘리고 맙니다. 대오가 밀집하면 마치 막야의 예리한 검봉劍鋒과 같아 이에 맞서는 것은 모두 무너지고 맙니다. 폭국暴國의 군주는 장차 그 누가 그와 함께 작전코자 하겠습니까? 그와 함께 하는 사람은 틀림없이 그의 백성들일 것입니다. 그러나 그 백성들은 오히려 우리에게 친근해 기뻐하기를 마치 부모를 보듯이 하고, 우리를 좋아해 향기롭게 느끼기를 마치 산초山椒와 난초의 향내를 맡듯이 할 것입니다. 그들은 자신들의 군주를 돌아보면서 마치 원수를 대하듯 싫어할 것입니다."

조효성왕이 말했다.

"탁월한 말이오. 그렇다면 왕자王者의 용병은 어떤 것이오?"

순자가 대답했다.

"탕湯·무武는 걸桀·주紂를 칠 때 팔짱을 낀 모습으로 조용히 지휘해 마치 일개 독부獨夫를 주살하듯 했습니다. 『서경』「주서·태서泰誓」가 '독부 주紂'라고 표현한 이유입니다. 이는 '왕자지병'을 말한 것입니다. 군심軍心을 크게 하나로 묶으면 천하를 제압하고, 작게 묶으면 이웃의 적국을 다스리게 됩니다. 나라를 패망의 위기에서 구하고 제양왕을 옹립한 제나라 장수 전단田單과 진나라를 문득 부강한 나라로 만든 상앙商鞅 등은 모두 용병을 잘하는 자들이기는 하나 이들의 군사는 아직 하나로 조화된 단계에 이르지 못했습니다. 제환공과 진문공, 초장왕, 오왕 합려, 월왕 구천의 군사는 모두 하나로 조화된 까닭에 가히 예교禮敎의 범주에 들어가기는 했으나 근본 기강은 없었습니다. 그래서 패자는 될 수 있었으나 왕자는 되지 못한 것입니다."

임무군이 말했다.

"좋은 말씀이오. 청컨대 왕자의 군제軍制에 대해 묻고자 하오."

순자가 대답했다.

"장수는 전고를 울리다 죽고, 어자御者는 수레를 몰다 죽고, 백리百吏는 죽어도 직무에서 떠나지 않고, 사병과 군리軍吏는 죽어도 대열을 이탈하지 않습니다. 북소리를 들으면 진진하고, 징소리를 들으면 물러납니다. 전진하지 말라고 명하는데도 전진하고, 후퇴하지 말라고 명하하는데도 후퇴하면 그 죄가 똑같습니다. 무릇 주살誅殺은 그 백성을 주살하는 것이 아니고 그 백성을 어지럽힌 자를 주살하는 것입니다. 왕자王者에게는 불의한 자에 대한 토벌은 있어도 이유 없는 공벌전은 없고, 적군이 성을 굳게 지킬 때는 공격치 않고, 적군이 완강히 저항할 때는 거세게 공격치 않는 원칙이 있습니다. 어지러운 나라의 백성이 왕자의 정령政令을 즐기고, 자국 군주의 정사에 불안해한 나머지 왕자의 군사가 속히 오기를 고대하는 이유입니다."

"좋은 말씀이오."

이상이 왕자의 군사인 이른바 '인인지병仁人之兵'의 공효를 놓고 임무군과 설전을 벌인 내용이다. 당시 임무군은 병법에 매우 능했던 것으로 짐작된다. 그러나 『손자병법』을 비롯한 모든 병서에 쓰여 있듯이 용병의 최고 원칙은 순자가 언급한 바와 같이 적을 심리적으로 제압해 군사를 동원하지 않고도 굴복시키는 것이다. 순자가 말한 '인인지병'이 바로 여기에 해당한다. 임무군은 전술 차원의 용병을 언급하는 데 그쳤을 뿐이다. 순자처럼 전략 차원의 용병술에 대해서는 아직 그 이치를 터득치 못한 듯하다.

『순자』「강병」에는 이 대목 뒤에 바로 순자가 제자인 진효陳囂 및 이사李斯와 군사문제를 논한 내용이 실려 있다. 이를 두고 당시 순자가 이들을 대동한 채 조효성왕 및 임무군과 '인인지병'을 논한 것으로 해석하는 견해가 있으나 이는 무리이다. 두 사람이 언제 순자의 문하에 들어오게 됐는지 자세히 알 길이 없다. 여러 정황에 비춰 이보다 훨씬 뒤의 일로 보는 게 타당하다.

원래 진시황을 도와 천하통일의 대업을 이루는데 대공을 세운 이사는 한비자와 더불어 동문수학한 순자의 직계제자이다. 『순자』는 제자 이사와 나눈 대화를 대거 수록해 놓았다. 춘추전국시대의 다른 문헌에서는 찾아보기 힘들다. 그 내용을 간략히 살펴보면 다음과 같다. 하루는 이사가 스승인 순자에게 말했다.

"진나라는 4대에 걸쳐 늘 싸움에 이긴 까닭에 군대는 해내에서 가장 강하고, 위세는 제후들 사이에 크게 떨치고 있습니다. 이는 인의仁義로 그리 된 것이 아니라 편리한 형세를 좇아 그리 된 것에 불과합니다."

순자가 힐난했다.

"이는 네가 알 수 있는 바가 아니다. 네가 말하는 편리는 진정한 편리가 아닌 편리인 불편지편不便之便이고, 내가 말하는 인의는 가장 편리하다는 의미의 편리인 대편지편大便之便이다. 정사를 바로 펼치면 백성은 군주를 친근히 여기며 좋아하는 까닭에 군주를 위해서라면 죽음도 가볍게 여기게 된다. 그래서 이르기를, '모든 것은 군주에게 있고, 장수는 부차적인 것이다.'라고 한 것이다. 진나라는 비록 4세에 걸쳐 승리를 거뒀으나 늘 천하가 하나로 합종해 자국을 전복시키지나 않을까 두려워하고 있다. 이것이 이른바 난세의 군사로 여기에는 근본 기강이 없다. 지금 너는 그 근본을 구하려 하지 않고 말절末節만을 추구하고 있다. 이는 세상이 어지러워지는 이유이기도 하다."

당시 순자는 임무군 등과 '인인지병'을 논한 뒤 그 이듬해인 기원전 264년에 제나라로 돌아와 다시 좨주의 직책을 맡은 것으로 추정되고 있다. 이후 그는 주변의 무함을 받고 제나라를 떠나기까지 10년 가까이 직하학궁에 머물렀다. 그 사이 기원전 259년에 이르러 진시황이 태어났다. 이때 순자의 나이는 55세였다.

「맹자순경열전」에 따르면 이 어간에 순자는 주변의 무함을 받고 제나라를 떠나 초나라로 간 것으로 보인다. 순자가 무슨 이유로 무함을 받고 정확히 언제 초나라로 갔는지는 알 길이 없다. 정황에 비춰 시기하는 자들이 제왕 건建에게 순자가 타국인 조나라 출신의 이른바 기려지신羈旅之臣인 점 등을 들어 장차 제나라에 해를 끼칠 공산이 크다는 식으로 무함했을 공산이 크다. 순자가 초나라를 선택케 된 것은 당시 명망이 높았던 춘신군春信君 황헐黃歇이 널리 인재를 구한 사실과 무관치 않다.

춘신군은 이에 앞서 진나라에 인질로 잡혀 가 있던 초경양왕楚頃襄王의 태자가 부왕 사후 몰래 귀국하는데 결정적인 공헌을 했다. 기원전 263년 태자가 초고열왕楚考烈王으로 즉위하자마자 회북淮北 일대를 봉지로 받고 재상이 됐다. 이때 춘신군은 장차 최강의 군사대국인 진나라의 압박이 더욱 거세질 것으로 판단해 천하의 인재를 끌어 모아 적극 대처코자 했다. 그에게 순자에 관한 칭송이 들리지 않았을 리 없다. 춘신군이 사람을 순자에게 보내 주변의 무함으로 곤경에 처한 순자를 적극 초빙했을 가능성이 크다.

마침내 순자가 초나라로 오자 춘신군은 순자를 제나라와 가까운 지금의 산동성 창산현 서남쪽인 난릉蘭陵의 현령으로 삼았다. 순자를 난릉 현령으로 삼은 데에는 제나라를 잘 아는 순자를 통해 접경지대인 난릉 지역을 안성시키고자 하는 정치적인 고려가 작용한 것으로 보인다. 이때 순자의 나이는 59세였다. 그러나 순자는 난릉 현령으로 있으면서 춘신군과 적잖은 갈등을 빚었던 것으로 짐작된다. 실제로 춘신군이 생전에 순자를 무함하는 얘기를 듣고 순자와 결별했다는 일화가 『전국책』에 실려 있다. 그렇다면 순자는 왜 춘신군과 결별해 조나라로 가게 된 것일까? 『전국책』「초책楚策」에 따르면 하루는 한 문객이 춘신군 앞에서 순자를 이같이 무함했다.

"은나라의 탕왕은 박亳, 주무왕은 호鄗를 도성으로 삼아 나라를 다스렸습니다. 두 나라 모두 사방 1백 리도 채 안 되는 소국이었으나 마침내 천하를 차지하기에 이르렀습니다. 지금 순자는 천하의 현인으로 장차 큰일을 도모할 만한 인물입니다. 만일 그대가 그에게 1백 리의 땅을 내려 밑천으로 삼게 하면 나는 장차 그대에게 불리하게 작용할 것으로 보는데 그대는 어찌 생각합니까?"

귀가 얇은 춘신군은 이를 곧이듣고 곧 사람을 보내 순자와의 절교를 통고했다. 순자는 실망한 나머지 부임한지 1년 뒤인 기원전 254년에 미련 없이 관인官印을 내놓고 조국인 조나라로 돌아갔다. 당시 조나라에서도 춘신군과 더불어 성망이 높았던 평원군平原君 조승趙勝이 천하의 인재들을 끌어 모으고 있었다. 『전국책』은 순자가 평원군의 지우를 입고 상경上卿이 되어 그의 정치자문역을 맡은 것으로 기록해 놓았다. 이 사실을 전해들은 춘신군이 당황해하자 한 문객이 춘신군에게 이같이 충고했다.

"옛날 이윤伊尹이 하나라를 떠나 은나라로 가자 은나라는 천하를 차지하게 되고 하나라는 망했습니다. 관중이 노나라를 떠나 제나라로 가자 노나라는 약해지고 제나라는 강해졌습니다. 무릇 현자가 머무는 곳에서 그 군주가 존귀해지지 않거나 나라가 번영하지 않은 적이 없었습니다. 순자는 천하의 현인입니다. 그대는 어찌해 그를 사절한 것입니까?"

춘신군이 고개를 끄덕였다.

"옳은 말이오."

이에 곧 조나라로 사람을 보내 순자의 조속한 귀환을 청했다. 춘신군의 반복무상한 행태를 보면서 순자는 실망을 금치 못했을 것이다. 『전국책』에는 당시 순자가 춘신군의 제의를 거절한 서신의 내용이 실려 있다. 그 내용은 다음과 같다.

"흔히 말하는 문둥병자가 군왕을 동정한다는 뜻의 '여인련왕癘人憐王'은 공손치 못한 말이기는 하나 그 뜻을 자세히 살피지 않을 수 없습니다. 이는 신하의 협박에 의해 시해당한 군주를 두고 한 말입니다. 무릇 군왕이 어리면서 자기 재주만 믿고 간신을 가려낼 법술法術을 알지 못하면, 대신들이 독단적으로 사리를 꾀하며 모든 권력을 자신에게 집중시키기 마련입니다. 그래서 총명하고 나이 많은 군주를 시해하고 유약한 군주를 세우거나, 적장자인 후계자를 폐하고 계승권이 없는 후계자를 세우는 것입니다. 무릇 신하의 협박에 의해 시해되는 군주는 심적 고뇌와 육체적 고통이 필시 문둥병자보다 더 심했을 것입니다. 이로써 보면 문둥병자가 군왕을 동정했다 하더라도 이는 전혀 근거 없는 말이 아님을 알 수 있습니다."

당시 춘신군의 행적을 감안할 때 그가 순자를 크게 총애했다고 보기는 어렵다. 또한 자신의 학문에 대해 강한 자부심을 지니고 있던 순자가 난릉 현령 정도에 만족해 춘신군에게 충성을 바쳤다고 보기도 어렵다. 춘신군이 말년에 어리석은 행보를 보이다가 비참한 최후를 맞이한 점 등을 감안할 때 당대의 현자인 순자가 춘신군에게 큰 기대를 걸었을 리는 만무하다.

그렇다면 거절 편지까지 보낸 순자가 다시 초나라로 돌아간 이유는 무엇일까? 지은知恩을 베푼 평원군 조승의 사망과 무관치 않았을 것으로 보인다. 순자가 조나라에 머문 가장 큰 이유는 평원군의 지우知遇에 있었다. 순자는 평원군이 죽고 없는 상황에서 조나라에 계속 머물 이유를 찾기가 어려웠을 것이다. 이런 상황에서 춘신군이 이전의 잘못을 거듭 사과하며 초나라로 다시 와 줄 것을 간청하자 마침내 이를 수락한 것으로 짐작된다. 그 시기는 대략 평원군이 사망한 지 얼마 안 된 시점이었을 것으로 보인다.

순자가 진효문왕秦孝文王 원년인 기원전 250년에 초나라로 돌아오자 춘신군은 다시 그를 난릉령에 임명했다. 두 번째로 난릉의 현령 자리를 떠맡은 셈이다. 당시 64세였다. 이후 그는 10여 년 동안 난릉 현령으로 있으면서 제자들을 가르쳤다. 대략 이 시기에 이사와 한비자 등 여러 제자들을 가르친 것으로 짐작된다.

『자치통감』에 따르면 이사가 진시황의 축객령逐客令에 반발해 상소를 올림으로써 다시 진나라의 객경客卿이 된 것은 진시황 10년인 기원전 237년이다. 당초 진나라에 유세객이 몰려들기 시작한 것은 여불위呂不韋가 진나라의 재상이 된 진장양왕秦莊襄王 원년인 기원전 249년 이후의 일이다. 여불위 휘하의 문객으로 있던 이사도 이때 진나라의 객경이 됐다. 이사가 순자 밑에서 공부를 마치고 진나라로 들어간 시점은 여불위가 재상이 된 후 천하의 인재들을 휘하에 끌어 모으기 시작하는 진장양왕 즉위 직후이다.

순자가 두 번째로 난릉현령에 임명된 시점이 진효문왕秦孝文王 원년인 기원전 250년인 점을 감안할 때 이사는 순자 밑에서 2~3년 동안 공부하다가 진나라로 가 객경이 됐을 것으로 보인다. 『사기』「이사열전」에 나오는 이사의 하직인사가 이를 뒷받침한다.

"제가 듣기에 때를 얻으면 게을리 하지 말하고 했습니다. 지금 만승의 나라들이 서로 다투고 있고 유세하는 자들이 일을 주도하고 있습니다. 이때 진왕이 천하를 병탄해 황제라고 칭하며 다스리려고 합니다. 비천보다 더 큰 수치는 없고, 곤궁보다 더 큰 슬픔은 없습니다. 오래도록 비천한 위치와 곤궁한 처지에 있으면서 세상을 비난하고 영리를 미워해 스스로 무위에 의탁해 고상한 체 하는 것은 선비 본연의 심정은 아닐 것입니다. 저는 장차 서쪽으로 가 진왕에게 유세하고자 합니다."

아전 출신인 이사가 순자에게 학문을 배운 것은 장차 유세해 출세코자 하는 뚜렷한 목표에서 나온 것임을 알 수 있다. 진나라에서 인재를 모으고 있다는 소식을 듣고 그가 매우 조급해 한 것은 당연한 일이다. 그가 여불위의 지우를 입어 진나라의 객경이 된 시점은 진시황 원년인 기원전 246년 전후로 짐작된다. 순자의 문하에서 이사와 함께 동문수학한 한비자는 순자 밑에서 몇 년간 더 연마하다가 귀국한 것으로 추정된다.

순자가 천하의 인재를 모아 가르치는 와중인 춘신군이 가신 이원李園의 암수에 걸려 척살되는 사건이 빚어졌다. 진시황 9년인 기원전 238년의 일이다. 이로 인해 순자도 이내 현령직에서 파면됐다. 춘신군 사후 순자의 행보가 어떻게 전개됐는지는 자세히 알 수 없다. 「맹자순경열전」은 순자가 춘신군이 살해된 후 난릉에 머물다가 이내 세상을 떠나 그곳에 묻혔다고 했으나 정확한 연대는 기록해 놓지 않았다.

전한제국 초기에 나온 『염철론』「훼학毁學」은 진시황의 천하통일 이후에도 순자가 살아 있었던 것으로 기록해 놓았으니 믿기 어렵다. 사상 최초의 천하통일을 이뤄지는 진시황 26년인 기원전 221년에 순자의 나이는 이미 93세가 넘는다. 당시 상황에서 이토록 장수하기가 쉽지 않았다. 순자는 춘신군이 살해된 후 몇 년 더 난릉에 머물다가 이내 노환으로 세상을 떠났을 공산이 크다. 이런 해석이 「맹자순경열전」의 기록과도 부합한다.

일각에서는 순자의 몰년을 춘신군이 살해된 지 3년 뒤인 기원전

235년으로 추정하고 있다. 이해는 진나라의 여불위가 자진自盡해 진시황의 친정親政이 본격화한 해이기도 하다. 순자의 출생시점을 주난왕 2년인 기원전 313년으로 간주할 경우 순자는 79세에 몰세한 셈이 된다.

현재 순자가 죽음을 맞이할 당시의 상황을 전해주는 기록은 없다. 춘신군이 비명에 횡사한 상황에서 춘신군의 지우를 입었던 순자의 장례식에 초나라가 애도를 표시했을 리도 없었을 것이다. 진시황의 두터운 신임을 얻은 이사가 스승의 장례식에 참여했는지 여부도 알 길이 없다. 제자백가 사상을 집대성한 전국시대 최후의 대유大儒가 맞이한 죽음치고는 쓸쓸하기 그지없다.

예치와 법치의 차이

순자는 인간의 가장 큰 특징 가운데 하나가 군거群居에 있다고 보았다. 이는 인간을 '정치적 동물'로 규정한 아리스토텔레스의 주장과 통한다. 아리스토텔레스의 주장은 인간을 정치적 동물로 규정하는데 그쳤으나 순자는 여기서 한 걸음 더 나아갔다. 인간의 군거를 조화롭게 유지하기 위한 구체적인 방안을 찾아낸 게 그렇다. 그것이 바로 예로써 다스리는 '예치'이다.

『순자』에 나오는 '예'는 사람이 지켜야 할 예절과 의리인 예의禮義 내지 예로써 나타내는 말투나 몸가짐인 예의禮儀의 뜻으로 사용되고 있다. 순자는 「영욕」에서 군거와 예의 관계를 다음과 같이 설명해 놓았다.

"무릇 귀하기가 천자와 같고, 부유하기가 천하를 차지할 정도가 되고자 하는 것은 인정人情이 똑같이 바라는 바이다. 그러나 그 욕망을 좇자면 형세가 이를 받아들일 수 없고, 물건 또한 넉넉할 수 없다. 그래서 선왕은 생각한 끝에 이를 위해 예의를 제정해 분수를 정하고, 귀천에 등급을 두고, 장유長幼에 차등을 두고, 지혜 있는 자와 어리석은 자 및 능력 있는 자와 없는 자 사이에 구분을 두었다. 언제나 사람들로 해금 일을 맡을 때 그 합당한 일을 갖게 한 뒤 녹봉으로 받은 곡식에 다소후박多少厚薄의 균형이 있게 했다. 이것이 곧 군거화일群居和一의 방도이다."

여럿이 모여 살면서 하나로 조화된다는 뜻을 지닌 '군거화일'은 『예기』「예운」에 나오는 대동大同과 취지를 같이한다. 순자는 '군거화일'로 이상국의 모습을 요약한 뒤 그 요체가 바로 예의에 있음을 분명히 한 것이다. '군거화일'의 사상적 연원은 어디에 있는 것일까? 예의염치禮義廉恥로 표현되는 관중의 4유四維에서 비롯된 것이다. 관중과 공자와 순자 모두 동일한 사상적 기반 위에 서 있음을 보여주는 대목이다.

앞서 살핀 바와 같이 관중은 국가를 세우는 데 없어서는 안 될 덕목으로 예의염치의 4가지 덕목을 거론했다. 그가 말한 4유는 곧 국가존립 및 국권확립의 근간이 되는 덕목이다. 4유의 덕성을 국가존립 및 국권확립의 기본전제로 내세운 것은 공자가 개인의 덕성훈련을 도덕국가 실현의 기본조건으로 내세운 것과 맥을 같이한다. 관중이 내세운 4유는 개인적 덕목인 '염치'로 수렴할 수 있다.

실제로 명말청초의 대학자 고염무顧炎武는 『일지록日知錄』에서 4유 가운데 유독 치恥를 강조한 바 있다. 이는 예의염치와 반대되는 무례無禮와 불례不禮, 무의無義와 불의不義, 무렴無廉과 불렴不廉 모두 무치無恥

와 불치不恥에서 비롯된다는 판단에 따른 것이다. 고염무의 이런 해석은 수신문제를 개인차원에서 출발해 통치 차원으로까지 확장시킨 결과로 볼 수 있다.

공자는 예의염치에 입각한 정치를 이른바 군자지정君子之政으로 구체화했다. 공자가 14년간에 걸쳐 천하를 순회하며 역설한 것이 바로 '군자지정'이다. 바람직한 정치는 제도 이전에 사람에 있다고 확신한 결과다. 『예기』「중용」에 나오는 공자의 다음 언급이 그 배경을 짐작케 해준다.

"정치는 사람에게 달려 있다. 사람을 취하는 데는 몸으로 하고, 몸을 닦는 데는 도로써 한다. 도는 인仁으로 하는 것이니 '인'이란 곧 사람을 뜻한다."

공자가 말한 '군자지정'은 바로 위정재인爲政在人을 달리 표현한 것이다. '위정재인'의 요체는 어진 군자를 뜻하는 '인인仁人'에 의한 정치 즉 인치仁治에 있다는 게 공자의 기본 입장이다. 공자의 이런 입장이 보다 구체화되어 표현된 것이 바로 『예기』「대학」에 나오는 '수신제가치국평천하' 사상이다. '수신제가'와 '치국평천하'는 서로 내포內包와 외연外延의 관계에 있다. 군자가 통치를 떠맡는 공자의 '군자지정'은 수신제가를 이룬 군자가 치국평천하의 목표를 달성하는데 그 궁극적인 목적이 있다. 아리스토텔레스의 표현을 빌리면 '철학적 삶'과 '정치적 삶'의 통합을 꾀한 것이다. 그럼에도 맹자는 공자의 사상을 '철학적 삶' 쪽으로 몰아간 것이다.

순자가 맹자를 '속유'로 질타한 근본 이유가 여기에 있다. 공자사상의 핵심은 '철학적 삶'이 아니라 '정치적 삶'에 있다고 주장한 것이다.

순자와 맹자의 공자사상에 대한 해석은 마치 크세노폰이 『회상록』에서 '정치적 삶'에 충실한 소크라테스를 그려 놓은 데 반해 플라톤은 『국가론』에서 오직 '철학적 삶'을 추구한 것처럼 왜곡해 놓은 것에 비유할 수 있다. 맹자와 플라톤 모두 공자 및 소크라테스의 사상을 왜곡한 장본인에 해당한다.

맹자보다 70여년 뒤에 태어난 순자가 맹자에 의해 크게 왜곡된 공자사상을 본래의 모습으로 복원시키는데 애쓴 것도 이런 맥락에서 이해할 수 있다. 순자가 '예치'를 역설한 것도 같은 맥락이다. 맹자에 의해 통상적인 예절 차원으로 격하된 예禮를 공자 당시와 마찬가지로 '인'을 실현하는 최고의 덕목으로 격상시킨 결과다. 순자의 예치禮治사상은 바로 공자사상을 원래의 모습으로 복원시킨 결과물로 해석할 수 있다.

원래 성악설을 주장한 순자는 기본적으로 인간은 사적인 이욕 때문에 다투지 않을 수 없다고 생각했다. 인간이 군거群居를 영위하는 한 혼란은 필연적일 수밖에 없다. 이를 군거화일群居和一의 상태로 전환시키기 위해서는 일정한 기준과 원칙이 존재해야만 한다. 순자는 이를 '예'에서 찾은 것이다. 『순자』「예론」의 해당 대목이다.

"사람은 태어날 때부터 욕망을 갖고 있다. 바라는 것을 얻지 못하면 추구하지 않을 수 없게 된다. 추구하는데 도량분계度量分界가 없으면 다투지 않을 수 없게 된다. 다투면 어지러워지고, 어지러워지면 궁해진다."

'도량분계'는 일정한 기준과 한계를 뜻한다. 이것이 바로 순자가 말하는 '예'인 것이다. 순자는 일정한 기준과 한계가 없을 경우 필연적으로 군거를 영위하는 인간은 무한한 욕망으로 인해 반드시 다툴 수밖에 없다고 본 것이다. 순자는 인간의 이욕은 어쩔 수 없다고 보기는 했으나 재화의 공급이 충분히 뒷받침될 수 있기 때문에 '도량분계'만 정해주면 수급조절이 가능하다고 보았다. 이점이 바로 순자와 법가가 갈리는 분기점이기도 하다. 순자와 법가가 갈리는 가장 큰 원인은 인간의 이욕과 재화와의 관계에 대한 시각차에 있다.

순자가 생각하는 '예'는 개인의 욕망을 억누르고자 한 것이 아니라 사람들이 일상생활을 유지하면서 조화롭게 살도록 하려는 취지에서 나온 것이다. 덕치의 요체를 공자는 '인', 순자는 '예'로 본 결과다. '예'에 의해 그 분수를 한정함으로써 개인 간은 물론 개인과 국가 간에도 상호간의 욕망을 모두 충족시킬 수 있다는 게 순자의 기본적인 생각이다.

순자가 예치를 통해 궁극적으로 추구한 것은 군신 상하 간에 원만한 질서와 절도가 자율적으로 이뤄지는 예국禮國이다. '정의의 나라'를 뜻하는 맹자의 의국義國과 대비된다. '예국'의 궁극적인 목표는 군주와 신민이 예제를 통해 하나로 화합하는 '예제의 나라'이다. 순자가 그린 '예국'은 공자가 그린 인국仁國과 비교할 때 '인' 대신 '예'가 들어섰을 뿐 기본 맥락은 같다. 『논어』에 나오는 '인'과 '예'는 각각 104회와 74회에 달한다. '인'과 '예'가 얼마나 밀접한 관련을 맺고 있는지 쉽게 알 수 있다.

공자가 말하는 '인'은 전래의 '예' 개념을 확대발전시킨 것이다. 본질적으로 같다. 공자가 '예'를 '인'을 이루는 핵심적인 덕목으로 거론한 점에 비춰 볼 때 순자는 공자를 조술祖述한 셈이다. 공자사상의 적통이 맹자가 아닌 순자로 이어졌다고 보는 이유다.

원래 순자의 예치사상은 현실에 사상적 기반을 두고 있으면서도 현실에 함몰되지 않은 게 가장 큰 특징이다. 현실과 이상을 조화시키려고 한 순자의 이런 태도는 공자와 닮았다. 그의 군신君臣 및 군민君民에 대한 입장을 보면 분명히 드러난다. 군신에 관한 순자의 기본입장은 '예'에 입각한 군신간의 절도를 강조한데서 그 특징을 읽을 수 있다. 『순자』「왕제」의 해당 대목이다.

"무릇 양편이 모두 귀한 사람이면 서로 섬길 수 없고 양편이 모두 천하면 서로 부릴 수가 없다. 이는 하늘의 법칙이다."

군신관계를 상하분별을 가늠하고 '예'를 실현하는 기본 축이라고 본 것이다. 이는 그가 「유표」에서 '예는 군주가 뭇 신하들을 재기 위한 잣대이다.'라고 단언한 것과 맥을 같이한다. '예'를 통해서만 신하들을 다스릴 수 있다는 주장은 공자가 『논어』「팔일」에서 '군주는 신하를 부릴 때 예로써 해야 한다.'고 역설한 것과 같은 취지이다. 순자는 「군도」에서 바람직한 군신관계를 이같이 비유한 바 있다.

"군주는 홀로 있어서는 안 되고 경상卿相이 보좌해야 한다. 그들은 군주의 기반이며 지팡이인 것이다."

바람직한 통치를 구현하기 위해서는 통치의 두 축인 군주와 신하 모두 자신의 위치와 직분에 따른 분업과 협업에 충실해야 한다는 점을 지적한 것이다. 그는 윗사람이 아랫사람의 일을 간섭하고 아랫사람이 윗사람의 일을 침해하는 것은 분업과 협업의 원칙에 어긋난다고 보았다. 군주가 사사로이 일을 처리할 경우 적지 않은 폐해를 가져올 수밖에 없다고 경고한 이유다. 이를 뒷받침하는 「군도」의 해당 대목이다.

"총명한 군주는 사사로이 금옥 같은 보물을 주기는 해도 사사로이 관직이나 일을 주지 않는다. 그 이유는 사사로이 하는 것이 누구에게도 불리하기 때문이다."

군주를 존중하는 순자의 존군尊君 사상이 법가의 그것과 다른 이유가 여기에 있다. 순자는 군주가 권력을 사사로이 행사하면 암군과 간신이 나올 수밖에 없고, 결국 나라가 망하게 된다고 경고한 것이다. 군주는 어디까지나 '예'를 체현한 군자여야만 한다고 역설한 것도 바로 이 때문이다. 그는 「왕제」에서 군주가 군자여야만 하는 이유를 이같이 설파했다.

"천지는 생명의 시작이고 예의는 다스림의 시작이며 군자는 예의의 시작이다."

공자가 말한 '군자지정'의 군주가 '인'을 체현한 자이어야 하듯이 순자의 예치사상에 나타나는 군주 역시 예치를 구현한 자여만 한다. 모든 신민의 권리와 의무를 명확히 정하고 그것을 감독하는 것이 군주의 기본 역할이라고 본 결과다. 객관적으로 볼지라도 군신 상하간의 절도가 무너지면 예치국가의 실현은 불가능하다. 예치를 총괄해 감독할 사람은 궁극적으로 군주일 수밖에 없다. 군주가 지존의 위치에서 권위를 갖지 않으면 이런 막중한 직무를 수행할 길이 없다. 순자가 '존군'을 역설한 이유다.

순자의 이런 주장은 어디까지나 군신 상하간의 절도를 감독하기 위해 군주의 역할이 중요하다는 점을 밝히기 위한 것이다. 군주를 귀하게 여기는 법가의 귀군貴君과 차이를 보이는 이유다. 순자가 '존군'을 역설한 것은 군주에게 예치의 실현을 감독하고 관리해야 하는 중요한 직무가 부여되어 있다고 보았기 때문이다. '존군'에서 말하는 군주는 비록 지존의 자리에 있기는 하나 이는 어디까지나 예치의 실현을 위한 방편에 불과한 것이다. 그 자신이 영토와 민중의 소유자는 아니다. 예치를 실현하는 당사자인 군주는 인민의 공복公僕일 따름이다.

당연한 결과로 군주가 그 천직을 다할 수 없게 된다면 '존군'의 이념은 상실될 수밖에 없고 자칫 폐위도 가능하다는 논리가 성립될 수 있다. 물론 『순자』에는 폐군廢君에 관한 언급은 없다. 그러나 이른바 위도危道와 망도亡道의 길을 걷는 군주의 교체를 수긍한 점에 비춰 그 또한 비록 맹자의 '폭군방벌론' 차원은 아닐지라도 폐군의 가능성을 적극 용인하고 있었음에 틀림없다. 실제로 그는 「정론」에서 이같이 말했다.

"천하가 그에게 돌아오면 왕자王者, 천하가 그를 버리면 망자亡者라고 한다. 걸桀과 주紂는 천하가 없었던 것이고, 탕湯과 무武는 군주를 시해한 게 아니나."

이는 폭군의 주살을 일개 사내의 제거로 해석한 맹자의 일부가주론一夫可誅論과 맥을 같이 하는 것이다. 맹자의 '일부가주론'은 폭군은 당연히 방벌放伐해야 한다는 입장에서 도출된 것이다. 말 그대로 신하들의 적극적인 반기叛起를 종용하는 가주론可誅論에 해당한다. 유가의 역성혁명론易姓革命論과 궤를 같이한다.

이에 대해 순자의 그것은 천하가 버렸기 때문에 누구의 힘에 의해 망한 것이 아니라 스스로 망할 수밖에 없다는 의미이다. 일종의 가망론可亡論에 해당한다. 혁명론보다는 일종의 변혁론變革論에 가깝다. 하나라 걸과 은나라 주는 탕왕과 무왕 때문에 망한 것이 아니라 스스로 망했다는 주장이 이를 뒷받침한다.

순자의 논리에 따르면 망자亡者는 패망의 길로 줄달음친 인물인 까닭에 스스로 망할 수밖에 없게 된다. 순자의 '가망론'은 맹자의 '가주론'과는 차원이 다르다. 맹자의 역성혁명론에서는 신하들이 군주가 폭군인지 여부를 판단하는 주체가 된다. 그러나 순자의 변혁론에서는 천하의 인민이 판단의 주체가 된다. 그 요건이 훨씬 엄격한 것이다. 순자의 변혁론은 신하들의 자의적인 판단이 개입될 여지가 봉쇄돼 있다. '가망론'의 특징이다. 순자가 요순의 선양설禪讓說을 부인하고 이른바 승계설承繼說을 주장하고 나선 것도 같은 맥락에서 이해할 수 있다.

순자는 요와 순이 보위를 선양한 것이 아니라 순과 우가 각각 덕을 바탕으로 보위를 승계한 것이라고 주장했다. 이는 역대 중국정권에서 가장 이상적인 왕조교체의 방법으로 인식되어 온 선양설을 정면으로 부인한 것이다. 『순자』「정론」은 그 이유를 이같이 밝혔다.

"도덕이 완비되어 있고 지혜가 밝아 천하의 일을 처리하면 그것에 동조하는 것이 옳은 일이고 어기는 것은 그릇된 것이다. 그런데 천하를 물려주는 일이 어찌 있을 수 있겠는가?"

요순이 보위를 물려준 것은 선양에 따른 게 아니라 물려주지 않을 수 없었기 때문이라는 주장이다. 순자는 걸·주의 패망에 대해 '가망론'을 전개한 것과 동일한 논리 위에서 '승계설'을 전개한 셈이다. '가망론'과 '승계설'은 순자가 군신관계를 정립하기 위한 방안으로 존군사상을 고취했음에도 불구하고 존군의 궁극적인 목표를 위민爲民에 두고 있는 사실과 밀접한 관련이 있다. 이를 뒷받침하는 『순자』「대략」의 해당 대목이다.

"하늘이 인민을 낳은 것은 군주를 위한 것이 아니다. 하늘이 군주를 세운 것은 인민을 위한 것이다."

통치의 궁극적인 목적이 '위민'에 있음을 분명히 한 것이다. 순자가 언급한 '법치'와 '존군'은 어디까지나 '예치'와 '위민'의 보조 개념이라는 점에서 그 의미를 찾을 수 있다. 이는 유가인 순자와 법가인 한비자의 주장이 갈리는 분기점이기도 하다.

그러나 순자의 '위민' 사상은 맹자의 '귀민' 사상과 상당한 차이가 있음을 간과해서는 안 된다. 맹자는 군주와 인민의 순위가 차별적으로 확정된 '귀민경군' 주장한데 반해 순자는 군민 간에 우선순위를 배제한 일종의 '중민존군重民尊君' 사상을 주장했다. 인민을 위한다는 이유로 군주를 가볍게 보지 않은 것이다. 『순자』「왕제」의 다음 언급이 그 증거다.

"군주는 군주답고 신하는 신하다워야 한다. 아비는 아비다워야 하고 자식은 자식다워야 한다. 형은 형답고 동생은 동생다워야 한다."

『논어』「안연」에 나오는 공자의 '군군신신君君臣臣, 부부자자父父子子' 언급에 '형형제제兄兄弟弟' 구절을 덧붙인 것에 해당한다. 순자가 말하는 '중민존군' 사상은 군신과 부자 및 형제가 각자의 입장에서 맡은 바 일에 충실한데서 그 타당성을 확보하고 있다. 이를 분의론分宜論이라고 한다. '분의론'은 '존군'은 분명 '중민'을 위해 존재하는 것이지만 '존군'이 이뤄지지 않으면 '중민' 역시 불가능하다는 논리 위에 서 있다. 군민 모두 역할상의 차이만 있을 뿐 예치국가의 동일한 성원이라는 입장에서 나온 것이다.

이런 관점에서 볼 때 군민관계에 관한 순자의 시각은 공자의 위민존군爲民尊君 주장과 궤를 같이한다. 공자 역시 군민은 서로에 대해 도덕국가를 실현하는 공동체의 구성원이라는 이른바 '군민일체君民一體'의 입장에 서 있다. 순자의 '중민존군' 사상은 군주는 지존의 위치에서 있기는 하되 반드시 인민을 위해 선정을 베풀어야 하고 인민도 상하의 절도를 반드시 이행해야 한다는 의미로 해석할 수 있다. 군주가 지존인 것은 사실이나 '중민'을 위한 선정을 베풀지 않으면 패망을 초래할 수밖에 없고, 신민 또한 상하의 절도를 무시하고 '경군'을 일삼아 나라의 쇠망을 초래하면 유민의 신세를 면할 길이 없다는 취지이다. 순자가 말한 '중민존군'의 관건이 바로 '예치'에 있음을 웅변한다. 순자의 예치사상은 묵자의 '인의' 개념을 차용한 맹자에 의해 의치義治로 왜곡된 공자의 인치仁治를 원래 의미로 복원시켰다는 점에서 그 의미를 찾을 수 있다.

02

아리스토텔레스는 왜 『정치학』에서 정치와 철학을 구분한 것일까?

역사 속의 아리스토텔레스

아리스토텔레스는 그리스 고전 철학의 마지막을 장식한 인물로, 플라톤에 의해 왜곡된 소크라테스 사상의 원래 모습을 복원시키는 공을 세웠다. 마치 순자가 맹자에 의해 왜곡된 공자사상의 원형을 복원시킨 것과 닮았다. 21세기에 들어와 소크라테스와 플라톤 및 아리스토텔레스의 정치철학과 교육철학 등 다양한 측면에서 이들의 사상을 비교 검토하는 연구가 활발히 진행되는 것도 이런 맥락에서 이해할 수 있다.

플라톤의 제자이자 알렉산드로스 대왕의 스승으로 유명한 철학자 아리스토텔레스는 기원전 384년 그리스 북부 지방의 스타게이아라는 작은 도시에서 의사의 아들로 태어났다. 맹자보다는 10여년 뒤에 태어난 셈이다. 그가 태어날 당시 스승인 플라톤은 이미 43세에 달해 있었다. 사상사적으로 그와 비교되는 순자와는 80여년 가량의 차이가 난다.

그의 부친 니코마코스는 마케도니아의 왕이었던 아민타스 3세의 친구이자 주치의였다. 그의 어머니 파에스티스는 부유한 가문의 후손이었다. 유복한 어린 시절을 보낸 이유다. 17세 때인 기원전 367년 지중해 연안의 귀족 자제들처럼 그 역시 학문과 문화의 중심지인 아테네에서 유학생활을 시작했다. 18세 때인 기원전 366년 아테네에 있는 플라톤의 아카데미아에 들어간 뒤 그곳에서 열심히 학문을 익혔다. 20년 동안 아카데미아에 머물며 토론과 강의로 세월을 보낸 사실이 이를 뒷받침한다. 학문적 열정이 없었다면 이방인으로서 아테네에 그토록 오랫동안 머물기는 힘들었을 것이다. 실제로 이방인 아리스토텔레스에 대한 아테네인들의 시선은 그리 따뜻하지 못했다. 이색적인 복장을 한 아리스토텔레스의 요란한 치장에 눈살을 찌푸린 게 그렇다. 아테네와 외부의 갈등이 고조될 때마다 그에 대한 시민들의 존경심도 순식간에 적대감으로 바뀌곤 했다. 이는 전국시대 말기 조나라 출신인 순자가 온갖 무함에도 불구하고 당시 학문의 중심지인 제나라의 수도 임치로 가 직하학궁의 우두머리 격인 좨주祭酒를 3번이나 역임하며 학문을 연마한 것에 비유할 만하다.

아리스토텔레스는 아카데미아에서 플라톤의 가르침을 받는 한편

틈틈이 강연과 저술 활동을 펼쳐 나갔다. 이 와중에 남다른 탐구욕을 배경으로 스승의 이론을 비롯해 기존 학설에 대한 비판을 전개하며 점차 독자적인 이론을 세워 나갔다. 41세 때인 기원전 343년 마케도니아의 왕인 필립포스의 아들 알렉산드로스의 개인교사가 된 것도 이런 맥락에서 이해할 수 있다. 그에 대한 평판이 간단치 않았음을 방증한다. 당시 아리스토텔레스는 자신의 제자가 장차 동방의 대국 페르시아를 점령하는 위대한 정복군주가 되리라고는 생각지도 못했을 것이다.

기원전 347년 스승 플라톤이 80세의 나이로 세상을 떠난 직후 그는 곧바로 아테네를 떠났다. 이는 그리스 북동쪽에 있는 오린토스가 마케도니아의 수중에 떨어진 것을 계기로 아테네 시민의 반反마케도니아 정서가 팽배했기 때문이다. 아테네인의 반마케도니아 정서가 수그러들자 스승 플라톤이 세상을 떠난 지 12년 뒤인 기원전 335년 아카데미아와 쌍벽을 이루는 사립학교 리케이온을 개설했다. 이것이 훗날 아리스토텔레스학파의 별칭인 소요학파逍遙學派의 기원이 되었다. 이는 아리스토텔레스가 제자들과 산책하면서 강의하고 논의한데서 나온 말이나. '페리파도스 학파'로 불린 소요학파의 본산인 리케이온을 세울 당시 아리스토텔레스의 나이는 이미 49세였다. 스승인 플라톤이 42세 때인 기원전 385년 아카데미아를 설립한 것과 비교하면 상당히 늦은 편이다. 이는 아테네인이 마케도니아 출신을 적대적으로 대한 사실과 무관치 않다.

그는 자신이 세운 학교인 리케이온에서 10여년 이상 정치철학을 비롯한 다양한 학문을 탐구했다. 정치철학을 윤리학의 일환으로 간주한 그는 스승이 깊숙이 탐구한 정치학과 법학 이외에도 형이상학을 비롯해 논리학과 생물학, 천문학 등 다양한 분야의 학문을 널리 연구했다. 이때 그는 독자적인 연구를 진행하는 와중에 해당분야의 학자들과 머리를 맞대고 함께 토론하며 자신의 연구방법을 수정해나가는 방식을 택했다. 논리학과 학문의 연구방법론이 그의 손에 의해 완성된 이유다. 당시 그는 모든 학문을 하나로 통합코자 노력했다. 후대인이 그를 두고 '학문의 아버지'로 부른 이유다.

주목할 것은 그가 전공에 해당하는 정치철학 방면에서 스승의 주장과는 다른 독자적인 이론과 사상을 내세우며 제자들을 가르친 점이다. 당시 그는 현실에 기초한 실증주의의 관점에서 스승의 플라톤의 이데아론을 비롯한 정치철학과 윤리학 등에 대한 심도 있는 비판작업을 주도했다. 후대인들로부터 스승인 플라톤에 의해 크게 왜곡된 소크라테스 사상의 원형을 복원했다는 평가를 받는 이유다.

그러나 그는 리케이온을 세운 지 13년 뒤인 기원전 322년 아테네를 영원히 떠나야만 했다. 알렉산드로스 대왕 사후에 불어 닥친 아테네인들의 마케도니아에 대한 적개심이 원인이었다. 그가 세운 학교는 아테네에 그대로 남아 있었지만 그 자신은 아테네인들에게 하나의 이방인에 지나지 않았다. 아테네의 타락한 민주주의 체제가 아테네인들의 마음을 협량狹量으로 몰아가고 있었다. '소크라테스 독배'의 후유증이 이토록 컸다.

로마시대의 한 학자는 아리스토텔레스가 아테네를 영원히 떠나게 된 것과 관련해 '아테네인들이 철학에 2번 다시 죄를 범하지 않도록 하기 위해 떠난 것이다.'라고 분석해 놓았다. 소크라테스를 죽음에 몰아넣은 것처럼 그를 죽음으로 몰아넣지 않도록 하기 위해서 아테네를 떠났다는 분석이다. 그러나 이는 지나치다. 당시 아테네인들이 비록 마케도니아 출신에 대해 커다란 적대감을 가진 것은 사실이나 당대의 현자인 아리스토텔레스를 죽음으로 몰아갈 정도로 극렬하지는 않았다. 그보다는 델포이 신전에 헌정된 자신의 이름이 지워지는 수모에 크게 상심한 나머지 아테네와의 이별을 결심했을 공산이 크다. 실제로 이 시점을 전후해 아테네에 대한 애착을 버렸다는 주장을 뒷받침하는 여러 분석이 나오고 있다. 『정치학』에서 아테네의 민주주의 체제에 대해 비판을 가한 것 등이 논거로 제시되고 있다.

그러나 그가 반평생을 살았던 아테네에 대한 애정을 완전히 끊은 것은 아니다. 그의 학문과 사상이 리케이온에서 수백 년에 걸쳐 제자와 그 제자들의 상의를 통해 면면히 이어진 사실이 이를 반증한다. 그의 정치철학이 플라톤과 달리 '더불어 살아가는 인간관계'에 초점을 맞춘 것도 이와 무관치 않을 것이다. 그는 반평생을 아테네에서 이방인으로 살았음에도 불구하고 아테네가 제공한 자유로운 분위기를 잊지 않았던 것이다.

이는 그가 플라톤의 총애를 받은 사실과 무관치 않다고 보아야 한다. 스승이 세상을 떠나기 전까지 20년 동안 아카데미아에서 묵묵히 학문에 정진한 사실이 이를 뒷받침한다. 그럼에도 그의 정치철학은 여러 가지 점에서 스승과 적잖은 차이를 보이고 있다. 후대인이 그의 정치철학을 두고 플라톤과 구별해 '실천철학'이라고 부르는 것은 플라톤이 추구한 철학을 현실과 동떨어진 '사변철학'으로 간주한 결과다. 그가 『정치학』 제7권에서 '정치적 삶'과 '철학적 삶'을 비교한 것도 이런 맥락에서 이해할 수 있다. 그는 결코 '철학적 삶'을 배제하지 않았으나 플라톤이 『국가론』에서 사실상 무시하다시피 한 '정치적 삶'에 상당한 비중을 두고 있다. 그가 정치학을 윤리학의 일환으로 간주한 점 등에 지나치게 주목한 나머지 '이론과 실천'이라는 2분법의 잣대로 그와 플라톤의 정치철학을 비교하는 것은 일정한 한계가 있다.

아리스토텔레스는 기원전 322년 아테네 북쪽 56킬로미터 지점에 위치한 그리스 중앙부 에보이아 섬의 서해안 중앙부인 칼키스에서 세상을 떠났다. 끝내 정신적인 고향인 아테네로 돌아가지 못한 채 숨을 거둔 셈이다. 당시 그의 나이 62세였다. 스승인 플라톤이 80세 때 세상을 떠난 것에 비하면 너무 일찍 숨을 거둔 셈이다.

현재 적잖은 사람들이 저술방식을 놓고 아리스토텔레스와 플라톤을 비교하곤 한다. 아리스토텔레스의 작품은 화려한 문체에 대화체로 구성된 플라톤의 작품과 달리 제자들에게 강의하는 형식의 담담한 어조의 간결체로 구성돼 있기 때문이다. 아리스토텔레스가 남긴 저작 가운데 현존하는 것은 50편 가량이나 원래는 4백여 편에 달한 것으로 알려졌다. 그의 저술은 크게 일반대중을 염두에 둔 출판용 저술인 '엑소테리카exoteria'와 리케이온 학원 제자를 대상으로 한 강의 노트 '에소테리카esoteria'로 나뉜다. 현재 '엑소테리카'는 모두 사라지고 현존하는 것은 50편 가량의 '에소테리카' 뿐이다. 『정치학』도 그 가운데 하나이다.

'에소테리카'만 남아 있는 점에 비춰 아리스토텔레스는 대략 글을 쓸 때 리케이온 학생들을 대상으로 한 '에소테리카'에 초점을 맞춘 듯하다. 그의 작품에 플라톤의 대화편과 달리 근원적인 문제에 대한 '이성적 회의'를 유도하는 토론이 거의 없는 것도 이런 맥락에서 이해할 수 있다. 그러나 저술의 방식과 그 대상만을 가지고 그와 플라톤과의 차이를 설명하는 것은 무리가 있다. 그보다는 오히려 '정치'에 대한 서로 다른 인식의 차이에서 찾는 게 나을 것이다. 그의 『정치학』과 플라톤의 『국가론』을 대상으로 비교하면 양자의 차이를 쉽게 확인할 수 있다.

첫째, '철인왕'에 대해 극명한 대조를 보이고 있다. 플라톤에게 '정의'는 일상으로부터 벗어난 철학적 관조의 필요성으로 귀결된다. '철학적 삶'과 '정치적 삶'의 갈등은 '철인왕'이 다스리는 최상의 이상국에서만 해소될 수 있다. 반면 아리스토텔레스는 현실세계에서 이탈한 '철학적 삶'에 강한 불신을 드러낸다. 그는 '정의'란 인간적 관계를 초월한 것이 아니라 인간들 사이의 관계에서 비롯된 것으로 간주했다. 설령 최선의 이데아를 통찰한 철학자일지라도 국가공동체의 요구를 초월한 철학자는 결코 올바른 정치를 할 수 없다는 게 그가 내린 결론이다. 그가 『니코마코스 윤리학』에서 '실천적 지혜'를 통해 '철학적 지혜'를 보완해야 할 필요성을 역설하고, 『정치학』에서 이상국뿐만 아니라 현실국가의 다양한 정체를 언급하며 '입법전문가'의 필요성을 강조한 이유가 여기에 있다.

둘째, 국가공동체의 절대다수를 이루고 있는 인민에 대해서도 커다란 차이를 보인다. 플라톤도 『국가론』에서 인민의 개선 가능성을 언급한다. 그러나 감정에 휩쓸리는 다수의 의견이 '정의'를 담보할 수 있다는 견해를 피력한 적이 없다. 반면 아리스토텔레스는 『형이상학』에서 '인간은 자연적으로 지식을 갈망한다.'는 낙관론을 전개한데 이어 『니코마코스 윤리학』에서는 비철학적인 인민의 의견도 부분적으로 진리를 반영할 수 있다는 입장을 피력했다.

그는 여기서 한 발 더 나아가 『니코마코스 윤리학』에서 소수의 진지한 사람들보다 상식을 지닌 다수 인민이 더 나은 결정을 내릴 수 있다는 주장을 펼쳤다. 인민이 함께 사안을 심의하면서 자유롭게 의견을 개진할 경우 국가공동체 구성원 각자의 기질과 생각이 다양하게 드러나는 까닭에 1명의 탁월한 인물보다 더 나은 결론을 도출할 수 있다는 것이다. 이는 플라톤의 『국가론』과 『정치가』 및 『법률』에서는 전혀 찾아볼 수 없는 주장이다. 아리스토텔레스는 플라톤과 달리 절대다수를 차지하고 있는 인민에게 커다란 기대를 건 셈이다.

아리스토텔레스가 인민에게 기대를 건 것은 '이성'과 대비되는 '감성'에 대한 새로운 이해에서 비롯됐다. 그는 플라톤과 달리 '감성'이 이성적 판단과 하등 다를 게 없다는 생각을 갖고 있었다. 『수사학』에서 '감성'은 자신을 둘러싼 세계를 평가하는 핵심능력으로 규정한 게 그렇다. 인간의 '감성'은 상황에 따라 각기 다르게 형성되지만 궁극적으로는 국가공동체의 신념 체계를 구성하는 한 요소가 된다고 본 결과다. 이같이 볼 경우 '감성'은 육체적 감각이나 '이성'을 보조하는 기제가 아닌 게 된다. '감성'은 곧 이성적 판단과 연관된 국가공동체의 공통적 현상이 되는 셈이다. 중차대한 정치현안을 결정할 때 인민의 총의를 구성하는 하나의 요인을 의미하는 것이다. 아리스토텔레스가 정치가의 인민의 '감성'에 대한 호소를 긍정적으로 평가하며 국가공동체 차원에서 새로운 판단을 구성하려는 행위로 풀이한 이유가 여기에 있다.

이는 순자가 맹자와 달리 희로애락 등의 정서를 본성의 본질적 요소로 파악한 것과 닮았다. 실제로 『순자』는 이성 즉 '로고스'를 뜻하는 인의예지 등의 성性과 감성 즉 '파토스'를 의미하는 희로애락 등의 정情을 구분하지 않고 있다. 『맹자』에는 단 한 번도 나오지 않는 성정性情 내지 정성情性의 표현이 『순자』에 자주 출현하는 이유다. 『순자』에는 '성정' 표현이 2번, '정성' 표현이 18번 나타난다. '성정'과 '정성'이 혼용돼 사용된 것은 『순자』가 '성'과 '정'을 구분하지 않은 데 따른 것이다.

'감성'에 대한 아리스토텔레스의 이런 입장은 플라톤의 『향연』 등에 나오는 소크라테스가 '감성'에 호소하는 정치적 수사를 천박한 감언이설에 불과하다고 비판한 것과 대비된다. 물론 『소크라테스의 변명』과 『크리톤』 등에 나오는 소크라테스는 개개인에 적합한 수사가 따로 있고, 경우에 따라서는 '감성'에 호소할 수 있다는 점을 인정하고 있다. 그러나 그 내막을 살펴보면 플라톤의 대화편에 나오는 소크라테스는 일반 인민의 '감성'에 호소하는 정치적 수사를 용인한 적이 없다. 오로지 개인 차원에서 정의를 가르치고자 할 때 '이성'의 보조적 역할을 수긍했을 뿐이다.

이에 대해 아리스토텔레스는 개인적 대화뿐만 아니라 국가공동체 차원의 정의를 실현코자 할 때도 인민의 '감성'에 호소하는 방법을 동원할 수 있다고 보았다. 『수사학』에서 '이성' 이외에도 '감성'에 호소해 정의를 실현하는 방안을 긍정 평가한 이유다. 그가 볼 때 '감성'을 통한 설득이 실패하는 것은 전적으로 정치가의 '설득기술'이 부족한 탓에 지나지 않았다. 진리와 정의는 인민의 '이성' 이외에 '감성'에 호소하는 방식을 통해서도 능히 전달할 수 있다고 본 배경이 여기에 있다.

21세기에 들어와 그의 정치철학에 대한 관심이 증폭되고 있는 것도 이와 무관치 않다. 이성보다는 감성에 호소하는 21세기 스마트시대의 특성 때문인 듯싶다. 학자들의 관심을 끄는 가장 큰 이유는 크게 4가지다. 첫째, 플라톤처럼 절대적인 진리를 고집하지 않는 태도이다. 둘째, 인민의 '감성'에 호소해 감동을 자아내는 방법은 전문인의 삶을 살지 않았을지라도 진솔한 삶을 살아온 사람이라면 누구든지 시도할 수 있는 것이다. 셋째, 전 인민을 대상으로 한 설득리더십이 21세기 스마트시대의 민주주의 유형에 부합된다. 넷째, 이성주의에 반발하는 현대 정치철학의 흐름이 '감성'을 정치철학의 새로운 영역으로 받아들이고자 하는 취향과 맞아떨어진다.

그런 점에서 시민의 덕성을 역설한 아리스토텔레스의 견해를 새삼 곱씹어볼 필요가 있다. 당시 그리스 사람들은 그의 제자인 알렉산드로스 대왕의 눈부신 업적에 열광했다. 그러나 그는 오히려 현실적으로 구현할 수 있는 최상의 민주주의가 무엇인지 크게 고민했다. 시민의 덕성에 주목한 이유다. 스승인 플라톤을 비롯한 기왕의 철학자들은 귀족 출신 자제의 권력의지를 순화시키는 방안을 찾기 위해 부심했다. '잠재적인 참주'를 설득해 국가공동체의 '수호자'로 만들고자 한 것이다. 일반 인민에게 별다른 주의를 기울이지 않은 이유다. 일반 인민은 '철학적 삶'과 거리가 멀다고 간주한데 따른 것이다.

이에 반해 아리스토텔레스는 오히려 '철학적 삶'과 거리가 먼 것이 오히려 '정치적 삶'을 구현하는 데 유리하다고 보았다. 일반 인민의 상식을 높이 평가한 결과다. 실제로 자유를 구가하는 일반 인민은 상식이 내포하고 있는 지혜에 귀를 기울이는 모습을 보였다. 그렇다고 일반 인민의 취향에 영합하는 소피스트의 행보를 수용한 것은 아니었다. 최선의 정체를 구현할 수 있는 인민의 덕성은 과연 무엇인가 하는 문제를 놓고 진지하게 고민하기 시작한 이유다. 이는 그의 스승인 플라톤에게서는 전혀 찾아볼 수 없는 것이다.

아리스토텔레스에게 '정체'는 단순히 한 나라의 법제도만을 뜻하는 게 아니다. 그가 『정치학』에서 역설했듯이 '정체'는 국가공동체의 구성원이 합의한 '삶의 방식'까지 포괄한 개념이다. 세상에 존재하는 여러 나라의 '정체'를 구분하면서 최고 권력자나 정부의 형태만을 다루지 않은 이유가 여기에 있다. 그가 볼 때 바람직한 통치를 이루기 위해서는 반드시 국가공동체 전체의 이익을 위한 통치가 행해져야 했다. 통치자의 이익을 위해 봉사하는 정체는 그 어떤 유형의 정체이든 결국 타락한 정체에 지나지 않는다고 보았기 때문이다. 그가 『정치학』에서 먼저 국가공동체의 이익을 구현하는지 여부를 살핀 뒤 최고 권력기관을 구성하는 자들의 숫자와 권력의 배분현황 등을 살펴본 이유다.

시민이라면 너나 할 것 없이 모두 정치에 참여하는 점을 감안할 때 결국 '좋은 시민'에 대한 고민은 바람직한 정체에 대한 모색을 뜻하게 된다. 아리스토텔레스가 『정치학』에서 국가공동체 구성원 전원이 좋은 사람일 필요는 없으나 최상의 정체를 구현하기 위해서는 통치자만큼은 반드시 '좋은 시민'인 동시에 '좋은 인간'이어야 한다고 역설한 이유가 바로 여기에 있다. '좋은 시민'은 '정치적 삶', '좋은 인간'은 '철학적 삶'을 상징한다. 아리스토텔레스는 '정치적 삶'과 '철학적 삶'을 유기적으로 결합한 국가공동체가 바로 지상에서 현실적으로 구현할 수 있는 최상의 정체에 해당한다고 본 것이다.

이 지점에서 그는 똑같이 현실을 중시했음에도 정치와 도덕의 엄격한 분리를 주장함으로써 근대 정치학의 물꼬를 튼 마키아벨리와 구별된다. 이상과 현실의 조화를 끝까지 추구한 결과다. 그런 점에서 그가 걸은 길은 공자 및 순자의 노선과 닮았다. 공자와 순자 모두 수신제가의 '도덕적 삶'과 치국평천하의 '정치적 삶'이 유기적으로 결합한 군자君子의 길을 지향했다. 순자는 법치를 적극 수용하면서도 덕치의 일종인 예치禮治를 법치의 앞에 내세웠다. '정치적 삶'을 수용하면서도 '도덕적 삶'을 앞세운 것과 같다. 힘을 바탕으로 한 패도를 적극 수용하면서도 덕에 기초한 왕도를 전면에 내세운 '선왕후패'와 같은 취지이다. 수신제가에 실패했을지라도 능히 치국평천하의 위업을 이룰 수 있다고 주장한 것도 같은 맥락에서 이해할 수 있다. 공자가 수신제가에 실패한 관중의 사치와 비례非禮를 비판하면서도 치국평천하의 위업을 칭송한 것도 같은 맥락이다.

그런 점에서 아리스토텔레스는 오직 '철학적 삶'만을 인정한 플라톤과 '정치적 삶'만을 수긍한 마키아벨리의 중간 지점에 위치한다. 플라톤을 맹자, 마키아벨리를 한비자의 위치에 배치할 경우 그 중간지점에 있는 공자와 순자의 입지가 바로 아리스토텔레스가 걸은 노선과 같다. 크세노폰의 『회상록』을 기준으로 보면 공자에 비견되는 소크라테스는 여러모로 아리스토텔레스가 추구한 이상적인 통치자의 '롤 모델'에 해당한다. 실제로 아리스토텔레스의 삶은 수신제가와 치국평천하를 동시에 추구하며 맹자에 의해 왜곡된 공자의 원래 모습을 복원시키는데 심혈을 기울인 순자의 삶과 닮았다. 아리스토텔레스가 『니코마코스 윤리학』와 『정치학』을 관통하는 키워드로 중용中庸을 뜻하는 메소테스μεσότης를 역설한 배경도 이런 맥락에서 이해할 수 있다.

아리스토텔레스가 말한 '메소테스'는 지나침과 모자람의 두 극단을 피한 가운데 주어진 상황에서 다른 모든 사람의 주장을 널리 포용할 수 있는 중도를 취하는 도덕적 품성을 의미한다. 지고지선至高至善을 지향한 플라톤과 뚜렷이 구별되는 대목이다. 그렇다고 무턱대고 스승의 노선을 배척한 것은 아니다. 그 역시 '선한 영혼'과 관련해서는 스승처럼 정치적 목적을 이루기 위해 도덕을 희생시킬 수 없다는 태도만큼은 견지했다. 순자가 패도를 적극 수용하면서도 왕도를 전면에 내세운 행보와 닮았다.

민주정과 혼합정

현존하는 아리스토텔레스의 작품 가운데 가장 널리 읽히는 것으로 『정치학』으로 번역된 '폴리티카Πολιτικά'이다. 이와 쌍벽을 이루고 있는 작품이 통상 『니코마코스 윤리학』으로 번역돼 읽히고 있는 '에티카 니코마코세이아Ηθικὰ Νικομάχεια이다. 그밖에도 『시학』을 비롯해 『형이상학』, 『천체론』, 『자연학』, 『수사학』, 『범주론』, 『분석론』, 『동물의 생성에 관해』, 『생성과 소멸에 관해』, 『동물연구지』, 『기억에 관해』 등 매우 다양한 내용의 작품도 해당분야에서는 기본적인 참고서로 활용되고 있다. 『행복론』과 『철학에 관해』, 『이데아에 관해』 등은 이름만 전해지고 있다.

아리스토텔레스는 기본적으로 정치학을 윤리학의 부속학문으로 보았다. 『니코마코스 윤리학』은 국가공동체를 이루고 있는 개개인의 행복이 무엇이고, 그 행복을 얻으려면 어찌해야 좋은가 하는 것을 탐구하고 있다. 이에 반해 『정치학』은 국가공동체 자체를 탐구 대상으로 삼고 있다. 『니코마코스 윤리학』은 "자, 이제 국가에 대해 논의를 시작해보자."는 말로 끝난다. 이는 후속작인 『정치학』을 염두에 둔 말이다. 실제로 『정치학』은 이 문장에 뒤이어 국가공동체의 기원과 구조, 최선의 형태 등을 논하는 내용으로 꾸며져 있다. 주목할 것은 『니코마코스 윤리학』의 키워드인 '메소테스'의 원칙이 『정치학』에도 그대로 적용되고 있는 점이다. 개인의 행복이 중용에 있듯이 훌륭한 국가공동체 역시 중용을 추구한다는 것이다.

아리스토텔레스가 알렉산드로스의 가정교사가 되어 철학, 문학, 정치학 등을 가르칠 때 특히 신경 써서 가르친 과목이 정치철학이다. 이때 가르친 이론들을 정리한 게 바로 그의 대표작인 『정치학』이다. 덕분에 '학문의 아버지'로 불린 그에게 또 하나의 타이틀이 부여됐다. 바로 '정치학의 시조'라는 것이다. 실제로 『정치학』은 훗날 홉스와 로크 및 루소의 사회계약설에 커다란 영향을 끼쳤다. 마키아벨리가 『정치학』을 깊이 연구해 근대정치학의 초석을 놓은 것도 널리 알려진 일이다.

큰 틀에서 보면 『니코마코스 윤리학』과 『정치학』이 각각 역설하고 있는 개인과 국가의 관계는 『대학』에서 역설한 개인 차원의 수신제가修身齊家와 국가공동체 차원의 치국평천하治國平天下 이치에 비유할 수 있다. 맹자는 '수신제가'를 통해야만 '치국평천하'에 이를 수 있다고 주장했다. 군주의 인의예지 등 4단四端에 기초한 인격수양을 역설한 이유다. 플라톤이 『국가론』에서 '철인왕'을 역설한 취지와 닮았다. 이에 반해 한비자는 '치국평천하'를 이뤄야만 개인 차원의 '수신제가'도 그

의미를 찾을 수 있다고 주장했다. 신하들에 대한 정교한 통제를 포함한 군주의 통치술을 역설한 이유다. 마키아벨리가 『군주론』에서 군주에게 때론 부도덕한 일도 감행할 줄 알아야 한다고 충고한 것과 취지를 같이한다.

주목할 것은 순자의 입장이다. 순자는 앞서 설명한 것처럼 '선왕후패'의 입장에 서 있었다. 난세의 시기에는 강력한 무력과 엄격한 법치로 천하통일을 이루는 것도 가하다고 주장한 이유다. 그는 마찬가지 논리로 맹자처럼 '수신제가'를 통해 '치국평천하'에 이르는 것을 가장 바람직하게 보았다. 그러나 패도를 통해 천하통일을 이루는 것을 수용한 것처럼 '수신제가'에 실패했을지라도 능히 '치국평천하'의 업적을 이룰 수 있다고 보았다.

순자의 이런 입장은 공자가 사치 등으로 인해 '수신제가'에 실패한 관중을 비례非禮의 인물로 비판하면서도, 강력한 무력을 배경으로 일거에 천하를 평정해 중원문화를 지킨 일광천하一匡天下의 공업을 대인大仁으로 평한 것과 취지를 같이한다. 공자 역시 순자와 마찬가지로 '수신제가'를 통해 '치국평천하'에 이르는 것이 바람직하지만 경우에 따라서는 '치국평천하'를 통해 '수신제가'의 완성을 기하는 것도 가하다고 본 것이다. 두 사람 모두 맹자와 한비자의 일방적인 접근방법을 멀리하면서 절충점을 취한 셈이다.

아리스토텔레스가 『니코마코스 윤리학』과 『정치학』을 관통하는 키워드로 '메소테스' 즉 '중용'을 거론한 것도 이런 맥락에서 이해할 수 있다. 그가 말한 '중용'은 주어진 현실 속에서 이성적인 판단을 통해 최선의 선택을 하는 것을 의미한다. 플라톤의 '정의'는 극히 이상적인 '완전'을 추구한 게 특징이다. 그게 바로 동굴의 비유에 나오는 '이데아'이다. 이에 반해 아리스토텔레스의 '중용'은 반드시 현실의 실현 가능성을 전제로 한 까닭에 적합성에 초점을 맞추고 있다. 인간관계를 중시한 아리스토텔레스가 『정치학』 제3권에서 "인간은 본래 정치적 동물이다."라고 언명한 근본배경이 여기에 있다. 이는 『주역』의 키워드인 변역變易의 이치와 서로 통한다. 주어진 상황에서 최선의 선택을 하는 것을 말한다.

그게 바로 『손자병법』을 비롯한 모든 병서가 역설하는 용병의 기본 이치인 임기응변臨機應變이다. 전장의 장수 리더십이 그렇듯이 난세의 군주가 취해야 할 기본자세도 여기서 벗어나서는 안 된다. 순자가 '선왕후패'를 언급한 이유가 여기에 있다. 아리스토텔레스가 『니코마코스 윤리학』과 『정치학』을 관통하는 키워드로 '중용'을 거론한 것 역시 '수신제가'와 '치국평천하'의 상호관계를 통찰한 결과로 볼 수 있다. 상황에 따른 변신과 임기응변을 주문한 것이다. 결코 단순히 중간적인 위치에 설 것을 주문한 게 아니다. 마키아벨리가 『군주론』을 집필하면서 아리스토텔레스의 『정치학』에서 많은 영감을 받은 이유다. 대표적인 사례로 『군주론』 제17장의 다음 대목을 들 수 있다.

"군주는 자신을 두려움의 대상으로 만들되 사랑은 받지 못할지언정 증오를 사는 일만큼은 없어야 한다. 능히 두려움의 대상이 되면서 증오를 사지 않는 존재로 군림할 수 있기 때문이다. 이는 군주가 백성과 그들의 재산 및 부녀자에 손을 대지만 않으면 쉽게 성취할 수 있는 것이다."

이는 『정치학』 제5권에 나오는 '남의 여인은 손대지 마라!'는 구절을 확대해석한 것이다. 아리스토텔레스는 『정치학』 제7권에서 간통을 엄벌에 처할 것을 주장키도 했다. 이는 『정치학』이 가정에 초점을 맞춘 『니코마코스 윤리학』의 후속편으로 나온 점에 비춰 그리 이상하게 생각할 것도 없다.

실제로 『정치학』에 나오는 논의의 출발은 가정 즉 '오이코스'이다. 폴리스 즉 국가공동체는 다수의 가정 공동체로 구성돼 있는 만큼 폴리스를 알려면 가정공동체부터 알아야 한다는 것이다. 이를 두고 일각에서는 그를 '최초의 경제학자'로 규정키도 한다. 경제학의 어원인 '오이코노미아'가 가사 관리 즉 가정家政의 뜻을 지닌 점에 주목한 견해다. 그러나 가정학家政學과 경제학經濟學은 구분할 필요가 있다. '오이코노미아'는 최소 규모인 가족공동체의 의식주衣食住를 뜻한다. 공동생활의 가장 기본이 되는 삶을 지칭하는 것일 뿐이다. '가정'을 경제제민經世濟民의 약자인 '경제'로 확대해석하는 것은 잘못이다. 양자를 혼동하는 것은 마치 잠자리와 새를 두고 모두 하늘을 나는데 주목한 나머지 같은 부류로 묶는 것과 같다.

주목할 것은 아리스토텔레스가 물물교환을 설명하는 대목에서 화폐의 출현과 상업의 성립에 이어 독점의 발생까지 언급하고 있는 점이다. 생산된 물건이 '사용가치'와 별개로 '교환가치'를 지니고 있다고 지적한 것은 탁견이다. 이는 훗날 마르크스가 『자본론』에서 상품을 분석할 때 그대로 원용되고 있다.

그러나 후대에 가장 큰 영향을 미친 것은 역시 정치철학 내지 국가학이다. 『정치학』에 나오는 그의 국가이론은 21세기 현재까지 커다란 영향력을 발휘하고 있다. 많은 정치가들이 고전 가운데 『정치학』의 내용을 가장 빈번하게 인용하는 게 그렇다. 『정치학』은 『국가론』과 달리 인류 역사상 최초로 현실국가의 문제를 주제로 삼았다는 점에서 그 의미가 매우 크다.

총 8편으로 구성된 『정치학』은 기원전 300년을 전후한 그리스 도시국가의 형성, 구조, 바람직한 국가 형태 등에 관한 고찰과 통치술 등을 담고 있다. 제1권과 2권은 국가이론, 제3권과 4권은 시민의 자격과 실제 정체政體 형태를 고찰하고 있다. 제5권은 혁명의 원인과 사례, 제6권은 정체 구성과 관직의 배분, 제7–8권에서는 이상국을 유지하기 위한 교육의 문제를 집중 검토하고 있다. 특히 8권에서는 교육 과목을 다루고 있어 주목된다. 음악은 영혼과의 친화력을 가지고 있는 까닭에 다른 사람의 연주를 평가할 수 있을 정도의 능력을 지녀야만 한다. 미술 역시 미를 감상하기 위해 어느 정도 수준의 회화 능력이 필요하다.

그러나 『정치학』의 내용 가운데 가장 널리 알려진 것은 '인간은 본성적으로 정치적 동물이다!'라는 선언일 것이다. 이는 국가공동체의 궁극적인 목적이 구성원의 복리와 행복을 증진시키는데 있다는 것을 암시한다. 인간은 정치적 행위를 통하지 않고는 복리와 행복을 성취할 수 없고, 자유와 평등을 누리는 시민은 치자와 피치자의 관계에서 정치적 행위를 수행한다는 게 골자이다.

아리스토텔레스에 따르면 인간은 필요에 따라 가장 기초적인 공동체인 가정을 이룬 뒤 더 큰 필요를 충족시키기 위해 마을공동체를 만들고, 마침내 모든 면에서 자급자족이 가능한 국가공동체에 이르게 된다. 인간은 본성적으로 국가공동체를 구성하는 '정치적 동물'이라는 말이 나오게 된 배경이다. 정치적 인간은 말을 사용해 시비 등을 밝힌다. 정치적 태도란 공동체 안에서 의견이 나뉘고 분쟁이 있을 때 이를 물리적 힘이 아니라 말과 설득을 통해 다룬다는 뜻이기도 하다. 국가공동체는 자족을 실현해 인간의 삶을 구현해줄 수 있는 공동체라는 점에서 개인이나 가정공동체에 앞선다. 국가는 자연적으로 존재하는 모든 유형의 공동체의 완성이며 최고 단계에 해당한다.

모든 공동체는 목적을 지니고 있다. 국가공동체의 목적은 최고의 선을 추구하는데 있다. '최고의 선'은 곧 구성원 개개인의 행복이다. 구성원이 행복을 누리기 위해서는 반드시 국가공동체가 존재해야 한다. 행복은 오랜 시간에 걸쳐 반복적인 습관을 통해 얻을 수 있다. 이런 반복 훈련은 국가의 '법률'과 '교육'을 통해서만 이뤄질 수 있다.

국가는 각 구성원 간의 이해관계를 정리하고, 부를 분배하고, 좀 더 나은 삶을 살 수 있도록 도와주는 임무를 맡고 있다. 그 성패는 해당 국가의 정체政體와 불가분의 관계를 맺고 있다. 정체의 유형은 크게 1인의 군주에 의해 다스려지는 군주정, 소수의 뛰어난 인물에 의해 다스려지는 귀족정, 다수의 인민이 주체가 되어 국가권력을 행사하는 입헌정으로 나눌 수 있다. 이런 체제가 타락해 사적인 이익을 목표로 삼게 되면 군주정은 참주정僭主政, 귀족정은 과두정寡頭政, 입헌정은 재산이 없는 다수가 공동으로 통치하는 폭민정暴民政으로 전락한다. 통상 '입헌정'을 '민주정'으로 번역하고 있으나 원래의 뜻을 좇아 번역하면 '폭민정'을 '민주정'으로 번역하는 게 옳다. 여기서는 일단 통상적인 번역을 좇기로 한다. 아리스토텔레스가 볼 때 1인의 군주정일지라도 국가공동체의 이익을 위해 봉사하면 바른 정치이고, 다수의 민주정일지라도 소수의 이익을 위해 봉사하면 잘못된 정치다.

아리스토텔레스도 내심 스승인 플라톤과 마찬가지로 '철인왕'이 다스리는 1인의 군주정을 가장 이상적이라고 생각했다. 다만 스승과 달리 그는 이를 현실적으로 구현하는 게 불가능하다고 보았다. 하나의 이념형에 불과하다고 본 것이다. 그가 볼 때 현실적으로 구현이 가능한 가장 바람직한 정체는 과두정과 민주정의 뒤섞은 혼합정이다.

이런 생각은 모든 국가에 3개의 계급이 있다는 전제에서 나온다. 매우 부유한 자, 매우 가난한 자, 중간의 중산층이 그것이다. 중산층이 핵심이다. 이는 재산이 너무 적지도 너무 많지도 않은 시민 계층을 말한다. 중산층이 두터워야 빈자와 부자의 갈등을 막을 수 있다는 주장은 21세기 현재도 그대로 유용하다.

아리스토텔레스는 평생 바람직한 정체에 관해 깊이 생각했다. 그가 생각한 '최상의 정체'는 『정치학』 제4권에 등장하는 과두정과 민주정의 혼합 형태인 이른바 혼합정 즉 미키스μίξις이다. 통상 영어권에서는 '폴리티polity'로 번역해 사용하고 있다. 이를 다시 한국에서는 '정체'로 중역해 사용하고 있다. 혼합정에 대해 많은 사람들이 헷갈려 하는 이유다. 이는 기본적으로 아리스토텔레스가 혼합정을 영어 '폴리티'의 어원인 그리스어 '폴리테이아'로 규정한데서 기인한다. 궁극적인 책임을 묻는다면 '폴리테이아'를 사용한 아리스토텔레스에게 물어야 한다. 플라톤의 『국가론』도 그리스어로는 '폴리테이아'이다. 전공자들조차 '혼합정'의 기본 의미를 놓고 더욱 헷갈려하는 이유다.

실제로 『정치학』에 나오는 '혼합정'의 실체를 두고 사람에 따라서는 다수가 공동의 이익을 위해 통치하는 정체, 인민이 군사적 덕성을 가

진 정체, 법으로 규제되는 민주정의 정체, 중산층이 주도하는 계급적 혼합의 정체 등으로 풀이하고 있다. 모두 한 쪽 면만 부각시켜 풀이한 결과다. 이는 기본적으로 아리스토텔레스가 『정치학』에서 혼합의 원칙들만 제시한데 따른 것이다. 기본 취지는 과두정과 민주정의 '중간'을 취하는데 있다.

그럼에도 여전히 애매하기는 마찬가지다. 일각에서 '혼합정'을 최상의 정체에 대한 언급으로 간주할 수 없다는 주장이 나오는 이유다. 레오 스트라우스가 대표적이다. 지난 1978년에 펴낸 『도시와 인간』에서 『정치학』 제7권에 나오는 '귀족정'이야말로 아리스토텔레스가 생각한 최상의 정체였다고 주장한 바 있다. 나름 일리 있는 분석이다.

그러나 『정치학』의 전체 문맥에 비춰 아리스토텔레스가 과두정과 민주정의 장점을 섞은 혼합정을 제시한 것을 무시할 수는 없는 일이다. 실제로 레오 스트라우스가 말한 『정치학』 제7권의 '최상의 정체'는 귀족정을 지칭한 게 아니다. 그보다는 정치의 한계를 논한 것으로 보는 게 타당하다. '혼합정'에 대한 아리스토텔레스의 믿음은 나름 확고하다. 설령 과두정과 민주정을 뒤섞은 혼합정을 최상의 정체로 인정하지 않을지라도 아리스토텔레스가 '귀족정'을 최상의 정체로 내세웠다고 주장하는 것은 지나치다. 그 경우 아리스토텔레스는 스승인 플라톤이 만년의 『법률』에서 제시한 공화정에 손을 들어준 셈이 된다. 이는 엄연히 구별되는 플라톤과 아리스토텔레스 사상을 마구 뒤섞는 게 된다.

설령 '혼합정'의 용어가 부적절하다고 인정할지라도 진지한 통치자에게 필요한 '귀족적 탁월성'과 적극적인 시민에게 필요한 '민주적 덕성'을 아리스토텔레스가 동시에 요구한 것만은 분명하다. 그런 의미에서 아리스토텔레스가 역설한 '정체의 변화'를 세밀히 검토할 필요가 있다. 이는 크게 2가지 점에 주목한 것이다.

첫째, 아리스토텔레스가 말하는 '개혁'은 점진적 개혁을 염두에 둔 입법을 뜻한다는 점이다. 『정치학』 제5권과 제6권은 과두정과 민주정을 입헌정으로 바꾸고, 참주정을 지속시키는 방안 등을 논하고 있다. 주목할 것은 타락한 정체를 뒤엎는 혁명을 그다지 높게 평가하지 않은 점이다. 혁명 역시 고귀한 목적보다는 사실 명예나 이익 등의 사욕을 채우기 위한 수단에 지나지 않는다고 본 탓이다. '정체의 변화'를 상세히 기술한 것은 기본적으로 타락한 정체를 점진적인 입법 개혁을 통해 '최상의 정체'로 바꾸고자 하는 취지에서 나왔다는 게 학계의 중론이다. 혁명보다 개혁을 택했다는 지적이다. 이는 『논어』「양화」에 나오듯이 공자가 혁명을 택한 양화와 달리 점진적인 개혁을 통해 군자가 위정자가 되는 새로운 시대의 도래를 고대한 것과 닮았다.

둘째, 아리스토텔레스가 언급한 '최상의 정체'는 올바른 정체인 군주정과 귀족정의 조합이 아니라, 타락한 정체인 과두정과 폭민정의 원래 의미인 민주정 혼합이라는 점이다. 그는 왜 타락한 형태의 조합에서 최상의 정체 모델을 찾아내고자 한 것일까? 이유가 있다. 플라톤은 『국가론』에서 "잘못된 정체의 몰락은 내재한 한계로 인해 불가피하다."고 주장했다. 아리스토텔레스는 스승의 이런 주장을 정면으로 거부한 것이다. 그 어떤 정체도 이를 운용하는 사람의 자질 등에 따라서는 더 나아질 수도 있고, 아니면 정반대로 더 몰락할 수도 있다고 본 결과다. 이런 전제 하에 그는 파당적 갈등을 잘 조정할 수만 있다면 그 어떤 타락한 정체도 스스로를 오랫동안 유지할 수 있다고 생각했다. 이는 스승이 『국가론』에서 얘기한 '올바른 정체' 자체에 그다지 큰 의미를 부여하지 않았음을 암시한다. 비현실적인 '철인왕'이 다스리는 군주정을 최상의 정체로 꼽은 스승과 극명한 대조를 이루는 대목이다. 아리스토텔레스는 『국가론』에서 얘기한 '올바른 정체'를 하나의 이념형에 가까운 것으로 본 게 거의 확실하다.

그가 볼 때 현실은 온통 '타락한 정체'인 참주정, 과두정, 폭민정으로 번역되는 원래 의미의 민주정 가운데 하나의 모습을 띠고 있을 뿐이다. 그렇다면 이런 상황에서 택할 수 있는 최선의 정체는 과연 무엇일까? 참주정과 과두정을 섞을 경우 군신간의 갈등으로 인해 군주를 시해하는 일이 빈발할 소지가 크다. 21세기의 관점에서 보면 잇단 쿠데타로 늘 정권이 불안한 남미의 경우가 이에 속한다. 그렇다고 참주정과 민주정을 섞는 것도 대안이 될 수 없다. 민란에 가까운 소요가 쉴 새 없이 일어나는 와중에 참주가 무력을 동원해 진압하는 과정에서 유혈충돌이 그치지 않게 된다. 어찌 보면 참주정과 과두정을 섞는 것보다 더 위험하다. 아리스토텔레스가 '현실적으로 선택할 수 있는 최상의 정체'로 과두정과 민주정을 섞은 '혼합정'을 언급한 이유가 바로 여기에 있다.

아리스토텔레스가 말한 '혼합정'은 현실에서 구현할 수 있는 최상의 정체를 지칭한다. 이는 그리 어려운 일도 아니다. 민주정은 자유와 평등에 기초한 다수의 참여와 지배를 보장하고, 과두정은 뛰어난 개인의 탁월함을 활용할 기회를 보장하면 된다. 이를 뒷받침하는 『정치학』 제5권의 해당 대목이다.

"민주정에서는 부자들을 아껴주어야 한다. 그들의 재산뿐 아니라 수익도 재분배돼서는 안 된다. 설사 부자들이 원한다 해도 코러스와 횃불경주의 경비를 대는 것처럼 비용만 많이 들고 쓸모없는 공공봉사는 떠맡지 못하게 하는 게 더 바람직하다. 과두정에서는 빈민을 각별히 배려해주어야 하고, 수익이 나는 공직을 그들에게 맡겨야 한다. 부자가 빈민에게 부당한 짓을 하면 같은 부자들에게 부당한 짓을 했을 때보다 더 엄하게 처벌해야 한다. 재산은 증여 대신 상속되어야 하며, 재산은 한 번 이상 상속받을 수 없게 해야 한다. 그래야만 재산이 평준화되어 더 많은 빈민이 부자가 될 수 있기 때문이다. 정권에 덜 참여하는 민주정 하의 부자와 과두정 하의 빈민에게 국가요직을 제외한 나머지 일에서는 평등권 또는 우선권을 보장해주는 게 민주정과 과두정 모두에게 유익하다. 국가의 요직은 전적으로 또는 주로 지배층이 맡아야 한다."

관건은 중산층의 폭과 비율이다. 그 폭과 비율이 높을수록 좋다. 중산층이 부유층과 빈민층 사이에 넓게 포진해 있어야만 공동체가 안정될 수 있기 때문이다. 『니코마코스 윤리학』과 『정치학』을 관통하는 키워드 '중용'의 근본취지가 여기에 있다. 바로 중간계층이 중심을 이루는 국가공동체가 가장 바람직하다는 얘기다. 중간계층이 중심이 된 '중용'만이 민주정과 귀족정의 장점을 모두 떠받칠 수 있기 때문이다. 중간계층이 일종의 '중재자' 내지 '심판'을 하는 국가공동체가 바람직한 통치를 보장한다는 얘기나 다름없다.

객관적으로 볼 때 부자들의 이익을 상징하는 과두정과 빈자의 이익을 대표하는 민주정을 섞을 경우 서로 파국을 막기 위해 타협을 시도할 공산이 크다. 부자와 빈민이 모두 한 발 양보해 필연적으로 발생하는 빈부의 격차를 줄이기 위해 노력하는 게 핵심이다. 말할 것도 없이 중산층의 폭과 비율을 늘리기 위한 것이다. 이때 과격한 방법을 동원해서는 안 된다. 빈자들이 부자의 부를 강제로 빼앗아도 안 되고, 부자 역시 빈자를 착취해 자신의 부를 더욱 축적코자 하는 욕심을 부려서는 안 된다. 오히려 빈자들을 따뜻이 보살펴 주고, 빈자들이 자연스럽게 부자가 될 수 있는 기회를 열어주어야 한다. 아리스토텔레스가 두터운 중산층의 존재를 거듭 역설한 이유다. 『정치학』 제4권의 해당 대목이다.

"한 국가에서 가장 안전한 것이 중산층이다. 그들은 빈민들처럼 남의 재물을 탐하지도 않고, 나아가 그 누구도 이들의 재물을 탐하지 않는다. 남들이 그들을 무함할 생각을 갖지 않고, 그들 역시 남에게 음모를 꾸미지 않는다. 그들이 안전하게 살아가는 이유다."

폭넓은 중산층의 존재는 아리스토텔레스가 과두정과 민주정의 장점을 뒤섞으며 최상의 정체로 거론한 '혼합정'의 요체에 해당한다. 아리스토텔레스는 바로 이 점에 주목해 '타락한 정체'의 현실 속에서 최상의 답안을 찾아내고자 한 것이다. 플라톤이 『국가론』에서 추구한 '최상의 정체'와는 취지가 전혀 다른 것임을 쉽게 알 수 있다.

03

WHY

순자와 아리스토텔레스는 왜 현실속의 정치를 강조한 것일까?

문화와 야만

19세기 중엽, 동아3국 가운데 유독 일본만이 이른바 쿠로후네黑船로 상징되는 서구 열강의 개항 압력을 접하면서 재빨리 그 의미를 통찰하고 개화에 성공할 수 있었다. 여기에는 일본제왕학의 토대를 닦은 오규 소라이荻生徂徠의 공이 컸다. 이는 일본제왕학이 소라이학徂徠學에 머물지 않고 국학國學으로 나아간 데 따른 것이기도 했다. 당시 소라이학은 모토오리 노리나가本居宣長에 의해 일본을 천하의 중심으로 놓는 국학으로 전개됐다. 노리나가학宣長學으로 상징되는 일본의 국학은 소라이학의 사유방법을 이용해 일본의 독자성을 찾아내는 데 결정적인 공헌을 했다.

메이지유신 당시 일본의 조야를 풍미한 존왕양이론尊王攘夷論은 몇 개의 흐름이 있었다. 조선조의 양이론이 쇄국론으로 일관한 것과 달리 일본의 양이론은 오히려 개국론에 가까웠다. 어떻게 해서 이런 일이 가능했던 것일까? 이는 고학과 국학의 접합 위에 성립한 일본제왕학의 학풍에서 비롯된 것이었다. 당시 가장 열렬한 양이론자 중 적극적인 개국론을 주장한 대표적인 인물로 요시다 쇼인吉田松陰을 들 수 있다. 요시다 쇼인은 평소 성리학을 통렬하게 비판한 이탁오李卓吾로부터 커다란 감명을 받았다. 이는 그가 친구에게 보낸 편지에서 흥분된 어조로 다음가 같이 말한 사실을 통해 쉽게 알 수 있다.

"요즘 이탁오의 글을 읽는데 그 재미가 매우 크네. 특히 그의 '동심설'이 가장 훌륭하다네. 탁오 거사는 일세의 기남자奇男子로 그의 말이 실로 내 생각과 같아 거듭 기쁘기 그지없다네. 내가 지난 겨울 이후 '사死'라는 한 글자에 대해 크게 깨달은 바가 있으니 여기에는 『분서』의 공이 크다네."

요시다 쇼인은 『분서』를 초록한 『이씨분서조李氏焚書抄』 등을 일본 내에 소개하며 이탁오의 사상을 널리 알리는데 결정적인 공헌을 했다. 메이지유신의 지사들은 요시다 쇼인에 의해 이탁오 사상의 세례를 받았던 셈이다. 시바 료타로司馬遼太郎의 『료마가 가다』에서 시골의 하급 무사로서 고루한 봉건 다이묘大名들을 제압하며 메이지유신의 기틀을 마련한 주인공 사까모토 료마板本龍馬는 이탁오의 일본판 버전이라고 할 수 있다.

쇼인의 사상은 메이지유신 이후 개국의 정신적인 지도자였던 후쿠자와 유키치福澤諭吉에게 커다란 영향을 미쳤다. 당시 후쿠자와 유키치는 『학문의 권장』에서 쇼인의 주장을 좇아 이같이 역설한 바 있다.

“외국의 침탈로부터 일본을 지키는 데 자주독립의 기풍을 전국에 충만하게 하고 나라 안에서 귀천과 상하의 구별 없이 나라를 자신보다 더 소중한 것으로 생각해야 할 것이다.”

이를 통해 알 수 있듯이 메이지유신 당시 일본에서 나타난 ‘존왕양이론’은 결코 단순한 양이론 내지 도막론倒幕論이 아니었다. 일본의 존왕양이론에는 천황을 높이면서 막부체제의 존속을 바라는 소위 존황경막론尊皇敬幕論에서 천황의 조정과 막부의 조정이 하나로 합치는 이른바 공무합체론公武合體論에 이르기까지 다양한 사상적 스펙트럼이 있었다.

실제로 도막의 상징인 효명孝明 천황은 오히려 도막을 반대하면서 ‘존황경막론’의 입장에 서 있었다. 사카모토 료마는 도막을 반대하면서 ‘공무합체론’에 입각한 단결을 역설했다. 일본의 ‘존왕양이론’은 이웃 조선의 단순한 쇄국론 내지 개국론과는 그 질이 달랐던 것이다. 에도막부 말기의 복잡한 국내외 정세 속에서 일본은 천황과 번주藩主, 상급 무사인 번사藩士, 하급 시골 무사인 향사鄕士를 막론하고 모두 일본의 자주독립과 부국강병의 방략에 상호 합의하고 있었던 것이다. 이는 말할 것도 없이 고학과 국학에 기초한 일본제왕학의 학문적 전통이 있기에 가능했던 것이다. 이는 조선의 사대부들이 양이攘夷는 곧 쇄국이고 화이和夷는 곧 개국으로 해석한 나머지 개화를 둘러싸고 극심한 대립양상을 보이며 중차대한 시기를 허송하다가 끝내 개화에 실패한 것과 극명한 대조를 이루고 있다.

일본제왕학의 전통은 매우 뿌리 깊은 것으로 비단 우파 인사들만이 보유하고 있는 것도 아니다. '국가의 안녕과 번영'으로 요약되는 일본제왕학의 이념은 메이지시대 이래 일본 지식인들의 뇌리에 깊이 각인돼 있는 불변의 금언이기도 하다. 메이지유신 전야의 혼란스런 국내외 정세 속에서 천황에서 하급 사무라이에 이르기까지 거국적인 치국방략에 합의해 양이를 개국으로 해석하는 유연성을 보임으로서 개화에 성공할 수 있었던 이유가 바로 여기에 있었던 것이다.

개국으로 상징되는 서구화를 통해 힘을 길러야만 진정한 양이를 이룰 수 있다는 사실을 통찰한 메이지시대 지사들의 식견은 참으로 놀라운 바가 있다. 현대 일본인들은 지식인은 말할 것도 없이 일반 서민에 이르기까지 이를 통찰하고 있다. 일제시대는 말할 것도 없고 해방 이후 수십 년간에 걸쳐 계속되고 있는 일본인들의 조선에 대한 멸시의식은 바로 일본제왕학의 이런 전통에서 비롯된 것이기도 하다.

일본에서 오규 소라이와 같이 걸출한 인물이 나타나 순학荀學에 기초한 고문사학古文辭學을 주창하며 일본제왕학을 만들어갈 당시 조선은 성리학에서 한 치도 벗어나지 못하고 있었다. 당시 중국만 해도 이미 양명학과 고증학, 공양학 등 다양한 학문이 나타나 성리학의 한계를 벗어나고 있었다. 그런데도 유독 조선만이 동양3국 중 유일하게 성리학에 얽매여 국세의 피폐를 면치 못했다. 당시 조선조의 사대부들은 5백 년 동안 내내 오직 성리학에 매달려 순학을 포함한 제자백가 사상은 말할 것도 없고 양명학조차 모두 사문난적斯文亂賊으로 몰아갔다. 패망을 자초했다고 평할 수밖에 없다.

아리스토텔레스의 『정치학』도 국가의 흥망 문제를 깊숙이 다루고 있다. 국가의 형성, 구조, 바람직한 국가 형태, 정체론, 통치술 등이 그것이다. 『정치학』의 가장 큰 특징은 정치학을 윤리학의 일부로 본 데 있다. 스승인 플라톤의 관점에서 완전히 벗어나지 못한 셈이다. 개인의 진정한 행복은 도덕과 질서가 바로 선 국가공동체 안에서만 가능하며, 국가공동체의 도덕과 질서를 바로 세우는 것은 정치가들의 임무라고 여겼다.

이는 순자가 '인의예지'로 상징되는 유가의 덕목에서 완전히 벗어나지 못한 채 예치禮治를 역설한 것과 닮았다. 비록 군주가 관심을 기울여야 할 대상으로 치국평천하에 방점을 찍기는 했으나 개인적인 수양인 수신제가와 절연시키지는 못한 것이다. 난세의 상황에서 패도를 통해 천하통일을 이룰 수 있다고 수긍하면서도 어디까지나 덕치에 입각한 왕도를 앞세우는 선왕후패先王後覇의 관점을 유지한 것과 닮았다. 제자인 한비자가 스승의 '예치' 주장에 회의를 표시하면서 오직 강력한 무력을 배경으로 한 엄격한 '법치'를 통해서만 천하를 통일할 수 있다고 주장한 이유다. 신상필벌信賞必罰이 관건이다. 이는 병가와 법가가 만나는 지점이기도 하다.

아리스토텔레스의 『정치학』에는 히틀러의 『나의 투쟁』과 서로 통하는 대목이 제법 많다. 가령 사람들 중에는 본성적 주인이 있고 본성적 노예가 있고, 후자가 전자의 지배를 받는 것은 후자에게도 이익이 된다는 주장이 그렇다. 현재의 중동인 소아시아 지역의 인민은 재주와 지능은 있으나 기개가 부족해 남에게 예속되어 살아갈 수밖에 없다는 식의 원조 '오리엔탈리즘'을 드러낸 게 대표적이다. 이는 일종의 국수주의에 해당하는 것으로 그리스 민족만이 우월하다는 터무니없는 인종주의에 기초한 것이다.

사실 따지고 보면 동양에도 유사한 흐름이 존재했다. 공자가 중원만이 오직 문명을 누리고 있다는 식의 화이관華夷觀을 내보인 게 그렇다. 『논어』「헌문」에 이를 뒷받침하는 일화가 나온다. 이에 따르면 하루는 자공이 공자에게 사상 최초로 패업을 이룬 관중管仲을 들먹이며 이같이 말했다.

"관중은 인자仁者가 아닌 듯합니다. 제환공齊桓公 소백小白이 이복형인 공자 규糾를 죽이고 보위에 오를 때 주군인 공자 규를 좇아 죽지 않은 것은 물론 적으로 있던 제환공을 섬기는 배신행위를 저질렀으니 말입니다."

공자가 반박했다.

"그렇지 않다. 관중은 제환공을 도와 천하의 제후들을 호령하고, 일거에 천하를 바로잡는 일광천하一匡天下의 패업을 이뤘다. 이로써 중원의 백성들이 지금까지 그 혜택을 받고 있다. 만일 관중이 없었다면 우리 중원의 백성들은 모두 머리를 풀고 옷깃을 왼편으로 하는 오랑캐가 되었을 것이다. 어찌 필부필부가 작은 절개를 지키기 위해 아무도 알아주는 않는 방법을 동원해 스스로 도랑에서 목매어 죽는 경우와 같을 수 있겠는가?"

머리를 풀고 옷깃을 왼편으로 한다는 뜻의 원문은 '피발좌임被髮左衽'이다. 북방 이민족의 풍속을 상징한 말이다. 후대인들 내에서 이복형제인 제환공 소백과 공자 규의 서열을 놓고 많은 논란이 있었다. 이는 주희가 『논어집주』에서 제환공 소백을 공자 규의 형으로 규정한데서 비롯된 것이다. 『춘추좌전』은 두 사람간의 서열을 밝히지 않은 채 '제나라의 소백이 제나라로 들어갔다.'고 표현해 놓았다. 그러나 『춘추공양전』은 제환공이 공자 규를 죽은 것을 놓고 '찬簒'이라고 기록해 놓았고, 『춘추곡량전』은 '불양不讓'이라고 표현해 놓았다. 이는 모두 제환공이 동생이고 공자 규가 형인 것을 시사한다. 『사기』 역시 '죽은 제양공齊襄公의 다음 동생 소백'이라고 분명히 기록해 놓았다. 『순자』「중니」는 이를 보다 명확히 하여 '제환공이 형을 죽이고 나라를 거머쥐었다.'는 뜻의 살형쟁국殺兄爭國으로 기록해 놓았다. 천하를 거머쥐는 과정에서 이복형제간의 서열은 아무 문제가 될 수 없다는 취지를 담고 있다.

그럼에도 삼강오륜의 명분론에 함몰된 주희와 정이천은 공자가 '살형쟁국'을 한 제환공을 칭송한 대목을 액면 그대로 받아들일 수가 없어 사서의 기록마저 변조하는 무모함을 서슴지 않았다. 주희는 『논어집주』에서 정이천의 말을 인용해 이같이 해석해 놓았다.

"정자程子가 말하기를, '제환공이 형이고 공자 규가 동생이다. 관중은 자신이 섬기는 공자 규를 위해 사사롭게 나라를 다퉜으니 이는 의가 아니다. 제환공이 동생인 공자 규를 죽인 것은 비록 지나친 일이기는 하나 공자 규의 죽음은 실로 마땅했다. 관중은 처음에 공자 규와 함께 모의했으니 함께 죽는 것도 가했고, 동생인 공자 규를 도와 나라를 다툰 것이 의가 아님을 알고 스스로 죽음을 면한 뒤 후일의 공을 도모한 것도 가했다. 그래서 공자는 관중이 후자를 택해 죽지 않은 것을 나무라지 않고, 훗날 그가 세운 공을 칭찬한 것이다. 그러나 만일 제환공이 아우이고 공자 규가 형이었다면 얘기가 달라진다. 관중이 형인 공자 규를 도운 것이 정당한 상황에서 동생인 제환공이 형을 죽이고 그의 나라를 빼앗았다면 관중과 제환공은 불공대천의 원수가 된다. 그런 상황에서 공자가 훗날 공을 세울 요량으로 제환공을 섬긴 관중의 배신행위를 수긍했다면 『논어』「헌문」에 나오는 공자의 이 말씀은 심히 의를 해치는 게 된다. 이 어찌 만세에 걸쳐 반복불충反覆不忠하는 난의 단서를 여는 게 아니겠는가? 당나라의 왕규王珪와 위징魏徵은 현무문의 난 때 태자인 이건성을 따라 죽지 않고 동생인 당태종 이세민을 따랐다. 이는 가히 의를 해친 것이라고 할 만하다. 이들이 비록 후일에 공을 세웠다고는 하나 어찌 이로써 자신들이 저지른 죄를 속죄할 수 있겠는가?'라고 했다."

주희는 정이천의 말을 인용해 제환공이 형이었기 때문에 공자가 관중의 배반을 수긍하고 후일에 세운 공을 평가한 것이라고 주장한 것이다. 정이천과 주희 모두 공자가 관중을 평가한 근본이유를 관중이 세운 입적에서 찾지 않고 하찮은 이복형제간의 서열에서 찾은 셈이다. 이들은 자신들의 주장을 뒷받침하기 위해 당제국 때의 왕규와 위징까지 끌어들였다. 그러나 이들은 당태종이 보위에 오른 뒤 '정관지치貞觀之治'의 성세를 이룩했고, 큰일을 이루기 위해 이건성을 좇아 자진하지 않고 이세민을 섬긴 위징 등이 '정관지치'의 실현에 결정적인 공헌을 한 점을 감안해야만 했다. 그 경우 당태종이 동생이었다는 사실은 사실 사소한 문제에 불과하다. 그럼에도 정이천과 주희는 이를 인정할 수 없다는 입장을 견지한 것이다. 명분론에 얽매인 정이천과 주희의 협량狹量이 극명하게 드러난 대목이다. 이는 성리학의 한계이기도 했다. 난세의 시기에 이런 맹목적인 명분론에 얽매이면 그 나라는 이내 패망하고 만다. 성리학을 극단적으로 숭상한 남송과 조선조가 외적의 침공에 제대로 대응도 못한 채 허무하게 패망한 게 실례이다.

주목할 것은 공자가 관중의 업적을 칭송한 게 결코 아리스토텔레스를 비롯한 고대 그리스인들이 보여준 '오리엔탈리즘'의 맹랑한 인종주의 관점에서 비롯된 게 아니라는 점이다. 문화인과 오랑캐를 가르는 공자의 '화이관'은 민족 개념이 아닌 문화 개념 위에 서 있다는 점을 주의할 필요가 있다. 중원에 살지라도 인륜의 기본적인 덕목을 지키지 못하면 이를 지키는 오랑캐만도 못하다고 본 게 그렇다. 요, 금, 원, 청 등 수많은 북방 이민족의 정복왕조가 중원을 다스리면서 공자를 높이 떠받든 이유가 여기에 있다.

이에 반해 고대 그리스인들은 근거도 없는 인종주의에 매몰돼 모든 주변 민족을 야만인으로 취급했다. 미개한 생활을 영위하고 있던 게르만족을 그같이 간주한 것은 나름 이해할 수 있으나 자신들보다 더 뛰어난 문명을 보유했거나 보유하고 있던 이집트와 소아시아 및 페르시아 등을 야만인으로 취급한 것은 지나쳤다. 이런 황당한 짓을 당연시한 대표적인 인물로 그리스 3대 비극시인 중 1명인 에우리피데스를 들 수 있다. 그는 '헬라스인이 비헬라스인을 지배하는 것은 당연하다.'고 공언했다. 헬라스는 그리스인들이 자신들을 지칭하는 말이다.

아리스토텔레스도 예외가 아니었다. 그 역시 『정치학』에서 '야만적인 비헬라스인들과 노예는 본성적으로 동일하다.'고 주장했다. 그러나 당시 모든 그리스인들이 그같이 생각한 까닭에 아리스토텔레스만 꼭 집어 비난할 필요는 없다. 엄밀히 말하면 소크라테스와 플라톤 역시 유사한 생각을 갖고 있었다. 그리스의 모든 도시국가가 그러했다. 노예제를 당연시하면서 오직 그리스 민족만이 시민의 자격을 지니고 있다고 본 게 대표적이다. 여타 민족에게도 시민권을 부여하기 시작한 것은 로마공화국이 지중해를 내해로 삼으면서 유럽과 중동, 북아프리카 일대를 포함하는 광대한 영역의 대제국으로 발돋움한 이후이다.

당시의 역사문화 배경에 따른 이런 한계를 감안하고 아리스토텔레스를 평가하면 나름 높이 평가할 만한 게 매우 많다. 『정치학』에서 "인간은 본래 정치적 동물이다(ὁ ἄνθρωπος φύσει ζῷον πολίτικον)."라고 언명한 게 대표적이다.

국가와 개인

순자와 아리스토텔레스 모두 국가공동체를 이루는 구성원 개개인보다 공동체 전체를 중시했다. 순자가 국가공동체의 존립배경을 시종 예치禮治에서 찾은 이유다. '시스템 통치'를 역설한 것이나 다름없다. 아리스토텔레스도 그게 다르지 않다. 자유민의 전체 공동체인 국가공동체가 가족공동체나 개인에 우선한다고 주장한 게 그렇다. 아리스토텔레스는 기본적으로 바른 정사는 국체國體의 관건인 이른바 '올바른 정체政體'에 달려 있다고 보았다. '올바른 정체'는 공공의 이익을 정의롭게 추구하는 정체를 말한다. 이와 반대되는 것이 '타락한 정체'이다. 통치자들의 개인적인 이익만을 추구하는 정체가 바로 '타락한 정체'이다.

그는 인류가 그간 만들어온 정체를 크게 3가지 부류로 나눴다. 정권을 장악한 자의 숫자에 따라 분류할 경우 1인의 군주정, 소수의 귀족정, 다수의 입헌정立憲政으로 요약된다. 이들 3가지 정체는 국가공동체

전체의 이익을 추구한다는 점에서 하등 차이가 없다. 모두 '올바른 정체'에 해당한다. 결코 1인의 군주정을 소수의 귀족정 내지 다수의 입헌정만 못하다고 규정하지 않은 점에 주목할 필요가 있다. 아리스토텔레스 역시 그 실현가능성에 대해서는 극히 회의적이었지만 속으로는 스승인 플라톤과 마찬가지로 '철인왕'이 다스리는 성왕지치聖王之治를 최상의 이상국 모델로 상정했음을 짐작할 수 있다.

아리스토텔레스는 이들 3가지 정체가 '타락한 정체'로 바뀔 가능성에 주목했다. 어떤 유형의 정체든 결국 그 성패는 정체를 운영하는 자들의 자질에 달려 있다고 본 결과다. 그는 군주정의 타락 형태를 참주정僭主政, 귀족정의 타락 형태를 과두정寡頭政, 입헌정의 타락한 형태를 민주정民主政으로 규정했다. 주목할 것은 그가 말한 '민주정'이 현재의 민주정과 사뭇 다른 의미로 사용된 점이다. 그가 『정치학』에서 언급한 민주정은 절대다수를 이룬 빈민들이 권력을 장악한 경우를 말한다. 부가 소수의 귀족에게만 몰려 있는 상황에서 민중폭동이 일어날 경우 이런 상황이 빚어진다. 그런 점에서 그가 말한 '민주정'은 빈민정貧民政에 해당한다. '빈민정'은 선동가인 데마고그의 후신인 포퓰리스트에 휘둘리는 어리석은 민중의 집합인 중우정衆愚政 내지 만인의 만인에 대한 투쟁에 가까운 폭민정暴民政과 닮았다. 2001년 디폴트를 선언한 아르헨티나를 비롯한 남미와 2012년 방만한 재정운용으로 국가부도 위기를 맞은 그리스와 스페인 등의 남유럽에서 유사한 모습을 보인 바 있다.

아리스토텔레스가 말한 귀족정은 그리스 시대에는 실현된 적이 없고 로마공화정 때 그 꽃을 피웠다. 앞서 플라톤의 『국가론』을 살펴볼 때 언급한 바와 같이 공화정은 귀족정을 달리 표현한 것에 지나지 않는다. 그리스 시대에는 오직 귀족정의 타락 형태인 '과두정'만이 존재했다. 로마가 민주정을 멀리하고 귀족정인 공화정을 택한 것은 그리스가 타락한 민주정으로 인해 패망에 이른 전철을 밟지 않기 위한 조치였다. 이는 주나라 봉건제封建制의 문제점을 통찰한 진나라가 황제의 명에 의해 제국을 일사불란하게 다스리는 군현제郡縣制를 채택한 뒤 15년 만에 허무하게 무너지자 이를 목도한 한제국이 절충형인 군국제郡國制를 택한 것에 비유할 만하다. 그러나 로마공화정도 '군인황제시대'가 도래하면서 이내 몰락의 길을 걸었듯이 한나라의 군국제 역시 후한 말기에 이르러 이내 그 한계를 드러내고 말았다. 삼국시대의 도래가 그 증거다. 그 어떤 정체든 그 자체로 완벽한 것은 존재하지 않는다. 중요한 것은 해당 정제를 운용하는 국가공동체 리더의 자질과 성원들의 합의이다.

아리스토텔레스가 볼 때 국가공동체의 궁극적인 목적인 행복은 해당 국가의 정체와는 아무 상관이 없다. 모두 구성원 스스로 노력해 얻어야만 하는 것이다. '인간은 본래 정치적 동물이다.'라고 언명한 이유다. 국가공동체의 구성원 모두 각자 자신들을 둘러싸고 있는 여러 인간관계 속에서 행복의 조건을 만들어야 한다고 주문한 것이다. 국가공동체 구성원 개개인이 주어진 상황에서 최선의 노력을 기울일 때 마침내 국가공동체도 구성원 전체 차원의 행복을 구현할 수 있다는 게 그의 주장이다.

주목할 것은 국가공동체 전체의 행복을 실현키 위해 노력하는 것은 가하지만 그 자체를 목적으로 삼아 개개 구성원의 참여를 강요해서는 안 된다는 점이다. 이는 '시민적 덕성'을 기르고자 하는 기본이치에 어긋난다. 21세기에 들어와 그의 '시민적 덕성'에 대한 재조명 작업이 활발히 전개되는 것도 이런 맥락에서 이해할 수 있다. 기존의 모든 관행이 급변하고, 안방과 문밖의 구별이 사라진 상황에서 자발적 참여를 전제로 한 '시민적 덕성'이 그 어느 때보다 절박하기 때문인 듯싶다.

아리스토텔레스가 말한 '정치적 우애'에 대한 재해석 움직임도 이와 무관할 수 없다. 이는 구성원 사이의 상호 존중에 기초한 '합의'를 의미한다. 공공선에 대한 포괄적 합의를 전제로 한 시민연대도 아니고, 그렇다고 계약관계처럼 상호 이익에 기초한 타협도 아니다. 아리스토텔레스가 이를 역설한 것은 국가공동체의 궁극적인 목적인 행복을 구현하기 위해서는 구성원의 자발적인 참여가 절실하다고 판단했기 때문이다. 이는 21세기 현재에도 여전히 유효하다. 그렇다고 그가 통치자의 탁월한 자질을 간과한 것은 아니다. 『정치학』 제3권의 해당 대목이다.

"통치자에게는 고유의 덕목이 있다. 바로 선견지명이다. 다른 뛰어난 자질인 절제, 정의, 용기는 치자와 피치자 모두에게 필요한 것 같다. 피치자가 지닌 고유의 덕목은 선견지명이 아니라 올바른 의견이다. 피치자는 피리 제작자와 같고, 치자는 피리를 사용하는 피리 연주자와 같다."

아리스토텔레스는 치자와 피치자 모두 고유의 덕성과 공통의 덕성을 모두 발휘해야 한다고 주장했다. 주목할 것은 피치자의 고유한 덕목으로 '올바른 의견'을 든 점이다. 이는 통치자의 선견지명을 보필해야 한다는 차원에서 나온 것이다. 현대의 대의민주주의는 아리스토텔레스의 선견지명과 올바른 의견의 조화라고 할 수 있다.

그런 점에서 레오 스트라우스처럼 아리스토텔레스를 귀족정 지지자로 간주하며 엘리트주의로 파악한 기존의 견해는 수정될 필요가 있다. 그는 결코 엘리트주의가 아니다. 정반대로 보는 게 옳다. 이를 뒷받침하는 『정치학』 제3권의 해당 대목이다.

"소수의 탁월한 자들보다 다수의 인민이 권력을 가져야 한다는 견해는 받아들일 만하다. 다소 문제점이 있기는 해도 나름대로 일리는 있다. 다수의 인민은 비록 개개인이 탁월하지는 못할지라도 함께 모였을 때는 개개인으로서가 아니라 전체로서 움직이는 까닭에 소수의 탁월한 자들보다 더 훌륭할 수 있다. 그것은 마치 여러 사람이 비용을 갹출한 잔치가 한 사람이 전적으로 마련한 잔치보다 더 나은 것과 같다."

그렇다고 그가 전문적인 지식을 무시한 것은 아니다. 귀족정을 선호한 스승 플라톤처럼 그 또한 위정자들의 탁월한 자질을 매우 중시했기 때문이다. 그러나 주의할 점은 전문가로 불리는 소수집단에게 모든 것을 위임하는 것은 크게 경계한 점이다. 이를 뒷받침하는 『정치학』 제3권의 해당 대목이다.

"몇몇 분야에서는 전문지식이 없는 사람들도 제품에 대해 정확한 지식을 가질 수 있다. 이 경우 제작자가 유일하게 또는 가장 훌륭하게 판단을 내릴 수 있는 것도 아니다. 건물의 경우가 그렇다. 건축자도 분명 건물에 관해 나름대로 의견을 갖고 있겠지만, 건물의 사용자 또는 가사 관리인이 건축자보다 더 탁월한 판단을 내릴 수 있다. 마찬가지로 배의 노에 관해서는 배를 만든 목수보다 키잡이가, 요리에 관해서는 요리를 직접하는 요리사보다 손님이 더 훌륭하게 판단할 수 있다."

큰 틀에서 볼 때 아리스토텔레스의 정치철학은 현실에 뿌리를 둔 '정치적 삶'과 스승이 추구한 '철학적 삶'의 조화를 꾀하는데 중점을 뒀다고 평하는 게 옳다. 이는 순자가 왕도를 앞세우면서도 난세에는 패도도 가하다는 식의 선왕후패先王後覇를 주장한 것과 닮았다. 현실과 이상, 이론과 실제의 융합이 그가 추구한 정치철학의 궁극적인 목표였다.

원래 크세노폰의 작품에 나오는 소크라테스의 모습은 『국가론』 등에 묘사된 소크라테스의 모습과 현격한 차이가 있다. 21세기의 많은 학자들이 담담하고 간결한 문체로 이뤄진 크세노폰의 『회상록』에 더 큰 점수를 두는 이유다. 아리스토텔레스는 일련의 저술에서 스승인 플라톤을 수시로 언급하기는 했으나 오히려 크세노폰으로부터 더 큰 영향을 받았다. 크세노폰의 저술에 나오는 논리를 인용해 스승의 주장을 비판한 게 그렇다. 사상적으로는 오히려 스승의 라이벌인 크세노폰의 세례를 크게 받았다고 평할 수밖에 없다. 일각에서 그의 학문적 업적을 두고 플라톤에 의해 왜곡된 소크라테스 사상의 원형을 복원했다는 평가를 내리는 이유다.

아리스토텔레스는 다수 인민의 중지衆智가 탁월한 지식 내지 기량을 지닌 1인 내지 소수의 독지獨知보다 낫다는 생각을 갖고 있었다. 그를 결코 엘리트주의자로 간주해서는 안 되는 이유다. 그의 이런 입장은 한비자와 사뭇 닮아 있다. 이를 뒷받침하는 『한비자』「팔경八經」의 해당 대목이다.

"하군下君은 오직 본인 한 사람의 지혜와 힘을 모두 소진하고, 중군

中君은 사람들로 하여금 자신의 힘을 모두 발휘하게 하고, 상군上君은 사람들로 하여금 자신의 지혜를 모두 발휘하게 한다."

독력獨力은 중력衆力만 못하고, 독지獨智는 중지衆智만 못하다는 얘기다. 아리스토텔레스가 『정치학』 제3권에서 언급한 내용과 별반 다를 바가 없다. 아리스토텔레스가 '중지'를 중시한 데에는 고질적인 부정부패를 막는 데에도 훨씬 유용하다는 판단에 따른 것이다. 『정치학』 제3권의 해당 대목이다.

"다수자는 소수자보다 덜 부패하다. 그것은 마치 많은 물이 적은 물보다 덜 오염되는 것과도 같다. 한 사람은 분노나 그와 비슷한 다른 감정에 압도될 경우 그 판단은 왜곡되기 십상이다. 그러나 많은 사람이 모두 동시에 화가 나 일을 그르치기는 어렵다. 다수의 인민이 자유민이고, 결코 법을 어기는 일이 없고, 법제가 불충분한 사안에 개입한다면 말이다."

아리스토텔레스가 생래적으로 엘리트주의를 멀리했음을 쉽게 짐작할 수 있다. 그는 어떤 특정 정체를 선호하지 않았다. 그보다는 해당 국가의 역사문화 배경을 더 중시했다. 이는 21세기 스마트시대의 관점에서 볼 때 암시하는 바가 매우 크다. 21세기 스마트시대는 뛰어난 하드웨어도 중요하지만 이를 운용하는 프로그램인 소프트웨어가 더 중요하기 때문이다. 결국 사람이 관건이다.

짚고 가자

'정치적 동물'과 '사회적 동물'의 차이

『정치학』의 모든 내용 가운데 가장 유명한 것은 역시 '인간은 본래 정치적 동물이다.'라는 명제일 것이다. 한나 아렌트는 『인간의 조건』에서 서양의 사상사는 아리스토텔레스가 언명한 '정치적 동물'의 해석을 둘러싼 논쟁으로 점철되었다고 갈파한 바 있다. 개인의 권익을 중시하는 '철학적 삶'과 공동체의 이익을 중시하는 '정치적 삶'의 대립이 그것이다. '관조적 삶'은 개인 권익의 총합總合인 사회를 앞세우고, '정치적 삶'은 공동체 전체의 이익을 중시하는 국가를 앞세운다.

로마시대의 세네카는 아리스토텔레스의 작품을 라틴어로 번역하는 과정에서 '정치적 동물animal politicus'을 '사회적 동물animal socialis'로 바꿔 놓았다. 서양에서 '국가'보다 '사회'를 중시하는 풍조가 이때부터 하나의 신념체계로 굳어지기 시작했다. 국가가 사회의 하위 개념으로 굳어지면서 '계약자유' 등을 구실로 한 인간의 인간에 대한 착취가 가능해졌고, 끝내는 개개인의 '인간적 존엄성'마저 보장받을 수 없게 되었다는 게 아렌트의 지적이다. 사실 이는 과거 서구 제국주의 열강이 '계약자유' 등을 전면에 내세워 식민지에 대한 무자비한 착취를 자행한 사실이 방증하고 있다.

동양은 이와 정반대로 '국가' 개념만 존재한 까닭에 '사회' 개념이 끼어들 여지가 없다. 메이지 5년(1872) 나카무라 마사나오中村正直는 밀의 『자유론』을 번역한 『자유지리自由之理』에서 영어 '소사이어티'를 '나카마도시仲間同士' 내지 '나카마仲間'로 번역해 놓았다. 우리말의 동료 내지 동아리의 뜻이다. 이는 '소사이어티'의 의미와 차이가 있다. 나카무라도 이를 의식했는지 본문에 두 줄로 집어넣은 작은 글씨인 할주割註에서 반드시 '곧 정부를 가리킨다.'는 말을 집어넣었다.

심지어 메이지유신의 사상적 스승으로 일컬어진 후쿠자와 유기치福澤諭吉도 '소사이어티'를 '인간교제人間交際'로 번역해 놓았다. '나카마'보다는 한결 나아진 것이기는 하나 이 역시 '소사이어티'의 뜻과 동떨어진 것임은 말할 것도 없다. 이처럼 당시 일본인들은 사회를 제대로 이해키가 어려웠다. 일본에는 수직적인 국가 개념은 있어도 수평적인 사회 개념이 없었던 탓이다.

원래 일본에서 정부나 국가와 구별되는 사회라는 번역어가 등장케 된 것은 메이지 10년(1877) 성이다. 당시에는 '사회'를 거꾸로 뒤집은 '회사'라는 말이 유행했다. 이는 이내 상사商社를 뜻하는 '컴퍼니'의 번역어와 충돌했다. 이로 인해 한동안 '소사이어티'와 '컴퍼니'가 모두 '회사'로 통칭되는 우여곡절을 겪어야만 했다. '회사'를 뒤집어 표현한 '사회'라는 새 용어는 후쿠자와가 『학문의 권장』 마지막 편에서 처음 사용한 후 요즘과 동일한 뜻으로 굳어지기 시작했다. 동양에서는 수천 년 동안 '수신제가'의 소규모 공동체인 가家와 향鄕이 치국평천하의 대규모 공동체인 국國 속에 유기적으로 흡수된 까닭에 서양의 사회 개념이 존립할 여지가 없었다.

메이지유신 당시 '소사이어티'와 '컴퍼니'가 공히 '회사'로 통용되었다는 것은 역설적으로 사회와 기업이 얼마나 밀접한 관련을 맺고 있는지를 반증한다. 실제로 21세기에 들어와 기업의 중요성이 더욱 강조되면서 '회사'가 사실상 '사회'를 대표하는 양상이 나타나고 있다. 이에 따른 부작용이 심각한 양상을 드러내자 일각에서는 마르크스가 역설한 '사회혁명'을 이제 '기업혁명'으로 변용시킨 듯한 모습을 보이고 있다.

서양에서는 프랑스혁명을 전후한 시기에 비로소 근대적 의미의 민족국가 개념이 등장했다. '국가공동체'보다는 '사회공동체'에 주목한 결과였다. 그 연원은 매우 깊다. 플라톤은 만년에 쓴 『법률』에서 가장 이상적인 도시국가의 규모를 5천여 호로 제한한 바 있다. 동양의 기준에서 볼 때 이는 국가도 아니다. 규모가 제법 큰 마을에 불과하다. 기원전 6세기 무렵 공자는 이미 중원은 물론 사방의 이민족까지 포함하는 세계국가의 상호공존 방안까지 언급하고 있다. 국가의 규모와 내용면에서 비교할 수 없을 정도로 차이가 난다. 이것이 공자가 플라톤 등과 다른 통치사상을 갖게 된 기본 배경이 된 것은 말할 것도 없다. 여타 제자백가도 마찬가지다. 이들은 늘 '치국'을 언급할 때 빼놓지 않고 '평천하'까지 언급했다. '평천하'는 '치국'의 연장선상에 있었다.

21세기 현재까지도 '국가'와 '사회'의 대립은 지속되고 있다. 미국에 국가학이 존재하지 않고 오직 사회과학만이 존재하고 있는 게 그 증거다. 원래 서구에 국가학이 존재하지 않았던 게 아니다. 단지 사라졌을 뿐이다. 이를 주도했던 나라는 프로이센이었다. 프로이센은 이를 '일반국가학Allgemeine Staatslehre'으로 불렀다. 요즘으로 치면 정치외교학, 행정학, 군사학, 공법학, 재정학 등을 통합한 것이었다. 여기에는 프로이센이 오스트리아를 누르고 독일민족을 대표하는 민족국가로 성장한 배경이 크게 작용했다. 그만큼 통합적인 학문이 필요했다. 독일의 패전을 계기로 '일반국가학'은 학문의 체계 내에서 이내 사라지고 해당 과목 역시 조각조각 흩어졌다.

이와 달리 미국에서는 소위 '정치과학'으로 국가학을 대신했다. 마르크시즘에 입각한 학문체계를 수입한 과거 소련과 중국에서는 한 술 더 떠 아예 정치학을 경제학의 부속학문으로 편입시켰다. 소련이 해체된 후 모스크바 대학을 비롯한 일반 대학에서 정치학과가 비로소 개설되기 시작했다. 중국도 개혁개방 이후 비로소 정치학이 독립학문으로 떨어져 나오게 되었다.

눈여겨 볼 점은 독일에서 흥기한 '일반국가학'이 해체된 후 해당 과목이 모두 사회과학의 일원으로 편입돼 21세기 현재까지 국가학이 존재하지 않고 있는 점이다. 그나마 흔적으로 남아 있는 정치학은 사회과학의 부속학문으로 전락한 '정치과학' 형태로만 존재할 뿐이다. 핵심에 해당하는 '정치사상'은 곁다리 신세에 지나지 않는다.

현재 세계 정치학계에서 활약하는 정치학자의 70퍼센트 이상이 미국에서 학위를 취득한 사람들이다. 미국이 내세우는 정치과학의 요체는 인류가 발전시켜온 최상의 통치모델은 미국이 시현하고 있는 '다원사회'다. 연방정부를 포함해 주정부와 주법원 등 모든 국가기관은 '시민사회'라는 거대한 틀 속에 존재하는 하나의 작은 단체에 지나지 않는다. 국가 속의 사회단체를 생각하는 우리와 정반대의 생각을 갖고 있는 것이다.

그리스와 로마의 도시국가 전통을 잇고 있는 미국은 '다원사회'를 주장하든 '단원사회'를 주장하든 시비를 걸 이유가 없다. 그들의 역사문화 전통은 치국평천하의 국가공동체에 관한 개념이 아예 희박하기 때문이다. 문제는 수천 년 전부터 국가 단위의 공동체 문화를 일궈온 우리의 경우다.

수천 년 동안 치국평천하의 학문 전통을 자랑하고 있는 동양에서 국가학이 존재하지 않는 것은 학문적 뿌리를 상실한 것이나 다름없다. 실제로 한국의 정치학자들은 한국의 정치현상을 분석하고 대안을 제시하는 작업에서 언론인들의 정치평론 수준에도 미치지 못하고 있다. 정치인들의 수준 낮은 정치행태만 탓할 일도 아니다.

동양 전래의 전통을 어느 정도 되찾으려면 우선 '정치과학' 대신 '정치사상'을 전면에 내세울 필요가 있다. 그러기 위해서는 조선의 박지원과 정약용 등을 위시해 일본 에도시대의 오규 소라이荻生徂徠와 이토 진사이伊藤仁齋, 중국 명청대의 이탁오李卓吾와 고염무顧炎武 등이 그러했듯이 역대 사서와 제자백가서를 두루 섭렵해야만 한다. 그래야 큰 틀에서 나라의 백년대계를 조언하는 제사帝師 및 왕사王師의 역할을 할 수 있다.

실제로 일본의 역대 총리들은 취임 초 반드시 '일본의 국사國師'

로 불린 야스오카 마사히로安岡正篤를 찾아가 가르침을 받았다. 그는 여러모로 요시다 쇼인吉田松蔭의 사상적 후계에 해당했다. 실제로 그는 사서와 제자백가서를 두루 꿴 당대 최고의 재사였다. 박정희 전 대통령도 5·16 후 그의 가르침을 좇아 수출 지향의 산업입국 방략을 구체화했다. 박태준 전 포철회장이 포항제철을 세워 '제철보국'을 이룰 수 있게 된 것도 그의 조언 덕분이었다. 제왕학에 뿌리를 두고 있는 동양 고유의 정치학은 그 본령이 바로 여기에 있다.

이는 아리스토텔레스가 언급한 '인간은 본래 정치적 동물이다.'라는 언명에 부합하는 것이기도 하다. 아리스토텔레스는 국가공동체의 목표와 관련해 구성원에게 단순한 생존이 아닌 훌륭한 삶을 제공하는 데 그 진정한 의미가 있다고 했다. 한마디로 요약하면 그 어떤 정체이든 '공공의 이익'을 보장하는 정치체제는 올바른 것이지만, 다스리는 자들이 '사적인 이익'을 챙기는 정치체제는 타락한 것이라고 비판한 것이다. 군주정, 귀족정, 입헌정 등의 하드웨어 자체를 놓고 갑론을박할 이유가 없다는 얘기다. 요체는 이런 하드웨어를 운용하는 통치자와 인민의 자질이다. 소프트웨어가 중요하다는 얘기다.

동서양 닮음꼴의 대표적인 사상가

•한비자

한비자는 순자의 제자로 맹자의 성선설과 대비되는 성악설을 주창한 인물이다. 여러 면에서 이상주의를 추구한 맹자와 대립되는 입장에 선 것도 이런 맥락에서 이해할 수 있다. 이는 그가 예치禮治를 역설한 스승과 달리 법치法治만이 난세를 평정할 수 있다고 확신한 결과다. 유가와 법가가 갈리는 분기점이 바로 '예치'와 '법치'의 구분에 있다고 해도 과언이 아니다. 그러나 객관적으로 볼 때 자율적인 예제에 강제성을 부여하면 곧 법이 되고, 강제성 띤 법 역시 자율성에 초점을 맞추면 곧 법이 된다. 법과 예제의 차이는 상대적인 것에 불과하다. 한비자사상의 가장 큰 특징은 전래의 법치사상에 세치勢治와 술치術治는 물론 『도덕경』으로 상징되는 노자의 도치道治 사상을 도입해 법가를 명실상부한 제자백가의 일원으로 우뚝 세운데 있다. .

•마키아벨리

20세기 최고의 지성으로 일컬어지는 한나 아렌트는 서구의 역사가 마키아벨리의 출현을 계기로 전사前史와 후사後史로 나뉜다고 역설했다. 마키아벨리는 아리스토텔레스의 사상적 제자에 해당한다. 한비자가 순자의 제자인 것과 닮았다. 한비자가 순자의 직계제자인데 반해 마키아벨리는 시대적 차이로 인해 아리스토텔레스를 스스로 사숙私淑한 것만이 다를 뿐이다. 순자와 한비자, 아리스토텔레스와 마키아벨리는 놀라울 정도로 닮았다. 『한비자』에 『순자』의 내용이 누차 인용되고, 마키아벨리의 『군주론』에 아리스토텔레스의 『정치학』 내용이 자주 언급되는 게 그렇다. 사상적으로도 유사하다. 마키아벨리 역시 한비자처럼 난세의 강력한 군주 리더십에 초점을 맞추고 있다. 한비자가 전국시대의 조속한 종언을 위해 『한비자』를 저술한 것처럼 마키아벨리 역시 분열된 이탈리아의 조속한 통일을 고대하면서 『군주론』을 썼다. 동서를 대표하는 두 사상가가 수천 년을 격해 등장한 뒤 유사한 주장을 편 것은 극히 놀라운 일이다. 난세의 리더십에 고금동서의 차이가 있을 리 없다는 사실을 방증한다.

제4장 한비자와 마키아벨리

난세 리더십은 무엇인가?

G1의 자리를 놓고 치열하게 전개되고 있는 오늘날의 양상은 과거 왕조교체기의 혼란을 연상케 한다. 한마디로 천하대란의 시기이다. 한비자는 천하통일을 염원하며 『한비자』를 펴냈고, 마키아벨리는 조국 이탈리아의 통일을 염원하며 『군주론』을 저술했다. 모두 천고의 명저이다. 원래 절박하면 기모기책奇謀奇策이 백출하는 법이다. 춘추전국시대에 전개된 제자백가의 백가쟁명百家爭鳴이 이를 뒷받침한다. 『한비자』가 나오게 된 근본배경이다. 마키아벨리도 별반 다를 게 없다. 그가 활약할 당시의 이탈리아 혼란상은 춘추전국시대를 방불케 한다.

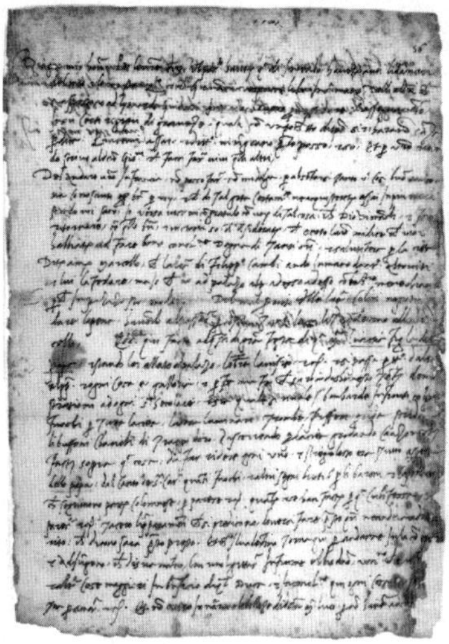

Ⅰ 마키아벨리 『군주론』

1700년의 시간을 격해 이탈리아에서 활약했지만 『군주론』의 논지가 『한비자』와 별반 차이가 없는 것도 이런 맥락에서 이해할 수 있다.

01

한비자는 군주의 존재를 『한비자』에서 어떻게 파악했는가?

역사 속의 한비

한비자의 원래 존칭은 한자韓子이다. 당나라 때 한유韓愈를 높여 '한자'로 부르면서 한비자韓非子로 비칭卑稱됐다. 그는 한나라 왕족 출신으로 성은 한韓, 이름은 비非이다. 춘추전국시대에 활약한 제자백가 가운데 한비자처럼 가장 방대한 기록을 남긴 사람은 없다. 전한 초기 사마천이 『한비자』를 접했을 때 이미 10여만 자에 달했다. 현존 『한비자』와 아무 차이가 없다. 제자백가서는 거의 예외 없이 후대인의 가필이 있었음에도 『한비자』만큼은 시작부터 끝까지 본인의 작품이라는 게 중론이다. 방대한 내용에도 불구하고 그만큼 짜임새가 있고 논리적이라는 얘기다.

그럼에도 정작 그의 삶에 관한 기록은 빈약하기 짝이 없다. 신뢰할 만한 것으로는 사마천의 『사기』「노자한비열전」과 사마광의 『자치통감』 기록만 있을 뿐이다. 「노자한비열전」의 경우 비록 사마천이 한비자에게 가장 많은 지면을 할애 하기는 했으나 노자와 장자, 신불해 등과 함께 실려 있어 전체의 절반가량에 그치고 있다. 이 또한 대부분 『한비자』「세난」의 기록을 인용해 놓은 것이어서 한비자의 삶을 추론할 수 있는 내용은 극히 일부분에 지나지 않는다. 이에 따르면 그는 『한비자』를 저술한 뒤 진나라에 사자로 갔다가 이내 옥사한 게 분명하다.

사마천은 한비자가 한나라의 여러 공자 가운데 한 사람이라고 말했다. 한비자가 활약할 당시 한나라 왕은 마지막 왕인 안安이다. 기원전 273년에 즉위한 부왕 한환혜왕韓桓惠王이 재위 34년만인 기원전 239년에 병사하자 그 뒤를 이어 보위에 올랐다. 재위 9년 만인 기원전 230년에 진나라에 병탄되는 바람에 시호가 없다. 『사기』「유후세가」에는 한환혜왕이 한도혜왕韓悼惠王으로 기록돼 있다. 애도한다는 뜻의 도悼가 붙은 것은 그의 치세 때 이미 패망한 것이나 다름없다는 취지를 담고 있다.

한비자가 누구의 소생인지 여부는 확실치 않다. 한왕 안의 아들이라는 주장도 있으나 기원전 280년에 태어났다는 일부 주장을 감안할 때 한환혜왕의 소생일 공산이 크다. 부왕의 뒤를 이어 보위에 오르지 못한 점에 비춰 서자 출신으로 보는 게 옳다. 사마천은 그가 순자 밑에서 공부했다고 기록해 놓았으나 언제 순자의 문하로 들어갔는지 여부에 대해서는 알 길이 없다.

『사기』「노자한비열전」은 순자를 순경荀卿으로 기록해 놓았다. 그의 저서 『순자』는 오랫동안 『손경자孫卿子』로 불렸다. 순荀이 한선제漢宣帝 유순劉詢의 순詢과 같은 까닭에 이를 피한 것이다. 당시에는 제왕의 이름과 겹칠 경우 이름은 말할 것도 없고 성까지 마구 바꿨다. 현재는 한비자가 순자 밑에서 이사와 함께 수학한 시기와 관련해 두 가지 설이 대립한다. 순자가 제나라 도성 임치臨淄에 개설된 직하학당稷下學堂의 우두머리인 좨주祭酒로 있을 때 그를 찾아갔다는 설과 초나라의 난릉령蘭陵令으로 있을 때 찾아가 배웠다는 설이 그것이다.

한비자의 스승 순자는 생전에 모두 3번에 걸쳐 직하학당의 좨주가 됐다. 좨주는 음주飮酒 등의 예식禮食에서 먼저 선인들에 대한 간략한 추모의식을 거행할 때 좌중의 가장 존경받는 사람이 이 일을 주관한 데서 나온 관직명으로 직하학궁 최고의 직책이었다. 순자가 직하학궁의 두 번째 좨주가 되어 제자들을 가르치다가 진소양왕의 초청을 받아 진나라를 방문한 것은 그의 나이 48세 때인 진소양왕 41년인 기원전 266년이다. 그는 다음해에 제나라로 돌아오던 가운데 조나라로 가 임무군臨武君 등과 군사문제를 논한 뒤 그곳에 머물다가 진소양왕 43년인 기원전 264년에 임치로 돌아와 다시 제자들을 가르쳤다. 일부 학자들은 이때 한비자가 순자를 찾아가 학문을 배웠을 것으로 보고 있다. 그랬을 가능성을 전혀 배제할 수는 없으나 한비자의 나이는 겨우 16세에 불과했다. 순자의 명망에 비춰 너무 어렸다. 나아가 초나라의 하급관원 출신인 이사가 임치로 가 배웠을 가능성은 더욱 희박하다.

그렇다면 한비자는 언제 순자를 찾아간 것일까? 순자의 행보를 면밀히 추적하는 수밖에 없다. 순자는 진소양왕 52년인 기원전 255에 무함을 받고 제나라를 떠나 초나라로 가 재상인 춘신군春申君 황헐黃歇의 천거로 난릉령이 됐다. 그러나 이듬해인 진소양왕 53년인 기원전 254년에 다시 초나라에서 무함을 받자 그는 곧 초나라를 떠나 조나라의 평원군平原君 조승趙勝을 찾아갔다. 이때 춘신군이 거듭 그를 불렀으나 응하지 않았다.

이로부터 3년 뒤인 진소양왕 56년인 기원전 251년에 평원군이 사망하자 순자는 문득 오갈 데가 없는 신세가 됐다. 이듬해인 진효문왕秦孝文王 원년인 기원전 250년에 춘신군이 거듭 그를 부르자 마침내 이를 받아들여 다시 초나라로 가 난릉령이 됐다. 전후 맥락에 비춰볼 때 한비자는 이 어간에 순자를 찾아간 것으로 보인다. 당시 순자의 나이는 64세였고, 한비자는 25세였다. 『사기』「이사열전」에 나온 것처럼 한비자와 이사가 순자 밑에서 '제왕지술帝王之術'을 연마게 된 것은 이 어간으로 보는 게 타당할 것이다. 「이사열전」의 기록에 비춰 이사가 진나라로 가 객경客卿이 된 시점이 부왕인 진장양왕秦莊襄王의 뒤를 이어 13세의 어린 진시황이 보위에 오르는 기원전 247년인 점 등을 감안할 때 더욱 그렇다.

이를 기준으로 추론하면 이사는 순자 밑에서 대략 2, 3년가량 수학하다가 학업을 중단한 채 진나라로 가 객경이 된 셈이다. 한비자는 이사가 떠난 이후에도 몇 년 동안 더 공부했을 것으로 짐작된다. 순자는 재차 난릉령을 맡은 지 9년 뒤인 진시황 9년인 기원전 238년에 후원자였던 춘신군이 피살되자 이내 파면되고 말았다. 한비자는 그 이전에 조국인 한나라로 돌아왔을 것으로 보인다. 순자는 한비자가 진나라에서 옥사하기 2년 전인 진시황 12년인 기원전 235년에 난릉에서 세상을 떠났다.

순자는 맹자보다 반세기 뒤인 기원전 298년경에 조나라에서 태어났다. 그는 평소 유자儒者로서의 자부심이 대단했다. 그의 이런 자부심은 공자사상을 왜곡시킨 맹자에 대한 신랄한 비판으로 이어졌다. 맹자를 두고 출세에 목을 매는 무리인 속유俗儒로 질타한 게 그 증거다. 훗날 순자는 명나라 때에 들어와 이 일로 인해 위패가 문묘에서 쫓겨나고 말았다. 그러나 순자의 질타는 터무니없는 게 아니었다. 순자가 볼 때 맹자 또한 '속유'에 불과했다. 수많은 무리를 이끌고 열국을 순회하며 입으로만 인의를 떠들면서 후록厚祿을 기대한 게 그렇다.

순자가 '속유'를 질타한 것은 공자의 학문을 제대로 이어받은 자신과 같은 유자들을 제대로 알아보지 못하는 세태에 대한 울분의 표현이기도 했다. 한비자가 「고분」과 「5두」에서 울분을 토한 것과 큰 차이가 없다. 일부 학자는 『한비자』에서 스승 순자에 대한 언급이 하나도 없는 점을 들어 한비자의 학문이 스승의 학문과 별개인 양 언급하고 있으나 이는 잘못이다. 『한비자』에는 『순자』의 내용을 요약해 놓은 대목이 매우 많다. 당대 최고의 학문을 자랑하는 순자의 학문과 사상이 제자의 역저인 『한비자』 속에 그대로 녹아들어간 결과로 해석하는 게 옳다.

크게 보면 순자는 제자 이사와 한비자를 통해 자신의 학문을 제대로 전수한 셈이다. 이사가 스승의 학문과 사상을 직접 현실 속에 뛰어들어 구현했다면, 한비자는 약간 다른 각도이기는 하나 '제왕지술'의 관점에서 스승의 이론을 보다 세련되게 다듬었다고 할 수 있다.

법가의 이상향

사마천은 『사기』를 저술하면서 노자와 한비자를 하나로 묶었다. 「노자한비열전」이 그것이다. 여기에는 노자와 장자, 신불해, 한비자가 모두 나온다. 한비자가 절반가량을 차지하고 있는 나머지 절반 가운데 노자가 다시 그 절반을 차지하고 있다. 초점이 한비자와 노자에 맞춰져 있음을 알 수 있다. 사마천이 한비자 관련 대목에서 한비자사상의 뿌리가 노자사상에 있다고 언급한 게 그 증거다.

한비자는 인의예지로 요약되는 인치人治 대신 공평무사를 상징하는 물치物治를 난세의 해법으로 제시한 점에서 노자와 닮았다. 사사로움이 전혀 없는 무사법無私法이 그것이다. 노자가 유가에서 말하는 인의예지 등의 인위적인 덕목을 하덕下德으로 폄하하면서 천지자연의 보편 이치인 도에 뿌리를 둔 상덕上德에 입각해야만 천하를 제대로 나스릴 수 있다고 언급한 것과 취지를 같이한다. 한비자와 노자는 '상덕'으로 표현된 도치道治에서 치국평천하의 해법을 찾은다는 점에서 완전히 일치하고 있다. 나만 한비자는 형이상의 '도치'를 형이하의 법치法治로 끌어내린 점만이 다를 뿐이다. 사마천이 노자와 한비자를 하나로 묶은 것은 탁견이다.

그러나 노자와 장자를 하나로 묶은 것은 커다란 잘못이다. 사마천은 『도덕경』을 관통하고 있는 무위無爲에 지나치게 주목한 나머지 무위자연無爲自然 개념으로 뒤덮인 『장자』를 『도덕경』의 해설서로 간주하는 우를 범했다. '무위'와 '무위자연'의 차이를 간과한 탓이다. 노자는 무위로 다스리는 이른바 무위지치無爲之治에 방점을 찍고 있는 데 반해 장자는 '자연'에 초점을 맞추고 있다. '무위자연'의 '무위'는 노자의 권위를 빌리기 위한 장식에 불과하다. 입만 열면 인의仁義를 떠벌인 맹자가 '인' 대신 '의'에 방점을 찍고 있으면서도 공자의 권위를 빌리기 위해 '인'을 장식물처럼 달고 있는 것과 닮았다. 맹자는 묵자의 인의仁義 개념을 차용하고도 이를 마치 자신의 창견創見인 양 내세운 점에서 '사상의 표절'을 행한 셈이다. 맹자는 사실상 묵가에 속해 있음에도 스스로 유가를 자처하며 묵가를 신랄하게 비판한 점에서 적잖은 문제가 있었다. 순자가 맹자를 질타한 배경이 여기에 있다.

장자는 노자의 '무위' 개념을 그대로 차용해 도가를 자처한 점에서 맹자와는 경우가 약간 다르다. 그러나 내용면에서 보면 장자는 결코 노자사상의 적통으로 볼 수 없다. 노자가 '무위'를 역설한 것은 제왕이 '무위지치'를 통해 다스리지 않는 게 없는 이른바 무불치無不治의 지극한 통치를 강조하기 위한 것이었다. '무불치'는 최상의 치도인 제도帝道를 달리 표현한 것이다.

그럼에도 장자는 인의예지 등의 '하덕'에 입각한 인위적인 통치를 거부하는 차원을 넘어 아예 제왕의 통치 자체를 인정치 않는 이른바 무치無治를 지향했다. 일종의 무정부주의에 가깝다. 비록 『장자』의 마지막 편인 「천하」에서 노자의 '무불치'를 수용한 이른바 내성외왕內聖外王을 역설하기는 했으나 이는 『장자』 전편을 관통하고 있는 '무치'와 동떨어진 것이다. 북송의 왕안석王安石은 '내성외왕' 대목을 읽고 찬탄을 금치 못하며 장자는 결코 유가를 폄하한 적이 없다고 두둔하고 나섰지만 이는 부분을 전체로 확대해석했다는 지적을 면키 어렵다. 장자가 노자의 '무불치'를 언급한 것은 『장자』 전편을 통해 극소수의 사례에 지나지 않기 때문이다. 장자가 '자연'에 초점을 맞춘 것을 높이 평가한 일부 학자는 『장자』「천하」에 '내성외왕' 구절이 나오는 것에 화를 내기도 한다. 도교대 중국철학과 교수를 지낸 이케다 도모히사池田知久가 대표적이다. 그는 '내성외왕'을 후대인이 삽입했을 가능성이 높다고 보았다. 이케다의 지적처럼 장자는 근본적으로 '무불치'가 아닌 '무치'에 무게중심을 두고 있다.

불교처럼 속세를 떠난 출세出世에 가까운 장자사상을 입세入世에 굳건히 두 발을 붙이고 있는 노자사상과 같은 것으로 보는 것은 잘못이다. 많은 학자들은 장자사상을 출세와 입세의 중간지점인 간세間世에 발을 붙이고 있는 것으로 평가하고 있다. 사후를 언급하면서도 기독교나 불교처럼 피안의 세계를 보다 구체적으로 언급하지 않은 점에 주목한 결과다. 한 발만 더 나가면 바로 종교의 세계인 '출세'로 들어가게 된다.

이와 달리 『도덕경』은 '입세'에 발을 굳건히 디디고 있는 까닭에 『장자』와 확연히 구분된다. 단지 '무위'라는 용어를 공히 사용하고 있을 뿐이다. 그러나 제자백가의 관점에서 볼 때 '무위'는 일종의 감초와 같은 용어에 지나지 않는다. '무위'를 언급하지 않은 제자백가서가 거의 없기 때문이다. '무위'에 대한 해석은 오히려 한비자가 탁월했다. 사상 최초로 『도덕경』에 주석을 가한 사실이 이를 뒷받침한다.

『도덕경』은 『장자』와 달리 유가의 인의예지를 비록 '하덕'으로 깎아내리기는 했으나 이를 버려야 한다고 주장한 적이 없다. 치국治國 차원에서는 유가의 '하덕'도 가하다고 본 결과다. 노자가 '상덕'을 역설한 것은 치국 차원을 뛰어넘는 치천하治天下를 염두에 두었기 때문이다. 유가는 '하덕' 만으로도 능히 치국을 넘어 치천하까지 가능하다고 주장했으나 노자가 볼 때 그것은 절대 불가능한 일이었다. '하덕'을 역설하면 할수록 국가 간의 갈등과 충돌은 오히려 증폭될 소지가 컸다.

실제로 인의예지 등의 덕목은 국가공동체 내지 사회공동체 존립의 기본질서에 지나지 않는 까닭에 나라마다 다를 수밖에 없다. 지구상의 모든 국가는 각기 상이한 자연환경과 역사문화 속에서 등장한 까닭에 특정국가의 기본질서를 마치 인류의 보편적인 질서인 양 강요하면 갈등이 커질 수밖에 없다. 미국이 전 세계를 향해 자국의 '다원 민주주의'를 마치 인류가 창안해낸 최고의 통치이념인 양 강요하다가 역풍을 맞은 게 그 증거다. 노자가 유가의 덕목을 '하덕'으로 깎아내린 이유다.

그런 점에서 천하를 대상으로 공평무사한 법치를 역설한 한비자의 주장은 노자와 궤를 같이한다. '입세'에 뿌리를 둔 노자사상의 적통을 '출세'로 나아간 장자가 아닌 한비자로 보는 이유가 여기에 있다. 노자와 한비자는 '치국'이 아닌 '치천하'에 초점을 맞추고 있는 점에서 여타 제자백가와 확연히 구별된다. 유가는 치국평천하治國平天下를 구두선처럼 떠벌였으나 인의예지 등의 '하덕'은 치국 단위에서만 효용을 발휘할 수 있다. 치국이 아닌 치천하 차원에서는 '하덕'보다 한 단계 높은 통치이념이 필요하다. 그것이 바로 노자가 말하는 '무위에 입각한 무불치' 즉 제도이다. 제도는 마치 하늘의 해와 달처럼 천하 만민을 너나 할 것 없이 모두 공평무사하게 다스리는 치도를 말한다. 인종과 종교, 국경 등 모든 인위적인 구별을 거부하는 까닭에 치국이 아닌 치천하 차원에 적합한 통치 이데올로기에 해당한다.

한비자가 집대성한 법가의 가장 큰 효용은 말할 것도 없이 난세를 다스리는 이른바 정국靖國에 있다. 『한비자』의 「해로」와 「유로」가 비록 『도덕경』에 대한 최초의 주석이라고는 하나 이것이 법가의 효용을 치국에서 평천하 단위로 격상시키는 것은 아니다. 현실과 이상의 괴리 때문이다. 법가 역시 유가가 똑같은 딜레마를 안고 있는 셈이다. 그렇다고 이를 법가의 한계로 지적할 수는 없는 일이다. 고금동서를 막론하고 모든 정치는 현실에 뿌리를 둔 채 이상국을 지향하고 있기 때문이다.

유가의 덕치와 법가의 법치는 상호 보완적인 관계에 있는 까닭에 치세와 난세를 구분해 그 효용을 극대화할 필요가 있다. 난세에 인치人治의 정수인 덕치를 역설하거나, 치세에 법치를 강조하는 것은 동문서답에 가깝다. 한국의 6공화국 역대 정부가 거의 실패한 것은 덕치와 법치 사이에서 상황에 따라 방점을 달리 찍어야 한다는 간단한 이치를 몰랐기 때문이다. 천하정세가 일변하며 민심이 요동치고 있는데도 시종 민주투사의 화신을 자처하거나, 신자유주의 이념의 전도사를 자처한 것 등이 그 실례다.

중국의 역대 왕조가 겉으로는 유가의 덕치를 내세우면서 속으로는 법가의 법치를 구사하는 이른바 외유내법外儒內法의 통치술을 구사한 것과 커다란 차이가 있다. 동서고금을 막론하고 치국 단위에서 구사할 수 있는 최상의 통치술로 유가의 덕치와 법가의 법치를 뛰어넘는 이념이 존재하지 않는다. 덕치와 법치는 공히 지구 위에서 공리公理로 통용되는 수학의 유클리드 기하학과 물리학의 만유인력 법칙에 비유할 만하다.

법치와 덕치는 순치脣齒의 관계를 맺고 있다. 이를 덕법상보德法相輔라고 한다. 덕치와 법치가 마치 수레에서 덧방나무와 바퀴처럼 뗄 수 없는 보거상의輔車相依의 긴밀한 관계를 맺고 있음을 지적한 것이다. 법가가 그리는 이상국은 한비자가 노자의 '도치'를 적극 수용한 까닭에 유가가 내세운 이상국 못지않게 매우 이상적이다. 『한비자』「해로」의 해당 대목이다.

"도를 터득한 군주는 밖으로는 이웃하는 상대 나라에 원한을 맺지 않고, 안으로는 백성들에게 덕과 은혜를 펼친다. 밖으로 이웃하는 상대 나라에 원한을 맺지 않는다는 것은 곧 제후들을 예의로써 대우한다는 뜻이고, 안으로 백성들에게 덕과 은혜를 베푼다는 것은 곧 백성을 다스릴 때 치국의 근본인 농사에 힘쓴다는 뜻이다. 제후들을 예의로써 대우하면 전쟁이 일어날 일이 드물게 되고, 백성을 다스리면서 근본에 힘쓰면 음란과 사치가 그치게 된다. 무릇 전시와 평시를 막론하고 말이 중요하게 사용되는 것은 밖으로는 군수물자를 공급하고, 안으로는 사치품을 공급하기 때문이다. 지금 도를 체득한 군주는 밖으로는 군사를 드물게 동원하고, 안으로는 사치품을 금한다. 군주가 전투에서 물을 부려 질주할 일이 없고, 백성들은 말을 이용해 멀리까지 사치품을 운송할 일이 없다. 그러면 모든 힘을 농업증산에 쏟을 수 있다. 농사증산에 주력하면 반드시 말이 장차 거름을 주거나 논밭에 물을 대는 일에 사용될 것이다."

이는 한비자가 『도덕경』 제46장에서 '천하에 도가 통하면 질주하던 말을 멈추게 하여 밭갈이에 이용하게 된다.'고 언급한 대목을 풀이한 것이다. 한비자의 『도덕경』에 대한 이해가 얼마나 정심精深한 지를 극명하게 보여주는 대표적인 사례이다. 한비자는 자신이 그리는 이상국의 세계를 이른바 지안지세至安之世로 표현했다. 이는 『예기』「예운」에 나오는 대동세계大同世界와 비교할 만하다. 「대체」에 묘사된 '지안지세'의 모습이다.

"옛날 치국의 큰 요체를 터득한 사람은 천지자연과 더불어 사는 순응의 이치를 터득했다. 천지자연의 도리를 거스르지 않고, 사람의 본성을 상하게 하지 않는다. 지극히 태평한 세상인 '지안지세'에서는 법이 아침이슬처럼 만물을 촉촉이 적셔준다. 백성은 순박함을 잃지 않고, 마음으로 남과 원한을 맺지 않는다. 전쟁 따위가 일어날 일이 없으므로 수레와 말이 먼 길을 달려 지치는 일이 없고, 용사들이 깃발 아래서 싸우다가 목숨을 잃는 일도 없다. 그래서 다스림을 간략하게 하는 것보다 더 큰 이익을 주는 게 없고, 민생의 안녕보다 더 오래 가는 복은 없다고 말하는 것이다."

지안지세에는 해와 달처럼 공평무사한 법이 아침이슬처럼 사람들의 삶에 그대로 녹아 있어 백성들이 순박함을 잃지 않는다. 서로 원한 맺을 일이 없고, 누구를 칭찬하고 비난하는 번거로운 말조차 할 필요가 없게 된다. 다른 나라와 싸울 일도 없으니 백성들이 전쟁터로 끌려가 애꿎게 목숨을 잃을 일도 없다. 요체는 다스림을 간략하게 만들어 백성들이 자율적으로 맡은 바 생업에 편히 종사토록 하는 데 있다. 지안지세는 공평무사한 법치만 이뤄지면 실현이 불가능한 게 아니다. '지안지세'의 통치자는 천지자연의 도가 만물을 공정무사하게 포용하듯이 공평무사한 법으로 백성들을 껴안는 인물을 말한다. 한비자가 법가사상을 집대성할 수 있었던 것은 『도덕경』을 주석하면서 제도帝道의 통치술인 노자의 '도치'를 적극 수용한 덕분이다. 도치는 법치와 술치 및 세치와 더불어 법가의 4대 통치술에 해당한다. 최상의 통치술을 '도치'에서 찾은 점에서 노자와 한비자는 완전히 일치하고 있다. 노자사상의 정맥이 '무치'를 주장한 장자가 아닌 '지안지세'를 제시한 한비자로 이어졌다고 보는 이유다. 『사기』「노자한비열전」이 편제된 것도 이런 맥락에서 이해할 수 있다.

사상사적으로 볼 때 『한비자』의 출현은 '소크라테스의 독배'를 목도한 플라톤이 아테네의 민주정과 정반대되는 스파르타의 군주정을 이상국의 모델로 그린 『국가론』을 저술한 것과 취지를 같이한다. 다만 한비자는 플라톤과 달리 독재와 전제를 엄격히 분리했다. 전제를 권신의 발호에 따른 것으로 규정하면서 독재야말로 군주의 바람직한 리더십에 해당한다고 역설한 게 그렇다.

02

마키아벨리는 왜 『군주론』에서 사자와 여우의 비유를 든 것일까?

역사 속의 마키아벨리

마키아벨리가 살던 시대는 르네상스시대였다. 신이 지배했던 중세의 암흑시대가 종식되고 인간위주의 새로운 문물이 빛을 발하기 시작한 시기였다. 마키아벨리가 태어난 피렌체는 14세기부터 16세기에 이르기까지 이탈리아뿐만 아니라 전 유럽에 그 위세를 과시하고 있었다. 광범한 경제활동을 통해 부를 축적했던 까닭에 피렌체의 통화는 전 유럽에 널리 통용되고 있었다. 여기에는 금융을 통해 거만의 재산을 모은 메디치 가문의 공이 컸다.

문화예술 방면의 활기는 괄목할 만했다. 단테와 같은 시인과 보카치오와 같은 소설가, 페트라르카와 같은 석학, 지오토와 같은 예술가 등이 피렌체 출신이다. 고전철학의 부활과 학문예술의 발달은 피렌체가 구축한 부를 기초로 한 것이다. 천재적 인간이 속출하는 가운데 메디치가 같은 유력 정치세력이 적극 후원한 점도 빼놓을 수 없다. 마키아벨리가 활약할 당시 피렌체가 르네상스 문화예술의 중심지로 번영한 배경이다.

그러나 이면에는 커다란 위기가 도사리고 있었다. 알프스 이북의 여러 곳에서 강력한 무력을 보유한 근대국가가 건설되고 있었다. 분열된 이탈리아로서는 커다란 위기였다. 원래 이탈리아는 서로마제국이 패망한 이래 무수한 소국으로 분열되어 있다가 13세기부터 몇 개의 나라로 정리되기 시작했다. 마키아벨리가 활약할 당시는 대략 북부에는 밀라노, 동북부에는 베네치아, 중부에는 피렌체와 교황령, 남부에는 나폴리 왕국이 서로 다투는 양상을 보였다. 무수히 많은 봉건제후가 7개의 큰 제후국으로 통합돼 서로 자웅을 겨루는 춘추전국시대의 흐름과 닮았다.

춘추전국시대가 그랬듯이 이렇게 되기까지 각국 간에 급격한 충돌과 치열한 경쟁이 있었음은 말할 것도 없다. 피렌체만 하더라도 해안을 끼고 있는 피사를 정복했고 이웃의 루카와는 늘 갈등을 빚고 있었다. 모든 도시국가가 이와 유사한 갈등과 불안 속에 있었다. 이탈리아 반도가 19세기 후반에 사상 최초로 통일을 이룰 때까지 커다란 분열상을 드러낸 이유다. 당시 이탈리아 정세는 내부 분열과 알프스 이북의 통일국가인 서북쪽의 프랑스와 동북쪽의 신성로마제국의 간섭으로 인해 늘 불안했다.

가장 큰 불안은 역시 외부의 침공이었다. 1492년은 콜럼버스가 아메리카 대륙에 도착한 해이다. 이 해에 프랑스의 샤를 8세가 피렌체를 침공했다. 메디치 정권은 힘없이 무너지고 말았다. 당시 마키아벨리는 23세의 청년이었다. 그는 경제적으로 크게 번영하고 유럽 최고의 문화예술 도시로 명성을 떨친 피렌체가 맥없이 무릎을 꿇은 사실에 충격을 받았다. 이는 그에게 막강한 무력을 토대로 통일국가를 이룩하지 못하면 늘 외세의 침공 앞에 속수무책으로 당할 수밖에 없다는 사실을 절감하는 계기로 작용했다.

프랑스가 통일국가를 완성해 인근의 약소국을 무력으로 제압할 당시 이탈리아는 통일을 이루지 못한 채 여러 소국으로 나뉘어 상호 대립과 충돌을 일삼고 있었다. 이들 소국은 또 제각기 외세와 결탁해 방위를 꾀하면서 기회가 나면 주변국을 침공했다. 자유도시 피렌체는 내부에 많은 위험을 안고 있었다. 명목상 공화정 체제를 유지하고 있었으나 이는 속 빈 강정에 불과했다. 정치를 상층에 속하는 큰 규모의 조합과 하층에 속하는 작은 조합이 함께 운영한 까닭에 표면상의 평화에도 불구하고 계층 간의 불화와 갈등이 끊이지 않았다. 각 직능을 대표하는 대 조합과 소 조합의 불화와 갈등은 일상적인 것이어서 늘 불안요인으로 작용했다.

당시는 근대국가의 형성기였다. 근대국가의 가장 큰 특징은 민족을 단위로 하는 국가의 형성에 있다. 그 이전은 특정가문이 대를 이어 다스리는 봉건국가 체제로 운영됐다. 같은 민족이 여러 봉건영주의 지배 아래 이리저리 나뉘어 서로 다툰 이유다. 근대국가는 이런 봉건체제를 무너뜨리고 민족을 기반으로 하여 하나의 통일된 통치체제를 구축하는데서 시작됐다. 유럽의 대다수 지역이 이런 근대국가로 진행하고 있을 때 유독 이탈리아는 이런 낡은 봉건체제 하에 사분오열된 모습을 보이고 있었다. 피렌체의 외교관 자격으로 유럽의 여러 나라를 방문했던 마키아벨리는 이런 시대적 변화를 목도하면서 충격을 받았다. 이탈리아의 통일을 이루기 위해서는 알프스 이북의 대륙 국가처럼 강력한 군주가 나타나 무력으로 군소 국가를 제압해야 한다고 판단한 이유다.

실제로 유럽의 근대국가 건설은 예외 없이 강력한 군주가 주변의 군소 영주를 평정하는 방식으로 진행됐다. 통일왕조를 이룬 나라의 왕권은 신이 하사한 것으로 간주됐다. 장 보댕은 이른바 왕권신수설王權神授說로 이를 이론적으로 뒷받침했다. 왕권이 신성불가침한 것으로 여겨진 배경이다. 프랑스의 루이 14세가 '짐이 곧 국가이다!'라는 말을 서슴지 않고 내뱉은 이유가 여기에 있다. 이를 통상 '절대군주 국가'라고 한다.

'절대군주'는 프랑스혁명 이후 사라졌다. 이후의 군주는 개명군주 내지 계몽군주로 존재했다. 절대군주는 '왕권신수설'을 내세워 다스렸으나, 계몽군주는 이성에 의존해 다스렸다. 그러나 이성을 내세운 계몽군주도 군주정의 통치체제를 유지한 점에서 보면 절대군주정과 별 차이는 없었다. 이후 계몽군주는 시대의 변화를 좇아 제한군주 내지 입헌군주로 변신했다. 입헌군주는 법의 제약을 받는다는 점에서 이전의 군주와 달랐다. 군주제는 현대의 영국이나 일본처럼 종신제일 수도 있고, 말레이시아처럼 한시적일 수도 있다. 그러나 제한적 성격을 갖는다는 점에서는 같다. 유럽에서 근대국가의 건설이 한창 진행될 때 신성로마제국의 후신인 오스트리아-헝가리제국과 차르의 절대군주정을 확립한 러시아는 제한군주로의 변신을 거부했다. 제1차세계대전이 발발했던 전후로 20세기 초까지 근대국가 형성을 거부하며 군주정을 유지한 것도 이런 맥락에서 이해할 수 있다.

이탈리아가 유럽 각지에서 근대국가 건설이 한창 진행 중인 19세기 후반에 비로소 통일을 이룰 수 있었던 것도 유럽의 이런 복잡한 사정과 무관치 않다. 내부의 분열이 고착화되어 있는데다 외세의 개입이 지속적으로 이뤄져 온 탓이다. 이탈리아 반도의 통일이 마키아벨리의 『군주론』이 출간된 지 3백여 년이나 더 지난 뒤에야 가까스로 실현된 배경이다. 당대에 이탈리아 통일을 염원했던 마키아벨리로서는 지하에서 통곡할 일이었다.

원래 마키아벨리의 어린 시절 얘기가 밝혀진 것은 사후 450년 뒤인 지난 1954년 그의 부친인 베르나르도의 일기가 발견된 덕분이다. 이 일기는 1474년에 시작해 1487년에 끝난다. 당시는 기록을 남기는 게 하나의 관행이었다. 베르나르도의 일기도 별로 특이한 것은 아닐 것이다. 일기 속에 마키아벨리의 성장과 관련된 많은 기록이 담겨 있다.

이에 따르면 마키아벨리는 1469년 5월 3일 피렌체에서 태어났다. 당시 부친 베르나르도는 38세, 모친 바르톨로메아는 29세였다. 마키아벨리는 이들 부부의 3번째 자식으로 첫아들이기도 했다. 위로 5세와 2세 차이의 누나가 있었고, 5년 후 동생이 태어났다. 부친의 직업은 법률가로 되어 있으나 구체적으로 무슨 일을 했는지는 분명치 않다. 크게 세울 만한 일을 한 인물이 아니었음은 분명한 듯하다. 마키아벨리는 평생을 두고 가난한 처지를 한탄했으나 사실은 그렇게 가난하지는 않았던 듯하다. 실제로 퇴임 이후 마키아벨리가 은신한 시골에는 산장을 비롯해 산장에 딸린 임야와 경작지가 있었다. 당시 대다수의 피렌체 백성은 시내에 주거지를 갖고 있었을 뿐만 아니라 인근 시골에 주택과 전답을 보유하고 있었다. 마키아벨리 역시 비록 넉넉지는 않았으나 대략 중산층의 생활은 유지한 듯하다.

모친 바로톨로메아는 베르나르도와 결혼하기 전에 한 번 시집을 간 일이 있었다고 한다. 그녀는 신앙심이 깊었고, 시를 쓰는 데도 소양이 있었다. 그녀는 마키아벨리가 성직자가 되기를 바랐다. 베르나르도와 재혼한 후 2남 2녀를 낳고 평화로운 가정을 꾸려나간 듯하다. 마키아벨리는 7세 때 처음으로 교사에게 보내지고 11세 때 주판 선생에게 보내져 주판을 배웠다. 12세 때 라틴 문학을 익혔다. 베르나르도는 넉넉지 못한 살림 속에서 마키아벨리의 교육에 힘을 쓴 듯하다. 베르나르도의 일기는 학비의 내역까지 소상히 밝혀 놓았다.

"난방비 9솔디 8다나리, 의자 사용료 6솔디. 그의 라틴어 교사는 승려이면서 법조인이었기에 정부나 문인 서클과 유대관계가 있었다."

부친의 교육열은 높았으나 넉넉지 못한 살림으로 인해 자식에게 충분한 교육을 시키지는 못한 듯하다. 마키아벨리에게는 그리스어 소양이 거의 없었다. 르네상스 시대의 지식인은 거의 모두 라틴어 고전 외에 그리스어 고전을 읽었다는 점을 감안할 때 그가 받은 교육은 빈약한 편에 속했다.

주목할 것은 베르나르도가 상당한 수준의 장서 애호가였다는 점이다. 일기에 장서목록이 기록돼 있다. 책의 가격과 입수경위, 책의 소재

등이 소상히 밝혀져 있다. 베르나르도의 장서목록 중에는 아리스토텔레스의 『정치학』, 키케로의 『의무론』, 프톨레마이오스의 『천문학』, 플리니우스의 『박물지』 등이 있다. 특히 관심을 끄는 것은 티투스 리비우스의 『로마사』이다. 일기의 해당 기록이다.

"리비우스의 책에 나오는 모든 도시와 지역, 하천, 섬, 산악의 색인을 만들어준 대가로 인쇄업자로부터 받았다."

그는 17세의 마키아벨리를 제본업자에게 보내 제본을 돕게 했고, 그 대가로 적포도주 한 통을 주었다. 마키아벨리는 어릴 때부터 책이 가득한 자루를 메고 책방과 인쇄소를 수시로 왕래하는 등 부친의 책 심부름을 많이 다닌 듯하다. 그러는 동안 책과 절로 친해지고, 평생 책을 끼고 살게 된 것으로 짐작된다. 일기를 통해 본 마키아벨리의 성장기는 비교적 순탄했다고 평할 수 있다.

베르나르도의 일기에서 마키아벨리에 관한 얘기가 끝나는 것은 그가 18세가 되는 1487년이다. 원래 18세면 대학에 진학할 나이였다. 당시 이탈리아에는 굴지의 대학이 많았다. 산 하나만 넘어도 볼로냐 대학이 있었고, 베네치아 공화국에는 파도바 대학이 있었다. 피렌체 근처에는 유명한 피사 대학도 있었다. 마키아벨리는 대학교육을 받지 못한 채 인근 글방에 다니며 교육을 받은 것으로 그친 듯하다.

마키아벨리가 다시 세상에 알려진 것은 29세 때인 1498년 피렌체 정부의 고위관원으로 취임한 뒤였다. 1500년에 사망하는 베르나르도의 일기에는 1478년의 파치 가문의 반란사건과 1479년의 포지 전쟁, 1492년의 로렌초 데 메디치의 사망, 1494년의 샤를 8세의 피렌체 침공 등의 4대 사건이 기록돼 있다. 이 가운데 파치 가문의 반란과 샤를 8세의 이탈리아 침공은 당시의 내우외환을 상징하는 사건이었다.

파치 가문은 피렌체의 명문 가운데 하나였다. 이들은 실권을 장악하고 있던 로렌초 데 메디치와 그의 아우 줄리아노 데 메디치에 대한 암살을 시도했다. 줄리아노는 피살됐지만, 형 로렌초는 가까스로 위기를 면했다. 이 음모에는 로마의 교황과 피사의 대주교, 용병대장 등이 가담했다. 이 사건으로 피렌체에서 80명 이상의 연루자가 교수형에 처해졌다. 이 사건은 부도덕하고 비열한 정치 현실을 그대로 드러냈다. 당시 9세에 지나지 않았던 마키아벨리는 이 사건을 눈으로 보고 귀로 들었을 것이다.

마키아벨리가 25세 때인 1494년 당시 프랑스 샤를 8세의 피렌체 공격은 약소국이 강대국의 침공을 받을 때 나타나는 온갖 참상을 적나라하게 보여주었다. 이해 8월 샤를 8세가 9만 명의 군사를 이끌고 알프스를 넘었다. 같은해 9월 이탈리아 북부의 토리노에 입성했다. 10월 29일 피렌체로 진격해 약탈을 자행했다. 피렌체의 통치자인 피에로 데 메디치는 싸울 생각도 하지 않은 채 곧바로 항복했다. 피렌체에 피해를 주지 않는 조건이었다. 그 대신 피사와 리보르노 등의 주요 도시를 내주고 20만 '피오리노'의 금화를 바쳐야만 했다. 크게 노한 피렌체 백성들이 피에로 데 메디치를 추방한 이유다. 이 사건은 많은 재앙을 초래했다. 농촌의 황폐화, 도시의 살육, 역질의 유행 등이 그것이다. 젊고 예민한 마키아벨리는 커다란 충격을 받았다. 『로마사 논고』에 나오는 당시 상황에 대한 기술이 이를 뒷받침한다.

인심이 날로 흉흉해지는 와중에 교회와 성직자들의 타락과 부패는 도를 더해갔다. 특히 로마 교황청의 부패는 극심했다. 교황의 선출을 둘러싸고 온갖 범죄와 협잡이 이뤄졌다. 교황 알렉산데르 6세는 교황이 되기까지 숱한 범죄를 저질렀고, 많은 사생아를 두었다. 사생아 가운데 한 사람이 바로 체사레 보르자이다. 알렉산데르 6세는 교황령을 확대할 요량으로 자식을 시켜 인근의 소국 로마냐를 침공케 했다. 마키아벨리는 이를 곁에서 목격했다. 그의 관심이 피렌체를 넘어 이탈리아 전역으로 확대케 된 근본배경이다.

당시 피렌체는 메디치가가 추방된 후 도미니코파 수도사인 사보나롤라가 다스리고 있었다. 사보나롤라는 도미니코파로 수도원 생활을 하다가 39세가 되는 1491년 피렌체의 마르코 수도원장으로 승격하고, 샤를 8세의 이탈리아 침공을 틈타 메디치가의 추방과 시민정부 수립을 주도했다. 프랑스군이 피렌체에 무혈 입성한 것이 그에게 행운으로 작용했다. 피렌체 백성은 그 이전부터 외적의 침공을 미리 내다본 그의 예지豫知 덕분이라고 생각했다. 그가 신의 계시를 받았다고 믿으며 그의 설교에 감동의 눈물을 흘린 이유다. 이를 계기로 그는 신정神政을 꿈꿨다. 모든 백성이 기독교 신자다운 생활을 영위할 때 신정이 가능하다고 생각한 그의 요구는 매우 가혹했다. 그는 이같이 외쳤다.

"신과 황금의 신을 동시에 시중들 수는 없다. 신이 선택한 인간 속으로 들어가고 싶으면 오늘부터 당장 자신의 생활을 바꾸고, 과거의 모든 쾌락을 포기해야 한다. 어린이처럼 순진해져야 한다. 그러면 이기주의나 오만이나 탐욕의 지배는 사라지고 지상에는 다시 번영의 시대가 돌아올 것이다!"

실제로 그는 사회정화를 위해 어린이들을 앞세웠다. 그들은 단체를 만들고 조를 짜서 동네의 풍기를 단속했다. 사치스러운 옷을 입은 통행인이나 치장한 여인을 규탄하고, 술 취한 주정꾼이나 도박꾼들을 응징했다. 이교적인 서적이나 음란한 회화를 찾아내기 위해 가가호호 돌아다니며 수색을 벌였다. 그는 1497-1498년의 카니발에 즈음해 대규모의 사치품 소각행사를 벌이기도 했다.

그러나 그의 이런 개혁구상은 이내 그의 처형과 함께 물거품이 되고 말았다. 교황과의 갈등, 피렌체 내부의 반발, 극심한 경제위기 등이 원인이었다. 그토록 열성적으로 지지했던 백성들은 그에게 등을 돌렸고, 앞장서 그를 체포해 화형대로 보냈고, 죽은 시체에 돌을 던졌다. 마키아벨리 역시 지상에 그리스도 국가를 세우고자 했던 그에게 한때 호감을 가졌을 공산이 크다.

그러나 마키아벨리는 사보나롤라의 죽음을 지켜보면서 무력을 보유하지 못한 군주는 이내 패망할 수밖에 없다는 사실을 깨달았다. 백성의 지지를 받는 것은 매우 중요하지만 권력을 장악한 뒤에는 기본 방략을 바꿔 반드시 막강한 무력을 보유할 필요가 있었다. 1498년 5월 23일은 공교롭게도 사보나롤라의 처형과 마키아벨리의 공직 취임이 동시에 이뤄진 날이었다. 마키아벨리는 출근 첫날 자신의 사무실 창 너머로 시청 앞 광장을 내려다보며 화형식을 목도했다. 성난 백성이 십자가에 매달린 자들을 비웃고 매도하는 소리를 똑똑히 들었다. 공교롭게도 바로 이날 마키아벨리는 그간의 독서생활을 청산하고 관직에 취임한 것이다.

객관적으로 볼 때 사보나롤라는 진정한 기독교인으로서 교황의 부패를 규탄하고 피렌체와 이탈리아의 타락을 바로잡기 위해 헌신적인 노력을 기울였다. 그런데도 그는 비참한 최후를 맞았다. 마키아벨리는 만일 사보나롤라가 모세처럼 무장한 백성을 이끌었다면 틀림없이 성공했을 것으로 보았다. 『군주론』에서 무력을 보유하지 못한 탓에 비참한 최후를 맞은 사보나롤라를 군대를 배경으로 가혹한 정사를 펼친 체사레 보르자와 대응시킨 것도 이런 맥락에서 이해할 수 있다.

얼마 후 피렌체 정부는 제2서기국 서기장 후보의 명단을 작성해 '대회의'의 투표안건으로 상정했다. 당시 피렌체 정부는 외교 담당의 제1서기국과 내정 및 군사담당의 제2서기국으로 구성돼 있었다. 각 부는 서기장이 관장하고 있었다. 서기장 후보자는 모두 4명이었다. 거기에 29세의 마키아벨리가 포함되어 있었다. 다른 3명의 후보는 변론술 교수와 변호사, 공증인이었다. 무직자는 마키아벨리뿐이었다. '대회의'는 피렌체 공화국의 국회와 같은 곳이다. 마키아벨리의 직함은 '세크레타리오 피오렌티노Secretario Fiorentino'였다. 이는 지금의 장관급에 해당하나 단순 비교키는 어렵다. 당시 피렌체 정부는 규모가 작고, 직종의 분화가 덜 되어 있었던 까닭에 지금의 장관과는 차이가 있다. 피렌체의 인구는 9만 명에 지나지 않았다.

마키아벨리에 앞서 제1서기국 서기장에 취임한 마르첼로 비르질리오 안드리아니는 법학과 논리학 교수로 피렌체를 대표하는 지식인이었다. 재임 중에도 대학 강의를 중단치 않았고, 라틴어 저서도 많았다. 고등교육도 받지 않고, 이렇다 할 경력도 없고, 더구나 문벌도 약한 젊은 마키아벨리가 어떻게 해서 이런 높은 자리에 오르게 된 것일까? 많은 연구가들이 의구심을 품은 이유다. 이미 그전에 서기국에서 근무했거나, 외국 주재원으로 활동했거나, 제1서기국 서기장과 가까웠을 가능성을 제기했으나 뚜렷한 근거가 있는 것은 아니다.

마키아벨리는 제2서기국 서기장으로 임명된 지 1달 남짓 지나 제2서기국 산하 '평화와 자유의 10인 위원회' 사무장의 임무도 떠맡게 됐다. 처음부터 정부의 요직에 취임해 매우 중요한 역할을 담당했다고 해석할 수밖에 없다. '평화와 자유의 10인 위원회'가 군사를 담당하는 만큼 마키아벨리는 외교문제도 깊이 관여케 됐다. 그는 이런 중책을 매우 충실하면서도, 유능하게 수행했다. 정부도 그를 매우 중시했다. 그는 어떤 당파에도 가담하지 않고 자신에게 위임된 임무를 겸허히 수행했다. 덕분에 피렌체의 주요 현안은 모두 그의 손을 거쳐 처리됐다. 매끈한 일처리로 동료들의 신임도 얻었다.

제1서기국 서기장인 비르질리오는 서기국의 총책임자였다. 지위는 마키아벨리보다 높았지만 사실상의 실무는 내정과 외무를 가리지 않고 마키아벨리가 모두 담당한 것으로 짐작된다. 피렌체 공화국이 무너지고 메디치가가 복귀했을 때 비르질리오는 유임되고 마키아벨리만 쫓겨난 게 이를 뒷받침한다. 그가 사실상 실력자로 활약했음을 짐작케 해주는 대목이다.

실제로 당시 마키아벨리는 중대한 외교임무를 띠고 동분서주했다. 피렌체는 많은 외교문제를 안고 있었던 까닭에 외국에 나가 활동하는 경우가 많았다. 피사 문제를 해결키 위해 갔다가 배신한 용병대에게 체포돼 막대한 보상금을 내고 풀려나기도 했다. 당시만 해도 직업 외교관 제도가 확립되어 있지 않았다. 외교관 직책은 다분히 귀족직의 성격을 띠고 있었다. 자비 부담이 일반적이었던 까닭에 외교 실무자에게 재정지원이 빈약했다. 외국에 주재할 때 여러 차례에 걸쳐 본국에 송금을 청한 사실이 그 증거다. 그의 봉급은 제1서기국 서기장에 비하면 턱없이 적었다. 더구나 공직생활 14년 동안 단 1번도 승급이 이뤄지지 않았다. 마키아벨리가 늘 가난에 시달렸다고 푸념한 배경을 대략 이해할 수 있다.

그는 외교활동 기간 중 특기할 만한 사항은 늘 상세히 기록해 놓았다. 지금도 당시의 현지 보고서가 많이 남아 있다. 그는 외교활동을 하면서도 해당 지역의 모든 것을 주의 깊게 살폈다. 독일과 프랑스를 방문한 뒤 일련의 보고서를 남긴 게 그렇다. 여기서 가장 큰 영향을 미친 것은 체사레 보르자와의 만남이었다. 체사레 보르자의 모친은 유명한 창기였고, 부친인 교황 알렉산데르 6세는 생각할 수 있는 모든 악덕을 지닌 자였다. 여색을 지나치게 밝혔고, 끝없이 탐욕스러웠다. 모든 성직을 팔아 치부하는가 하면, 재산을 빼앗기 위해 부유한 추기경 등 많은 성직자를 독살키도 했다. 그는 종교도 믿지 않았고, 약속을 지키는 일도 없었다. 이런 부모 밑에서 태어난 체사레 보르자에게 성직자의 모습을 기대하는 것은 연목구어緣木求魚에 지나지 않았다. 그는 부친인 교황과 프랑스군의 도움을 받아 로마냐 일대를 침공한 뒤 대소 귀족세력을 소탕하고 막강한 세력을 구축했다. 이웃한 피렌체도 커다란 위협을 느낄 수밖에 없었다.

마키아벨리가 그를 여러 차례 찾아간 것은 바로 이 문제를 해결키 위한 것이었다. 이 과정에서 그는 체사레 보르자를 면밀히 관찰할 수 있었다. 당초 마키아벨리가 그를 처음으로 대면한 것은 1502년 6월 22일이었다. 이후 3일 동안 회담을 진행했으나 아무런 성과도 거두지 못한 채 빈손으로 귀국해야만 했다. 이때는 체사레 보르자를 면밀히 관찰할 기회가 없었다. 그러나 이후 그런 기회가 주어졌다. 마키아벨리는 이모라에 있는 그를 방문해 3달 반 동안 함께 지내게 됐다. 이때 그를 면밀히 관찰하면서 감탄을 금치 못했다. 이탈리아 통일은 바로 이런 인물이 돼야 한다는 확신을 갖게 된 배경이다.

당시 체사레 보르자는 막강한 위세를 떨치고 있었다. 그의 전성기였다. 튼튼한 무력을 배경으로 주변의 귀족세력을 하나하나 격파해 나가면서 많은 귀족과 용병대장을 자기편으로 끌어들였다. 그러면서도 불필요하게 되면 무자비하게 제거했다. 적대감을 드러낸 영주와 용병대장을 무참히 살해한 '시니갈리아 사건'이 이를 웅변한다. 이 사건은 당시 점령 치하의 영주와 용병대장들이 내일을 기약할 수 없어 전전긍긍한데서 비롯됐다. 이들은 마침내 마조네라는 곳에 모여 '반反체사레 동맹'을 맺었다. 첩보를 접한 체사레 보르자는 짐짓 화해 제스처를 보이며 이들을 시니갈리아로 초청했다. 이어 교묘한 방법으로 무장해제를 시킨 뒤 곧바로 도부수刀斧手를 동원해 일거에 몰살해 버렸다.

마키아벨리는 이를 곁에서 지켜보며 커다란 충격을 받았다. 그러면서도 내심 분열된 이탈리아를 통일하려면 이런 무자비한 방법밖에 없다고 생각했다. 체사레 보르자는 자신이 필요하다고 판단하면 모든 일을 조금도 주저하지 않고 즉석에서 해치워버리는 냉혈한에 가까웠다.

마키아벨리는 이후 로마에서 다시 한 번 또 다른 모습의 체사레 보르자를 볼 수 있었다. 교황 알렉산데르 6세가 말라리아로 급사한 직후 조문사절로 갔을 때였다. 체사레는 간신히 살아남았다. 그가 자리에 누워 있는 동안 정세가 일변했다. 체사레 보르자 가문과 앙숙인 율리우스 2세는 교황으로 선출되자마자 체사레를 체포해 스페인의

한 감옥에 가둬버렸다. 이후 감옥을 탈주한 체사레 보르자는 용병대에 자원해 나발 전투를 진두지휘하다가 전사했다.

마키아벨리는 체사레 보르자의 파란만장한 삶을 곁에서 지켜본 몇 안 되는 증인 가운데 한 사람이다. 그의 비참한 최후를 목도하면서 그에게 걸었던 큰 기대는 이내 커다란 실망으로 다가왔다. 그럼에도 정치가 체사레 보르자의 행보에 대한 호평은 거두지 않았다.

체사레 보르자가 몰락할 당시 피렌체는 프랑스와 친교관계를 유지하며 교황과 적대적인 관계에 있었다. 교황 율리우스 2세는 베네치아와 스페인 및 프랑스에 대항하기 위해 신성神聖 동맹을 체결하는 과정에서 피렌체를 끌어들이고자 했다. 쫓겨난 메디치 가문을 불러들인 이유다. 프랑스군이 이탈리아에서 축출되면서 메치디 가문의 지도자들이 재빨리 복귀했다. 추방된 지 18년만이었다. 당시 메디치 가문을 이끈 지도자는 조반니 추기경이었다. 그는 피렌체의 과도정부인 소델리니 정권에 압력을 가했다. 종신대통령으로 선출된 소델리니는 평소 친교가 있던 프란체스코 베토리에게 뒷일을 당부하고 떠났다. 그 다음날인 1512년 9월 1일 '대 로렌초'의 3남인 줄리오 데 메디치가 피렌체로 돌아왔다. 같은 해 11월 7일에 마키아벨리는 파면 통고를 받았다.

당시 권력의 탈환에 성공한 메디치 가문의 지도자들은 되도록 평온하게 세력을 교체코자 했다. 이전의 공직자들을 거의 그대로 남겨둔 이유다. 마키아벨리의 상사였던 제1서기국 서기장인 마르첼로 안드레아가 유임된 게 그렇다. 소델리니로부터 뒷일을 부탁받은 베토리는 로마주재 대사로 발령 났다. 이 와중에 유독 마키아벨리만 파면된 것이다. 그 이유는 무엇일까?

대략 2가지 가능성을 생각할 수 있다. 첫째, 너무 정직하게 열심히 일을 하는 과정에서 미움을 샀을 가능성이다. 특히 메디치가와 연결된 세력의 경계심을 자극했을 공산이 크다. 둘째, 그를 비호해줄 유력한 배경이 없었을 가능성이다. 마키아벨리는 이렇다 할 집안 배경이 없었다. 남아 있는 기록에 따르면 당시 고위관원은 대부분 명문가 또는 대학 출신이었다. 그럼에도 정작 자신은 파면을 전혀 예상치 못한 듯하다. 메디치가의 새 정부가 들어섰을 때 앞으로 대비해야 할 여러 계책을 건의한 게 그렇다. 그러나 이는 새 정부의 쓴 웃음을 자아냈을 뿐이다. 그는 곧바로 면직됐을 뿐만 아니라 1년 동안 피렌체 시에서 쫓겨나는 철퇴를 맞았다. 모든 지위를 잃고 피렌체 시내에서도 살 수 없게 된 그는 부득불 시골로 낙향할 수밖에 없었다.

설상가상으로 마키아벨리는 반反메디치 역모사건 연루 혐의로 투옥된 뒤 '스트라파도strappado'라는 모진 고문을 받아야만 했다. 이는 '거꾸로 매달기' 고문의 전형이다. 결박한 양 손목에 줄을 달아 공중에 매다는 까닭에 양쪽 어깨관절은 탈구되고 만다. 이후 줄을 갑자기 풀어 공중에 뜬 고문대상자를 땅 위로 떨어뜨린다. 체중으로 인해 어깨 관절은 심각한 손상을 입게 된다. 사보나롤라가 바로 '스트라파도' 고문을 당한 뒤 화형에 처해졌다. 마키아벨리가 이런 혹독한 고문을 견디고 살아남은 게 기적에 가까운 일이다.

마키아벨리는 다시 햇빛을 보기 어렵다는 정치범 수용소 안에서도 희망을 버리지 않았다. 훗날 교황 레오 10세로 취임하는 '대 로렌초'의 차남 조반니 추기경에게 계속 자신의 무죄를 탄원하는 서한을 보낸 게 그렇다. 덕분에 나머지 연루자들이 사형을 당하거나 유죄 판결을 받는 와중에 이내 석방될 수 있었다. 메디치 가문의 우두머리 격인 조반니 추기경이 얼마 후 교황 레오 10세로 취임하면서 대사령大赦令을 내린 덕분이다. 메디치 가문은 처음으로 교황을 배출하는 경사를 맞게 되자 나름 자신을 회복해 너그러운 모습을 보인 것이다.

당시 마키아벨리는 비록 출소키는 했으나 생활이 매우 궁핍했다. 봉급을 받을 길이 없어 가족을 부양할 길이 막연해졌다. 부채도 있었다. 면직 시 벌금을 내야 했는데 돈이 없어 친구들이 대납한 결과다. 그 액수도 10년간의 봉급에 해당할 정도로 매우 컸다. 출옥 당시 1년간의 추방은 해제됐기에 법적으로 시내에 거주할 자격은 있었으나 직업도 없이 시내에 살 형편이 아니었다. 산탄드레아에 있는 산장으로 낙향한 이유다. 전에는 어쩌다 한 번씩 들러 포도나 올리브를 수확하던 산장에 이제는 모든 식솔을 이끌고 가 생계를 유지해야 하는 처량한 신세로 전락한 것이다.

낙향할 당시 그의 나이는 43세였다. 한창 일할 나이에 이런 역경을 감수해야만 했던 그로서는 커다란 실의와 좌절감에 빠졌을 것이다. 쉬지 않고 메디치 가문에 접근해 일자리를 얻으려고 애쓴 이유다. 후대인 가운데 공화정의 요직에 있던 그가 공화정을 쿠데타로 전복한 메디치 가문에 접근코자 한 것을 두고 비난한 자가 적지 않았다. 그러나 이는 아무래도 지나치다. 당시는 격변기였다. 어떤 고정된 잣대로 한 인간을 평가하는 것은 위험하다. 나아가 마키아벨리 자신은 평생 피렌체의 평화와 이탈리아의 통일을 염원했다. 메디치가의 통치일지라도 그런 목적에 부합하면 반대할 이유가 없었다.

주목할 것은 이런 곤경 속에서 『군주론』을 펴낸 점이다. 사마천이 『사기』「태사공자서」에서 명저가 나오게 된 배경과 관련해 "마음속에 울분이 맺혀있는데 그것을 발산시킬 수 없기에 지나간 일을 서술하여 앞으로 다가올 일을 생각한다."고 언급한 대목을 연상시키는 장면이다. 실제로 『군주론』 등 그의 많은 저술은 바로 그의 이런 고뇌 속에서 이뤄졌다. 글을 쓴다는 것은 플라톤은 '즐거운 오락'이라고 했지만 글을 쓰는 사람의 심정은 고금을 통해 결코 평탄치 않다.

당시 마키아벨리는 득세한 메디치 가문의 요인을 통해 직장을 얻으려고 애썼으나 결국 뜻을 이루지 못했다. 그렇다고 메디치 가문이 마냥 모른 척한 것은 아니다. 그의 문재文才를 인정해 피렌체의 역사를 집필토록 한 게 그렇다. 덕분에 말년의 몇 년 동안은 생계를 그럭저럭 유지할 수 있었다. 그러나 신성로마제국의 황제인 카를 5세가 이탈리아를 침공했을 때 피렌체 백성이 봉기해 메디치 가문을 축출하면서 그는 철퇴를 맞고 말았다. 교황 클레멘스 7세로 취임한 메디치 가문의 줄리오 추기경과 너무 가깝게 지내다는 게 이유였다. 이런 충격이 그의 죽음을 재촉했을 공산이 크다.

이런 실망스런 일이 벌어진 지 10일 뒤인 1527년 6월 20일 가벼운 두통과 소화불량 증세가 나타났다. 이때 자신이 만든 환약을 복용했다. 복용량이 과다했는지 다음 날 급성 복막염으로 짐작되는 병으로 인해 문득 숨을 거두고 말았다. 그의 임종은 몇 안 되는 친구와 친지들이 지켜봤다. 향년 57세였다. 그의 시신은 산타크로체 교회의 마키아벨리 가족 예배당에 묻혔다. 그러나 돌볼 후손이 없어진 그의 묘역은 방치된 채 이내 사라지고 말았다. 오늘날 남아 있는 산타크로체 교회의 화려한 그의 묘지는 18세기에 이르러 어느 영국신사가 세운 것이다. 묘비에는 라틴어로 '명성에 상응한 찬사를 못 받은 사람'이라고 새겨져 있다.

그는 죽기 2년 전인 1525년 10월 말 가깝게 지내던 프란체스코 귀차르디니에게 서신을 보냈다. 서신의 서명에 그는 스스로를 '역사가, 희극작가, 비극작가 마키아벨리'로 규정했다. 그의 저서 『피렌체사』는 역사가, 희곡 『만드라골라』는 희극작가의 자칭에 부합한다. 그러나 비극은 단 한 편도 쓴 적이 없다. 그런데도 왜 '비극작가'를 자칭한 것일까? 생애를 돌아보면서 자신의 삶 자체가 한 편의 비극이었다는 사실을 절감했을 공산이 크다.

『군주론』의 특징

원래 『군주론』의 이탈리아어 원제목은 '일 프린치페Il Principe'이다. 원래의 의미를 살리기 위해서는 『군주』로 번역하는 게 옳다. 이를 최초로 번역한 일본인들이 『군주론』으로 명명한 뒤 21세기 현재까지 『군주론』으로 통용되고 있다. 원래 '일 프린치페' 명칭은 마키아벨리가 직접 정한 게 아니다. 그의 생전에 출간된 적이 없기 때문이다. 오히려 그의 초기 필사본 제목인 『군주국론De principatibus』이 원래 제목에 가깝다. 마키아벨리는 『로마사 논고』에서 『군주론』과 관련해 2번에 걸쳐 언급하고 있다. 제3권 제42장에서는 '군주론'을 뜻하는 라틴어 '데 프린키페De Principe', 제2권 제1장에서는 '군주국'을 뜻하는 이탈리아어 '프린치파티Principati'로 표현해 놓았다. 마키아벨리 자신도 내심 『군주국론』과 『군주론』을 놓고 고심한 듯하다.

『군주론』은 당초 메디치 가문의 실질적인 우두머리로 로마에 머물고 있던 줄리오 데 메디치Giulio de' Medici 추기경에게 바칠 예정이었다. 줄리오는 교황 레오 10세의 동생이다. 레오 10세는 중부 이탈리아의 교황령에 교황 직할의 나라를 만들 생각을 갖고 있었다. 이런 대임을 맡을 사람으로 줄리오보다 더 나은 인물이 없었다. 줄리오는 자신이 총애하는 파올로 베토리를 보좌관으로 삼을 공산이 컸다. 파올로 베토리는 마키아벨리의 막역지우인 프란체스코 베토리의 형이다. 마키아벨리가 파올로 베토리에게 서신을 통해 라틴어로 된 『군주국론』 필사본의 탈고 소식을 전하며 이를 직접 전달하는 게 좋은지 여부를 물은 이유다. 『군주국론』은 마키아벨리 사후 출간된 『군주론』의 원형이다.

당시 마키아벨리는 내심 파올로 베토리가 줄리오의 보좌관으로 중용될 경우 자신도 재차 공직자의 길을 걸을 수 있을 것으로 판단했을 공산이 크다. 이런 여러 정황을 종합해 볼 때 마키아벨리는 줄리오에게 자신의 능력을 보여줄 요량으로 『군주국론』 필사본을 저술한 것으로 짐작된다. 그러나 마키아벨리의 이런 구상은 줄리오의 급작스런 죽음으로 이내 무위로 돌아갔다. 마키아벨리가 헌정 대상을 줄리오에서 피렌체의 지배자로 등장한 로렌초 디 피에로 데 메디치Lorenzo di Piero de' Medici로 바꾼 이유다. 그는 일명 '대大 로렌초'로 불리는 조부 이름과 같은 까닭에 흔히 '소小 로렌초'로 불린다. 마키아벨리가 '소로렌초'를 직접 만나 『군주국론』 필사본을 헌정했는지 여부는 확실치 않다. 헌정이 이뤄졌을지라도 읽지 않았을 가능성이 높다는 게 전문가들의 중론이다.

마키아벨리의 『군주론』은 출간 때부터 커다란 논란거리였다. 셰익스피어는 '살인적인 마키아벨리', 20세기 미국의 정치철학을 대표한 시카고대의 레오 스트라우스는 '악덕의 스승' 등으로 폄하했다. 이에 반해 스피노자와 루소는 '공화주의의 대변자'라며 높이 평가했고, 20세기 최고의 지성인으로 일컬어진 한나 아렌트는 서양의 사상사를 마키아벨리 전후로 나눌 정도로 극찬했다. 포폄褒貶이 극명하게 엇갈리고 있는 것이다. 21세기 현재도 별반 다를 게 없다. 이는 기본적으로 『군주론』에 대한 해석의 차이에서 비롯된 것이다. 과연 『군주론』을 어떻게 바라보는 게 옳은 것일까?

지난 2013년 마키아벨리의 『군주론』 집필 500주년을 기념한 학술행사가 한국을 비롯한 전 세계에서 동시다발적으로 열렸다. 이를 기념이라도 하듯 관련 서적이 우후죽순 격으로 쏟아져 나왔다. 마키아벨리의 『군주론』만큼 지속적인 논쟁을 불러온 책이 그리 많지 않다는 반증이기도 하다. 이는 크게 2가지 이유에서 비롯된 것이다.

첫째, 『군주론』의 독창성 때문이다. 영국의 저명한 정치철학사 이사야 벌린Isaiah Berlin은 칭송키를, "마키아벨리의 독창성은 아무리 강조해도 지나치지 않다."고 했다. 마키아벨리 생존 당시만 해도 기독교 교리가 모든 것을 지배했다. 이런 상황에서 마키아벨리는 기독교 윤리가 아닌 인간의 현실적인 정치 영역에서 효능을 가질 수 있는 윤리를 찾으려 했다. 도덕과 구분되는 정치의 독자성 내지 자율성을 찾은 점에서 그는 최초의 근대정치철학자에 해당한다는 것이다. 홉스가 기독교의 가정과 정신세계를 벗어나지 않는 범위 안에서 자신의 논의를 전개했다는 점을 감안하면, 마키아벨리는 그보다 더 근대적이고 더 급진적이며 더 혁명적인 사상가였다는 게 벌린의 평가이다.

둘째, 『군주론』의 숨은 의도 때문이다. 일찍이 루소는 마키아벨리의 '숨은 의도'를 언급한 바 있다. 루소는 『사회계약론』 3권 6장에서 『군주론』의 가치가 피상적인 독서로 인해 희생됐다며 "마키아벨리는 자신이 진정으로 말하고자 하는 바를 『군주론』의 곳곳에 숨겨 놓았다."고 했다. 그 '숨은 의도'를 들여다볼 수 있어야만 『군주론』이 왜 백성을 위한 공화주의자의 저서인지 알 수 있다는 것이다. 현대에 들어와 스키너를 비롯한 케임브리지학파가 이런 입장에 서 있다. 마키아벨리는 정치를 권력게임이나 자기 이익의 추구로 본 게 아니라, 시민적 덕을 중심으로 정치 공동체를 건설코자 했다는 것이다. 이게 통설이다.

이런 통설에 정면으로 반기를 들고 나선 인물이 시카고대의 존 맥코믹이다. 그는 2011년에 펴낸 『마키아벨리의 민주주의』에서 케임브리지학파의 주장과 정반대되는 입장을 피력했다. 마키아벨리는 '공화주의자'라기보다는 '민주주의자'에 더 가깝다는 게 그것이다. 지난 2014년 초 고려대 명예교수 최장집도 이에 적극 동조하고 나섰다. 최장집의 주장이다.

"한국의 이상주의적이며 도덕주의적인 전통은 민주화 이후 정서적 급진주의를 창출하고, 민주주의를 급진적으로 만드는 원천으로 작용해 왔다. 현존하는 갈등을 부인하고 존재하지 않는 통합을 강조하면서 갈등 조절에 실패한 것은 물론 오히려 국민들을 냉소주의나 급진주의로 몰아넣은 게 그렇다. 마키아벨리를 공화주의자로 간주하는 케임브리지학파의 해석이든, 아니면 민주주의자로 바라보는 매코믹의 시카고학파의 해석이든 마키아벨리의 전부를 말하는 게 아니다. 마키아벨리 이론의 전모는 민주주의 통치체제를 구성하는 이론과 실천이 동태적으로 결합하는 '정치적 실천행위의 영역'에 위치할 때 정확히 파악할 수 있다."

나름 일리 있는 분석이기는 하나 마키아벨리사상을 '민주주의적 통치체제'로 한정시켜 바라본 것은 지나쳤다. 이는 케임브리지학파의 마키아벨리 해석을 두고 '귀족주의적 공화주의자'로 곡해했다고 비판한 맥코믹의 잘못을 답습한 것이다. 케임브리지학파는 마키아벨리를 결코 '귀족주의적 공화주의자'로 파악한 적이 없다. 이들은 마키아벨리를 두고 '시민적 덕을 핵심가치로 삼아 정치공동체를 건설코자 한 공화주의자'로 평가했을 뿐이다. 맥코믹과 최장집 모두 마키아벨리를 '민주주의자'로 규정키 위해 입맛에 따라 문장과 구절을 잘라 해석하는 단장취의斷章取義를 행했다는 지적을 면키 어렵다.

마키아벨리는 『군주론』 제9장에서 모든 도시에는 귀족에게 예속당하는 것을 원치 않는 백성과 백성을 끝없이 지배코자 하는 귀족의 기질이 병존한다고 진단한 바 있다. 이런 상황에서 군주는 권력을 유지하기 위해 귀족보다는 백성과 더 친화적인 관계를 유지할 필요가 있다는 게 마키아벨리의 기본입장이다. 백성이 절대 다수를 점하고 있기 때문이다. 다만 최장집의 다음 진단은 나름 일리가 있다.

"마키아벨리가 말하고자 한 바는 군주와 백성의 권력 강화가 양립 가능하고, 공존의 권력관계를 발전시킬 수 있다는데 있다."

『군주론』 제20장의 '모든 요새 가운데 최고의 요새는 백성의 증오를 사지 않는데 있다. 군주가 아무리 많은 요새를 갖고 있을지라도 백성의 증오를 사면 그 어떤 요새도 군주를 구하지 못한다.'는 구절이 이를 뒷받침한다. 마키아벨리가 도덕과 구분되는 정치의 독자성을 역설한 것도 이런 맥락에서 이해할 수 있다. 그는 정치행위의 정면正面만 바라본 플라톤과 달리 그 반면反面을 들어다 볼 것을 역설했다. 그가 『군주론』에서 권력의지와 권력을 본질로 하는 현실정치의 세계를 가감 없이 기술한 배경이 여기에 있다.

서양의 정치는 고대 그리스의 민주정과 로마의 공화정 이래 군주정을 독사처럼 여기는 전통을 이어왔다. 군주정이 민주정과 결합할 수 있다는 사실을 아예 생각지도 못한 것이다. 마키아벨리는 군주정을 옹호한 명백한 '군주주의자'였다. 일정한 조건 하의 공화정을 수용했을 뿐이다. 『로마사 논고』에서 공화정을 옹호하는 듯한 모습을 보인 것은 고대의 로마공화정이 이른바 '노블레스 오블리주'를 실천했기 때문이다. 마키아벨리가 생존할 당시의 이탈리아 귀족은 이와 거리가 멀었다. 오직 군주와 대립하며 백성들을 착취하는 '거머리족속'에 지나지 않았다. 마키아벨리가 『군주론』에서 시종 귀족세력을 군주 및 인민의 이익과 대립하는 '거머리족속'으로 비판한 것은 바로 이 때문이다. 시카고학파와 캠브리지학파는 이런 본질적인 문제를 외면한 채 지엽적인 문제로 논쟁을 벌이고 있는 셈이다.

『군주론』에서 강력한 군주를 옹호하고 나선 마키아벨리의 주장은 21세기 현재까지 플라톤과 아리스토텔레스의 영향 아래에 있는 서양의 학문예술 전통에서 볼 때 분명 이단에 해당했다. 그러나 수천 년 동안 군주정의 전통을 이어온 동양의 관점에서 볼 때 마키아벨리의 주장은 그다지 이상할 것도 없었다. 전국시대 말기에 한비자가 오직 군주만이 백성들의 이익과 재산을 보호할 수 있는 유일한 존재라고 갈파한 게 그렇다. 비록 유학만을 유일한 관학으로 인정한 한무제의 독존유술獨尊儒術 선언 이래 법가사상이 뒤로 숨기는 했으나 군주를 인민의 유일한 보호자로 간주한 법가사상이 퇴장한 것은 아니다. 역대 중국 황제가 겉으로는 유가를 내세우면서도 안으로는 법가의 통치술을 구사한 게 그렇다. 그게 바로 외유내법外儒內法이다. 서양은 마키아벨리가 등장하는 16세기에 이르러 비로소 '외유내법'의 이치를 처음으로 깨달은 셈이다. 21세기에 들어와 학계의 일각에서 『군주론』과 『한비자』에 대한 연구가 활발히 전개되는 것도 이런 맥락에서 이해할 수 있다.

마키아벨리보다 1백여 년 뒤에 등장한 홉스의 『리바이어던』이 기독교의 정신세계를 벗어나지 못한 점을 감안하면, 마키아벨리야말로 최초의 근대인이자 혁명가에 해당한다. 중국의 초대 사회과학원장을 지낸 곽말약은 문화대혁명의 광풍이 불던 당시 공자를 '봉건반동의 괴수'가 아닌 '봉건타도의 혁명가'로 평한 바 있다. 봉건적인 신분질서를 타파코자 한 공자의 혁명가로서의 자질을 높이 평가한 것이다. 마키아벨리도 같은 맥락에서 이해할 수 있다. 플라톤과 아리스토텔레스가 채택한 분류방식을 적용할 때 그는 확고한 '군주주의자'이자 '민주주의자'에 해당한다. 다만 과거 로마공화정 때처럼 귀족들이 '노블레스 오블리주'를 발휘할 경우 공화정을 수용할 수 있다는 입장을 피력했을 뿐이다. '노블레스 오블리주'를 전제로 한 '공화주의자'로 평할 수 있는 동시에 '노블레스 오블리주'의 가능성을 거의 기대하지 않았다는 점에서 '반反공화주의자'로 규정할 수 있는 이유가 여기에 있다. 한비자는 귀족에 해당하는 신권세력이 '노블레스 오블리주'를 발휘할 가능성을 아예 부인한 까닭에 시종 '반공화주의자'의 입장에 서 있다고 할 수 있다.

객관적으로 볼 때 마키아벨리는 한비자와 마찬가지로 주어진 현실 속에서 최상의 해법을 찾고자 한 대표적인 현실주의자였다. 그렇다고 그가 '꿈'을 포기한 것은 아니었다. 이탈리아 통일을 넘어 로마제국의 영광을 재현코자 한 게 그렇다. 그러나 이는 플라톤의 '철인왕'과 마르크스의 '지상천국'과 같은 '비현실적인 꿈'이 아니라 인간이 노력하기만 하면 능히 달성할 수 있는 '실현가능한 꿈'이다. 현실에 굳건히 발을 내디딘 채 '실현가능한 꿈'을 제시한 마키아벨리를 두고 어느 한쪽 면만 집중 부각시켜 '민주주의자' 또는 '공화주의자'로 못 박는 것은 큰 잘못이다. 이는 마키아벨리가 국가와 백성의 상호관계를 통찰한 데 따른 당연한 결과이기도 하다. 『군주론』과 『로마사 논고』에 나오는 내용을 종합해 볼 때 마키아벨리는 국가와 그 구성원인 백성의 본질을 다음과 같이 파악한 게 확실하다.

첫째, 백성 모두 이익을 향해 무한 질주하는 이른바 호리지성好利之性을 지니고 있다. 군거群居 생활을 영위하는 인간은 사회공동체 내지 국가공동체를 유지키 위해 부득불 혈통 또는 능력에 따른 치자와 피치자의 존재를 인정할 수밖에 없다. 마키아벨리가 치자인 귀족은 백성을 부리거나 억압코자 하고, 피치자인 백성은 이에 저항코자 한다고 지적한 이유다. 각자 자신에게 유리한 쪽으로 매사를 결정코자 하는 '호리지성'을 지적한 것이다. 성악설을 주장한 순자 및 한비자의 인성관人性觀 및 민성관民性觀과 맥을 같이 하는 대목이다.

둘째, 사회 내지 국가공동체는 공동체를 유지하기 위해 공공선公共善

내지 공공질서公共秩序 등을 내세우며 법률 등의 강압조치를 통해 개개인의 '호리지성'을 제약할 수밖에 없다. 이를 방치할 경우 홉스가 지적한 것처럼 사회 내지 국가공동체는 이내 '만인의 만인에 대한 투쟁'으로 인해 이내 해체될 수밖에 없다. 소크라테스와 플라톤을 비롯해 마키아벨리 이전에 등장한 서구의 모든 철학자들은 하나같이 이상적인 도덕정치를 통해 호리지성의 충돌에 따른 개인과 공동체의 딜레마를 해결코자 했다. 묵자와 맹자가 인의仁義로 상징되는 덕치德治로 해결코자 한 것과 닮았다.

그러나 정치를 도덕규범이나 종교교리의 세속적 실천으로 접근하면 할수록, 정치에 대한 올바른 이해는 더욱 요원해지고 도덕과 종교 또한 타락의 길을 걸을 수밖에 없다. 마키아벨리가 『군주론』 제15장에서 정치를 종교 내지 도덕규범과 엄히 구별한 이유가 여기에 있다. 그의 주장이다.

"'사람들이 어떻게 살고 있는가?' 하는 문제와 '사람들이 어떻게 살아야 하는가?' 하는 문제는 너무 거리가 멀다. '사람들이 무엇을 해야 하는가?' 하는 문제에 매달려 '사람들이 무엇을 하고 있는가?' 하는 문제를 소홀히 하는 자는 자신의 보존보다 파멸을 훨씬 빠르게 배우게 된다."

『군주론』 제25장에서 운명의 여신은 기껏 인간 행동의 절반가량만 지배할 뿐이므로 그 어떤 역경이 닥칠지라도 인간은 '자유의지libero arbitrio'와 '자질virtù'을 통해 이를 헤쳐 나갈 수 있다고 언급한 것과 같은 맥락이다. 마키아벨리가 나라를 유지하는 핵심장치로 법제와 군대를 언급한 것은 바로 이 때문이다. 순자와 그의 제자 한비자가 각각 예치禮治와 법치法治를 역설한 것과 취지를 같이하는 대목이다.

사상사적으로 볼 때 마키아벨리 사상은 제자백가 사상을 집대성한 순자와 한비자의 사상과 사뭇 닮아 있다. 순자와 한비자는 각각 군주를 존중하는 존군尊君과 백성을 사랑하는 애민愛民을 토대로 예치와 법치를 주장했다. 플라톤 내지 마르크스처럼 '비현실적인 꿈'을 추구한 묵자와 맹자 등과 달리 현실에 뿌리를 내린 채 '실현가능한 꿈'을 제시한 점에서 마키아벨리와 취지를 같이한다.

03

WHY

한비자와 마키아벨리는 왜 신하와 백성을 나눠 생각한 것일까?

난세의 동서의 융합

21세기에 대한 표현은 매우 많다. G2시대, 경제전經濟戰시대, 디지털시대 등이 그렇다. 각각 정치군사, 경제경영, 과학기술의 현황을 상징하는 표현들이다. 가장 널리 사용되는 것은 'G2시대'와 '경제전시대'이다. 이를 하나로 묶으면 미중으로 상징되는 동서의 두 강국이 G1의 자리를 놓고 치열한 경제전을 전개하는 시기로 요약할 수 있다. 그 상징이 바로 기존의 기축통화인 달러와 새로운 기축통화로 발돋움하려는 위안화 사이의 접전이다. 그 한복판에 있는 우리에게는 일종의 위기이자 기회이기도 하다.

많은 전문가들은 당분간 달러의 기축통화 체제가 유지되겠지만 위안화의 국제화가 가속화하면서 이내 달러를 위협하는 수준이 될 것으로 내다보고 있다. 선제적으로 대응할 필요가 있다. '위안화 허브'의 추진이 그것이다. 대중 무역의존도가 전체의 4분의 1에 달하고 대중 수출 규모도 600억 달러에 이르는 만큼 그 필요성이 더욱 절실하다. 그러기 위해서는 달러화에 대한 과도한 의존을 줄이는 동시에 대중 편향을 줄이기 위한 원화의 위상 강화 노력이 병행돼야 한다.

원래 똑같은 상황을 맞이할지라도 당사자의 노력 여하에 따라 그 결과는 전혀 다르게 나타난다. 화를 복으로 바꾸는 전화위복轉禍爲福이 있는가 하면, 만연히 대처했다가 복이 화로 바뀌는 전복위화轉福爲禍도 있다. 청나라 말기 이여진李汝珍이 쓴 『경화연鏡花緣』은 제12회에서 "세상사에서 '전화위복'보다 더 좋은 게 없고, '전복위화'보다 더 나쁜 게 없다."고 했다. 모든 게 당사자가 하기 나름이다.

춘추전국시대에 등장한 제자백가 가운데 한비자처럼 방대한 기록을 남긴 사람은 없다. 전한 초기 사마천이 『한비자』를 접했을 때 이미 10여만 자에 달했다. 현존 『한비자』와 별반 차이가 없다. 21세기의 관점에서 볼지라도 『한비자』는 난세리더십의 바이블에 해당한다. 그만큼 내용이 깊고 광범하다. 전국시대 말기의 극도로 혼란스런 모습이 이런 명저를 낳게 한 것이다. 그럼에도 한무제가 유학을 유일한 관학으로 공인하는 이른바 독존유술獨尊儒術을 선포한 이래 『한비자』는 오랫동안 '불온서적'처럼 취급돼 왔다. 유가에서 역설하는 군주의 기본덕목인 인의예지仁義禮智 대신 법술法術을 강조한 게 근본배경이다. 아편전쟁 이후 위기의식을 느낀 사대부들이 뒤늦게 『한비자』에 주목하면서 비로소 다시 햇빛을 보게 된 이유다.

마키아벨리의 『군주론』 역시 『한비자』와 유사한 수난을 겪었다. 출간 직후 교황청의 금서목록에 오른 게 그렇다. 철인哲人이 다스리는 이상국을 지향한 플라톤의 『국가론』에 함몰된 자들이 『군주론』을 '불온서적'으로 매도한 게 결정적이다.

마키아벨리는 『군주론』 제9장에서 '모든 도시국가에는 귀족에게 예속당하는 것을 원치 않는 서민과 서민을 끝없이 지배코자 하는 귀족이 대립한다.'고 진단한 바 있다. 권력을 유지하기 위해서는 귀족보다 서민과 더 가까이 지내야 한다는 주장이다. 제20장에서 '군주가 아무리 많은 요새를 갖고 있을지라도 서민의 증오를 사면 그 어떤 요새도 군주를 구하지 못한다.'고 주장한 것도 같은 맥락이다.

동양의 역사에 비춰볼 때 마키아벨리가 말한 귀족은 사대부士大夫, 서민은 일반 백성에 해당한다. 서민의 지지를 반드시 확보하라고 주문한 마키아벨리의 당부는 『한비자』「외저설 우하」의 '명군은 관원을 다스릴 뿐 백성을 다스리지 않는다!'는 뜻의 치리불치민治吏不治民 구절과 취지를 같이한다. '치리불치민'은 『한비자』를 관통하는 키워드이기도 하다. 한비자 역시 마키아벨리처럼 군주를 관원 내지 귀족들의 착취로부터 백성의 권익을 지키는 최후의 보루로 간주했다.

사상사의 관점에서 볼 때 법가사상을 집대성한 『한비자』의 요체는 군주의 정교한 통치술과 공평무사한 법치에 있다. 『군주론』도 크게 다르지 않다. 『군주론』 역시 권력유지의 두 축으로 뛰어난 법제와 강력한 군대를 들었다. 양자 모두 군위君威의 확립을 통해 인민을 귀족 내지 사대부의 착취로부터 지켜내고자 한 것이다. 『한비자』와 『군주론』을 관통하는 기본이념을 존군尊君과 애민愛民으로 요약하는 이유다. '존군'은 군주주의, '애민'은 민주주의를 상징한다.

원래 한비자가 유가의 '교민'과 상가의 '이민' 대신 일사불란한 '제민'을 역설한 것은 이회 및 상앙으로 이어진 전래의 법가 이론을 하나로 통합한데 따른 것이다. 그가 볼 때 호리지성의 충돌에 따른 국가공동체의 혼란은 유가의 '교민'이나 상가의 '이민'으로는 결코 수습될 수 없었다. 엄격한 법치를 해법으로 제시한 배경이다. 이는 인간의 호리지성에 대한 강도를 가장 높게 평가한 결과로 해석할 수 있다. 홉스가 말하는 '만인의 만인에 대한 투쟁'은 바로 한비자가 바라본 호리지성과 맥을 같이한다.

인간의 호리지성을 방치할 경우 '만인의 만인에 대한 투쟁'은 필연이다. 이를 방지하기 위해서는 강력한 군권君權이 작동해야 한다. 한비자가 군주의 고독한 결단인 독단獨斷을 역설한 이유다. 이는 민생과 직결돼 있는 시장질서의 교란을 제거하는데서 출발할 필요가 있다. 민생이 무너지면 나라의 존립이 불가능하기 때문이다. 실제로 고금동서를 막론하고 '리더십 위기'는 하나같이 경제문제를 제대로 해결하지 못한데서 비롯됐다.

한마디로 정치경제의 요체가 민생에 있다고 해도 과언이 아니다. 민생해결의 실패는 시장의 실패에서 온다. 시장은 21세기의 현실이 보여주듯이 마르크스가 분류한 '자본주의 vs 사회주의' 도식과는 하등 상관이 없다. 오직 민생의 현장이 시장질서가 제대로 작동하는가 여부에 달려 있을 뿐이다. 존스홉킨스대의 조반니 아리기는 지난 2007년에 펴낸 『베이징의 애덤 스미스』에서 중국경제가 애덤 스미스의 『국부론』 취지에 더 부합한다는 주장을 내놓은 바 있다. 중국은 등소평의 개혁개방 이후 지난 30년간 서구 학자들이 평가하는 '자본주의화'의 길을 걸은 게 아니라 '시장화'의 길을 걸었다는 게 요지이다.

아리기가 설파한 것처럼 시장은 이념과 아무 관련이 없다. 오직 인간의 호리지성이 그대로 부딪치는 삶의 현장이다. 애덤 스미스가 『국부론』에서 말한 '보이지 않는 손'은 바로 인간의 호리지성을 전제로 한 것이다. 시장을 재화와 인력이 자유롭게 오가는 장터로 만들어야 하는 이유다. 문제는 재화와 인력의 수급이 경색될 때 생긴다. 바로 시장의 실패이다. 이는 시장 질서를 교란하는 자를 제대로 다스리지 못한데서 비롯된다. 법집행이 공정치 못한 게 가장 큰 원인이다. 단속 권한을 지닌 관원들이 간상들과 손잡고 편파적으로 법을 운용한 결과다. 사마천은 『사기』 「평준서」에서 이같이 말했다.

"나라가 태평할 때는 골목길을 지키는 자도 좋은 음식을 먹었고, 관리들은 자손이 클 때까지 오랫동안 인사이동이 없었다. 사람들은 자중자애하며 범법을 큰 일로 생각했다. 의로운 행동을 우선으로 여기며 치욕스런 행위를 배척한 이유다. 당시는 법망이 관대해 백성들이 모두 부유했다. 그러나 이후 부자들이 부를 빙자해 오만방자한 짓을 저질렀다. 어떤 자는 토지를 마구 겸병키도 했다. 부호들이 관직도 없으면서 위세를 부리며 멋대로 날뛴 배경이다. 봉읍을 지닌 종실과 공경 이하의 사대부들 역시 앞다퉈 사치를 부렸다. 주택과 거마 및 의복 등이 모두 분수를 넘어 한계가 없었다. 모든 것은 성하면 쇠하기 마련이다. 변화가 끊임없이 일어나는 이유다."

이는 한무제 때에 들어와 잦은 원정과 사치로 인해 국가경제가 피폐해진 배경을 설명한 것이다. 「화식열전」에서 시장에 대한 국가의 간섭을 질타하면서도 「평준서」에서 사치와 겸병을 일삼은 부호와 공실 이하의 사대부들을 성토한 것은 시장질서의 확립이 전제돼야 자유 시장이 제 기능을 할 수 있다는 점을 역설키 위한 것이다. 애덤 스미스가 '보이지 않는 손'을 역설하면서도 시장질서의 교란을 막기 위한 '보이는 손'을 대전제로 내세운 것과 같다.

요체는 공정한 법집행이다. 이것이 이뤄지지 않으면 관원과 간상의 유착으로 인한 부익부빈익빈의 망국적인 양상이 표면화돼 민생이 도탄에 빠지고, 살 길이 막막해진 백성들이 유민이 되어 도적으로 일변하는 와중에 군웅이 나타나 천하대란으로 이어지게 된다. 춘추전국시대와 삼국시대 등 모든 난세가 바로 이런 패턴에서 한 치도 벗어나지 않았다.

난세에는 높은 수준의 치도와 치술을 구사할수록 국력은 정반대로 나타난다. 난세와 치세의 치술이 달라야 하는 이유다. 실제로 고금동서를 막론하고 난세에 위력을 떨치는 것은 병가와 법가의 치술이다. 강력한 군권君權이 가장 먼저 작동해야 하는 곳이 바로 민생의 현장인 시장이다. 난세의 시장질서 교란은 곧 국가패망을 뜻한다. 백성들이 경작할 땅과 머물 곳을 잃고 유랑민으로 변하면 곧 유적流賊으로 돌변하고, 군웅이 우후죽순처럼 일거에 일어나 상호 치열한 각축 끝에 새 왕조를 세우게 된다. 국가의 흥망과 정권의 교체 모두 이 도식에서 한 번도 벗어난 적이 없다.

군주와 후흑

고금을 막론하고 난세의 시기에 백성들의 부를 고르게 하는 균부均富와 공동체 의식을 강화하는 균민均民의 목소리가 높아지는 이유다. 2008년의 월가 금융위기 이후 수년 째 계속되고 세계적인 경제위기로 인해 지구촌 각 곳에서 자본주의 시스템에 대한 대대적인 수술이 필요하다는 지적이 나오고 있는 게 그렇다. 위정자를 비롯해 기업 CEO들의 난세상황에 대한 통찰이 필요하다. 안방과 문밖의 구별이 사라진 상황의 21세기 경제전의 현황을 감안할 때 『한비자』와 『군주론』에 대한 통합적인 고찰은 절실한 과제에 해당한다.

마키아벨리와 한비자가 『군주론』과 『한비자』를 저술한 것은 기본적으로 '존군'을 통해 이탈리아와 중원천하를 통일해 인민을 도탄에서 구하려는 취지에서 나온 것이다. 일종의 존군구국尊君救國의 계책에 해당한다. 궁극적인 목적은 말할 것도 없이 '애민'과 보국保國에 있다. 한비자와 마키아벨리가 공히 공화정 내지 붕당정치의 핵심인 귀족 및 대신의 작당을 통제하기 위해 때론 속임수와 악행도 불사해야 한다고 주문한 것도 이런 맥락에서 이해할 수 있다.

이는 여러 면에서 청조 말기에 태어나 민국시대에 활약한 이종오李宗吾의 후흑구국厚黑救國 주장과 닮아 있다. '후흑구국'은 얼굴이 두꺼운 이른바 면후술面厚術과 속마음이 시꺼먼 심흑술心黑術을 활용해 서구 열강의 약탈 대상으로 전락한 중국을 구하고자 하는 취지에서 나왔다. 이는 이종오가 사서를 통해 역대왕조의 교체과정을 면밀히 검토한 뒤 찾아낸 통치술이다.

그는 삼국시대의 유비를 면후술의 대가, 조조를 심흑술의 대가로 평했다. 그가 가장 높이 평가한 인물은 조조의 위나라를 손에 넣은 후손자인 사마염 때 삼국통일을 이루게 하는 기반을 닦은 사마의였다. 면후술과 심흑술의 최고 경지를 유감없이 보여준 후흑술의 달인으로 평한 게 그렇다. 당시 이종오는 이들이 구사한 후흑술을 이용해 열강의 침탈로 인해 반半식민지 상태로 전락한 중국을 구해낼 것을 호소했다. 서구 열강의 무자비한 약탈로부터 나라의 독립과 자존을 지켜내기 위해서는 부국강병을 이뤄야 하고, 이를 위해서는 '후흑술'을 적극 구사해야 한다는 게 골자이다.

마키아벨리가 열강의 먹잇감으로 전락한 분열된 이탈리아의 통일을 염원하며 『군주론』을 저술한 것과 같다. 한비자가 군웅의 할거로 도탄에 빠진 중원의 인민을 구하기 위해 천하통일을 고대한 것도 같은 맥락이다. 객관적으로 볼 때 이종오의 '후흑술'은 『한비자』와 『군주론』에 나오는 제신술制臣術을 20세기 버전으로 재해석한 경우에 해당한다.

성리학의 기본윤리인 '삼강오륜'이 아직 맹위를 떨치던 시절에 나온 이종오의 이런 파격적인 주장은 지식인들에게 커다란 충격으로 다가왔다. 일시에 물의가 빚어진 배경이다. 『군주론』이 출간 직후 교황청에 의해 금서로 묶인 정황과 닮았다. 그럼에도 『후흑학』은 당시 조야로부터 커다란 호응을 얻었다. 상황이 그만큼 위중했던 것이다.

그러나 이는 기본적으로 이종오가 제자백가서와 역대 사서를 두루 섭렵한 뒤 '후흑술'을 언급한 사실과 무관치 않다. 신생 군주를 하나같이 미화해 놓은 사서의 기록을 자세히 들여다보면 그의 주장이 결코 터무니없는 게 아님을 알 수 있다. 천하를 거머쥐는 과정에서 저지른 온갖 악행이 사관에 의해 은폐되거나 선행으로 윤색된 게 그렇다.

많은 사람들은 이종오의 다음과 같은 설명에 고개를 끄덕이고 있다.

"당초 나는 글을 알아 책을 읽기 시작한 후 영웅호걸이 되고자 했다. 4서5경을 모두 읽었으나 아무 소득이 없었다. 제자백가서와 역대 왕조의 사서인 24사史를 통해 얻고자 했으나 이 또한 아무 소득이 없었다. 그래서 나는 옛날에 영웅호걸이 된 자는 분명히 세상에 전해지지 않는 비술이 있었을 텐데 다만 내가 못나서 그것을 찾아내지 못한 것으로 생각했다. 그러던 중 흥망성쇠와 사관의 주장이 완전히 상반되고 있음을 알게 됐다. 그 비결을 알기 위해 무진 고생했음에도 쉽게 찾아내지 못했다. 결국 연구를 거듭한 끝에 옛 사람의 성공비결은 낯가죽이 두꺼운 '면후'와 속마음이 시꺼먼 '심흑'에 지나지 않는다는 천고의 비결을 찾아내게 됐다!"

승자의 기록인 사서를 읽을 때 반드시 그 이면을 면밀히 검토해야 하는 이유다. 이종오도 사서의 행간을 읽음으로써 '절세의 구세주'와 '만고의 역적'이 엇갈리게 된 배경을 찾아냈다. '절세의 구세주'가 되기 위해서는 반드시 승리해야 하고, 승리하기 위해서는 반드시 '후흑'의 달인이 되어야 한다. 그가 24사를 통독한 뒤 최종적으로 내린 결론이다.

『군주론』과 『한비자』가 나온 것도 이런 맥락에서 이해할 수 있다. 한비자와 마키아벨리는 참주정과 과두정에 이어 폭민정이 등장할 것을 가장 우려했다. 그 경우 조국 이탈리아가 갈기갈기 찢겨 서민 모두 열강의 노예가 되고, 군웅의 할거 양상이 더욱 고착화돼 애꿎은 중원의 인민이 무법천지 속에서 노비처럼 살아갈 것을 우려한 것이다. 고금을 막론하고 난세에 빚어지는 온갖 폐해는 고스란히 인민이 떠안게 된다. 마키아벨리와 한비자가 공히 강력한 군주의 등장을 통한 조국 이탈리아의 통일과 중원천하의 통일을 염원한 근본배경이 여기에 있다.

『군주론』과 『한비자』가 공히 공화정의 귀족과 붕당정치의 신권세력을 인민을 착취하는 세력으로 낙인찍고, 군주를 인민의 재산과 이익을 지키는 최후의 보루로 간주한 것도 이런 맥락에서 이해할 수 있다. 난세에는 난세의 논리가 작동하는 만큼 군주의 강력한 난세리더십이 절실하다. 동서와 고금에 따라 난세의 이치가 달라질 리 없다. 『군주론』과 『한비자』를 깊이 탐사해야 하는 이유다. 질병을 고치는데 한방과 양방의 한쪽만 고집할 필요가 없는 것과 같다.

짚고 가자

'민주정'과 '군주정'의 21세기형 혼합모델

동서고금의 역사를 개관할 때 21세기 현재에 이르기까지 국체國體 내지 정체政體는 크게 3가지 유형밖에 없다. 플라톤과 아리스토텔레스가 분류한 군주정과 공화정, 민주정이 그것이다. 시간이 지나면서 군주정은 대통령제, 공화정은 의회제로 바뀌었다. 옷만 갈아입었을 뿐 몸체는 조금도 변하지 않았다. 주목할 것은 민주정이다. 인민주권을 전제로 한 보통, 평등, 직접, 비밀 선거제로 그 흔적만을 남기고 있는 점이다. 인구 10만 명 단위의 소규모 도시국가에서 방대한 영토와 많은 인구를 보유한 근대국가로 전화한 결과다. 고대 그리스 시대처럼 도시의 전 인민이 투표를 매개로 입법과 사법, 행정을 직접 담당하는 일이 불가능해졌다. '직접 민주주의'가 '간접 민주주의'로 전환하데 따른 불가피한 현상이기도 하다.

실제로 21세기 현재 전 세계의 모든 나라가 예외 없이 인민주권을 전제로 한 민주주의를 표방하고 있지만 그 내용은 천차만별이다. 일부 국가에서는 북한처럼 아예 인민을 노예처럼 부리는 이른바 참주전제정僭主專制政을 호도하는 수단으로 사용하고 있다. 이곳에서는 민주정이 정치구호로만 존재하는 장식물에 불과하다. 과거 스탈린 치하의 소련이나 현재의 북한이 그렇다. 정치학자들은 이를 '형식적 민주주의'로 규정하고 있다. 미국처럼 권력구조가 여러 영역에서 활동하고 있는 경쟁적 엘리트들로 구성되어 있는 다원주의의 나라를 '실질적 민주주의'로 규정한 것과 대비시킨 것이다.

그렇다면 민주주의의 꽃으로 불리고 있는 미국의 다원주의는 과연 고대 그리스 때 만개한 '직접 민주주의'의 이상을 실현하고 있는 것일까? 대답은 부정적이다. 지난 2011년 가을 전 인구의 1퍼센트에 불과한 월가의 탐욕스런 투기꾼에 대항해 99퍼센트의 서민들이 들고 일어난 '반월가 시위'가 그 증거다. 소득 불평등의 골이 점점 깊어지고 있는 우리나라도 강 건너 불구경 하듯이 할 일이 아니다. 다원주의를 자랑한 미국의 민주주의 제도조차 극소수의 투기꾼을 위한 제도로 전락한 상황에서 민주정을 금과옥조로 여기는 것은 이제 지양해야 한다. 현대 국가의 민주정은 정도의 차이만 있을 뿐 하나의 구호 내지 껍데기만 남아 있다고 해도 과언이 아니다.

권력은 본질적으로 전 인민에게 분산시킬 수 있는 게 아니기 때문이다. 피치자被治者 전원이 치자治者로 존재하는 경우는 가족공동체 내지 소규모 마을공동체에서나 가능한 일이다. 엄밀히 말하면 가장 작은 단위의 공동체인 가족공동체조차 피치자 전원이 치자로 존재하지는 않는다. 플라톤과 아리스토텔레스는 민주정이 가장 타락한 형식을 폭민정暴民政으로 규정했다. '콩가루 집안'의 확대판인 '콩가루 나라'가 바로 이에 해당한다. 국가원수國家元首에 해당하는 최고통치권자가 부재하거나 허수아비가 된 상황이 바로 그렇다. '콩가루 나라'를 피하기 위한 차선책으로 나온 게 바로 공화정共和政이다. '공화' 용어는 『사기』「주본기」에 처음으로 나온다.

이에 따르면 기원전 841년 주여왕周厲王이 무도한 모습을 보이자 백성들의 원성이 들끓었다. 소목공邵穆公 호虎가 거듭 간했으나 듣지 않았다. 마침내 백성들이 폭동을 일으켜 주여왕을 지금의 산서성 곽현인 체彘 땅으로 쫓아냈다. 사가들은 이를 '국인폭동國人暴動'으로 명명했다. 사상 처음으로 등장한 인민혁명이다. 이해가 바로 '공화共和 원년'이다. '공화'는 곧 왕이 인민혁명으로 도주하여 보위가 비어 있는 상황에서 대신들이 집단지도체제로 나라를 운영하는 체제를 말한다. 메이지유신 당시 공화정을 경험한 적이 없는 일본인은 '리퍼블릭'의 번역어를 놓고 고민하다가 『사기』「주본기」에 나오는 '공화' 용어에 무릎을 치며 이를 번역어로 채택했다. 공화정의 본질은 바로 대신이 집단지도체제를 만들어 대권을 행사하는데 있다. 동양 전래의 역사관에 대입하면 사대부가 중심이 되는 신권정치臣權政治 내지 붕당정치朋黨政治를 뜻한다.

서양에서는 로마공화정 때 처음으로 제도화 됐다. 그 상징이 바로 원로원이다. 낭조 조그마한 도시를 모태로 출발해 기원전 6세기 경 독립을 이룬 로마는 이미 그 이전부터 씨족의 우두머리로 구성된 원로원Senatus과 원로원 의원 중에서 선출된 2명의 집정관Consul, 군복무가 가능한 남자 시민으로 구성된 민회Comitia라는 3개의 권력기관을 두었다. 형식상의 최고 권력기관은 2명의 집정관이었지만 사실상 최고의 권력기관은 원로원이었다. 집정관 자리는 원로원 의원들이 1년씩 돌아가면서 역임한데 불과했기 때문이다. 로마가 2명의 집정관을 둔 것은 권력이 한 곳으로 쏠리는 것을 막기 위한 장치였다. 두 사람 사이에 이견이 있을 때 당연히 그 결정권을 원로원에 이양토록 했다. 전쟁과 같은 비상시기는 전쟁 수행의 효율성을 제고하기 위해 부득이 6개월 임기의 1명의 독재관Dictator을 두기는 했다. 그러나 이는 위기국면을 타개하기 위한 편법에 불과했다. 전쟁이 계속 진행되어 독재관이 자신의 임기를 연장할 필요가 있다고 판단할 경우에도 반드시 원로원의 재가를 받도록 했다.

원로원은 의원 정원을 처음에는 1백 명으로 했으나 6세기 초 3백 명으로 확대된 후 공화정 말기까지도 대략 이 수준을 유지했다. 원로원 의원은 당초 각 씨족의 우두머리인 귀족들로 구성됐으나 점차 공화정의 발전과 더불어 정무관의 전력을 가진 종신의원 등으로 그 구성원이 바뀌었다. 당시 원로원의 결정은 로마시민의 총의로 간주됐다. 원로원은 정무관의 소집에 의해 집회를 갖고 정무관의 자문에 의결로 답했다. 그러나 정무관은 원로원의 우월적 지위로 인해 원로원의 의결을 따르지 않을 수 없었다. 실제로 중요한 정책은 모든 원로원의 의결로 처리됐다. 원로원의 의결은 비록 법이 아니었지만 국정에 관한 사실상 최종 결정이나 다름없었다. 로마가 원로원의 나라였다는 사실을 이를 통해 분명히 확인할 수 있다.

영어 '리퍼블릭'은 인민의 재산을 뜻하는 라틴어 '레스 푸블리카'에서 나왔다. 원래 로마공화국을 뜻하는 라틴어는 SPQR(Senatus Populusque Romanus)이다. '로마의 원로원과 인민'을 의미한다. 로마는 아우구스투스의 등장 이후 비록 집정관을 뜻하는 콘술이 원수를 뜻하는 프린켑스로 바뀜에 따라 정체가 공화정에서 원수정으로 전환됐으나 국체만큼은 여전히 공화국을 표방했던 것이다. 서양사에서 '레스 푸블리카'라는 재산 개념이 현재의 공화국 의미로 통용된 것은 18세기말 프랑스 혁명 이후의 일이다. 이게 바로 21세기 현재 미국을 비롯해 한국에 이르기까지 대통령제를 유지하는 나라에서조차 가장 막강한 권력을 행사하고 있는 의회정치의 본질이다.

거시사의 관점에서 주목할 것은 21세기 현재 장식물로 전락한 '민주정'과 달리 '공화정'은 과연 인민의 이익을 위해 제대로 작동하고 있는가 하는 것이다. 대답은 부정적이다. 미국의 민주주의가 그 속살을 드러낸 지난 2011년의 '월가 시위'는 미국을 사실상 지배하고 있는 상원 역시 월가의 탐욕스런 자본가들을 비호하는 한 통속에 지나지 않는다는 사실을 극명하게 보여주었다. 말만 요란했을 뿐 근본적인 후속대책이 아직까지 나오지 않고 있는 게 그 증거다.

21세기 난세를 슬기롭게 헤쳐 나가기 위해서는 발상의 대전환이 필요하다. 금과옥조로 통용되고 있는 공화주의와 민주주의를 떼어놓는 발상이 필요하다. 이는 서양의 역사문화 배경에서 나온 것이다. 동양은 수천 년 동안 군신공치君臣共治 이념 아래 군주정과 공화정의 조화를 추구해 왔다. 동양의 군주정과 서양의 민주정 장점을 하나로 묶은 군주민주정이 그것이다. 마키아벨리가 『군주론』에서 역설한 '선출된 군왕'이 이에 해당한다. 이는 세습군왕과 달리 선출되는 까닭에 민주정의 장점을 지니고 있고, 나아가 난세의 시기에는 군주정의 장점까지 발휘할 수 있다. 이를 잘 다듬으면 21세기의 새로운 정체 모델이 될 수 있다.

공화정에 대한 맹신을 깨부수는 게 관건이다. 역사적으로 볼 때 동양은 공화정을 '사대부정치'로 표현해 왔다. 실상은 아리스토텔레스가 지적했듯이 과두정에 지나지 않는다. 우리나라 과두정의 연원은 멀리 조선조 개국 초까지 거슬러 올라간다. 당시 비록 헌법을 두지는 않았으나 불문율에 가까운 『주례』와 『의례』 등의 예제와 『경국대전』 등의 법전을 통해 나라를 다스린 점에서 조선조는 일종의 '입헌군주제'를 채택한 것이나 다름없다. 문제는 중기에 들어와 중종반정을 계기로 훈구파와 사림파가 대립하면서 '헌법파괴'와 유사한 현상이 빚어진 데 있다. 반정 당일 급히 반정세력의 등에 업혀 즉위식을 올린 중종은 이후 반정대신이 입궐하면 자신도 모르는 사이 벌떡 일어나 먼저 인사를 하곤 했다. 대권이 사실상 신하에게 넘어갔음을 보여주는 상징적인 사건이다.

이후 상황은 더 악화됐다. 최초의 서자 출신 국왕인 선조는 정통성 시비를 미연에 차단할 요량으로 붕당을 공식 승인하는 꼼수를 두었다. 이웃 중국에서는 청대 말기에 이르기까지 엄법으로 다스린 붕당의 결성이 조선조에서는 중기에 들어와 합법화된 것이다. 고종 때까지 조선조의 형률로 원용된 『대명률』에 붕당의 결성을 엄금하는 이른바 간당죄奸黨罪가 엄연히 존재했는데도 이런 황당한 일이 빚어졌다. 선조가 비굴하게도 실권을 장악한 신권세력에게 아부한 것으로 해석할 수밖에 없다.

이를 계기로 붕당구도가 고착되면서 조선조는 이내 군권君權은 한없이 약하고 신권臣權은 한없이 강한 군약신강君弱臣强의 나라로 전락하고 말았다. '군약신강' 구도는 시간이 지날수록 더욱 강화되는 모습을 보였다. 선조 때 왜란이 빚어지고, 인조 때 호란이 터져 나오고, 순조 이후 허수아비 군주가 속출하는 세도정치가 만연하고, 고종 때 총 한 번 쏘지 못한 채 나라가 패망하는 참사가 빚어진 근본배경이다.

거시사의 관점에서 보면 조선조는 붕당의 출현을 계기로 혈투 끝에 승자가 된 당파가 돌아가며 대권을 장악하는 '과두제'의 나라로 변질된 셈이다. 4색 당파는 과두정의 전형에 해당한다. 불행하게도 목도하는 바와 같이 21세기 현재도 그런 일이 빚어지고 있다. 참주정과 과두정은 폭민정을 자초하는 뇌관에 해당한다. 폭민정 하에서는 민생이 도탄에 빠진 나머지 전국 각지에서 잇달아 민란民亂이 일어나고, 법기法紀의 붕괴로 공권력이 무력화된 나머지 법을 대신한 폭력이 난무하게 된다. 이는 국가패망을 의미한다.

'폭민정'이 등장하면 나라와 인민 모두 마치 체스 판의 말처럼 주변 강국의 농락대상이 된다. 실제로 구한말과 해방 전후에 그런 모습이 빚어졌다. 21세기 현재 중국으로 넘어간 북한의 탈북자들이 인신매매의 대상이 되어 비참한 삶을 이어가는 것도 같은 맥락이다. 3대 세습의 '참주정'으로 인해 사실상 궤멸 직전에 처한 북한에 이어 남한마저 '과두정'으로 인해 국가기능이 마비될 경우 이내 민주주의의 타락형인 '폭민정'이 등장케 된다. 남북이 공멸하는 시나리오이다. 북한의 '참주정' 못지않게 남한의 '과두정'에 깊은 경계심을 가져야 하는 이유가 여기에 있다.

21세기 경제전쟁의 관점에서 볼 때 주목할 것은 서구의 경영이론은 하나같이 전문경영인이 주축이 된 기업CEO의 민주리더십을 강조하고 있는 점이다. 유가의 천하위공天下爲公 주장과 사뭇 닮아 있다. 호황일 때는 나름 일리가 있다. 문제는 2008년에 터져나온 미국 발 금융대란과 2011년의 유럽 발 재정대란과 같은 경제위기 상황이다. 과감히 도려낼 것은 도려내고 새로운 상황에 맞춰 즉시 변신하는 것이 절대 필요한 상황에서 민주리더십 운영체제로는 결단이 늦어질 수밖에 없다. 결단의 성패에 따른 책임이 너무나 막중하기 때문이다. 위기상황에서 결단을 미루면 미룰수록 사안은 위중해진다. 이는 패망의 길이다. 전쟁터에서 지휘관이 임기응변의 즉각적인 명을 내리지 못하고 우물쭈물하며 연일 구수회의만 열다가 몰살을 자초하는 것과 같다.

위기상항에서는 전문경영인 CEO의 민주리더십보다는 오너 CEO의 제왕리더십이 더욱 빛을 발한다. 2010년의 아이폰 공습 당시 삼성이 총수의 복귀를 계기로 반격의 계기를 마련한데 반해 민주리더십을 고집한 LG가 대응을 늦추는 바람에 고전한 게 그 증거다. 창업주와 그 후손인 오너는 주인의식이 강할 수밖에 없다. 전문경영인과는 질적으로 차원이 다르다. 일부 악덕기업주를 제외하고는 기업에 강한 애착을 가질 수밖에 없다. 역대 왕조의 창업주와 그 후손인 군주가 사직의 안녕을 위해 애쓰는 것과 닮았다.

한비자가 군권을 공권, 신권을 사권으로 간주한 이유가 여기에 있다. 이는 군주에게 천하를 사유물로 간주하라고 권한 게 아니라 오히려 온 몸을 내던져 천하를 감싸라고 주문한 것이다. 위기상황에서 '천하위공'을 오히려 더욱 철저히 실천하는 것에 해당한다. '천하위공'에 대한 유가와 법가의 이런 해석 차이는 천하경영의 운영방식에서 극명하게 드러난다.

법가의 입장에 설 경우 군권이 자타가 공인하는 공권으로 인정받기 위해서는 먼저 인사대권부터 공정을 기할 수밖에 없다. 한비자가 인재를 발탁할 때 천하의 공의公義에 부합해야 한다고 역설한 이유다. 상벌권의 행사 역시 신중을 기할 수밖에 없다. 한비자가 정해진 법규를 좇아 상벌권을 엄히 행사하라고 주문한 이유다. 세인들이 모두 수긍하는 천하의 공론公論에 부합해야 실효를 거둘 수 있기 때문이다. 법가의 엄정한 법집행은 난세의 시기에 '천하위공'을 보다 더 철저하면서도 공정하게 실현하는 유일한 방안에 해당한다.

한비자가 군주의 공평무사한 수법守法을 역설한 이유가 여기에 있다. 이는 군주를 엄정한 법치를 실행하는 최후의 보루로 간주한 결과다. 그는 결코 군주를 법 밖의 인물로 상정한 적이 없다. 법가 역시 유가와 마찬가지로 치국평천하의 대전제를 『예기』「예운」에 나오는 천하위공天下爲公에 두었다. 천하는 만민 공동의 것이라는 뜻이다. 오히려 유가보다 더욱 철저히 이를 관철코자 했다고 볼 수 있다. 삼국시대 당시 법가인 조조가 보리밭을 밟지 말하는 엄명을 내린 뒤 자신의 말이 이를 범하자 이내 자신의 머리를 잘라 전 군에 돌린 게 좋은 사례이다. 한비자가 공과 사의 영역을 엄격히 나누는 공사지변公私之辨을 역설한 근본배경이 여기에 있다.

전한제국 초기 유가인 가의賈誼는 「과진론過秦論」에서 성군과 폭군의 판별 기준으로 '공권의 사권화私權化'를 든 바 있다. '사권화'는 자의적인 저울질을 뜻한다. 유가는 '사권화'의 당사자로 군주를 지목했으나 한비자는 정반대로 권신을 지목했다. 『한비자』가 군주의 전제專制에 관해서는 단 한마디로 언급하지 않은 채 권신의 전제만 모두 5차례에 걸쳐 언급한 이유다. 제자백가 가운데 공권과 사권의 차이에 한비자만큼 커다란 관심을 기울인 사람은 없었다. 한비자가 볼 때 군주는 천하의 저울을 거머쥔 자에 해당하는 만큼 공평한 '저울질'에 늘 비상한 관심을 기울여야만 한다. 『한비자』가 노자의 '도치'를 최상의 통치로 간주한 것은 이 때문이다. 하늘에 떠 있는 해와 달이 만물을 고루 비추는 것처럼 공평무사한 법치를 이뤄야만 천하의 저울이 될 수 있다고 경고한 것이다. 한비자가 '공권의 사권화'를 극도로 경계한 것도 바로 이 때문이다.

21세기의 관점에서 볼 때 '공사지변'을 얼마나 제대로 이행하는지 여부가 G2 중국의 운명을 가를 소지가 크다. 2015년에 들어와 시진핑은 중국몽中國夢을 자주 얘기하고 있다. G1 미국을 끌어내리고 중국이 그 자리를 차지하겠다는 취지이다. 오랫동안 덩샤오핑의 가르침을 좇아 달빛 속에서 은밀히 칼을 가는 도광양회韜光養晦의 행보를 보인 중국이 시진핑 시대에 들어와 이런 노골적인 움직임을 보이는 것은 나름 판단이 섰다는 얘기다.

문제는 중국의 관가에 만연해 있는 부정부패를 얼마나 근절할 수 있는가 하는 것이다. 한때 시진핑과 자웅을 겨룬 보시라이와 저우융캉 등의 부정부패사건이 좋은 사례다. 부정부패가 그만큼 심각하다. 이를 제대로 해결하지 못할 경우 시진핑의 '중국몽'은 한낱 신기루에 그치고 만다. 객관적으로 볼 때 현재 장쩌민을 우두머리로 한 이른바 상해방上海幇은 보시라이와 저우융캉 등의 몰락으로 사실상 궤멸상태에 빠져 있다. 시진핑의 반反부패 운동이 나름 성공을 거두고 있다는 증거다.

부정부패의 온상으로 불려온 상해방의 척결을 완수할 경우 중국은 완전히 새로운 단계로 도약할 수 있다. G1 등극도 가능하다. 정반대로 이를 제대로 수행하지 못할 경우 G1 미국에 끌려 다니는 종속변수로 전락할 공산이 크다. 소수민족과 농민공 등의 불만이 밖으로 표출돼 심각한 내분 상황으로 몰릴 수도 있다. G2 중국에 반부패 운동의 성공은 절체절명의 과제에 해당한다. 시진핑을 위시한 중국 수뇌부의 남다른 각오와 강력한 추진이 관건이다.

동서양의 전략전술가

•손자

손자는 병성兵聖으로 일컬어지는 인물이다. 원래 이름은 손무孫武로 알려졌으나 실존인물인지 여부를 두고 오랫동안 논란이 지속됐다. 춘추시대 중기 이후의 인물을 거의 망라해 놓은 『춘추좌전』에 그의 이름이 전혀 나오지 않기 때문이다. 나아가 전국시대에 활약한 손빈孫臏의 병서도 『손자병법』으로 알려진 까닭에 20세기 중반까지 『손자병법』의 저자를 둘러싼 논쟁도 수천 년 동안 지속됐다. 『손자병법』은 춘추시대 초기부터 전해지는 여러 병서의 내용을 무명씨가 짜깁기해 세상에 내놓은 것일 공산이 크다. 현재 전해지는 것은 후한 말기 위무제 조조曹操가 다시 정리해 펴낸 것이다. 조조가 사실상의 저자에 해당한다. 『손자병법』에는 통상적인 군사상의 전략전술은 물론 비즈니스 차원에서 볼지라도 21세기 경제전 시대에 그대로 써먹을 만한 매우 뛰어난 상략상술이 무궁하다.

•클라우제비츠

동양에 『손자병법』이 있다면 서양에는 클라우제비츠의 『전쟁론』이 있다고 말할 수 있다. 이는 나폴레옹 전쟁을 직접 겪은 프로이센 군관의 저서이다. 그는 1812년 프로이센이 프랑스와 동맹을 맺자 곧바로 러시아군에 투항한 뒤 나폴레옹 타도를 전제로 한 유럽 각국의 해방전쟁에 매진했다. 1815년 프로이센 국왕으로부터 귀국을 허락받은 뒤 사관학교 교관과 군사 행정관으로 활동하였다. 이후 육군대학교장 등을 역임하다가 콜레라에 걸려 급사할 때까지 『전쟁론』의 집필에 몰두했다. 그는 죽는 순간까지 『전쟁론』을 완성하지 못했다. 『전쟁론』이 지나치게 난해하다는 얘기가 나오는 이유다. 그렇다고 전혀 이해가 되지 않는 것은 아니다. 서양의 수많은 군사전문가를 비롯해 잭 웰치 전 GE회장처럼 저명한 기업CEO들이 『전쟁론』을 탐독해 뛰어난 리더십을 구사한 바 있다. 앞으로도 이런 흐름은 더욱 강화될 소지가 크다. 그만큼 서구의 역사문화에 부응하는 다양한 전략전술을 내포하고 있다.

제5장 손자와 클라우제비츠

상대를 어떻게 이기는가?

전쟁은 인류가 규모의 차이만 있었을 뿐 집단생활을 영위할 때부터 시작됐다. 이러한 인류의 싸움을 체계적으로 정립한 최초의 저서가 춘추시대 말기에 나온 『손자병법』이다. 전쟁에 관한 최고의 고전이라고 할 수 있다. 이와 쌍벽을 이루고 있는 서양의 병서가 클라우제비츠의 『전쟁론Vom Kriege』이다. 양자 모두 전쟁을 정치의 연장선에 있는 것을 본 점에서는 같으나 많은 면에서 차이를 드러내고 있다. 『손자병법』은 싸우지 않고 적을 굴복시키는 전략에 초점을 맞추고 있는데 반해 『전쟁론』은 적을 섬멸해 반격가능성을 아예 봉쇄하는 데 방점을

I 『손자병법』

찍고 있다. 양자의 이동異同을 제대로 이해하면 미중이 치열한 각축을 벌이고 있는 21세기 G2시대의 특징을 명확히 파악할 수 있다.

01

손자는 필승의 전략을 『손자병법』에서 어떻게 제시했는가?

역사 속의 손무

춘추전국시대는 동서고금의 전 역사를 통틀어 사상적으로 가장 활발한 시기였다. 수많은 제자백가가 출현해 치열한 사상논쟁인 백가쟁명을 전개한 게 그 증거다. 제자백가 가운데 국가존망을 좌우하는 전쟁문제를 전문적으로 다룬 학단學團이 바로 병가이다. 공자와 묵자 및 노자 등이 각각 유가와 묵가 및 도가의 사상적 효시로 간주되고 있는 것과 달리 병가는 아직까지 누가 효시인지에 대해 정설이 없는 실정이다.

대다수 사람들은 춘추시대 말기 오자서伍子胥와 함께 오왕 합려闔閭의 패업을 도운 손무孫武를 들고 있다. 전국시대 초기 위문후魏文侯의 패업을 도운 오기吳起와 전국시대 중기 제나라에서 활약한 손빈孫臏을 드는 견해도 만만치 않으나 통설은 손무이다. 그러나 손무의 사적이 안개 속에 싸여 있는 것은 미스터리이다. 손무는 과연 실존인물일까, 아니면 가공인물에 지나지 않는 것일까? 현재로서는 『사기』「손자오기열전」과 『오월춘추』 등에 나와 있는 기록을 토대로 추론하는 수밖에 없다.

이들 기록에 따르면 기원전 515년, 오나라 공자 광光이 초나라에서 망명한 책사 오자서伍子胥의 계책을 이용해 사촌동생인 오왕 요僚를 척살하고 보위에 올랐다. 그가 바로 오왕 합려이다. 그는 군사를 대대적으로 일으켜 초나라를 치고자 했다. 수백 년 동안 남방의 최대 강국으로 군림했던 초나라를 제압한 뒤 중원마저 굴복시켜 명실상부한 패자霸者로 군림코자 한 것이다. 이는 결코 터무니없는 게 아니었다. 당시 오랫동안 중원의 패자로 군림했던 진晉나라는 권신들의 발호로 인해 그 위세가 크게 땅에 떨어져 있었다. 초나라가 중원의 제후들에게 비록 잠정적이기는 하나 오히려 더 큰 영향력을 미치고 있었다. 초나라를 제압하는 것은 곧 중원의 패자로 군림케 됐음을 천하에 공포하는 것이나 다름없었다. 합려도 바로 이 점을 염두에 두고 초나라를 치고자 한 것이다.

그러나 합려로서는 후고지우後顧之憂를 걱정하지 않을 수 없었다. 서徐나라로 도주한 오왕 요의 동생인 공자 엄여掩餘와 종오鍾吾나라로 도주한 공자 촉용燭庸이 오나라가 초나라를 침공한 틈을 노려 협공을 가할까 우려한 것이다. 합려는 먼저 두 나라에 사자를 보내 공자 엄여와 촉용의 압송을 요구했다. 그러나 두 사람은 곧바로 초나라로 달아났다. 초소왕楚昭王은 감마윤監馬尹 악대심樂大心을 보내 두 사람을 맞이한 뒤 지금의 하남성 침구현 동남쪽에 있는 양養 땅에 살도록 배려했다. 이때 초소왕이 두 사람에게 청했다.

"두 공자는 형님의 원수인 합려에 대한 원한이 골수에 사무쳤을 것이오. 우리가 서로 손을 잡고 합려를 쳐 원수를 갚읍시다."

그리고는 얼마 후 수윤莠尹으로 있던 연然과 좌사마左司馬이자 침윤沈尹으로 있던 술戌을 보내 그곳에 성을 쌓게 했다. 초소왕은 두 공자를 이용해 오나라 군사를 막는 것은 물론 유사시 오나라로 쳐들어가는 선봉대로 활용코자 한 것이다.

합려는 초소왕이 두 공자를 이용해 오나라에 위협을 가하려 한다는 얘기를 전해 듣고 대로했다. 합려가 서나라로 쳐들어가 산 위의 물을 막은 뒤 물을 서나라로 흘려보냈다. 서나라가 더 이상 버티지 못하고 항복했다. 서나라 군주 장우章禹가 오나라 풍속을 좇아 자신의 머리털을 자른 뒤 부인을 대동한 채 합려를 맞이했다. 합려가 그를 위로하여 돌려보내면서 자신의 근신을 보내 그를 시종케 했다. 그러나 서나라 군주 장우는 곧바로 초나라로 달아났다. 초나라의 침윤 술은 군사들을 이끌고 가 서나라를 구하려 했으나 때에 미치지 못했다. 이에 곧 이夷 땅에 성을 쌓고 서나라 군주를 그곳에 거처케 했다. 초나라는 오나라 공자 엄여 및 촉용은 물론 이제 망명한 서나라 군주 장우까지 내세워 노골적으로 오나라를 포위하는 구도를 만든 것이다.

합려는 초나라와의 일전이 불가피하다는 것을 절감했다. 그러나 그는 신중했다. 그는 경솔하게 군사를 일으키려고 하지 않았다. 오자서가 태재太宰로 있던 백비白嚭와 상의했다.

"오왕이 지금 초나라를 치려면 동원령을 내려야 하는데도 구실을 대며 기병할 뜻을 보이지 않고 있으니 이를 어찌 하면 좋겠소? 우리가 적극 나서 인재를 천거토록 합시다."

마침 합려가 오자서를 불렀다.

"당초 그대는 나에게 초나라를 치자고 말한 적이 있었소. 당시 나는 그대의 의견이 옳다는 것을 알았지만 혹여 일이 성사된 뒤 그대가 나를 떠날까 우려했소. 그러나 이제는 초나라를 더 이상 방치할 수 없는 상황에 이르렀소. 이제 초나라를 치고자 하는데 그대의 생각은 어떻소?"

"오직 군명을 따를 뿐입니다."

그러나 합려는 초나라 전략이 의외로 대군인 데다가 오나라 군사를 지휘할 장수감이 없어 고심했다. 하루는 높은 대臺에 올라가 탄식하자 오자서가 합려에게 다가가 물었다.

"대왕은 초나라 진략이 너무 많은 것을 우려하십니까?"

"그것을 어찌 알았소?"

"신이 한 사람을 천거하겠습니다. 그 사람이면 초나라 군사와 싸워 반드시 이길 수 있을 것입니다."

"그 사람이 누구요?"

"손무라는 자입니다. 그는 병법에 뛰어납니다."

손무는 본래 제나라 사람이었다. 제나라를 떠나 오나라로 와 궁벽한 곳에 숨어 산 까닭에 아무도 그의 재능을 알아보지 못했다. 다만 오자서는 인재를 단박에 알아보는 지인지감知人之鑑이 있었던 까닭에 손무가 당대의 뛰어난 병법가라는 것을 이내 눈치 챘다. 그는 합려와 군사를 논하는 자리에서 누차 손무를 극찬했다.

"손무는 육도삼략六韜三略에 정통한 탁월한 전략가입니다. 세상이 그의 재주를 알아주지 않아 은거하고 있을 뿐입니다. 이 사람을 얻어 군사軍師로 삼으면 비록 천하를 대적할지라도 두려울 것이 없을 것입니다. 하물며 초나라 하나쯤이야 더 이상 말할 것이 있겠습니까!"

그러나 합려는 오자서의 여러 차례에 걸친 천거에도 불구하고 처음에는 구체적인 대답을 하지 않았다. 오자서가 거듭 손무를 불러 만나볼 것을 청하자 마침내 손무를 만나보게 됐다. 합려가 손무에게 용병에 관해 묻자 손무가 자신이 저술한 병서 13편의 내용을 여러 차례에 걸쳐 소상히 설명했다. 합려는 감탄사를 연발했다. 하루는 합려가 손무에게 청했다.

"용병술을 한 번 시험해 보는 것도 가하지 않겠소?"

"가합니다. 후궁의 궁녀들을 대상으로 시험해 보는 것이 좋을 것입니다."

"좋은 생각이오."

손무가 말했다.

"저에게 대왕이 총애하는 후궁 두 사람을 주도록 하십시오. 그녀들로 하여금 각각 1개 부대를 지휘토록 하겠습니다."

"그들은 과인이 총애하는 궁녀요. 가히 대장으로 삼을 수 있겠소?"

손무가 대답했다.

"군사란 먼저 호령을 엄격히 하고 연후에 상벌을 내리는 것입니다.

비록 훈련의 규모는 작지만 갖출 것은 모두 갖춰야 합니다. 집법執法한 사람과 군리軍吏 두 사람을 세워 장수의 호령을 전하게 하고, 고수鼓手 두 사람을 두어 북을 치게 하고, 역사力士 몇 사람을 아장牙將으로 삼아 무장한 차림으로 단하壇下에 도열시켜야만 비로소 위엄이 섭니다."

이에 손자는 수백 명의 궁녀에게 갑옷과 투구를 착용하고 검과 방패를 들게 한 뒤 군율軍律을 일러주었다. 이어 그녀들에게 북소리에 따라 진퇴進退, 좌우左右, 회선回旋하는 방법을 일러준 뒤 훈련시의 금지사항 등을 주지시켰다. 곧 이같이 명했다.

"북을 한 번 치면 모두 떨쳐 일어나고, 두 번 치면 모두 큰소리로 외치며 전진하고, 세 번 치면 모두 전투대형으로 전개한다!"

궁녀들이 모두 입을 가리고 웃었다. 손무가 친히 북채를 잡고 북을 울리며 재삼 하명하고 거듭 경고를 주었다. 궁녀들은 웃기만 할 뿐 움직일 생각을 하지 않았다. 손무가 고개를 돌려 두루 살펴보는데도 궁녀들은 웃음을 멈추지 않았다. 손무가 대로하여 두 눈이 갑자기 크게 띠지면서 목소리가 놀란 호랑이처럼 커졌다. 머리털이 삐쭉 솟아 관을 찌르자 목엽으로 내려뜨린 관끈이 이내 뚝 끊어지고 말았다. 손무가 고개를 돌려 집법에게 분부했다.

"부질鈇鑕을 대령하라!"

'부질'은 사람의 목과 허리 등을 자르는 형벌을 가할 사용하는 도끼와 그 밑받침으로 쓰는 모탕을 말한다. 이어 다시 집법에게 물었다.

"금령禁令이 명확치 않고, 하명下命이 지켜지지 않는 것은 장수의 죄이다. 그러나 이미 금령을 내리고, 되풀이하여 분명히 명했는데도 병사들이 계속 군령을 좇아 진퇴를 하지 않았다. 이는 부대장의 죄이다. 군법에 따르면 어찌 조치해야 하는가?"

"마땅히 참수斬首해야 합니다."

손무가 하령했다.

"모든 사졸을 참할 수는 없다. 이 죄는 두 대장에게 있다. 즉시 두 대장을 참하라!"

좌우에 늘어서 아장들이 즉시 합려의 두 총희寵姬를 끌어내어 결박했다. 합려는 대 위에 올라가 멀리서 손무의 열병閱兵을 구경하다가 이 광경을 보고 대경실색했다. 황급히 사자에게 부절符節을 내주며 신신당부했다.

"급히 가서 나의 분부를 전하고 두 궁녀를 구출토록 하라!"

사자가 급히 손무에게 달려가 명을 전했다.

"과인은 이미 장군의 용병술을 보았소. 과인은 두 총희가 없으면 음식을 먹어도 맛을 모르니 부디 참수하는 일만은 하지 마시오."

손무가 단호히 거절했다.

"신은 이미 장수의 명을 받았습니다. 장수가 군대에서 법을 집행할 때에는 군주가 설령 하명할지라도 이를 접수치 않는 법입니다!"

그리고는 속히 두 총희의 목을 치게 했다. 궁녀들이 모두 파랗게 질려 감히 손무를 쳐다보지도 못했다. 손무가 다시 북채를 잡고 전고를 울리며 지휘했다. 이에 대오의 좌우·진퇴·회선이 명하는 바대로 모두 정확히 이뤄졌다. 궁녀들 중 감히 한 눈을 파는 자는 단 한 사람도 없었다. 궁녀 부대가 모두 숙연하여 그 누구도 감히 고개를 돌리려 하지 않았다. 손무가 합려에게 보고했다.

"병사들이 완전히 정비됐으니 이제 대왕이 원하는 바대로 그들을 운용할 수 있을 것입니다. 이같이 하면 가히 천하를 평정할 수 있습니다."

합려가 우울한 표정으로 말했다.

"나는 그대가 용병에 뛰어나다는 것을 이제 분명히 알았소. 장군은 대오를 해산시킨 뒤 돌아가 쉬도록 하시오. 나는 궁녀들의 열병을 보고 싶은 생각이 없소."

그는 내심 손무를 다시 돌려보낼 작정이었다. 손무가 밖으로 나가며 탄식했다.

"오왕은 한낱 나의 이론만 좋아했을 뿐이다."

이 얘기를 전해들은 오자서가 합려를 찾아가 간했다.

"신이 듣건대 '용병은 흉사凶事이니 헛되이 시험할 수 없다.'고 했습니다. 그래서 용병하는 사람은 함부로 이를 시험치 않는 것입니다. 지금 대왕은 경건한 마음으로 현사를 사모하면서 장차 군사를 일으켜 포학한 초나라를 치고 천하의 맹주가 되어 제후들을 호령고자 합니다. 만일 손무를 장수로 세우지 않으면 누가 능히 회하淮河와 사수泗水를 넘고 1천리를 달려가 작전을 펼 것입니까?"

합려가 이 말을 듣고 이내 손무를 상장上將으로 삼은 뒤 군사軍師의 예로 대우했다. 기원전 510년, 오나라 전략이 월나라로 쳐들어가 지금의 절강성 가흥시 남쪽인 취리檇李를 점거했다. 이듬해인 기원전 509년, 초소왕이 영윤令尹 자상子常을 시켜 군사를 이끌고 가 오나라를 치게 했다. 합려가 오자서와 손무를 보내 영격케 했다. 이들이 한수 북쪽과 장강 이북 사이 일대인 예장豫章에서 초나라 군사를 포위했다.

합려가 말했다.

"나는 초나라가 어지러운 틈을 타 초나라 도성인 영도郢都로 쳐들어갈 것이다. 영도를 공략치 못하면 두 사람에게 무슨 공로가 있겠는가?"

오자서와 손무가 초나라 군사를 예장에서 섬멸한 뒤 곧바로 여세를 몰아 지금의 안휘성 소현인 소巢 땅으로 진공했다. 소 땅을 수비하던 초나라 공자 번繁을 포로로 잡은 뒤 철군했다. 기원전 506년, 오나라가 초나라에 원한을 품고 있는 채蔡나라 및 당唐나라와 합세해 초나라를 쳤다. 먼저 군사를 회하의 북쪽에 주둔시킨 뒤 예장에서 초나라 군사와 한수漢水를 사이에 두고 대진했다. 이해 10월, 양쪽 전략이 지금의 호북성 마성현 동쪽인 백거柏擧에서 대진했다. 합려의 동생 부개夫槪가 합려에게 건의했다.

"초나라 장수 자상은 어질지 못한데다 탐람하고 은애의 정이 적습니다. 그의 수하들은 그를 위해 죽으려는 뜻이 없습니다. 만일 그들을 추격하면 틀림없이 격파할 수 있을 것입니다."

합려가 이를 허락지 않자 부개가 밖으로 나오면서 말했다.

"사람들이 흔히 말하기를, '전장에 나온 신하는 자신의 의지에 따라 행동할 뿐 군명을 기다리지 않는다.'고 했다. 이는 바로 이런 경우를 두고 이른 말이다."

곧 자신의 휘하 병사 5천 명을 이끌고 자상을 공격했다. 자상이 대패하여 정나라로 도주했다. 초나라 전략가 큰 혼란에 빠지자 오나라 전략이 그들을 추격해 대파했다. 초나라 군사는 한수를 건너기 전에 마침 식사 중이었다. 오나라 군사는 초나라 군사들이 도망치는 틈을 이용해 공격을 가해 호북성 경산현 서남쪽에 있는 옹서雍澨에서 대파했다. 5번 싸워 모두 승리하자 여세를 몰아 곧바로 영도까지 쳐들어갔다. 초소왕이 군신들과 함께 황급히 지금의 호북성 안륙현인 운성鄖城으로 달아났다. 합려가 군사들을 이끌고 초나라 도성 영도에 입성했다.

기원전 505년, 월왕 윤상允常이 군사를 일으켜 오나라를 기습했다. 당시 오나라 주력군은 초나라에 머물고 있었다. 이해 6월, 초나라의 구원요청을 받은 진秦나라 전략이 초나라 군사와 합세해 부개가 이끄는 오나라 군사를 대파했다. 이해 9월, 부개가 오나라로 돌아와 스스로 보위에 올랐다. 합려가 이 얘기를 듣고는 곧 초나라 군사를 버려둔 채 급히 귀국해 부개를 쳤다. 부개가 초나라로 도주하자 초소왕이 부개를 지금의 하남성 수평현 서북쪽에 있는 당계堂谿 땅에 봉했다. 오나라 전략이 모두 철수하자 초소왕이 도성으로 돌아왔나. 합려는 아들 부자夫差를 태자로 삼은 뒤 곧바로 부차에게 명해 군사를 이끌고 가 변경을 지키게 했다.

이상은 『사기』「손자오기열전」과 『오월춘추』의 기록을 토대로 시간대별로 정리한 것이다. 명대 말기 풍몽룡의 『동주열국지』는 여기에 살을 덧붙여 손무가 영도를 공략할 때 수공水攻을 가하는 등의 여러 일화를 덧붙여 놓았다. 『오월춘추』는 영도를 점령했을 때 복수심에 불탄 오자서가 합려를 부추겨 초소왕의 부인을 간음케 하고 자신도 손무 및 백비 등과 함께 초나라 군신들의 부인을 간음했다고 기록해 놓았다. 『동주열국지』는 합려가 초소왕의 부인을 간음했다는 대목이 거슬렸는지 약간 완화시켜 묘사했다.

"오자서는 모든 장수들에게 초나라 대신들의 부녀를 겁탈하도록 권했다. 손무와 백비 같은 사람도 초나라 대부들의 집에 거주하면서 그 집의 처첩들을 마음대로 능욕했다."

『동주열국지』는 상상력을 동원해 손무의 마지막 모습도 생생히 묘사해 놓았다. 이에 따르면 당시 오왕 합려는 본국으로 돌아온 후 곧바로 논공행상을 했다. 그는 손무의 공을 으뜸으로 쳤다. 그러나 손무는 포상을 사양하고 굳이 산 속으로 들어가려고 했다. 오왕 합려가 오자서를 시켜 손무를 만류케 했다. 그러자 손무가 오자서에게 말했다.

"여름이 가면 겨울이 오고, 봄이 오면 가을이 오는 것이 하늘의 이치요. 지금 오왕은 오나라의 강성함을 과신하고 있소. 장차 걱정거리가 사라지면 반드시 교만하고 방탕해질 것이오. 공성자퇴功成自退를 하지 않으면 불행이 닥쳐오기 마련이오!"

'공성자퇴'는 공을 세운 뒤 스스로 물러난다는 뜻으로 『도덕경』에 나오는 공성신퇴功成身退와 같은 뜻이다. 손무가 '공성자퇴'를 고집하자 합려가 할 수 없이 황금과 비단을 가득 실은 수십 대의 수레를 보냈다. 손무와 관련한 『동주열국지』의 마지막 대목이다.

"손무는 산 속으로 들어가는 도중 가난한 백성들에게 황금과 비단을 모두 나눠주었다. 이후 그가 어디서 살다가 언제 죽었는지 아무도 아는 사람이 없었다. 당시 그는 『손자병법』이라는 위대한 유산을 남겨주었다."

이 일화가 『사기』와 『오월춘추』에 없는 것은 말할 것도 없다. 후대에 이르러 손무가 병성兵聖으로 숭앙된 배경을 짐작케 해주는 대목이다. 손무를 '병성'으로 떠받드는 풍조는 지금도 변함이 없다. 오히려 더한

감이 있다. 지난 2007년 중국의 조요덕曹堯德이 쓴 『손자전』이 그 실례이다. 그는 손무의 연보에 이같이 기록해 놓았다.

"주경왕 17년인 기원전 503년은 합려 20년이다. 손무는 합려가 날로 주색에 빠져 방탕한 생활을 즐기며 신하들의 간언을 듣지 않는 등 전횡하는 모습을 보이자 이내 산 속으로 은둔했다. 이후의 행적에 관해서는 사서에 전해진 게 없다. 일설에 따르면 손무가 고국인 제나라로 돌아가 일족과 함께 집단생활을 하며 여생을 마쳤다고 한다. 또 다른 일설에 따르면 은둔자의 삶을 살다가 기원전 470년에 75세의 나이로 생을 마쳤다고 한다. 이밖에도 여러 설이 있으나 사서의 기록을 통해 확인할 방법은 없다."

'병성' 손무에 관한 전설이 21세기 현재까지도 계속 만들어지고 있음을 보여준다. 이런 현상은 손무를 떠받드는 일반인과 작가들뿐만 아니라 엄밀한 사료에 기초한 전사戰史를 연구하는 학자들 내에서도 흔히 나타나고 있다. 대표적인 인물이 중국의 국방대전략연구부 교수로 있는 군사역사학자 마준馬駿이다. 지난 2008년 북경TV에 출연한 그는 『마준설손자병법馬駿說孫子兵法』에서 손무를 가공의 인물로 보는 견해를 조목조목 비판했다. 그러나 『손자병법』 모두 손무가 직접 쓴 것이라는 주장은 아무래도 지나쳤다.

『손자약해』의 출현

21세기 현재까지 손무의 실존여부에 강한 의문을 품는 사람이 제법 많다. 이유는 크게 2가지다. 하나는 과연 손무가 『손자병법』을 저술했는지 여부이다. 다른 하나는 과연 손무라는 인물이 존재했는지 여부이다. 이는 『도덕경』을 놓고 과연 노자라는 인물이 실존했는지, 나아가 과연 그가 『도덕경』을 저술했는지 여부를 놓고 논쟁이 지속되고 있는 것과 같다.

손무를 실존인물로 간주한 사마천은 「손자오기열전」을 쓰기 전에 손무에 관한 얘기를 그러모으기 위해 무진 애썼다. 그러나 그 결과는 참담했다. 합려의 궁녀들을 대상으로 자신의 병법을 시험해 보였다는 일화밖에 수집하지 못했기 때문이다. 「손자오기열전」을 읽을 때 손무가 가공인물일 공산이 크다는 심증을 굳혀주는 것은 이 일화 뒤에 나오는 다음 기록이다.

"합려는 손무가 궁녀들로 대상으로 군령을 바로 세우게 하는 것을 보고 그가 병법에 뛰어난 것을 비로소 알게 됐다. 이에 곧바로 그를 장수로 삼았다. 이후 손무는 강대한 초나라를 격파해 초나라 도성을 함락시키고, 북쪽으로 제나라와 진나라를 제압했다. 합려는 손무 덕분에 제후들 사이에서 명성을 크게 떨치게 됐다."

이게 손무에 관한 후속기록의 전부이다. 많은 사람이 의문을 제기하는 것은 당연했다. 가장 큰 의문은 『춘추좌전』에 그의 이름이 전혀 나오지 않고 있는 점이다. 『춘추좌전』에 따르면 당시 합려 곁에서 활약한 참모는 오직 오자서와 백비밖에 없다. 손무처럼 혁혁한 공을 세운 사람의 이름이 『춘추좌전』에 단 한 번도 나오지 않는다는 것은 납득키 어려운 일이다. 역사적으로 손무를 가공의 인물로 보는 견해는 끊임없이 제기돼 왔다. 이를 종합하면 크게 4가지로 요약할 수 있다.

첫째, 진인위서설眞人僞書說이다. 손무는 실존인물이나 『손자병법』은 그가 지은 게 아니라 후대인이 손무의 이름을 가탁해 펴낸 것이라는 주장이다. 북송의 매요신梅堯臣과 청대의 요내姚鼐, 근대의 양계초梁啓超 등이 이를 주장했다. 누군가가 이전부터 내려오는 얘기를 하나로 모아 편집한 뒤 손무의 이름을 가탁해 『손자병법』을 펴냈다는 게 이들의 주장이다. 이 설은 손무를 실존인물처럼 묘사해 놓은 『사기』「손자오기열전」의 기록을 그대로 받아들인 데서 출발하고 있다. 이들의 주장을 수용할 경우 그토록 뛰어난 병법을 자랑한 손무가 왜 병서를 남기지 않은 채 조용히 사라지게 됐는지, 나아가 『손자병법』은 과연 누가 쓴 것인지 여부 등이 또 다시 논란거리로 남게 된다.

둘째, 가인빈작설假人臏作說이다. 손무는 가공의 인물이고, 『손자병법』은 손빈의 저작이라는 주장이다. 일본학자 사이토 세츠도齊藤拙堂가 이를 주장했다. 손무와 손빈은 원래 한 사람으로 '무'는 이름이고, '빈'은 호라는 게 그의 주장이다. 중국의 역사학자인 전목錢穆이 이를 지지했다. 이 주장은 죽간본의 출토로 입지가 줄어들기는 했으나 손빈의 저작이 『손자병법』과 『손빈병법』이라는 두 개의 판본으로 전해졌을 가능성이 완전히 사라진 것은 아니다.

셋째, 가인오작설假人伍作說이다. 손무는 가공의 인물이고, 『손자병법』은 오자서의 저작이라는 주장이다. 청나라 중기에 활약한 문인 모정牟庭이 이를 주장했다. '무'는 손무의 이름을 뜻하는 게 아니라 원래부터 병서의 책 이름이었다는 게 그의 주장이다. 이 경우 오왕 부차의 손에 의해 비참한 최후를 맞은 오자서가 어느 겨를에 병서를 썼는가 하는 의문이 남는다. 『한서』「예문지」에는 비록 후대인의 위작으로 보이기는 하나 병서 『오자서』 10편이 기록돼 있다. 만일 오자서가 병서를 남겼다면 그 제목이 『오자서』였을 공산이 크다. 이런 점 등을 감안할 때

오자서가 『손자병법』을 썼을 가능성은 매우 희박하다.

넷째, 가인위서설假人僞書說이다. 손무는 가공의 인물이고, 『손자병법』은 후대 사람이 이전부터 내려온 병서를 새롭게 편제해 펴낸 책에 불과하다는 주장이다. 1200년 경 남송의 명유 섭적葉適이 이를 주장했다. 그는 『습학기언習學記言』「서목序目」에서 '손무는 존재하지 않는 가공의 인물로 순전히 후대 사람들이 만들어낸 우상에 불과하다.'고 단언했다. 만일 『사기』의 기록처럼 손무가 남쪽으로 월나라를 제압하고, 서쪽으로 강력한 초나라를 멸망 직전까지 몰아가고, 북쪽으로 제나라와 진나라에 위세를 떨쳤다면 왜 경대부의 작위를 받지 못했는지 이해할 길이 없다는 것이다. 그는 무엇보다 가장 권위 있는 사서인 『춘추좌전』에 그의 이름이 전혀 나오지 않는 점을 들었다. 그는 무명의 처사가 『손자병법』을 저술한 것으로 보았다.

사실 『춘추좌전』에 손무의 이름이 전혀 나오지 않고 있는 것은 커다란 문제이다. 섭적의 날카로운 지적은 지금까지도 손무의 존재를 부인하는 가장 중요한 논거로 원용되고 있다. 『춘추좌전』에는 고대의 병서 『군지軍志』의 명칭이 나온다. 물론 무명인의 저서이다. 이에 따르면 기원전 632년 당시 진문공과 천하의 패자 자리를 놓고 자웅을 겨루던 초성왕은 이같이 언급한 바 있다.

"『군지』에 이르기를 '적이 정당하면 싸우지 않고 돌아가고, 적을 이기기 어렵다는 것을 알면 퇴각하고, 덕 있는 자와는 싸울 수 없다.'고 했다. 이 3가지 구절은 바로 진나라를 두고 이르는 말이다."

초성왕이 병서인 『군지』를 언급할 정도였다면 당시 초나라 장수들 역시 이를 숙독했다고 보는 게 옳다. 이는 『손자병법』에 버금하는 『군지』가 손무보다 1백여 년이나 앞선 시기에 이미 널리 유포됐음을 보여준다. 『손자병법』에도 저자의 이름을 알 길이 없는 고대 병서인 『군정軍政』의 명칭이 나온다. 『관자』「병법」에도 『대도大度』라는 병서의 명칭이 등장한다. 해당 대목이다.

"『대도』에 이르기를, '전략이 출병하는 날 나라 안이 빈곤하지 않으면 싸워서 반드시 승리하고, 승리하되 사상자가 나지 않고, 땅을 얻어도 나라가 피폐해지지 않는다.'고 했다."

『삼략』에도 『군참軍讖』과 『군세軍勢』 등의 고대 병서가 인용되고 있다. 대표적인 법가서인 상앙의 『상군서商君書』「전법戰法」에도 익명의 병서가 나온다. 해당 대목이다.

"적군이 마치 강둑이 무너지듯 사방으로 흩어져 달아나면서 궤산潰散의 발걸음을 멈추지 않으면 그들을 놓아주고 더 이상 추격하지 않는다. 그래서 『병법』에서 말하기를, '큰 선투에서 승리하면 패주하는 적을 10리 이상 뒤쫓지 않고, 작은 전투에서 승리하면 5리 이상 뒤쫓지 않는다.'고 하는 것이다."

현존 병서에는 『상군서』「전법」에 나온 '큰 전투' 운운의 구절을 찾을 길이 없다. 전국시대 중엽에 활약한 상앙 역시 이름이 알려지지 않은 병서를 본 게 확실하다. 이는 『손자병법』이 나오기 전에 이미 『군지』와 『군정』 및 『대도』 등 무명인이 쓴 수많은 병서가 널리 유포돼 있었음을 보여준다. 엄밀히 말하면 서주 초기 여상이 썼다는 『육도』를 위시해 춘추시대 말기 제나라 사마양저의 『사마법』과 손무의 『손자병법』, 전국시대 초기 오기의 『오자병법』, 전국시대 말기 울료의 『울료자』, 전한 초기 황석공의 『삼략』, 당태종와 이위공이 문답을 나눴다는 『당리문대』 등 '무경7서' 가운데 『당리문대』를 제외한 나머지 저서 모두 무명인의 저서이다. 단지 여상과 사마양저 등의 이름을 빌렸을 뿐이다.

원래 『손자병법』은 후한시대까지만 해도 '제손자병법齊孫子兵法'으로 불린 『손빈병법』과 함께 널리 읽혔다. 그러나 수당대로 넘어오는 와중에 『손빈병법』이 자취를 감추면서 『손자병법』의 저자를 둘러싼 논란이 촉발됐다. 여기에는 손빈을 손무와 함께 '손자'로 호칭한 것처럼 『손빈병법』을 『손자병법』과 함께 통상 '손자병법'으로 부른 게 결정적인 배경으로 작용했다. 『손자병법』의 저자를 둘러싼 논란은 지난 1972년 산동성 임기현臨沂縣 은작산銀雀山의 전한시대의 묘에서 죽간본竹簡本 『손자병법』과 『손빈병법』이 동시에 출토됨으로써 종식됐다.

객관적으로 볼 때 『손자병법』은 춘추시대 이전부터 내려오는 병서를 누군가 정리한 뒤 '손무'라는 이름에 가탁해 펴냈을 공산이 크다. 손무라는 이름 자체가 실존인물인 손빈에서 손孫이라는 글자를 따오고, 병서를 뜻하는 병兵과 같은 의미인 무武 자를 덧붙여 창작해냈을 공산이 크다. 춘추전국시대가 무려 5백여 년 동안 진행된 점에 비춰 『손자병법』을 포함해 저자를 알 수 없는 무수한 병서가 만들어졌다고 보는 게 사리에 부합한다.

『손자병법』이 『손빈병법』과 별개의 병서라는 사실이 밝혀진 현재도 손무의 실존여부를 둘러싼 논쟁은 지속되고 있다. 21세기 현재 중국 학계는 손무를 실존인물로 간주하는 견해와 가공의 인물로 간주하는 견해가 팽팽히 맞서 있다. 조조가 생존할 당시 『손자병법』이 원래의 13편에서 82편으로 늘어나 옥석玉石이 마구 뒤섞인 난잡한 모습으로 변한 것도 이와 무관할 수 없다.

동서고금의 모든 전쟁 역시 사투私鬪와 마찬가지로 국리國利를 둘러싼 다툼에서 빚어진다. 부부싸움을 포함한 모든 사적인 분쟁이 궁극적으로는 사리私利에서 비롯된 것과 하등 다를 바가 없다. 말로 해결이 안 되니까 주먹다짐을 하는 것이다. 모든 우격다짐이 그렇듯이 공갈과 협박, 주먹다짐 등이 동원되면 깔끔한 해결이 불가능해진다. 굴복을 당한 사람에게 굴욕감과 적개심을 야기하기 때문이다.

원래 용병의 기본 이치를 밝힌 병도는 스스로를 낮추는 노자의 겸하謙下 및 남에게 먼저 양보하는 공자의 예양禮讓 이념과 취지를 같이 한다. 선진시대에 출현한 제자백가서 가운데 병법의 이치를 밝힌 『손자병법』 등의 병서 이외에 용병의 원리를 가장 많이 언급하고 있는 게 노자의 『도덕경』과 법가사상의 완결판인 『한비자』이다. 『손자병법』의 병도가 『도덕경』을 관통하는 키워드 '겸하' 및 『논어』의 치국평천한 원리인 '예양'과 상통하는 이유다. 부국강병을 위한 강력한 법치法治를 역설했던 한비자가 사상 최초로 『도덕경』에 주석을 가한 것도 이런 맥락에서 이해할 수 있다. 『손자병법』을 해석할 때 반드시 『도덕경』과 『한비자』를 동원해 입체적으로 접근해야 하는 이유다.

노자와 공자 모두 『손자병법』과 마찬가지로 겸하와 예양을 역설하며 부득이한 경우에 한해 전쟁에 나설 것을 역설했다. 『손자병법』의 첫머리는 바로 이를 언급한 셈이다. '백성의 생사와 국가의 존망' 운운한 게 그렇다. 전쟁을 결정할 때 신중에 신중을 거듭해야 할 이유를 강조한 것이다. 국가존속의 배경을 국리에서 찾은 결과로 해석할 수 있다.

『손자병법』에 나오는 모든 전략전술이 「시계」의 '부득이용병' 원칙에서 흘러나온 배경이 여기에 있다. 조조는 『손자약해』 서문에서 이를 집이시동戢而時動으로 풀이해 놓았다. 『도덕경』에 나오는 '부득이용병' 이치를 달리 표현한 것이다. 동서고금의 모든 병서를 통틀어 '부득이용병' 내지 '집이시동'만큼 전쟁의 기본취지를 잘 표현해 놓은 것도 없다.

엄밀히 말하면 현존 『손자병법』은 사실 조조의 저작이라고 해도 과언이 아니다. 당시 그는 온갖 잡문이 끼어들어 82편까지 늘어난 기왕의 『손자병법』을 사마천이 『손자병법』을 접했던 당시의 13편으로 복원했다. 그게 바로 『손자약해孫子略解』이다. 그는 원문의 6배 이상 부풀려진 기존의 『손자병법』을 원형에 가깝게 복원하는데 그치지 않고 정밀한 주석을 가했다. 모두 당대 최고의 전략가이자 탁월한 사상가였기에 가능한 일이었다. 그런 점에서 조조는 현존 『손자병법』의 사실상의 저자에 해당한다고 할 수 있다. 놀라운 것은 은작산에서 출토된 『손자병법』 죽간본이 현존 『손자병법』과 별 차이가 없는 점이다. 조조가 생전에 『손자병법』 원본을 보았을 가능성을 시사한다.

『손자병법』은 병사의 생사를 가르는 전쟁터의 용병술은 물론 국가존망과 직결된 치국평천하의 통치술에 이르기까지 모든 방략을 담고 있다. 『손자병법』을 단순한 병서로 간주해서는 안 되는 이유다. 현존하는 역대 병서 가운데 첫 머리에 노자의 도치 이념을 병가의 관점에서 재해석한 '병도'를 천명한 병서는 오직 『손자병법』밖에 없다. 병도의 이치를 모르면 『손자병법』을 읽지 않는 것만도 못하다. 모두 조조의 공이다. 이는 사마천이 『사기』「화식열전」에서 관중을 효시로 하는 최초의 정치경제학파인 상가의 사상을 집대성한 것에 비유할 만하다.

『수서』「경적지」에 따르면 조조는 생전에 『손자약해』 3권을 펴낸 것은 물론 직접 여러 권의 병서를 저술했다. 『병서접요兵書接要』 10권과 『속손자병법續孫子兵法』 2권, 『병법접요兵法接要』 3권, 『병서약요兵書略要』 9권 등이 그것이다. 주석서도 『손자약해』 3권 이외에 당대의 문인으로 활약한 왕릉王凌과 함께 주석을 단 『손자병법』 1권과 독자적으로 주석을 단 『태공음모太公陰謀』 3권이 있었다. '태공음모'는 강태공이 지은 것으로 알려진 『육도』와 같은 부류의 병서로 짐작된다.

주목할 것은 왕릉과 함께 펴낸 『손자병법』 1권이다. 대다수 사람들이 이를 『손자병법』에 대한 주해서로 파악하고 있으나 여러 정황을 종합해 볼 때 『손빈병법』에 관한 주석서로 보는 게 타당하다. 『손자약해』 3권을 펴냄으로써 『손자병법』 13편에 대한 완벽한 주석을 가한 조조가 굳이 왕릉과 함께 또다시 『손자병법』에 손을 댈 이유는 없기 때문이다.

실제로 『수서』「경적지」는 조조가 왕릉과 함께 『손자병법』을 집해集解했다고 덧붙여 놓았다. '집해'는 말 그대로 여러 해석을 모았다는 뜻이다. 조조가 『손자약해』를 펴낸 근본취지는 원문이 크게 훼손된 데 있다. 당초의 13편이 82편으로 늘어난 데서 알 수 있듯이 당시 새로운 편제작업의 핵심은 원문을 오염시킨 방대한 분량의 잡문을 가차없이 쳐내는 데 있었다. 마구 끼어든 글을 대거 삭제함으로써 현존 『손자병법』인 『손자약해』를 복원해낸 조조는 과연 누구의 주석을 '집해'한 것일까? 나아가 조조 이전에 과연 누가 82편에 달하는 『손자병법』에 주석을 단 것일까? 조조가 『손자약해』를 펴내면서 기존의 『손자병법』에 대한 여러 해석을 모아놓은 별도의 주석서를 펴냈다는 것은 상식적으로 납득이 가지 않는 대목이다. 왕릉과 함께 펴낸 『손자병법』 주해서는 손무와 똑같이 '손자'로 불린 『손빈병법』에 대한 주석 모음집일 공산이 크다. 『손자병법』「구지」의 사지死地에 대한 조조의 다음 주석이 이를 뒷받침한다.

"『손자병법』은 병사들을 빠뜨려야만 죽을 고비를 넘기고 살아남을 수 있다고 했다. 이는 필사의 각오로 싸우는 까닭에 사지에서도 패하지 않고 살아남을 수 있다는 뜻이다. 손빈이 말하기를, '병사는 사지에 내던져지지 않으면 공포에 떨게 된다.'고 했다."

조조가 『손자병법』을 주석하면서 인용한 병서는 『사마법』과 『손빈병법』밖에 없다. 문제는 주석에 나온 '손빈'을 과연 『손빈병법』으로 볼 것인지, 아니면 단순히 '손빈' 자체를 인용한 것으로 볼 것인지 여부이다. 이는 조조가 『손자약해』를 펴내면서 손빈을 언급한 유일한 사례에 해당한다. 사실 이것만으로는 조조가 『손빈병법』을 직접 읽고 이를 『손자약해』에 인용했다고 단정키는 어렵다. 사서나 여타 병서에 나오는 손빈의 언급을 재인용했을 가능성도 배제할 수 없기 때문이다.

그러나 남북조시대 이전만 해도 『손빈병법』이 엄연히 존재한 사실에 주목할 필요가 있다. 조조가 「구지」에 주석을 가하면서 구차하게 사서나 여타 병서에 인용된 손빈의 언급을 재인용했을 가능성은 거의 없다고 보는 게 합리적이다. 「구지」의 주석에 나오는 손빈의 언급은 조조가 주석에서 『사마법』을 인용한 것과 마찬가지로 『손빈병법』에서 직접 취했을 공산이 크다. 이런 점 등을 감안할 때 조조는 생전에 『손자약해』 이외에도 『손빈병법』의 '집해서'를 펴냈을 가능성이 높다. 향후

보다 심도 있는 탐색이 요구되는 대목이다.

이런 논란과 상관없이 21세기 현재까지 남아 있는 것은 조조가 단독으로 주를 단 『속자약해』 즉 현존 『손자병법』밖에 없다. 불행 중 다행이다. 『손자약해』의 가장 큰 미덕은 평생을 전쟁터에서 살다시피 한 조조의 무수한 실전경험이 주석의 형태로 반영돼 있는데 있다. 수천 년에 걸쳐 많은 사람이 『손자병법』에 주석을 가했음에도 조조보다 더 뛰어난 주석을 단 사람은 없다. 이론과 실제의 겸비가 그의 주석을 군계일학처럼 돋보이게 만든 결과다. 조조는 당대는 물론 21세기 현재까지 자타가 공인하는 최고의 병법가에 해당한다.

문제는 『손자병법』의 해독이다. 조조가 『손자약해』 서문에서 밝혔듯이 『손자병법』은 예로부터 제자백가서 가운데 『도덕경』 다음으로 해독하기가 어려운 것으로 정평이 나 있었다. 자세한 설명을 덧붙여 놓은 『전쟁론』과 대비되는 대목이다. 『손자병법』을 읽을 때 반드시 이론과 실제를 겸비한 병법가의 도움이 절대 필요한 이유다. 조조의 주석이 바로 이런 요구에 부응한다. 『손자병법』을 읽을 때 조조의 주석을 반드시 원문과 함께 검토해야만 하는 것은 바로 이 때문이다.

조조가 『손자약해』를 펴낸 것도 이런 맥락에서 이해할 수 있다. 『도덕경』과 『손자병법』은 말할 것도 없고 분량이 다소 많은 『논어』 역시 텍스트 자체만으로는 그 의미를 정확히 파악하는 게 쉽지 않다. 『논어』 역시 그 의미를 제대로 이해하려면 제자백가 사상을 포함해 선진시대의 역사문화를 두루 꿰어야만 한다. 극히 간명한 문체로 병가사상을 집성해 놓은 『손자병법』의 경우는 더 말할 게 없다.

객관적으로 볼 때 『손자병법』은 역사상 최고인 병법서라 해도 과언이 아니다. 삼국지의 영웅 조조와 '신 중화제국'의 창업주인 모택동, 베트남전쟁의 영웅 호치민胡志明이 『손자병법』을 탐독해 승리를 낚은 게 그 증거다. 『손자병법』이 역설한 최상의 병법은 적의 책모를 사전에 알아서 그 싹부터 잘라버려 적의 의도를 봉쇄하는 벌모伐謀이다. 차선은 적의 외교동맹을 봉쇄하는 벌교伐交이다. 그다음 차선은 적의 군대를 직접 공격하여 봉쇄하는 벌병伐兵이다. 최하의 방법은 적의 성을 공격하여 아군의 피해가 발생하는 공성攻城이다.

'벌모'는 『손자병법』「시계」의 첫머리에 나오는 병도兵道를 설명한 것이다. 「시계」의 뒤를 잇는 「작전」과 「모공」 등에서는 전략과 전술을 차례로 언급하고 있다. 이를 통해 알 수 있듯이 『손자병법』의 내용은 크게 3가지로 요약할 수 있다.

첫째, 지략으로 적을 굴복시키는 '벌모'이다. 적의 속셈을 미리 읽고 사전에 그 의도를 차단하는 것을 말한다. '벌모'가 통하지 않을 때는 외교수단을 강구해 적을 고립시킴으로써 침략의도와 저항의지를 좌절시킨다. 이게 '벌교'이다. 이것마저 안 될 때 최후의 수단을 군사를 동원하게 된다. 그게 '벌공'이다. 「모공」의 첫머리에서 이를 논하고 있다. '공성'은 벌공이 제대로 먹히지 않을 때 취할 수 있는 최악의 용병술에 해당한다.

둘째, 전쟁선포가 이뤄져 정면으로 맞붙게 됐을 경우 온전하게 승리를 거두는 전승全勝이다. 곧 싸우지 않고 승리를 거두는 부전승不戰勝을 말한다. 『손자병법』은 이를 싸우지 않고 적을 굴복시킨다는 뜻에서 부전굴인不戰屈人으로 표현해 놓았다. '부전승'과 같은 의미이다. 이 또한 「모공」에서 자세히 논하고 있다.

셋째, 신속히 싸움을 끝내는 속전速戰이다. 승리를 할 경우는 더 말할 것도 없지만 설령 패할지라도 속전으로 끝내는 게 바람직하다. 피해를 최소화할 수 있기 때문이다. 「작전」에서 이를 집중 논의하고 있다. 전술은 제4편의 「군형」에서 제13편의 「용간」에 이르기까지 모두 10가지이다. 10가지 전술 모두 강약과 진퇴, 완급 등 상대적인 개념으로 이뤄진 점에 주목할 필요가 있다. 「군형」은 주객主客, 「병세」는 음양陰陽, 「허실」은 진퇴進退, 「군쟁」은 곡직曲直, 「구변」은 득실得失, 「행군」은 공수攻守, 「지형」은 완급緩急, 「구지」는 명암明暗, 「화공」은 강약强弱, 「용간」은 상벌賞罰로 구성돼 있다. 모두 장수의 용병술과 관련된 것이다. 훗날 『손자병법』을 깊이 연구한 삼국시대의 조조는 이들 10가지 전술을 상황에 따라 정병正兵과 기병奇兵을 적절히 배합하는 기정병용奇正幷用의 용병술로 풀이했다.

『손자병법』은 용병의 요체를 적을 속이는 궤도詭道로 요약했다. 궤도의 대표적인 전술은 기병奇兵과 의병疑兵이다. 의병은 넓게 보아 기병의 일종으로 적을 미혹시키는 일체의 전술을 말한다. 기병과 대비되는 정병正兵도 적이 대비하는 상황에 따라서는 오히려 기병 및 의병보다 더 큰 효과를 볼 수 있다. 적이 지리멸렬하여 스스로 무너지는 자궤自潰의 모습을 보일 때가 그렇다. 이때는 기병 및 의병보다 오히려 정병이 훨씬 효과적이다. 클라우제비츠의 『전쟁론』은 『손자병법』과 달리 바로 이런 '정병'에 초점을 맞추고 있다. 『손자병법』과 『전쟁론』의 가장 큰 차이가 여기에 있다.

현대전의 관점에서 볼 때 『전쟁론』이 초점을 맞추고 있는 '정병'은 오히려 예외에 속한다. 조조가 『손자병법』을 주석하면서 '무정형無定形

의 궤도'를 주장한 이유도 바로 여기에 있다. 『손자병법』에 나오는 10가지 전술 모두 아군과 적군의 상대적인 우열을 토대로 승리를 이끌어내는 계책에 지나지 않는다는 사실을 통찰한 결과다. 이는 마치 애덤 스미스가 『국부론』에서 모든 경제 원리를 '보이는 손 및 보이지 않는 손'과 '수요 및 공급'의 원리로 요약해 놓은 것과 같다. 정규군을 뜻하는 정병은 '보이는 손', 비정규군인 기병은 '보이지 않는 손'에 해당한다.

그렇다면 정병과 기병은 구체적으로 어떤 차이가 있는 것일까? 크게 3가지 측면으로 파악할 수 있다. 첫째, 전술 측면이다. 일반적인 작전 지침 및 병법의 원칙에 입각해 전투를 벌이는 것을 정병, 구체적인 상황에 맞춰 다양한 전술을 구사하는 것을 기병이라고 할 수 있다. 둘째, 부대편제의 측면이다. 경계와 수비의 임무를 담당하는 정규군을 정병, 경무장으로 기동력을 중시하는 돌격대를 기병이라고 할 수 있다. 셋째, 공격전술의 측면이다. 정면에서 선전포고를 한 뒤 정규공격을 하는 것을 정병, 좌우 측면 및 배후에서 매복 및 유격을 행하는 것을 기병이라고 할 수 있다.

기병은 적의 허점을 노리는 출기불의出其不意와 적의 방비가 허술한 곳을 치는 공기불비攻其不備 등을 위주로 하는 전략전술을 말한다. 이는 현대전에서도 그대로 통용된다. 싸움의 규모와 형세를 떠나 대부분 승리의 관건은 기병을 얼마나 잘 활용하는가에 달려 있다. 이것이 바로 비어 있는 듯이 보이면서 차 있고, 차 있는 듯이 보이면서 비어 있는 이른바 허허실실虛虛實實의 전략전술이다. 『주역』을 관통하는 키워드 '자강불식自强不息'을 병법의 관점에서 재해석한 이른바 임기응변

臨機應變의 핵심이 바로 여기에 있다.

고금동서를 막론하고 전쟁은 기본적으로 총력전인 만큼 아무리 기병을 잘 운용할지라도 정병에서 워낙 차이가 날 경우 승리를 기약할 수 없다. 사서 등에 나타난 정병의 대표적인 계책으로는 크게 견성계堅城計, 청야계淸野計, 사수계死守計, 사지계死地計, 지구계持久計, 신속계神速計, 화공계火攻計, 수공계水攻計 등을 들 수 있다.

정병은 병서에 나오는 통상적인 계책으로 어느 전투에서나 대적하고 있는 양편 모두 똑같이 구사하는 계책이라고 할 수 있다. 병력이 비슷할 경우에는 정병만으로는 승부를 가릴 수가 없다. 실제 전쟁에서 사용되는 것은 주로 기병과 의병이라고 보아야 한다. 적의 병력이 아군보다 우세할 경우 반드시 기병을 쓰지 않으면 안 되는 이유가 여기에 있다.

조조가 구사한 전술에 관련해 가장 풍부한 일화를 싣고 있는 책은 『삼국연의』이다. 여기에 수많은 기병과 의병이 등장한다. 대표적인 예로 첩자를 보내 계교를 꾸미게 한 뒤 승리를 견인하는 연환계連環計, 적의 내부를 이간하는 반간계反間計, 미녀를 동원해 적장을 미혹케 만드는 미인계美人計, 아군의 손실을 감수하며 꾸며 내는 고육계苦肉計, 거짓으로 투항하는 사항계詐降計, 짐짓 패한 척 도주하며 적을 유인하는 사패계詐敗計, 거짓으로 호언장담하는 사칭계詐稱計, 짐짓 병을 칭해 적을 안심시키는 사병계詐病計, 복병에 대한 적의 불안 심리를 역이용하는 공성계空城計, 동쪽에서 소리를 지르며 서쪽으로 치는 성동격서의 양성계揚聲計, 현대 게릴라전과 같은 개념의 유병계遊兵計, 격장계激將計, 짐짓 무기를 내려놓아 적을 유도하는 타도계拖刀計, 다른 사람의 손을 빌려 적을 제거하는 차도계借刀計, 계책을 써 적의 무기를 획득하는 차전계借箭計, 사방으로 복병을 깔아두는 십면매복계十面埋伏計, 두 강적을 이간하여 서로 싸우게 만드는 이호경식계二虎競食計, 강한 적을 이용해 약한 적을 궤멸시키는 구호탄랑계驅虎呑狼計, 길을 빌려 적을 치는 가도멸괵계假道滅虢計, 싸울 때 주객의 위치를 뒤바꿔 전세를 유리하게 이끄는 반객위주계反客爲主計, 첨단무기로 적을 경악케 만드는 목우경적계木偶驚敵計, 상대의 계책을 역이용해 공격하는 장계취계將計就計 등을 들 수 있다.

이런 모든 전술은 구체적인 내용에 따라 다양하게 명명되고 있지만 한마디로 요약해 말하면 '허허실실'로 상징되는 허실계虛實計라고 할 수 있다. 허허실실은 모든 병서가 강조하는 전술전략을 한마디로 응축한 키워드에 해당한다. 조조가 말한 '무정형의 궤도'와 같은 뜻이다.

많은 사람들이 『손자병법』의 궤도를 '간계' 내지 '휼계'로 해석한 것은 '임기응변' 내지 '허허실실'의 진의를 제대로 파악하지 못한 탓이다. 병도는 『도덕경』의 키워드인 도치道治에서 유출된 부득이용병不得已用兵과 취지를 같이한다. 모든 병가들이 단순히 수단방법을 가리지 않고 전쟁에서 승리하는 것만을 추구한 게 결코 아니다. 조조가 『손자병법』 주석서의 서문에 부득이한 출병을 뜻하는 집이시동戢而時動을 역설한 이유다.

『삼국연의』에는 조조가 시종 기병과 의병을 구사한 것으로 묘사되어 있으나 정사 『삼국지』의 기록을 종합해 보면 이와 다르다. 조조는 기병과 의병을 많이 구사한 것이 사실이나 그 기본 원칙만큼은 정병에 있었다. 그가 구사한 정병의 가장 대표적인 예는 속전속결을 위주로 한 '신속계'라고 할 수 있다. 사마의가 '지구계'를 이용해 제갈량의 중원진출을 저지한 것은 조조와 대비되는 모습이기도 하다. 조조의 '신속계'와 사마의의 '지구계'는 상황에 따라 정병이 얼마나 다양하게 구사될 수 있는지를 여실히 보여준 대표적인 사례에 속한다.

사서의 기록을 보면 조조는 정병의 '신속계'를 매우 선호했음을 알 수 있다. 군사를 이끌고 토벌에 나서 대략 7개월을 넘기지 않은 게 그렇다. 이는 '신속계'와 관련한 『손자병법』「작전」의 다음 대목에 주목한 결과로 볼 수 있다.

"전쟁은 안팎으로 많은 비용을 지출케 한다. 외국사신을 접대하고, 활과 화살을 만들고, 전차와 갑옷을 계속 보충하기 위해 백성들로부터 하루 평균 천금이나 되는 비용을 거두어야 한다. 그래야 겨우 10만 명의 군대를 움직일 수 있다. 그러므로 전쟁을 할 때는 속전속결로 이겨야 한다. 전쟁을 오래 끌게 되면 병사들이 피로해지고 사기가 꺾이게 된다. 더구나 지구전으로 공성전을 펼치게 되면 병사들의 예기가 꺾이게 되고 재정도 말라 버린다."

전쟁은 고금을 막론하고 총력전으로 치러질 수밖에 없다. 전쟁을 개시하기 전에 우선 외교전을 펼치기 위해 많은 비용을 써야만 한다. 막상 선생에 들어가면 활과 화살, 전차, 갑옷, 식량 등 수많은 군수물자가 필요하게 된다. 게다가 군수물자는 전황에 따라 그 가격이 수시로 변동하므로 더욱 많은 돈이 들게 된다. 젊은 장정들이 동원되므로 농사를 비롯한 생산 활동이 저하된다. 『손자병법』은 하루 평균 천금의 비용이 든다고 했으나 그 기회비용까지 합치면 가히 천문학적인 비용이 드는 셈이다. 이같이 엄청난 희생을 딛고 일어서야 겨우 10만 명의 군대를 움직일 수 있을 뿐이다.

『손자병법』「작전」이 용병은 신속히 이기는 것을 귀히 여기고 오래 끄는 것을 꺼린다는 취지로 '병귀승불귀구兵貴勝不貴久'를 언급한 이유다. 이 구절은 모든 병서가 하나같이 역설하는 '병귀신속兵貴神速'을 달리 표현한 것이다. 사실 전쟁은 아무리 우수한 병력과 군수물자를 확보하고 있을지라도 지구전으로 나아가면 이내 병력과 자원을 모두 고갈시키게 된다. 민력民力이 피폐해지는 것은 말할 것도 없다. 조조가 '신속계'를 위주로 전술을 펼친 이유다. 조조는 『손자병법』「작전」에 주석을 달면서 '병귀신속'을 이같이 풀이했다.

"『손자병법』에는 전쟁에서 이긴 뒤에 공을 세운 사람에게 나눠주는 포상금 등이 전비에 포함되어 있지 않다. 이를 합치면 전비는 더욱 늘어날 수밖에 없다. 지구전이 되면 병사들의 사기가 꺾이고 활과 화살이 무뎌져 피폐해진다. 보급이 어려워진다는 것은 민력이 다했다는 것을 의미한다. 전쟁이 오래가면 불리하다. 전쟁은 마치 불과 같아 만일 신속히 끝내지 않으면 장차 자신을 태우고야 말 것이다."

삼국시대에는 모두 1백여 차례의 크고 작은 전쟁이 잇따랐다. 조조는 거의 모든 삶을 전장에서 보냈다. 그는 이겼을 때나 졌을 때나 '병귀신속'의 원칙을 엄수했다. 지금의 감숙성 일대인 한중漢中을 포기할 때 계륵鷄肋의 미련을 버리고 신속히 퇴각한 것이 그 좋은 실례이다. 관동의 호걸들이 동탁토벌의 연합군을 결성했을 때 조조가 제시한 계책이 바로 속전속결에 의한 '신속계'였다.

조조는 관중의 장수가 형주의 유표와 손을 잡고 완성으로 진출해 허도를 기습하려고 하자 곧바로 여포에 대한 공격을 멈추고 군사를 돌렸다. 원소와 건곤일척의 관도대전을 벌일 때에도 '속전속결'의 원칙에 입각해 대승을 거두었지만 곧바로 허도로 돌아왔다. 한마디로 말해 조조는 용병의 기본을 '속전속결'에 두고 있었다. 고금을 막론하고 상서롭지 못한 용병은 빨리 끝내는 게 최상이다. 그러지 못할 경우 설령 승리할지라도 '상처뿐인 영광'만 떠안게 된다.

02

클라우제비츠는 왜 『전쟁론』에서 적의 심장부를 치라고 한 것일까?

역사 속의 클라우제비츠

동서고금을 막론하고 평화를 구가하던 시대조차 군인은 필요했다. 내란이든 외환이든 무력을 동원하는 전쟁 가능성을 완전히 배제할 수는 없었기 때문이다. 나라마다 군대의 규모와 편제 등은 각국이 처한 상황에 따라 매우 다양했다. 유럽의 경우 19세기 전반기에 이르러 산업혁명과 인구의 폭발적 증가로 인해 각국 모두 커다란 변화의 물결을 맞닥뜨려야만 했다. 거의 예외 없이 제국주의와 민족주의 바람을 토대로 민족국가 건설에 나선 이유다. 군대의 편제도 커다란 변화를 맞게 됐다. 신무기와 신기술을 받아들이지 않은 군대는 이내 패배를 각오해야만 했고, 이는 국가의 패망으로 연결될 수밖에 없었다.

통상 전략가들은 앞서 일어난 큰 전쟁으로부터 많은 교훈을 찾아내곤 한다. 19세기의 유럽을 좌우한 것은 바로 나폴레옹 전쟁이다. 나폴레옹 전쟁은 프랑스대혁명의 연장선상에 있었던 까닭에 이전의 전쟁과 달리 일종의 이데올로기 전쟁의 성격을 강하게 띠고 있었다. 나폴레옹 전쟁에 대한 정밀한 분석은 기존체제의 유지를 위해 대단히 중요한 일이었다. 전쟁이 끝난 후 각국의 전략가들이 하나같이 나폴레옹 전쟁이 남긴 교훈을 분석하고, 이를 기초로 새로운 전술을 발전시키는 데 매진한 이유다. 이를 수행한 대표적인 인물이 바로 클라우제비츠였다.

그가 활약한 시대는 프랑스대혁명으로 인해 세상이 크게 시끄러운 데다 나폴레옹을 비롯해 헤겔과 괴테, 하이네 등 전쟁과 문화 방면에서 뛰어난 영웅들이 대거 활동하던 시기였다. 그가 삶의 대부분을 나폴레옹 전쟁에 소비한 이유다. 원래 그는 프랑스대혁명이 빌발한 이듬해인 1780년 6월 1일 프로이센의 예비역 장교 집안의 아들로 태어났다. 그의 고조부와 증조부 모두 목사였고, 조부 역시 목사로 있으면서 유명한 신학교수로 재직했다. 삼촌 중에도 1명의 목사가 있었다. 한마디로 그의 집안은 독실한 기독교 교인의 집안이었다고 해도 과언이 아니다. 그러나 그의 부친은 목사가 아니었다. 그의 부친은 프리드리히 대왕 밑에서 하급 장교로 있었다.

그의 부친의 군복무는 그리 길지 못했다. 전쟁이 끝난 뒤 이내 프리드리히 대왕의 명에 의해 군대에서 쫓겨나게 됐다. 그 이유는 이렇다.

원래 프리드리히는 부르주아를 크게 경멸한 까닭에 장교단에 받아들이지 않았다. 그러나 장교로 임관하는 귀족의 숫자가 크게 모자란 탓에 부득불 부르주아를 받아들일 수밖에 없었다. 전쟁이 끝나자 눈엣가시 같은 부르주아를 더 이상 장교로 대우해줄 이유가 없었다. 귀족 출신이 아닌 자들을 일거에 쫓아낸 이유다. 당시 그의 부친은 자신의 장교 경력에 대해 커다란 자부심을 지니고 있었다. 전역 이후에도 장교 출신임을 자랑하고 다닌 게 그렇다. 그런 부친 밑에서 자란 클라우제비츠가 군대에 입대해 고급장교가 되고자 한 것은 자연스런 일이었다. 신분상승에 대한 욕구가 그만큼 컸던 것이다. 그의 형제 가운데 3명이 모두 입대한 사실이 이를 뒷받침한다.

1792년 클라우제비츠는 12세의 나이로 군대에 들어갔고, 이듬해에 프랑스군과 가진 첫 전투에 참가했다. 1801년 최초로 창설된 베를린 육군사관학교에 들어가 샤른호르스트 밑에서 군사학을 배웠다. 이때 그는 프러시아를 비롯한 유럽 각국의 전쟁사는 물론 각종 전략전술을 열심히 익혔다. 주목할 것은 그가 마키아벨리의 『군주론Il Principe』과 『전술론Arte della guerra』을 열심히 탐독한 점이다. 『전쟁론』에 마키아벨리의 『군주론』과 『전술론』 대목을 연상시키는 언급이 적잖이 나오는 것도 이와 무관치 않을 것이다. 당시 프로이센군은 프랑스군의 상대가 못 됐다. 여러 전투에서 철저히 유린됐다. 모든 요새들이 프랑스군의 진격에 저항 한 번 제대로 못한 채 무조건 항복하고 말았다. 프로이센군은 겉으로는 화려하고 강해 보였으나 실상은 낮은 사기와 부족한 훈련 등으로 프랑스군의 적수가 되지 못했다.

1806년 그는 프랑스군과 접전하다가 적에게 포로로 잡혔다. 1년 동안 프랑스군에서 포로생활을 하는 동안 그는 이를 전쟁 개념에 관한 연구기회로 활용했다. 이때 그는 프로이센 군대를 대대적으로 개편할 필요성을 절감했다. 포로생활을 끝내고 귀국한 뒤 슈타인의 프로이센 개혁이 시작되자 샤른호르스트를 중심으로 하는 군제개혁 운동에 적극 동참한 이유다. 이후 프러시아로 돌아와 전쟁성의 주요 국장으로 승진했다. 1810년 그는 뛰어난 군사적 재능을 인정받아 프로이센 왕실의 직속 부관이 됐다. 임무는 황태자에게 군사학을 가르치는 일이었다. 이때 그는 황태자에게 군사교육을 시키는 교본을 직접 저술했다. 훗날 이는 『전쟁의 기본원칙』이라는 책자로 발간됐다. 이 책자는 공격과 방어의 상호관계를 깊숙이 논한 것으로 유명하다. 주요 내용은 이후 『전쟁론』에 그대로 수록됐다.

1812년 패전한 프로이센이 프랑스의 압력에 굴복해 동맹을 맺고 대러시아 원정에 참전하자 전투 현장에서 군대를 지휘하고 있던 그는 부하들을 이끌고 이내 탈영을 감행했다. 탈영병 2만 명을 모아 러시아군에 종군케 된 배경이다. 이때 그는 이같이 역설하며 게릴라전을 주장했다.

"아직 나폴레옹 군대와 정면으로 맞서 싸워 이긴 자가 없다. 나폴레옹 군대와 정면승부를 겨루기보다는 나폴레옹이 군대를 유지하는 것을 저지하는 게 더 낫다."

나폴레옹 군의 군수물자 보급을 약화시키는 지연전을 편 이유다. 이게 그대로 적중했다. 1812년 보로디노 전투 이후 나폴레옹 군이 몰락하는 배경이 된 이유다. 이듬해인 1813년 러시아군의 신분으로 프로이센과 접촉했다. 프로이센과 러시아가 합세해 대불동맹을 맺고자 한 것이다. 이게 나폴레옹 몰락의 결정적인 배경이 됐다.

원래 나폴레옹 전쟁은 프랑스대혁명을 방위하는 전쟁의 성격을 띠고 시작됐다. 그러나 잇단 승리로 점차 침략성을 띠게 되면서 주인공으로 우뚝 선 나폴레옹은 유럽의 여러 나라와 총 60회나 되는 싸움을 벌이며 연전연승을 거뒀다. 프랑스인의 조국애를 자극하며 '국민의 영광'을 전면에 내세운 내셔널리즘의 개가였다. 그러나 그 저변에는 영국과 프랑스 사이의 중상주의重商主義 경쟁이 깔려 있었다.

주목할 것은 프랑스대혁명에서 비롯된 내셔널리즘이 나폴레옹 전쟁을 계기로 유럽 각국에 전파되면서 '반反나폴레옹' 성격을 띤 각국의 애국주의 운동을 자극한 점이다. 비록 유럽 전 지역에 대한 획일적인 지배를 꾀한 나폴레옹의 야망은 좌절됐으나 뜻밖에도 엄청난 결과를 초래했다. 19세기 유럽 역사의 주류를 형성하는 자유주의와 국민주의의 확산이 그것이다. 프랑스군이 정복했던 지역에서 봉건적인 앙시앵레짐이 일거에 무너지고, 민주제도 및 입헌정치가 수립되고, 자유 및 평등사상이 일반인에게 널리 이식된 근본배경이 여기에 있다. 『전쟁론』의 저술도 바로 이런 역사적 맥락 속에서 이뤄진 것이다.

1815년 3월 엘바 섬을 탈출하여 황제 자리를 되찾은 나폴레옹은 10만이 넘는 병력을 이끌고 벨기에로 진출했다. 웰링턴이 지휘하는 영국군과 블뤼허가 지휘하는 프로이센군이 황급히 저지에 나섰다. 이해 6월 지금의 벨기에 워털루 남쪽에서 격전이 빚어졌다. 최후의 승리는 연합군 쪽이 거머쥐었다. 이른바 '워털루 전투'이다. 이는 나폴레옹의 '백일천하'에 종지부를 찍고 23년 만에 유럽에 평화를 가져오게 한 역사적 싸움에 해당한다.

나폴레옹 몰락 이후 유럽은 평화를 되찾고 비교적 오랜 기간 평화를 누렸다. 참혹한 전쟁을 경험한 각국 군주들은 도발을 자제하고 외교적으로는 메테르니히가 주도한 빈 국제회의를 정기적으로 갖고 열강 간에 세력균형과 협력을 도모하게 됐다. 이는 클라우제비츠의 삶에도 커다란 변환기로 작용했다. 나폴레옹의 몰락이 확인된 1815년 군영의 무단이탈과 적군에 대한 종군혐의를 받고 있던 그가 프로이센왕의 허락을 얻어 귀국한 게 그렇다. 그가 세운 공을 높이 평가한 결과다.

38세 때인 1818년 장군으로 승진한 뒤 이듬해인 1819년 베를린의 육군대학 교장에 임명된 것도 이런 맥락에서 이해할 수 있다. 이후 10여 년 동안 줄곧 그 자리에 있었다. 학교에서 지내는 동안 수많은 논문과 글을 썼다. 『전쟁론』도 대부분 이때 쓴 것으로 알려져 있다. 1830년 포병감砲兵監으로 자리를 옮겨 그나이제나우 장군 휘하의 참모장을 역임케 됐으나 이듬해인 1831년 현재 폴란드의 '브로츠와프' 브레슬라우에서 콜레라에 걸려 급사하고 말았다. 당시 51세였다. 『전쟁론』의 원고는 아직 미완성인 상태였다. 그의 부인 폰 마리에가 여기저기 흩어진 유고와 메모 등을 모아 이듬해인 1832년 8월 30일 『전쟁론』을 출간한 배경이다. 당초 『전쟁론』은 『전쟁과 작전술에 관한 카를 폰 클라우제비츠 장군의 유저집遺著集』 10권 중의 첫 3권으로 출간됐다.

『전쟁론』의 구성과 특징

클라우제비츠의 『전쟁론』은 출간 직후 21세기 현재에 이르기까지 많은 나라에 커다란 영향을 끼치고 있다. 『전쟁론』에 나타난 클라우제비츠의 군사사상을 그의 모국인 독일뿐만 아니라 다른 여러 나라에서도 집중 연구하고 있는 현실이 그 증거다. 실제로 모든 국가의 군사교육기관이 거의 예외 없이 『전쟁론』을 교본으로 삼고 있다. 역사적으로 볼 때 『전쟁론』 논의에 가장 큰 영향을 미친 사건으로 크게 4가지를 들 수 있다.

첫째, 프러시아-프랑스 및 프러시아-오스트리아 전쟁이다. 이 전쟁에서 『전쟁론』 이론에 충실했던 프러시아는 잇달아 승리를 거뒀다. 당시 많은 사람들이 이런 사실에 경악을 금치 못했다. 프러시아는 신생국에 지나지 않았으나 프랑스와 오스트리아는 근대 유럽을 좌지우지한 최강국에 속했기 때문이다. 이는 『전쟁론』에 관한 각국의 열성적인 연구를 자극한 대표적인 사건에 해당한다.

둘째, 엥겔스와 레닌에 의해 재해석돼 적용된 프롤레타리아 혁명과 게릴라전의 확산이다. 엥겔스와 레닌은 『전쟁론』을 '군사과학의 고전'으로 높이 평가하며 이를 기초로 독자적인 전쟁이론을 만들어 냈다. 공교롭게도 레닌의 혁명은 성공을 거뒀다. 『전쟁론』의 성가를 높이 두 번째 사례에 속한다.

셋째, 제1, 2차 세계대전을 들 수 있다. 20세기 최고의 전략가로 손꼽히는 군사사상가 리델하트가 『전쟁론』을 제1, 2차 세계대전의 배경으로 거론한 대표적인 인물이다. 그는 자신의 역저 『전략론』에서 평하기를, "클라우제비츠가 전쟁이론에 크게 기여한 부분은 전쟁의 정신적 영역을 밝힌데 있다. 그의 『전쟁론』은 제1, 2차 세계대전과 같은 참혹한 결과를 촉발시킨 폭력만능주의 전략사상에 해당한다."고 했다.

리델 하트의 이런 지적은 『전쟁론』을 매도코자 하는 의도에서 나온 것이었음에도 불구하고 오히려 『전쟁론』의 성가를 높이는 결과를 낳았다.

넷째, 미국의 육군사관학교를 비롯한 서방 세계 각국의 사관학교가 『전쟁론』을 정규 교과목으로 채택하고, 교관들에게 클라우제비츠의 전쟁 및 군사사상에 대한 학술 연구를 적극 지원하고 있는 현실을 들 수 있다. 대표적인 결과물로 지난 1951년 미국의 웨스트포인트 육군사관학교에서 발간한 『클라우제비츠, 조미니, 슐리펜』를 들 수 있다. 이 책은 『전쟁론』을 비스마르크의 철혈철학鐵血哲學과 『나의 투쟁』으로 상징되는 히틀러의 투쟁철학鬪爭哲學과 유사한 철학에 입각한 '군사학의 고전'으로 분석한 게 특징이다.

클라우제비츠의 『전쟁론』은 21세기 현재까지 막대한 영향을 끼치고 있다. 『전쟁론』을 현실전쟁에 적극 활용한 전략가들이 매우 많은 것도 이와 무관치 않을 것이다. 1815년의 워털루 전투에서 나폴레옹 군을 격파한 영국의 웰링턴 장군을 비롯해 프로이센-오스트리아 전쟁과 프로이센-프랑스 전쟁 등을 승리로 이끈 프러시아 군 총참모장 폰 몰트케, 러시아혁명을 성사시킨 레닌, 제2차 세계대전을 촉발시킨 히틀러, 사상 최초의 농민혁명을 일으킨 모택동, 미국 내 20세기 최고 외교 전략가로 손꼽히는 키신저 등이 그들이다. 내로라하는 동서의 많은 전략가들이 『전쟁론』의 가르침을 충실히 좇았음을 보여준다.

실제로 『전쟁론』은 『손자병법』과 마찬가지로 전략을 무리하게 어떤 틀에 끼워 넣어서는 안 된다고 역설하고 있다. 지나치게 구체적인 전략전술은 전쟁과정에서 빚어지는 불가피한 상호마찰로 인해 이내 실패할 수밖에 없다고 지적한 게 그렇다. 여기의 '마찰'은 우연한 호기好機와 예정된 전략전술 집행의 불완전성, 적군의 독립된 의지 등에 따른 것이다. 클라우제비츠가 지휘관의 직관력과 순간적 재치와 슬기 등을 비롯해 장병의 사기 등 인간적 요소들이 전쟁결과를 좌우한다고 본 것은 바로 이 때문이다. 『손자병법』이 '임기응변'을 주문한 것과 닮았다. 나폴레옹 전쟁을 분석대상으로 삼은 『전쟁론』이 21세기 현재까지 널리 읽히는 것도 이와 무관할 수 없다.

객관적으로 볼 때 『전쟁론』은 나폴레옹 전쟁의 경험을 토대로 기술된 매우 희귀한 전쟁철학서에 해당한다. '전쟁은 정치적 수단과는 다른 수단으로 계속되는 정치에 불과하다.'고 언급한 게 그렇다. 군사에 대한 정치의 우월성을 설파한 이 구절은 이후 레닌과 스탈린, 모택동 등 수많은 혁명가에게 커다란 영향을 주었다.

특히 『손자병법』의 대가인 모택동은 『전쟁론』을 통해 서양 전래의 군사전략을 파악하는데 많은 노력을 기울였다. 한국전 당시 그는 긴박한 전황을 보고받으면 곁에 있는 참모와 상의해 과감히 결단한 뒤 이를 총사령관인 팽덕회에게 지시하는 극히 간명한 지휘체계를 유지했다. 『손자병법』과 더불어 『전쟁론』을 숙독하며 미국의 반응과 대응책을 미리 짐작한 덕분이다. 그의 『전쟁론』에 대한 관심은 죽을 때까지 이어졌다. 죽기 1년 전인 1978년 서독의 슈미트 수상이 방문했을 때 『전쟁론』을 화제로 삼은 게 그렇다. 『전쟁론』이 동서의 지도자들에게 얼마나 큰 영향을 미쳤는지를 짐작케 해주는 대목이다.

그럼에도 아직까지 클라우제비츠의 전쟁 및 군사사상에 대한 뚜렷한 합의는 없는 상태다. 학자들 간의 논의가 분분한 게 그 증거다. 리델하트는 『전쟁론』이 제1, 2차 세계대전을 촉발시켰다고 혹평했음에도 불구하고 21세기 현재까지 『전쟁론』에 대한 연구는 꾸준히 지속되고 있다. 그 이유는 무엇일까? 무엇보다 먼저 전 세계의 모든 전쟁에 개입하고 있는 미국의 행보를 들 수 있다. 적을 초토화시키는 섬멸전殲滅戰이 그것이다. 『전쟁론』의 타당성을 현실적으로 입증하고 있는 셈이다. 이런 섬멸전이 지속되는 한 『전쟁론』의 성가는 더욱 높아질 수밖에 없다. 『전쟁론』의 구성부터 간략히 살펴보자.

『전쟁론』은 총 8편 125개의 장으로 구성돼 있다. 각 편의 논제를 살펴보면 제1편 전쟁의 본질, 제2편 전쟁 이론, 제3편 전략일반, 제4편 전투, 제5편 군사력, 제6편 방어, 제7편 공격, 제8편 전쟁계획이다. 제1편에서 전쟁이란 무엇인가를 주로 정치사회적 측면에서 논하고 있다. 제2편에서는 전쟁을 이론적으로 어떻게 분석할 수 있는가를 다루고 있다. 제3편부터 제7편까지는 전쟁의 수행과 관련한 전략과 전술에 초점을 맞추고 있다. 제8편은 결론부분이다. 제1편에서 제기한 핵심 주제를 재조명하고 전쟁과 정치의 관계를 보다 더 명확히 규명하고 있나. 이 가운데 전쟁의 본질, 전쟁이론, 전략일반 등 3편은 오늘날에도 '전쟁론의 진수'로 평가받고 있다. 특히 제1편 전쟁의 본질에 나오는 '전쟁은 다른 수단에 의해 수행되는 정치의 연장에 불과하다.'는 구절은 『전쟁론』의 요지를 한마디로 집약해 놓은 천고의 명구에 해당한다.

제1편 전쟁의 본질은 8개의 장으로 이루어져 있다. 『전쟁론』의 총론에 해당한다. 전쟁을 '자신의 의지를 실현하기 위해 적에게 굴복을 강요하는 폭력행위'로 정의하고 있다. 전쟁을 인간의 '의지행위'임을 분

명히 밝힌 게 특징이다. 이런 정의에 따라 제1편은 전쟁의 목적, 목표, 수단을 체계적으로 규정하고 있다. 인간의 의지를 실현하는 전쟁의 목적은 정치적 성격을 띨 수밖에 없고, 이런 목적을 실현하는 폭력행위는 필연적으로 군사적 성격을 띠게 된다는 것이다. 여기서 극단적인 모습으로 나타나는 상상속의 '절대전쟁'과 현실세계에서 빚어지는 '현실전쟁' 개념이 도출된다. 이 개념은 현실전쟁에서 나타날 수 있는 모든 개연성과 우연성을 정확히 가려내려는 취지에서 도출된 것이다. 마치 애덤 스미스가 『국부론』에서 수요자와 공급자의 욕구가 완전히 일치하는 상상 속의 완전자유 시장을 상정한 것과 같다.

클라우제비츠는 이 도식을 이용해 현실전쟁에서 빚어지는 3가지 특징을 포착했다. 폭력성, 우연성, 정치성이 그것이다. 이게 동서고금의 역사에 출현한 모든 전쟁을 해석하는 3대 요소에 해당한다. 이를 토대로 클라우제비츠는 전쟁의 목표에 이르는 방법을 체계적으로 정리하면서, 전쟁의 수단을 무기뿐만 아니라 무기를 사용하는 인간 병사로 확대해 설명하는 독창적인 견해를 피력했다. 전쟁의 본질을 두고 '전쟁은 육체적 갈등과 고통이 수반되는 가운데 우연이 적극 개입해 승패를 좌우키도 하는 매우 위험하고 불확실한 사안이다.'라고 정의한 이유다. 그는 전쟁의 전개과정을 '마찰' 개념을 동원해 분석했다. '마찰'에 따른 위험요소를 극복하기 위해서는 진정한 용기, 날카로운 지성, 풍부한 경험, 강인한 체력과 정신력이 요구된다고 주장한 이유다. 한마디로 지휘관의 통찰과 결단을 승리의 관건으로 꼽은 셈이다.

제2편 전쟁이론은 모두 6개의 장으로 이뤄져 있다. 전쟁에 관한 모든 이론을 망라해 놓았다. 여기서 클라우제비츠는 전쟁의 본질을 싸

움으로 정의한 뒤 병사들을 훈련시키고 신식 무기와 장비를 갖추는 모든 준비활동을 싸움 자체와 구분하고 있다. 그의 분석에 따르면 싸움은 협의의 전술, 준비활동은 광의의 전술에 해당한다. 칼을 잘 만드는 사람이 칼싸움도 잘하는 게 아닌 것과 마찬가지로 전쟁에서 '준비'와 '싸움'은 분명히 구분돼야 한다는 게 논지이다.

그가 전쟁을 수행하는 지휘관과 병사들의 사기를 크게 중시한 이유가 여기에 있다. 진정한 전쟁이론은 '인간의 정신적 요소를 파악해 적대감정, 위험이 불러일으키는 감정, 적의 반응, 정보의 불확실성을 간파할 재능 등을 고려하는 이론이 돼야 한다.'는 것이다. 그의 주장에 따르면 전쟁이론은 전쟁의 구성요소를 구별하고, 전쟁수단의 특징과 효과를 설명하고, 목적을 확정해 지휘관의 강한 승전의지를 길러주는 데 초점을 맞춰야 한다. 이는 과거에 존재했던 모든 전쟁을 비판적으로 분석해 미래의 교훈으로 삼고자 하는 취지에서 나온 것이다. 그가 전쟁에 사용된 여러 수단을 종합적으로 검토한 이유다. 그의 주장에 따르면 전쟁이론을 전공으로 하는 자는 반드시 전쟁의 역사를 훤히 꿰고 있어야 한다. 전쟁의 역사를 통해서만 자신의 이론을 증명하고, 널리 응용할 수 있기 때문이다. 그런 점에서 전쟁이론은 앞으로도 전쟁 양상의 변화에 따라 지속적으로 개발될 수밖에 없다. 이때 반드시 어려운 전문용어와 적합하지 않은 사례까지 끌어들여 이론을 위한 이론을 만드는 것은 지양해야 한다.

제3편 전략일반은 18개의 장으로 이뤄져 있다. 전략의 5가지 요소를 상세히 다루고 있는 게 특징이다. 정신적 요소와 물리적 요소, 축성築城과 관련한 상황적 요소, 진지의 구축과 관련된 수학 및 기하학

적 요소, 지리 및 통계에 관한 요소 등이 그것이다. 전투는 모든 역량을 투입할 수 없는 만큼 늘 일정한 제한이 따르기 마련이고, 전략은 개별적인 전투를 토대로 하고 있는 만큼 전투를 제약하는 5가지 요소를 자세히 살펴보아야 한다는 게 골자이다. 정신적 요소는 강한 정신력, 대담성, 끈기 등을 말한다. 물리적 요소는 병력의 숫자, 기습 등의 책략, 전투력의 집중 여부, 예비 병력의 활용, 병력의 절약 방안 등을 지칭한다. 물리적 요소는 '나무로 만든 칼집', 정신적 요소는 '번득이는 칼날'에 비유할 수 있다. 이 2가지 요소는 전략에서 가장 중요한 요소에 해당한다.

제4편 전투는 총 14개의 장으로 구성돼 있다. 전투야말로 본래의 전쟁활동이고, 그 목적은 적을 궤멸시키는데 있다. 『손자병법』이 싸우지 않고도 적을 굴복시키는 부전굴인不戰屈人을 역설한 것과 대비된다. 클라우제비츠는 물리 내지 정신적 전투에서 적에게 큰 손실을 입히고 적이 당초의 계획을 포기하도록 만드는 것을 전투의 목적으로 들었다. 또 공격적 전투는 적의 전투력을 떨어드리고, 적지를 점령해 당초의 목표물을 손에 넣는 게 목적에 해당한다. 이에 반해 방어적 전투는 적의 전투력을 파괴하고, 아군이 확보한 지역과 대상을 방어하는 게 목적이다.

클라우제비츠는 『손자병법』처럼 '속전속결'을 역설하지는 않았으나 전투기간을 매우 중시했다. 전투의 본질을 고찰하고, 승패를 좌우하는 매우 중요한 전략적 요소로 간주한 결과다. 그가 전투의 승패에 중대한 영향을 미치는 요소로 전투병력 이외에 예비 병력의 유무와 규모를 든 것도 이런 맥락에서 이해할 수 있다. 그의 주장에 따르면 전투를 수행할 때 가장 중요한 것은 이른바 '주력전투'에서 승리를 거두는 것이다. 주력전투의 승패는 최고지휘관과 군대는 물론 전쟁을 치른 당사국에도 심대한 영향을 미칠 수밖에 없다. 승패 이후에 일어나는 전쟁과정에도 큰 영향을 미친다. 주력전투에서 승리할 경우에는 승세를 더욱 확고히 하기 위해 패주하는 적을 계속 추격해야 하고, 정반대로 주력전투에서 패할 경우에는 손실을 극소화한 가운데 신속하고도 효과적으로 후퇴할 수 있어야 한다. 주목할 것은 주력전투에서 승리할 경우 패주하는 적을 계속 추격해야 한다고 역설한 점이다. 『손자병법』「군쟁軍爭」이 달아나는 적의 퇴로를 막지 않는 귀사물알歸師勿遏, 적을 포위할 때 반드시 퇴각로를 터주는 위사필궐圍師必闕, 막다른 곳에 몰린 적을 성급히 공격하지 않는 궁구물박窮寇勿迫을 역설한 것과 대비된다. '섬멸전'을 기치로 내건 『전쟁론』의 특징이 극명하게 드러나는 대목이다.

제5편 군사력은 총 18개의 장으로 이뤄져 있다. 여기서는 전투를 하지 않는 상태에 있는 병력의 숫자와 군제 편성 등을 살펴보고 전투력 유지 및 증진에 필수인 식량보급의 문제를 깊이 다루고 있다. 이밖에도 병력이 여러 형태의 지형에서 어떻게 작동하는지도 살피고 있다. 핵심개념은 군대, 전쟁터, 전투이다. 보병, 기병, 포병 등 3대 병과의 적절한 비율을 군대 전체의 개념에서 살펴보고 있다. 고정된 전쟁터에 병력을 어떻게 배치할 것인지 여부도 중요한 분석대상이다. 선발부대의 배치가 중요한 과제로 다뤄지고 있다. 나아가 군사이동과 관련해 야영, 행군 등도 관심대상이다. 이밖에도 병참과 관련해 지리와 지형적인 측면도 중요하게 다뤄지고 있다. 클라우제비츠는 식량보급, 기

지, 병참선, 지형, 고지 등에 관한 이전의 연구를 차례로 거론하며 이를 비판적으로 검토하고 있다.

제6편 방어는 총 30개의 장으로 이뤄져 있다. 『전쟁론』에서 제일 많은 분량이다. 통상 방어는 공격보다 용이한 까닭에 강력한 전쟁 수행 형태에 속한다. 『전쟁론』은 적의 공격을 막는 방어의 특징을 적의 공격을 기다리는 데서 찾고 있다. 공격은 집중, 방어는 분산의 특성을 지닐 수밖에 없기 때문이다. 병사 외에 민병대, 요새, 국민, 의용대, 동맹국 등을 깊숙이 다루고 있는 것도 이런 맥락에서 이해할 수 있다. 아군의 방어를 튼튼히 하려는 취지이다. 클라우제비츠가 다양한 상황에서 어떻게 방어하는 게 좋은지 여부를 진지하게 분석한 것도 이 때문이다. 방어는 요새와 진지, 보루, 산악, 하천, 늪지대, 침수지, 숲, 국경 관문, 측면 진지 등에서도 이뤄진다. 클라우제비츠는 역사적인 사례를 들어 이를 면밀히 검토하고 있다. 적이 공격할 경우 나라 안으로 깊숙이 끌어들이는 것도 뛰어난 방어책에 속한다. 그러나 이는 러시아처럼 광대한 영역을 지닌 나라에서만 가능한 일이다. 전 국민이 무장해 방어하는 것도 하나의 계책이 될 수 있다. 이는 묵수墨守로 유명한 『묵자』가 역설한 방안이기도 하다. 실제로 『묵자』의 「비성문備城門」에서 「잡수雜守」에 이르는 20여 편은 『손자병법』을 비롯한 여타 병서에서는 전혀 찾아볼 길이 없는 뛰어난 수성守城 전략전술로 채워져 있다. 「비성문」 이하를 이른바 '묵자병법'으로 칭하는 이유다. 전체의 4분의 1이 넘는 분량이다. 문제는 전투의 유형이다. 전투를 수행할 때 중요한 것은 전장戰場을 어떻게 방어하는가 하는 문제이다. 클라우제비츠는 결정적인 전투를 치를 것인지 여부에 따라 전장의 방어도 각기 다른 양

상을 보일 것으로 내다봤다.

제7편 공격은 총 21개의 장으로 되어 있다. 초고를 고려하면 22개의 장이라고 할 수 있다. 공격은 방어를 뒤집어 이해하면 된다. 분량이 적은 이유다. 적의 공격이 절정에 달하면 전투는 곧 방어로 전환해야 한다. 클라우제비츠가 방어의 유형에 따른 상이한 지역과 진지 및 전장을 과연 어찌해야 효과적으로 공격할 수 있는지 여부를 분석한 이유다. 도하 방법, 방어진지에 대한 공격, 보루진지에 대한 공격, 산악공격, 보조 라인에 대한 공격, 기동작전, 늪지대에 대한 공격, 침수지에 대한 공격, 숲에 대한 공격, 결전과 비결전의 전장에 대한 공격, 요새에 대한 공격, 수송대에 대한 공격, 병영 밖에서 사영舍營하는 적군에 대한 공격 등은 다양한 방어 유형에 대비한 효과적인 공격 방안을 논의한 것이다.

제8편 전쟁계획은 모두 9개의 장으로 되어 있다. 여기서 제1편의 논의를 다시 확인할 수 있다. 전쟁의 본질, 절대전쟁과 현실전쟁, 전쟁과 정치의 상호관계 등을 좀 더 명확히 설명해 놓은 덕분이다. '전쟁계획' 제목은 전쟁에 관한 기본계획을 뜻하는 게 아니라 전쟁의 본질에 관한 재검토로 이해하는 게 낫다. 모든 병력자원과 무기, 국력, 영토 등을 일거에 쏟아 붓는 절대전쟁은 현실에 존재하지 않는다. 모든 상황을 총체적으로 정확히 파악할 수 없는 한계 때문이다. 현실에서는 절대전쟁이 아닌 현실전쟁이 빚어진다. 현실전쟁의 목표를 제한적으로 설정할 수밖에 없는 이유다.

클라우제비츠가 파악한 전쟁은 정치의 하부 개념이다. 전쟁은 정치의 수단으로 간주한 결과다. '전쟁은 총으로 하는 외교이고, 외교는 말로 하는 전쟁이다.'라는 표현이 나온 이유다. 『전쟁론』은 전쟁을 순전히 군사적인 입장에서 접근하는 것을 배격한다. 클라우제비츠는 정치를 배제한 전쟁은 처음부터 자국에 불리하게 작용할 수밖에 없다고 보았다. 전쟁을 치르는 이유가 불분명한 까닭에 공격 목표뿐만 아니라 방어 목표도 제한될 수밖에 없어 무턱대고 총을 쏘아대는 무모한 폭력행사로 흐르게 된다는 지적이다. 『전쟁론』의 마지막 대목에 나오는 다음 문장이 이를 뒷받침한다.

"불가능한 것을 얻으려고 지금 얻을 수 있는 것을 놓치는 자는 어리석은 자이다."

클라우제비츠의 이런 지적은 나폴레옹이 '불가능은 어리석은 자의 사전에만 있다.'고 언급한 것과 대비된다. 천하를 움켜쥐고자 한 나폴레옹과 이런 야욕을 저지코자 했던 클라우제비츠의 엇갈린 입장이 선명히 드러나는 대목이다.

원래 클라우제비츠의 『전쟁론』은 난해하기로 악명이 높다. 일차적인 책임은 당사자인 클라우제비츠에게 있다. 원고 자체가 미완성으로 끝난 탓이 크다. 본인 스스로 교정을 볼 시간이 없었다는 의미이다. 주지하다시피 『전쟁론』은 클라우제비츠가 사망한 후 그의 부인과 지인知人들이 초고 상태의 원고를 그대로 편집하여 출판한 것이다. 출간 때부터 『전쟁론』은 일종의 '미숙아' 상태로 태어난 셈이다. 동서를 막론하고 많은 사람들이 『전쟁론』을 난해한 책으로 여기는 가장 큰 원인이 여기에 있다. 이처럼 난해한 책을 독일어가 아닌 영어 내지 일어 번역본을 토대로 중역한 한글 번역판이 더욱 난해하게 된 것은 필연지사이다. 지난 2009년 갈무리 출판사에서 최초로 완역본을 내놓아 불행 중 다행이라고 할 수 있다.

『전쟁론』은 기본적으로 칸트와 헤겔로 상징되는 독일식 철학에 충실한 전쟁철학서이다. 『전쟁론』에서 가장 주목해야 할 단어는 군사적 천재, 전략, 전술이다. 여기의 '군사적 천재'는 나폴레옹을 지칭한다. 분량은 극히 적으나 매우 중요한 대목으로 취급하고 있다. 클라우제비츠는 지적하지 않았으나 나폴레옹이 '군사적 천재'로 우뚝 선 데에는 『손자병법』을 탐독한 게 결정적인 배경으로 작용했다.

『전쟁론』은 전력과 전술을 엄격히 구분하고 있다. 전술은 기술적인 부분이지만 전략은 이와 차원이 다르다. 통상 전술과 전략은 모두 구분이 어려울 정도로 뒤섞여 있지만 본질적으로 서로 다른 활동이다. 양자의 개념을 정확하게 파악하지 못하면 양자의 기본법칙과 상호관계를 명료히 고찰할 수 없다. 정치를 '가능성의 예술'로 평하는 것처럼 위대한 군사전략은 군사적 천재에 의해 만들어진다. 이는 위대한 정치가 그렇듯이 '창조적 전략'이 전제돼야 가능한 것이다. 『전쟁론』「전략 일반」은 전략을 이같이 정의해 놓았다.

"전략은 전쟁 목적을 구현하기 위한 전투의 운용이다. 전략이 전쟁 목적에 부합된 하나의 목표를 전체 군사적 행동에 부여해야 하는 이유다. 전략은 전쟁 계획을 수립하고, 전체 군사적 행동의 목표는 그 목표를 달성하기 위한 일체의 행동을 결정하게 된다. 전략과 전술에 대한 개념적 차이를 볼 때 전투는 전략보다는 전술적인 성격이 강하다."

전략은 전쟁의 목적에 따라 군사력을 어떻게 사용할 것인지 여부를 결정하는 것이고, 전술은 전략에 따라 실제 전투를 어디서 어떻게 할 것인지 여부를 결정하는 것을 뜻한다. 전술은 누구라도 배우면 쉽게 써 먹을 수 있으나, 전략은 열심히 배운다고 해서 잘할 수 있는 게 아니다. 전쟁의 전체 구도를 어떻게 짤 것인지 여부를 결정하는 까닭에 고도의 정치적 판단이 필요하다. 정치가 '가능성의 예술'로 불리듯이 전략 역시 '창조적 전략'을 지향해야 위대한 전략으로 불릴 수 있다.

03

WHY

손자와 클라우제비츠는 왜 전쟁을 정치의 연장으로 간주한 것일까?

평화를 위한 전쟁

객관적으로 볼 때 『손자병법』과 『전쟁론』을 단순 비교하는 것은 적잖은 무리가 있다. 『전쟁론』은 전쟁수단에 제한이 없어 무제한적인 전면전으로 나아가는 '절대전쟁'을 염두에 둔 전쟁철학서에 해당하고, 『손자병법』은 『주역』의 키워드 변역變易을 실전에 응용한 '현실전쟁'에 초점을 맞추고 있기 때문이다. 이처럼 양자는 동서의 역사문화 차이만큼이나 다른 게 너무 많다.

그럼에도 두 고전은 오랫동안 동서에서 최고의 병서로 간주돼 왔다.

이는 서로 같은 점도 많다는 것을 뜻한다. 『전쟁론』을 『손자병법』과 비교하는 것은 일면 『군주론』을 『한비자』와 비교하는 것에 비유할 수 있다. 다른 점도 많지만 닮은 점도 많다는 얘기다. 이들 서적이 동과 서에서 각각 최고의 고전으로 대우받고 있는 사실이 이를 뒷받침한다. 21세기에 들어와 양자를 전면적으로 비교하는 작업이 활발히 전개되고 있는 것도 이런 맥락에서 이해할 수 있다.

전쟁처럼 기술발전이 빠른 분야가 없는데도 『손자병법』과 『전쟁론』이 최고의 고전으로 대우받고 있다는 것은 곧 독자들에게 그만큼 커다란 감동을 주고 있다는 증거다. 실제로 서양에서 클라우제비츠를 '전쟁철학의 효시'로 부르듯이 동양에서는 손무를 '병성兵聖' 내지 '병가의 효시'로 부르고 있다. 그를 『손자병법』의 진정한 저자로 간주한 탓이다.

그러나 엄밀히 말하면 병가의 효시는 춘추시대 중기 제환공을 도와 패업을 이룬 관중으로 보는 게 옳다. 관중이 활약한 춘추시대 중기는 농업의 발전에 힘입어 상공업도 높은 수준에 이르던 시기였다. 법가와 유가가 중농억상重農抑商을 역설한데 반해 관중은 이른바 농상병중農商竝重을 지지했다. 상업에 대해 개방적인 입장이 돋보인다. 그를 상가의 효시로 보는 것은 바로 이 때문이다.

원래 관중은 병가뿐만 아니라 제자백가의 사상적 효시에 해당한다. 그만큼 폭이 넓고 깊다. 실제로 그의 저서로 알려진 『관자』「병법」은 그 내용이 『손자병법』을 방불한다. 「병법」의 다음 구절을 보면 이를 쉽게 알 수 있다.

"용병을 원대하게 하면 반드시 승리할 수 있다. 적들로 하여금 마치 공허한 곳에 머물며 그림자와 싸우는 것처럼 만들 수 있고, 적이 대책을 세우지 못하고 아군의 자취를 추적하지 못하게 만들면 이기지 못하는 경우가 없다. 적이 아군의 형적을 추적하지 못하고 임의로 작전할 수 없게 만들면 이루지 못할 게 없다. 이를 일러 병도라고 한다. 사라졌으나 있는 것 같고, 뒤에 있으나 앞에 있는 것 같으니 병도의 위엄은 이루 형용할 수 없다."

『손자병법』과 비교할지라도 전혀 손색이 없다. 그를 병가사상의 효시로 간주하는 이유다. 『관자』에 따르면 군사력의 강약에 의해 국가의 존망과 안위가 결정된다. 『관자』가 군비폐지론에 해당하는 송견宋鈃 등의 침병지설寢兵之說과 묵자의 겸애지설兼愛之說을 반대하며 전쟁불가피론에 입각해 군비강화를 역설한 이유다. 고대 성왕들의 전성시대에도 군대가 있었다는 게 논거다. 주목할 것은 전쟁의 승패가 경제력에 의해 결정된다고 역설한 점이다. 나라가 부유해야만 우수한 무기를 확보할 수 있고, 우수한 무기를 확보해야만 승리를 거둘 수 있다는 논리 위에 서 있다. 『관자』「치국」의 다음 대목은 부국강병 논리의 탄생배경을 잘 보여주고 있다.

"백성이 농사를 지으면 농토가 개간되고, 농토가 개간되면 곡식이 많아지고, 곡식이 많아지면 나라가 부유해지고, 나라가 부유하면 전략이 강해지고, 전략이 강해지면 전쟁에서 승리하고, 전쟁에서 승리하면 영토가 넓어진다."

부민富民을 통한 부국강병의 논리가 일목요연하게 정리돼 있다. 지속적으로 부국강병을 유지하기 위해 민생의 안정에 힘쓰고 생산을 지속적으로 늘려야 한다는 게 요지이다. 『관자』에 나타난 군사사상의 핵심이 여기에 있다. 부민부국을 용병 및 전쟁승리의 근본 배경으로 간주한 탓이다. 『관자』「7법」의 다음 대목이 이를 뒷받침한다.

"백성을 제대로 다스리지도 못하면서 능히 군사를 강하게 한 경우는 일찍이 없었다. 백성을 능히 다스리면서도 군사운영의 책략에 밝지 못하면 역시 그리 할 수 없다. 군사운영에 밝지 못한데도 반드시 적국을 이긴 경우는 일찍이 없었다. 군사운용에 밝을지라도 적국을 이기는 책략에 밝지 못하면 역시 적국을 이기지 못한다. 군사력으로 반드시 적국을 제압하지 못하는데도 능히 천하를 바로잡은 경우는 일찍이 없었다. 군사력으로 반드시 적국을 제압할 수 있을지라도 천하를 바로잡는 명분을 분명히 하지 않으면 역시 그리 할 수 없다."

복잡한 대외문제를 일거에 해결하는 또 다른 형태의 정치수단으로 전쟁을 상정한 결과다. 『관자』가 명분을 중시하며 군대의 출동을 자제하는 신중한 태도를 견지한 이유가 여기에 있다. 『손자병법』의 군사사상과 정확히 일치한다. 『손자병법』 역시 전쟁 없이 문제를 해결하는 것을 최상의 갈등해결 방안으로 간주했다. 전쟁 자체가 엄청난 국력과 인명의 희생을 수반한다는 사실을 통찰한 결과다.

『관자』의 이런 군사사상은 후대의 병가뿐만 아니라 법가에게도 지대한 영향을 미쳤다. 전국시대 중기 상앙商鞅이 농사지으며 싸우는 이른바 농전農戰을 통해 서쪽 진나라를 가장 부강한 나라로 만든 게 그 증거다. 기원전 348년, 상앙은 기존의 전제田制를 폐지하고 새로운 부세법賦稅法을 실시한 바 있다. 이는 농지의 면적에 따라 세금을 부과하는 획기적인 제도였다. 부세법은 모든 전답을 국유로 정했다. 규정을 어기거나 속임수를 쓰는 자가 있으면 토지를 몰수당했다. 정령의 반포와 군사이동의 기동성을 확보하기 위해 사방으로 길을 뚫고, 징세의 공정을 기하기 위해 도량형의 기준을 정했다. 이때 부피를 재는 두斗와 통桶, 무게를 재는 권權과 형衡, 길이를 재는 장丈과 척尺 등이 하나로 통일됐다. 시장질서의 공정성 확보와 경제규모의 확대를 통한 부민부국의 실현이라는 점에서 볼 때 매우 시의적절한 조치였다.

상앙의 변법이 초래한 효과는 엄청났다. 진나라 백성들은 전쟁이 터지면 부귀에 참여할 기회가 생겼다고 서로 축하하고 자나 깨나 전쟁이 일어나기를 노래했다. 상앙은 변법을 배경으로 생산증대를 독려했다. 덕분에 해마다 국고 수입이 1백여만 금에 달하게 됐다. 상앙은 농한기를 이용해 백성들을 쉼 없이 훈련시켰다. 백성들 모두 전쟁에 나가서는 목숨을 걸고 용감하게 싸우는 전사가 됐다. 진나라가 최강의 병력을 보유한 배경이 여기에 있다. 상앙의 변법은 부국강병의 요체를 사상 최초로 언급한 『관자』의 세례를 받은 덕분이다.

『손자병법』이 병가사상을 집대성한 것도 같은 맥락에서 이해할 수 있다. 『관자』와 『손자병법』이 최고의 전략전술 이론으로 중시한 것은 오직 병도에 입각한 임기응변밖에 없다는 사실이 이를 뒷받침한다. '임기응변'은 『주역』에서 말하는 체용體用 개념에서 도출된 것이다. 『주역』의 '체'는 도체道體이고, '용'은 덕용德用을 의미한다. 문제는 '덕용'의 구체적인 내용이다. 노자는 무위지치無爲之治, 장자는 자연自然, 공자는 인仁, 묵자와 맹자는 의義, 순자는 예禮, 한비자는 법法, 손무는 무武로 보았다. 제자백가 모두 '도체'와 '덕용'을 언급하고 있음에도 '덕용'의 내용만큼은 제각각이다. 각기 다른 시각에서 사물과 세상을 바라보았기 때문이다.

노자의 입장에서 볼 때 인의예지 등의 인위적인 덕목은 아무리 높은 수준의 윤리도덕을 표방할지라도 역사문화의 전통에 따른 차이를 극복할 길이 없다. 실제로 고금동서의 모든 전쟁은 싸움이 빚어질 때마다 교전 당사국 모두 예외 없이 의전義戰을 외쳤다. 한쪽이 '의전'이라면 다른 쪽은 '불의전'이 돼야 하지만, 승부가 날 때까지 당사국 모두 자신만이 '의전'을 수행하고 있다고 주장했다. 중재자 역할을 하는 강국이 필요한 이유가 여기에 있다. 춘추5패가 등장한 역사적 배경이다. 그러나 천하를 호령하는 패자가 사라진 전국7웅의 시대에는 이마저도 불가능해진다. 전국시대의 전쟁이 약육강식의 양상으로 전개된 배경이다.

남을 내 몸처럼 생각해 배려하는 공자의 인仁은 『도덕경』이 역설한 겸하謙下와 마찬가지로 문덕文德과 무덕武德을 하나로 녹인 것이다. 『손자병법』이 역설하는 병도兵道와 하등 다를 게 없다. 『도덕경』의 도치道治와 『논어』의 인치仁治, 『한비자』의 법치法治, 『손자병법』의 무치武治 모두 같은 곡을 달리 연주한 것에 지나지 않는다. 인류의 역사를 개관하면 알 수 있듯이 국가 간 갈등의 최고점에서 폭발하는 전쟁을 포함해 모든 갈등과 대립은 도그마인 '선악'과 그 사촌 격인 윤리도덕의 '시비' 잣대에서 비롯된 것이다.

동양에서 그 선구적인 역할을 한 사람이 바로 묵자와 맹자이다. 공자도 『논어』에서 '의'를 말하기는 했으나 이는 묵자와 맹자가 말한 '정의'와 다르다. 인간의 본성인 호리지성好利之性에 휘둘리지 않는 절도를 뜻한다. 『손자병법』「병세」에서 군주와 장수의 리더십 덕목으로 절도節度를 역설한 것과 같다. 최고통수권자인 군주와 일선의 장수가 호리지성에 휘둘릴까 경계한 것이다.

서양에도 조조 못지않게 『손자병법』을 탐독한 군사전문가가 존재했다. 바로 나폴레옹이다. 그는 로마시대 당시 지중해 일대를 로마의 휘하에 편제코자 했던 카이사르에 뒤이어 전 유럽을 하나로 통합코자 한 인물이다. 그가 일으킨 전쟁은 기본적으로 '대유럽'을 겨냥한 '통일전쟁'의 성격을 띠고 있었다. 마치 조조가 천하를 하나로 묶기 위한 통일전쟁을 벌인 것과 닮았다. 나폴레옹과 조조가 수행한 전쟁이 맥을 같이 하는 이유다. 실제로 조조와 나폴레옹은 싸움을 시작할 때부터 '천하통일'을 염두에 두고 전쟁을 수행했다. 비록 시공을 격하여 통일전쟁을 전개했지만 조조와 나폴레옹 모두 『손자병법』의 추종자들이었다는 점에서 공통점을 지니고 있다.

당시 나폴레옹 전쟁을 목도한 클라우제비츠가 전쟁을 정치의 연장으로 해석한 것은 전쟁을 국가대사로 정의한 『손자병법』의 언급을 재해석한 것이기도 하다. 이를 뒷받침하는 「시계」의 해당 대목이다.

"전쟁은 국가의 중대사인 군국기무軍國機務이다. 백성의 생사 및 국가의 존망과 직결돼 있는 까닭에 깊이 생각지 않을 수 없다."

『손자병법』의 전쟁에 대한 이런 정의는 이후에 나타난 모든 병서의 황금률이 됐다. 춘추시대 말기 제경공의 패업을 도운 사마양저의 『사마법』, 전국시대 초기 위무후의 패업을 도운 오기의 『오자병법』, 전국시대 중기 제위왕의 왕업을 도운 손빈의 『손빈병법』, 진시황 때 활약한 울료의 『울료자』, 삼국시대의 제갈량의 『장원』 모두 『손자병법』의 황금률을 그대로 이어받았다. 『손자병법』이 출현한 이후의 병서는 모두 『손자병법』의 아류에 지나지 않는다고 해도 과언이 아니다.

나폴레옹이 『손자병법』의 세례를 받은 것은 프랑스가 18세기 초에 『손자병법』을 서구에서는 처음으로 프랑스어로 번역한 덕분이다. 영어 번역본은 20세기 초인 1905년에 처음으로 나왔다. 미국에서는 호치민이 『손자병법』의 대가라는 사실이 널리 알려지면서 반면교사로 삼을 요량으로 널리 읽게 됐다. 걸프전의 영웅 노먼 슈워츠코프와 파웰 국방부장관도 『전쟁론』과 『손자병법』의 애독자로 알려져 있다.

전쟁과 가장 밀접한 관계를 맺고 있는 것은 외교이다. 외교 없는 국방은 맹목적이고, 국방 없는 외교는 공허하다. 이는 국가통치를 대상 및 범주를 기준으로 크게 내치와 외치로 대별해 분석하면 쉽게 알 수 있다. 내치는 안민치국安民治國, 외치는 화전보국和戰保國을 뜻한다. 안민安民은 민생안정을 뜻한다. 경제가 요체이다. 안민이 잘 돼야 나라를 제대로 다스릴 수 있다. 화전和戰은 외교와 국방을 의미한다. 외교와 국방이 튼튼해야 나라의 존엄과 존립을 보장받을 수 있다.

내치와 외치는 동전의 앞뒷면과 같다. 경제와 정치, 외교, 전략이 마치 연속해 이어져 옷의 띠 모양을 이룬 물처럼 불가분의 관계를 맺고 있는 것이다. 위정자들도 외교군사 전문가 못지않게 『손자병법』을 포함해 무경武經으로 불린 전래의 병서를 두루 읽을 필요가 있다. 병서를 읽지 않으면 통치의 요체를 파악키 힘들기 때문이다. 『손자병법』이 첫머리에서 병도를 역설한 것도 바로 이 때문이다.

21세기의 관점에서 볼 때 『손자병법』의 가르침은 수신제가에서 치국평천하에 이르기까지 모든 유형의 갈등과 대립, 경쟁 원리에 그대로 적용된다. 전쟁 발발의 배경과 전개과정, 전후 결과 등을 인간의 호리지성에 입각해 정밀하게 추적한 덕분이다. 실제로 동양에서는 『손자병법』을 오래전부터 세상을 크게 바라보는 안목과 지혜로운 삶을 가능케 하는 고전으로 간주해 왔다. 대표적인 인물로 당나라 때 두보와 함께 이두二杜로 불린 두목杜牧을 들 수 있다. 그는 당대 최고의 풍류객이라 불리며, 주옥같은 서정시를 많이 남겼다. 동시에 두보와 마찬가지로 역사적 사실을 시제로 삼아 세상사를 읊은 영사시詠史詩의 대가였다. 하루는 유방에게 패한 항우의 넋을 기리기 위해 오강 주변에 놀러 갔다가 감개한 나머지 인구에 회자하는 「제오강정題烏江亭」을 일필휘지로 써 내렸다.

> 승패는 병가의 상사이니 승리를 기약하지 않지 勝敗兵家事不期
> 패배의 부끄러움과 치욕을 참는 게 대장부인데 包羞忍恥示男兒
> 강동에 재주와 지혜가 뛰어난 인재가 많았으니 江東子弟多豪傑
> 권토중래했다면 천하 주인이 누가 될지 몰랐다 捲土重來未可知

인구에 회자하는 '병가상사'와 '권토중래' 출전이 여기에 있다. 또한 여기에는 항우가 한때의 분을 참지 못해 자진한 것에 대한 안타까움과 질책의 뜻이 담겨 있다. 그의 주석은 비록 조조의 주석에 미치지는 못하나 역대 『손자병법』 주석 가운데 매우 뛰어나다는 칭송을 받고 있다.

21세기에 들어와 『손자병법』이 단순히 전술서나 경영전략서 차원을 넘어 역사학과 문학 등 인문학 책으로 평가받는 것은 오히려 늦은 감이 있다. 일찍이 『손자병법』의 사실상의 저자에 해당하는 조조는 유비와 함께한 술자리에서 그 유명한 '영웅론'을 설파한 바 있다.

"무릇 영웅이란 가슴에는 큰 뜻을 품고, 뱃속에는 좋은 계책이 있어야 한다. 이는 우주를 감싸 안을 기발한 지혜와 천지를 삼켰다 토했다 할 수 있는 의지를 지닌 사람을 말하는 것이다."

『손자병법』은 병가사상의 정수를 응축해 놓은 최고의 고전에 속한다. 수천 년에 걸쳐 많은 병서가 명멸했지만 『손자병법』만큼 제왕을 위시해 일반 서민에 이르기까지 모든 사람들로부터 끊임없는 사랑을 받아 온 책은 없다. 철저히 인간의 '호리지성'에 근거해 승패 원인을 과학적으로 분석해 놓은 덕분이다. 또한 전황戰況에 대한 냉철한 판단, 필승의 형세를 갖추기 위한 계책, 승리를 견인할 수 있는 장수의 기본자세 등은 상도商道와 상황商況, 상략商略, 상술商術 등에 그대로 적용할 수 있다.

『전쟁론』도 같은 맥락에서 이해할 수 있다. 당초 클라우제비츠는 기하학에서 점과 선분 등을 이용해 수학의 일반 이론을 논하는 것처럼 장군의 리더십과 전장 상황 등 몇 가지 요소로 전쟁의 모든 것을 설명코자 했다. 『전쟁론』 제1편에서 과연 전쟁의 본질이 무엇인지를 진지하게 논한 끝에 '전쟁은 자신의 의지를 강요하기 위해 사용하는 폭력 행위이다.'라로 정의한 이유다. 그가 볼 때 전쟁의 최고 목표는 적의 대항의지 및 능력을 완전히 소멸시키는 데 있다. 적을 이기려면 모든 힘과 능력을 다 쏟아 부어야 하는 이유다. 상대가 나를 죽일지도 모른다는 두려움은 내가 먼저 적을 거꾸러뜨려야 한다는 조급함으로 바뀐다. 전쟁이 점점 더 잔혹한 쪽으로 흘러가는 이유다. 그가 '인간적인 전쟁'은 존재하지 않는다고 단언한 것도 이런 맥락에서 이해할 수 있다. 섬멸전을 추종한 배경이다.

클라우제비츠는 왜 섬멸전을 그토록 높이 평가한 것일까? 섬멸전은 『손자병법』의 관점에서 볼 때 최악의 용병술인 공성전에 지나지 않는다. 이를 이해하기 위해서는 이집트문명시대부터 지속된 서양의 전쟁사를 개관할 필요가 있다. 고대 이집트 상형문자에는 람세스 1세가 적을 격멸할 당시의 전차 대형과 공격로 등이 상세히 기록돼 있다. 최고의 승리로 간주되는 '섬멸전'의 전술을 훗날 또다시 써먹고자 한 것이다. 『전쟁론』이 나폴레옹 전쟁을 포함해 주요 전쟁의 전략전술을 상세히 소개해 놓은 것도 따지고 보면 '섬멸전'을 염두에 둔 결과로 해석할 수 있다.

이에 반해 『손자병법』은 승리를 거둘 때 사용한 기왕의 전술을 모두 잊어버릴 것을 충고하고 있다. 추상적이면서도 간명한 문체로 일관하면서 참고가 될 만한 전례를 단 하나도 실어 놓지 않은 이유가 여기에 있다. 『도덕경』이 간명한 문체로 전쟁을 포함한 모든 유형의 통치를 무위지치無爲之治로 정리해 놓은 것과 같다.

바둑과 체스의 대결

『손자병법』과 『전쟁론』은 각각 동양과 서양을 대표하는 병서이다. 양자의 근본적인 차이는 무엇일까? 지난 2011년 키신저는 역저 『중국론』에서 서양의 전략전술은 마치 체스처럼 '킹'을 공략해 완승完勝을 거두는 것을 목표로 해 왔다고 증언한 바 있다. 『손자병법』이 적을 온존시킨 가운데 심복시키는 이른바 전승全勝을 주장한 것과 커다란 차이가 있다. 키신저의 주장에 따르면 서양은 클라우제비츠의 『전쟁론』에 입각해 이른바 '힘의 중심'과 '결정적 타격'에 초점을 맞춰왔다. 정면충돌을 통해 '킹'을 공략하는 섬멸전을 언급한 것이다. 그가 동양의 전략전술을 바둑에 비유한 이유다.

원래 바둑은 비어 있는 요충지로 재빨리 나아가 세를 불리는 것을 중시한다. 이른바 '전략적 포위'에 초점을 맞춘 결과다. 부전승을 역설하는 『손자병법』의 취지와 꼭 같다. 물론 바둑에서도 상황에 따라서는 치열한 접전을 벌이지만 이는 어디까지나 부득이할 때의 예외적인 경우에 지나지 않는다. 키신저가 동서양의 차이를 '전략적 포위'를 중시하는 바둑과 '결정적 타격'을 역설하는 체스에 비유한 것은 탁견이다.

이를 통해 클라우제비츠가 말하는 이상적인 형태의 전쟁인 '절대전쟁'이 람세스 1세 때부터 면면히 내려온 섬멸전에 그 뿌리가 있음을 알 수 있다. 이런 전통은 21세기 현재까지 면면히 이어져오고 있다. 지난 2003년 미국이 이라크를 무력 침공할 당시 부시 행정부의 군사지휘부가 『전쟁론』을 교과서로 삼은 게 그렇다. 미국의 군사지휘부가 『전쟁론』의 가르침을 그대로 좇고 있음을 반증한다.

실제로 당시 미국은 이라크전 때 대량폭격과 속전속결의 단기전 전략전술을 새로운 병력증원과 함께 장기전으로 수정한 바 있다. 개별적인 승리는 전쟁의 전체 맥락과 연관될 때만 가치를 지닌다고 본 『전쟁론』의 가르침을 충실히 좇은 결과다. 클라우제비츠는 전쟁초기 광범한 목적을 세우고 좋은 기회 포착에 노력하되 장기전의 경우 초기 전략은 그 후의 작전계획과는 일치하지 않는다고 지적한 바 있다. 끊임없이 변화하는 전투 환경에 적응하라는 주문이다. 실제로 그는 "최종승리가 확인되기 전까지는 그 어느 것도 결정되지 않은 까닭에 그 누구도 승리하거나 패배한 게 아니다."라고 단언했다. 최후의 승리를 역설한 것이다. 이는 패배한 나폴레옹이 엘바 섬을 탈출해 무력을 정비한 뒤 재차 영국 및 독일 등과 워털루에서 최후의 결전을 벌인 역사적 사실을 토대로 한 것이다.

『전쟁론』의 모든 내용이 섬멸전을 이론적으로 뒷받침하는 온갖 유형의 주장들로 채워져 있는 것도 이런 맥락에서 이해할 수 있다. 그러나 21세기의 관점에서 볼 때 『전쟁론』의 주문을 그대로 좇기가 매우 어렵다. 가장 곤란한 것은 상대를 전멸시킬지라도 그게 꼭 자신에게 이로운 게 아니라는 현실에 있다. 오히려 도중에 더 큰 역풍을 맞을 수도 있다. 지난 세기에 미국이 북베트남을 힘으로 제압하려다가 패퇴하고, 소련이 아프가니스탄을 무력으로 억누르려다가 황급히 철수한 게 그렇다. 21세기에 들어와서도 똑같은 우행愚行이 반복되고 있다. 2014년 여름에 재개된 미국의 이라크 개입이 그 증거다.

미국의 부시 대통령은 지난 2003년 3월 20일 영국 등과 함께 이라크 공습을 개시한 뒤 이해 5월 1일 미영 연합군이 이라크 전역을 장악한 가운데 이 주요한 전투 행위는 종료됐음을 선언한 바 있다. 그러나 이후에도 저항은 끊이지 않았다. 지난 2011년 오바마 대통령이 이라크전쟁의 수렁에서 속히 빠져나올 요량으로 철군을 결행하자 사태는 더욱 악화됐다. 이라크 전역이 바그다드를 포함한 남부는 미국의 지원을 받는 시아파 정부, 북부는 수니파의 IS 자치정부, 서부지역은 쿠르드족의 자치정부로 3분된 게 그렇다. 지난 2014년 6월 시아파 반군이 쿠르드족의 자치정부를 압박하자 오바마는 이를 방치할 경우 바그다드 일대도 위험해질 것으로 판단해 공습을 결정했다. 이는 미국의 '이라크전' 개시가 사실상 무위로 끝났음을 상징적으로 보여준다.

『전쟁론』의 한계를 드러낸 대표적인 사례에 해당한다. 사실 엄밀히 말하면 클라우제비츠 자신은 조조 내지 모택동과 같은 전략가가 아니다. 그럼에도 서양에서 그의 저서 『전쟁론』이 『손자병법』 못지않은 병법의 고전으로 대접받는 것은 아편전쟁 이후 2세기 가까이 서양이 세계사의 중심이 된 사실과 무관치 않다. 『전쟁론』을 칭송하는 군사전문가들 가운에 『손자병법』의 병도와 전도 및 쟁도 원리를 제대로 아는 사람이 거의 없다는 사실이 이를 뒷받침한다. 서양에는 전사戰史만 있을 뿐 동양에서 말하는 의미의 병서는 없다는 얘기가 나오는 이유다. 이는 기본적으로 『손자병법』을 관통하는 키워드 '병도' 개념이 존재하지 않는 것과 무관할 수 없다.

일본의 여류작가 시오노 나나미가 서양 버전의 법가사상가인 마키아벨리를 칭송하며 동시에 『손자병법』을 극찬한 것도 결코 우연으로만 볼 수 없다. 이는 『군주론』과 『전술론』에 기초한 『전쟁론』보다 『손자병법』을 열심히 읽으라고 주문한 것이나 다름없다. 그렇다고 『전쟁론』을 무시할 수는 없는 일이다. 미국을 위시한 서구의 많은 나라가 『전쟁론』을 신봉하며 '섬멸전'을 추종하고 있기 때문이다.

『전쟁론』의 여러 이론 가운데 가장 유명한 것은 이른바 '무게중심 이론'이다. 이는 전쟁 당사국들의 군사력을 포함한 모든 힘과 움직임의 중심을 의미한다. 전쟁에서 이기려면 아군의 군사력을 총결집시켜 적의 무게중심을 강타한다는 게 골자이다. 『전쟁론』「전쟁계획」의 해당 대목이다.

"전쟁을 계획할 때 첫 번째 임무는 적의 무게중심이 무엇이고 어디에 있는지를 파악한 후 최대한 그것을 단순화시키는 일이다."

이는 외양상 『손자병법』이 전술의 요체로 거론한 '집중과 분산' 이론과 닮았다. 그러나 근본 취지가 다르다. 『손자병법』은 적의 투항을 염두에 둔데 반해 『전쟁론』은 적의 섬멸을 겨냥하고 있다. 하늘과 땅만큼의 차이가 있다. 서구에서는 제1차 세계대전 때 등장한 독일의 '슐리펜 플랜'을 뛰어난 전략전술로 간주하고 있다. 그러나 엄밀히 말하면 이 또한 공격과 방어에 대한 전술적 지침에 불과하다.

이와 관련해 주목할 것은 나폴레옹의 참모로 참전했던 조미니의 『전술론개설–Précis de l'art de la guerre』이다. 이는 비현실적인 '절대 전쟁'에 입각한 전쟁철학서인 『전쟁론』과 달리 말 그대로 현실 전쟁의 분석에 초점을 맞추고 있다. 원래 조미니는 스위스 출신으로 나폴레옹의 참모로 활약하다가 이후 러시아 알렉산드르 1세의 부관으로 일하는 등 파란만장한 삶을 살았다. 1804년 나폴레옹에 의해 전격 발탁된 그는 나폴레옹의 오른팔 격인 네이 장군 휘하로 들어가 많은 전공을 세워 능력을 인정받았다. 그러나 이후 군사보고서를 늦게 제출했다는 죄명으로 체포되자 이에 불만을 품은 나머지 러시아로 망명해 그곳에서 알렉산드르 1세의 부관으로 활약했다. 러시아 육군사관학교의 창설은 그의 작품이다. 도중에 귀국을 허락받아 프로이센으로 돌아간 클라우제비츠와 달리 그는 1869년 숨을 거둘 때까지 러시아 황실의 군사고문으로 일했다.

『전술론개설』은 『전쟁론』보다 4년 늦게 출간됐다. 조미니는 이 책에서 전쟁의 기본원리가 시간과 공간, 무기체계의 변화를 초월한다고 주장했다. 이는 클라우제비츠의 주장과 닮았다. 그러나 그는 전쟁의 기본원리를 전쟁철학에서 찾지 않고 전술에서 찾았다. '모든 작전은 결정적인 지점에 병력을 집중시키는데 있다.'고 주장한 게 그렇다. 나폴레옹 병법의 특징을 요약한 그의 이런 주장은 사실 『손자병법』이 장군의 덕목과 관련해 결단을 역설한 것과 취지를 같이한다. 『손자병법』을 탐독한 나폴레옹이 그를 전격 발탁한 것도 결코 우연으로만 볼 수 없다. 참모를 활약할 때 곁에서 지켜보며 나폴레옹의 병법을 깊이 연구했을 공산이 크다.

클라우제비츠가 '절대전쟁'의 개념 하에 전쟁과 정치의 상호관계를 논했다면, 조미니는 '용병' 자체에 초점을 맞춰 필승의 기본원리를 찾아낸 셈이다. 서양에서 사상 처음으로 『손자병법』과 유사한 병서가 나온 이유다. 실제로 서양에서 동양의 역대 병서와 유사한 내용을 담은 책은 『전술론개설』이 유일하다. 동양보다 2천여 년 늦은 셈이다. 서구의 정치학계에서 근대 정치학 내지 근대 군사학의 출발로 간주하는 마키아벨리의 『군주론』이 『한비자』보다 근 2천년 늦게 나온 것과 닮았다.

객관적으로 볼 때 무기가 발전할수록 전략과 전술도 함께 바뀌게 마련이다. 그런데도 나폴레옹 전쟁 때 출간된 클라우제비츠의 『전쟁론』은 21세기 현재까지도 군사학의 고전으로 계속 읽히고 있다. 이는 『전쟁론』이 전쟁의 기법보다 전쟁의 본질을 다루고 있는 사실과 무관치 않다.

크게 볼 때 전쟁은 사적인 싸움인 사투私鬪가 국가 간의 싸움으로 확대된 것과 같다. '사투'는 통상 협상을 통한 해결이 불가능해져 감정이 극도로 격앙될 때 빚어진다. 적대감이 폭발한 경우에 해당한다. 가장 극렬한 것인 자살 폭탄 테러이다. 그 저변에는 적을 거꾸러뜨리기 위해서라면 자신의 모든 것을 내던져도 상관없다는 강고한 적대감이 자리잡고 있다. 국가 간의 전쟁도 하등 다를 게 없다. 적국을 철저히 궤멸시키기 전에는 결코 싸움을 멈추지 않겠다는 적대감이 크면 클수록 더욱 참혹한 유혈전으로 비화하고 만다.

클라우제비츠는 전쟁의 이런 속성을 통찰했다. 폭력, 우연, 이성을 전쟁발발과 지속 및 종전의 핵심 요소로 파악한 이유다. 그는 이 3가지 요소를 '경이로운 삼위일체'로 규정했다. 현명한 자는 이 3가지 요소를 고루 배합해 합리적인 선택을 한다. 이는 현실을 정확히 파악한 뒤 이를 바탕으로 냉정하게 결단을 내리는 것을 뜻한다. 이는 일선 장군의 덕목이기도 하다. 냉정한 머리를 지닌 '진정한 용기'를 지닌 자를 뜻한다. 클라우제비츠가 '물질적 힘이 칼집이라면 정신은 칼날이다.'라며 이성의 역할을 역설한 이유가 여기에 있다.

클라우제비츠가 볼 때 전쟁은 위험, 육체적 고통, 불확실성, 우연 등이 지배하는 사안에 해당한다. 전쟁을 설명하기 위해 카드게임을 예로 든 이유다. 그의 비유에 따르면 실력이 아무리 좋아도 카드 운이 따르지 않으면 이기지 못한다. 또한 카드 운이 따라주어 좋은 패를 지녔을지라도 상대방의 수를 제대로 읽지 못하거나 쉽게 흥분하면 이길 수 없다. 클라우제비츠가 지휘관의 덕목으로 '격렬한 흥분 속에서도 균형을 잃지 않는 마음'을 역설한 배경이다.

클라우제비츠는 기본적으로 전쟁을 마치 물건을 사고파는 인간의 여러 활동 가운데 하나로 보았다. 문명국가의 인민이 살인을 즐기기 때문에 전쟁을 벌이는 게 아니라, 원하는 것을 손에 넣기 위해 싸운다는 것이다. 그가 주목한 것은 전쟁이 벌어졌을 때 군인과 정치인의 입장이 엇갈리는 지점이다. 이 경우 군인은 대부분 적을 완전히 쓸어 없애는 데 주목한 나머지 전쟁 자체를 목적으로 인식하는 경향을 보인다. 군인들이 더 화끈한 공격을 바라는 이유다. 그러나 정치가들은 이와 다르다. 그들은 군대를 외교협상이나 경제원조 등과 마찬가지로 여러 '카드'의 하나로 간주할 뿐이다. 인간의 이성에 방점을 찍은 클라우제비츠가 주목한 것은 바로 정치가의 이런 이성적인 행보이다. 그가 '정치적 의도는 목적이고, 전쟁은 수단이다.'라고 역설한 이유다.

클라우제비츠가 전쟁을 카드게임에 비유해 설명한 것은 나름 일리가 있으나 일정한 한계가 있다. 『손자병법』이 역설했듯이 전쟁은 기본적으로 국가의 흥망을 좌우하는 '군국기무'에 속하기 때문이다. 21세기에 들어와 서구 학계에서 클라우제비츠의 이런 관점에 일정한 수정을 가하고 있는 것도 이런 맥락에서 이해할 수 있다. 대표적인 인물이 프랑스의 저명한 철학자 앙드레 글뤽스만André Glucksmann이다.

그는 기본적으로 전쟁을 정치의 연장으로 간주한 클라우제비츠의 지적에 주목했다. 전쟁과 정치는 따로 떼어서 생각할 수 없는 사안이기는 하나 결코 클라우제비츠의 주장처럼 주종 관계를 이루는 것은 아니라는 게 글뤽스만의 주장이다. 전쟁은 이를 적극 활용코자 하는 정치부문의 자발성뿐만 아니라 정치를 굴복시키고자 하는 군사부문의 자발성에 의해서도 빈발할 수 있다는 지적이 그렇다. 군사를 정치에 예속시킨 클라우제비츠의 주장을 부분적으로 손질한 이론에 해당한다. 이는 마치 모택동사상을 추종하는 알튀세르 등의 네오 마르크스주의자들이 경제의 하부구조가 일방적으로 정치와 법 등의 상부구조를 결정한다는 마르크스의 주장을 일부 수정해 상부구조도 하부구조에 영향을 미친다고 주장한 것과 닮았다.

마르크스와 클라우제비츠는 자신들의 이론과 주장이 훗날 이런 수정을 겪으리라고는 생각지 못했을 것이다. 마르크스의 정치철학 내지 사회철학에 대한 신념과 클라우제비츠의 군사철학 내지 전쟁철학에 대한 신념이 그만큼 강고했다. 예외를 인정하지 않은 이유다. 통상 이를 '철의 법칙'이라고 한다. 클라우제비츠의 『전쟁론』은 바로 전쟁을 '철의 법칙'에서 바라본 대표적인 저서에 해당한다. '절대전쟁' 개념을 도입한 게 그 실례다. 동서고금의 모든 지식과 문명을 총체적으로 조망하는 21세기의 관점에서 볼 때 '철의 법칙'은 적잖은 수정이 가해질 수밖에 없다. 마르크시즘은 이미 20세기에 알튀세르 등의 네오 마르크스주의자들에 의해 이런 수정이 이뤄졌다. 『전쟁론』 역시 21세기에 들어와 글뤽스만 등에 의해 유사한 과정을 겪고 있는 셈이다. 원래 '철의 법칙'은 이런 수정작업을 통해 더욱 세련된 이론으로 재탄생하게 마련이다.

현재 미국을 비롯한 서구에서 『전쟁론』이 정치와 기업경영을 비롯해 일반 처세술에 이르기까지 광범하게 응용되고 있는 것도 이런 맥락에서 이해할 수 있다. 기업경영을 전쟁으로 간주한 GE의 전 회장 잭 웰치가 대표적이다. 그는 『전쟁론』 이론을 활용해 성공을 거둔 경우에 속한다. 현재 그를 본받아 서구의 많은 기업CEO가 『전쟁론』을 기업경영에 적극 활용하고 있다. 이에 대한 반발이 없는 것은 아니다. 일각에서 기업은 '가치창조'인데 반해 전쟁은 '가치파괴'일 뿐이라며 기업경영을 전쟁에 비유하는 것을 단호히 배격하는 게 그렇다. 이에 대해 잭 웰치는 전쟁이 합리적 감각과 기교로 치러질 때는 '가치창조'를 이룰 수 있다고 반박했다. 정치가 '창조적 파괴'를 할 수 있듯이 전쟁도 '창조적 파괴'가 가능하다는 주장이다. 나름 일리 있는 반박이다.

21세기의 관점에서 볼 때 『전쟁론』은 여러 한계가 있음에도 불구하고 나름 유용한 면이 적지 않다. 2015년 초 잭 웰치가 『전쟁론』 이론을 적극 활용한 『마지막 강의 The Real-Life MBA』를 펴내 국가와 기업의 존재를 전제로 한 비즈니스를 역설함으로써 낙양의 지가를 올린 게 그렇다. 서구의 많은 정치가와 기업CEO들이 『전쟁론』의 가르침을 좇아 천하대사에 임하고 있다는 명백한 증거에 해당한다. 『손자병법』과 더불어 『전쟁론』을 깊이 탐사할 필요가 있다.

짚고 가자

'선비'와 '사무라이'의 갈림길

21세기에 들어와 중국의 부상으로 비록 G3로 전락하기는 했으나 이웃 일본은 메이지유신 이래 무려 150여 년 동안 동아시아의 패자로 군림했다. 맹자사상에 기초한 성리학을 통치이데올로기로 삼은 조선 및 중국과 달리 순자사상을 통치의 핵심이념으로 삼은 결과다. 역사적으로 볼 때 일본이 이웃 조선을 깔보기 시작한 것은 왜란이 일어나는 16세기 말까지 거슬러 올라간다. 당시 1백년간에 걸친 센고쿠戰國 시대에 종지부를 찍고 일본을 통일한 토요토미 히데요시豊臣秀吉는 지방 영주인 다이묘大名의 세력을 약화시켜 자신의 기반을 확고히 할 속셈으로 조선침략을 감행했다. 결국 왜군은 명나라 군사의 개입과 토요토미의 죽음으로 이내 철군은 했으나 일본이 조선병탄의 야욕을 버린 것은 아니었다. 유성룡이 전대미문의 국난을 초래한 사실을 반성하는 차원에서 지은 『징비록』을 재빨리 손에 넣어 탐독한 사실이 이를 뒷받침한다. 추후 조선을 침략할 때 두 번 다시 실패하지 않겠다는 일념에서 나온 것이다.

그럼에도 당시 조선의 사대부들은 왜란으로 나라가 망국 일보 직전까지 몰렸는데도 이를 전혀 반성할 줄 몰랐다. 이는 평양성을 몰래 빠져나가 마침내 의주까지 몽진해 명나라 조정으로부터 왜군의 첩자로까지 오인을 받았던 선조의 시호를 선종宣宗에서 선조宣祖로 바꾼 사실을 통해 쉽게 확인할 수 있다. 왜란 때 조선군이 일본군에 승리를 거뒀다는 평가에 따른 것이었다. 조선의 사대부들은 7년간에 걸쳐 강산이 잿더미가 되고 백성들이 왜군의 어육魚肉이 됐는데도 이토록 기만적인 모습을 보인 까닭은 무엇일까?

맹자의 왕도이념에 함몰된 결과다. 왜란이 일어날 당시 조선의 사대부들도 일본의 심상치 않은 움직임을 눈치 채고 있었다. 그러나 통신사 명목으로 일본에 건너갔던 정사 황윤길黃允吉과 부사 김성일金誠一은 섭정을 뜻하는 간빠꾸關白로 있던 히데요시를 만나고 돌아온 뒤 엇갈린 보고를 했다. 사대부들이 성리학 해석을 둘러싼 퇴계와 율곡의 이견에 기초해 동인과 서인으로 나눈 뒤 서로를 극도로 견제하는 당쟁을 일삼은 탓이다. 가장 큰 문제는 이런 상호 견제로 인해 결국 아무런 대비책도 마련하지 못한 데 있었다. 결국 조선조는 막연히 전쟁이 일어나지 않을 것이라는 낙관적인 전망 속에 세월을 허송타가 전대미문의 국난을 당하고 만 것이다.

당시 조선의 사대부들은 왜란이 끝난 뒤 왜군의 침략행위를 탓하기에 앞서 자신들의 잘못을 통감하고 근원적인 문제점을 찾아내야만 했다. 그러나 조선의 사대부들은 왜란을 조선의 승리로 둔갑시킨 뒤 치국방략과는 아무런 관계도 없는 이념논쟁에 골몰했다. 3백년 뒤 마침내 일제에 의해 패망한 것은 반성할 줄 모르는 이런 안이한 작태에서 비롯됐다고 할 수 있다.

고래로 위정자에게 국가안위와 백성의 안녕보다 더 중요한 과제는 존재할 수 없다. 그런데도 조선의 사대부들은 선조 때 국토를 초토화시킨 왜란에 이어 곧바로 인조 때에 들어와 두 차례의 호란을 겪고도 전혀 반성할 줄 몰랐다. 그들은 청나라가 등장한 이후에도 만주족을 멸시하며 성리학보다 더욱 극단적인 명분론에 치우친 '조선성리학'을 만들어 놓고는 조선만이 유일한 '도학지국道學之國'이라고 떠벌였다. 그 결과는 참혹했다. 조선의 패망이 그것이다.

이와 대비되는 것이 이웃 일본이었다. 당시 일본은 조선조의 사대부가 성리학에 매달려 있는 사이 순학荀學에 기초한 '일본제왕학'을 완성하는 기염을 토했다. 이는 훗날 메이지유신의 사상적 밑거름이 됐다. 19세기 아편전쟁 이래 동아3국의 운명을 가르는 단초가 바로 순학에 기초한 '일본제왕학'에 있다고 해도 과언이 아니다. '일본제왕학'을 유심히 살펴봐야 하는 이유다. 도대체 조선으로부터 뒤늦게 성리학을 받아들인 일본은 어떤 연유로 중국과 조선에서 이단으로 몰린 순학을 토대로 독자적인 '일본제왕학'을 만들어낸 것일까?

17세기 초 교토의 쇼오코구지相國寺의 승려인 후지와라 세이카藤原惺窩는 정유재란 때 일본에 포로로 잡혀 온 조선의 성리학자 강항姜沆과의 토론을 통해 성리학의 효용성을 깨달았다. 강항은 정유재란 당시 분호조판서 이광정李光庭의 종사관으로 남원에서 군량보급에 힘쓰다가 남원이 함락된 뒤 통제사 이순신 휘하에 들어가려고 남행하던 중 왜적의 포로가 된 인물이다. 그는 일본 오사카와 교토로 끌려가 학식 높은 승려들과 교유하며 유학을 가르쳐주던 중 선조 33년인 1600년에 포로생활에서 풀려나 가족들과 함께 고국에 돌아왔다. 그에게서 성리학을 접한 일본의 학승 후지와라 세이카가 일본 성리학의 비조가 됐다.

원래 일본에서는 승려들이 이른바 유불일체儒佛一體의 입장에서 성리학을 공부하고 있었다. 후지와라는 이내 환속해 자신의 제자인 하야시 라잔林羅山을 에도막부의 창업주인 도꾸가와 이에야스德川家康에게 천거했다. 하야시가 이에야스의 정치고문이 된 것을 기점으로 일본 성리학은 명실상부한 관학으로 자리 잡게 됐다.

당시 이에야스는 왜 성리학을 일본의 관학으로 삼으려고 했던 것일까? 이에야스의 행장을 기록한 『덕천실기德川實紀』를 보면 대략 그 배경을 짐작할 수 있다.

"이에야스는 말 위에서 무력으로 천하를 얻었지만 원래 태어날 때부터 탁월한 자질을 갖추고 있어 무력으로 천하를 다스릴 수 없다는 도리를 일찍부터 깨달았다. 기미는 언제나 성현의 도를 존경하고 믿었던 까닭에 무릇 천하 국가를 다스리고 사람이 사람다운 도리를 행하기 위해서는 문도文道 이외에는 다른 길이 없다는 지혜로운 결정을 내렸다. 그래서 세상을 다스리기 시작하면서 문도를 크게 장려했던 것이다. 그러나 이로 인해 세상에서는 기미가 문풍文風에 기울어진 것으로 잘못 생각하는 사람들도 적지 않았다."

당시 라잔은 이에야스의 호문기질을 이용해 성리학을 관학으로 끌어올림으로써 일본의 통치문화가 새로운 장을 여는 데 결정적인 역할을 수행했다. 그의 자손이 대대로 도쿠가와 쇼오군將軍의 정치고문으로 활약한 게 그렇다. 당연한 결과로 성리학은 에도막부 말기까지 유일무이한 관학의 위치를 차지했다. 이는 이에야스의 명에 의해 막부의 관리는 반드시 성리학을 수학한 자로 한정한 데 따른 것이다.

겉모습만 보면 조선조와 크게 다를 바가 없다. 그러나 그 속내를 보면 조선의 사정과 정반대였다. 당시 일본의 실질적인 제왕학은 성리학이 아니라 오히려 반反성리학인 고학古學과 국학國學이었다. 18세기 중엽에 이르러 일본의 '고학자'와 '국학자'들은 관학이 지나친 명분론에 치우쳐 '치평학'으로서의 유용성을 상실했다는 사실을 통찰했다.

당초 일본의 성리학은 크게 두 가지 흐름으로 전개됐다. 하나는 정통 성리학을 추종하며 동경대 법학부의 전신인 쇼오헤이코오昌平黌에서 쇼오군의 정치고문을 양성하는 데 그 목적을 둔 경사파京師派이다. 다른 하나는 교토를 중심으로 한 해남파海南派이다. 해남파의 출현은 성리학의 내부붕괴를 알리는 서곡이었다. 해남파를 대표한 야마자키 안사이山崎闇齋는 왜란 때 전해진 퇴계의 대의명분론을 차용해 성리학과 일본 전래의 신도神道를 접합시킨 이른바 스이카신도垂加神道를 주창한 인물이다. 이는 훗날 메이지유신때 존왕론尊王論과 결합해 막부 타도를 뜻하는 도막倒幕의 사상적 배경이 됐다.

당시 해남파가 성리학과의 정면대결을 피해 옆길로 나아간 것과 달리 중국에서 전래한 양명학은 관학인 성리학을 정면으로 공격하고 나섰다. 당시 양명학은 개인의 심성훈련과 지행합일知行合一을 강조한 까닭에 사무라이들로부터 크게 환영받았다. 사무라이들에게는 성리학의 지적 합리주의보다는 마음의 수행을 강조하고, 세습적 특권보다 개인적 역량을 중시하는 양명학이 훨씬 가슴에 와 닿을 수밖에 없었다. 일본에서 양명학은 비록 막부에 의해 이단으로 취급받았으나 지방에 근거를 두었던 까닭에 큰 타격을 받지 않고 발전할 수 있었다. 양명학은 구마자와 반잔熊澤蕃山 때에 이르러 그 절정에 달했다. 반잔은 『집의화서集義和書』에서 조선의 사대부가 금과옥조로 삼고 있던 성리학의 '천리인욕설'을 이같이 질타했다.

"사람은 먹고 마셔야 할 이치에 따라 음식을 먹고 마시며, 남녀도 예가 있고 이치가 있어 서로 친하게 된다. 이것이 도이다. 어찌해 인심人心을 인욕人欲이라고 하는 것인가?"

심학心學으로 불리는 양명학의 '인심론'을 동원해 성리학의 '인욕천리설'을 통박한 것이다. 당시 반잔은 성리학을 겨냥해 고대중국의 도덕질서를 무비판적으로 받아들이는 유학은 '사학死學'에 지나지 않는다고 비판했다. 이로 인해 그의 저서는 오랫동안 출판되지 못했다.

원래 양명학 자체는 막부체제에 반역적인 것은 아니었다. 그러나 일본의 양명학은 '스이카신도'와 마찬가지로 훗날 메이지유신 때에 이르러 도막倒幕의 사상적 배경이 됐다. 메이지 유신 전에 오오사카의 도시빈민폭동을 지도한 오오시오 헤이하치로大鹽平八郞와 에도막부 말기에 도막운동에 종사한 지사志士들 중 상당수가 양명학자였다는 사실이 이를 뒷받침한다.

그러나 보다 근원적으로 성리학에 통타를 가한 것은 고학古學이었다. 고학은 '수신제가'를 통해서만 '치국평천하'를 이룰 수 있다는 성리학의 기본이념에 근원적인 회의를 품었다. 창시자인 이토오 진사이伊藤仁齋는 교토의 호리카와堀川에 사숙私塾인 고기토古義堂를 열었다. 주희는 말할 것도 없고 맹자를 뛰어넘어 그 이전의 육경六經에서 공자사상의 진수를 찾을 것을 주창했다. 그는 『동자문童子問』에서 성리학의 도덕주의를 이같이 비판했다.

"쓸데없이 마음을 바르게 하고 뜻을 진실 되게 하는 것만 알고, 좋아하고 싫어하는 것을 백성들과 같이 할 수 없다면 치도에 무슨 도움이 되겠는가?"

수신제가와 치국평천하는 별개이고 '치평학'의 요체는 치국평천하에 있다는 이런 주장은 성리학의 근원적인 한계를 통찰한 데 따른 것이다. 또 다른 고학자인 야마가 소코오山鹿素行의 주장은 더욱 통렬하다. 그는 인욕을 타기하는 성리학의 엄숙주의를 이같이 비판하고 나섰다.

"사람이 색을 밝히고, 천하의 미인을 구하는 것은 인간의 지식이 온갖 사물보다 뛰어난 데 따른 본성일 뿐이다. 본성을 다할 수 있어야만 부모를 따르고 군주를 섬기는 데 그 지극한 바를 다할 수 있는 것이다. 거부해야 할 것은 인욕이 아니라 욕망의 미혹이다. 미혹은 곧 과불급過不及을 의미한다."

소코오의 이같은 주장은 성리학의 이론적 토대가 된 맹자의 성선설보다 순자의 성악설에 가까운 것이었다. 당시 소코오는 『성교요록聖教要錄』에서 주희를 비롯한 송유宋儒의 해석을 떠나 고대의 성현에서 직접 유학의 진리를 찾아내자고 주장했다가 막부에 의해 위험인물로 지목돼 아코오번赤穗藩으로 유배가게 됐다. 이때 그는 현재까지 일본에서 가장 인기 있는 역사극의 소재인 '아코오번 47의사義士'의 정신적 지도자가 됐다. 그 내용을 간략히 소개하면 다음과 같다.

1702년 겨울, 소코오의 가르침을 받은 아코오한의 사무라이 46명이 자신들의 주군인 아사노 나가노리淺野長矩를 죽인 키라 요시나카吉良義央의 저택으로 쳐들어가 그의 목을 벤 뒤 센가쿠지泉岳寺로 퇴각해 막부의 처분을 기다렸다. 일본의 조야가 발칵 뒤집혔다. 당시 경사학파의 대표주자인 무로 큐우소오室鳩巢는 이들을 전국시대 말기에 진시황 척살에 나선 연나라 자객 형가荊軻에 비유하면서 이들의 사면을 주장했다. 그러나 사안이 그리 간단치 않았다. 사면할 경우 막부의 봉건질서가 근본부터 무너질 우려가 컸다. 이는 개인적인 의리와 국법의 충돌에 해당했다. 모든 사람들이 이 문제로 고심할 때 일본제왕학의 길을 연 오규 소라이荻生徂徠가 절묘한 해법을 제시하고 나섰다.

당시 소라이는 5대 쇼오군인 도쿠가와 쯔나요시德川綱吉의 총애를 받고 있던 야나기 요시야스柳澤吉保의 가신으로 있었다. 소라이는 아무도 제대로 풀지 못한 이 난문難問에 대해 이런 해결방안을 제시했다.

"의리는 자신의 몸을 깨끗하게 하는 길이고, 법은 천하의 사람들이 모두 따라야 할 기준이다. 지금 46인의 사무라이들이 그 주군을 위해 원수를 갚은 것은 옆에서 섬긴 사람들로서 그 부끄러움을 안 것이라고 할 수 있다. 자신을 깨끗이 하는 도리로서 그 일은 의롭다고 할 수 있다. 그러나 그것은 그 무리에 한정되는 일이므로 궁극적으로는 사적인 논의에 불과할 뿐이다. 그들은 조정의 허락도 없이 꺼릴 것 없이 궁궐 내에서 죄를 범했다. 그들을 사무라이의 예로써 할복에 처하는 것이 가할 것이다. 사론私論을 가지고 공론公論을 해친다면 천하의 법도가 서지 않게 된다."

결국 처분은 소라이의 주장처럼 내려졌다. 소라이는 사의私義를 지킨 46의사들의 명예를 살리면서 공의公義를 세우는 방안으로 참수斬首 대신 할복이라는 절묘한 방안을 찾아낸 것이다. 20세기에 들어와 '일본학계의 천황'으로 칭송된 마루야마 마사오丸山眞男는 소라이를 두고 이같이 평한 바 있다.

"소라이는 동양 역사상 최초로 도덕에 대한 '정치성의 우위'를 주장한 인물이다."

이는 소라이를 일본제왕학의 비조로 규정한 것이나 다름없다. 에도 출신인 소라이는 본래 교토에서 야인으로 있으면서 후생들을 지도하고 있던 고학자古學者 이토 진자이 밑에서 공부하고자 했다. 그러나 이토 진자이는 병으로 인해 그를 받아들일 수 없었다. 이에 화가 난 소라이는 독자적으로 에도에 겐엔蘐園이라는 사숙을 열고 독창적인 학설을 제창하고 나섰다. 그는 공맹이 살았던 당시를 기준으로 고전을 해석하는 이른바 고문사古文辭에 대한 정확한 해석을 통해 원시유교原始儒教의 '치평학' 이념을 찾아낼 것을 주장했다.

훗날 그의 학설이 진자이의 '고학'와는 다른 '고문사학古文辭學'으로 평가된 이유가 여기에 있다. 그는 일본 최초로 문헌학의 중요성을 인식한 선각자였다. 그의 이런 주장은 성리학이 지나친 명분주의로 인해 허울뿐인 제왕학으로 전락한 사실을 통찰한 데 따른 것이었다. 이는 그가 『태평책太平策』에서 '성왕의 길'을 설명한 다음 글을 보면 쉽게 확인할 수 있다.

"성왕의 길은 오로지 치국평천하에 있을 뿐이다. 그럼에도 유자들은 천리인욕과 이기론, 음양오행 등과 같은 주장들을 내세워 성왕의 길이 마치 격물치지格物致知와 성의성심誠意誠心 등과 같이 중들에게나 어울리는 덕목에 있는 것으로 생각하고 있다. 이로 인해 시비를 가리는 논의만 번거롭게 되어 마침내 성왕의 길은 마치 '치도'와 완전히 다른 것처럼 여겨지게끔 되어 버렸다. 이는 과연 누구의 잘못인가?"

18세기 당시 성리학의 사변론에 통렬한 비판을 가하면서 제왕학의 진수가 치국평천하에 있다고 설파한 인물로는 조선과 중국을 포함한 중국문명권에서 오직 소라이가 유일했다. 마루야마가 언급한 바와 같이 일본제왕학은 바로 소라이의 등장을 계기로 그 진수를 찾아냈다고 해도 과언이 아니다. 이는 소라이가 『태평책』에서 군주의 역할과 관련해 다음과 같이 언급한 내용을 보면 더욱 쉽게 확인할 수 있다.

"군주는 설령 도리에서 벗어나 사람들의 비웃음을 살만한 일이라 할지라도 백성들을 편하게 할 수 있는 일이라면 그 어떤 것이라도 기꺼이 하겠다는 생각을 가져야만 한다. 그런 마음을 가진 자만이 진정한 백성의 부모가 될 수 있다."

마키아벨리가 『군주론』에서 주장한 내용과 꼭 닮아 있다. 소라이가 강조한 '세이오노미찌'의 핵심은 곧 치국평천하에 있었던 것이다. 소라이는 순자가 말한 작위作爲를 통해 이를 얻을 수 있다고 주장했다. 이는 순자가 말한 '위僞' 개념을 차용한 것이다. 순자는 인성의 악성惡性을 선화善化하는 구체적인 방안으로 인위적인 작위를 뜻하는 '위'를 강조한 바 있다. 순자와 소라이 모두 인성을 '선화'하기 위한 도구로 '작위'를 상정하면서 이를 성인이 만든 예법으로 해석한 것이다.

순자는 성인이 오랫동안 깊은 사려와 작위의 습득과정을 거쳐 만든 예법을 통해야만 비로소 사람들이 선하게 될 수 있다고 믿었다. 그는 예법에 따른 훈련이 가해질 경우 인성의 악성은 물론 어지러운 세상도 바로 잡을 수 있다고 보았다. 당연한 결과로 순자는 결코 인욕을 악덕으로 간주하지 않았다. 이는 인욕과 천리를 대비시킨 성리학의 논지와 정반대되는 것이었다.

전국시대 말기에 등장한 순자는 사상사적으로 볼 때 춘추시대 첫 패자인 제환공의 패업을 이루는데 결정적인 공헌을 한 관중의 사상적 후계자였다. 관중은 왕도와 패도는 물론 덕치와 법치를 동일시한 바 있다. 제왕학의 정수를 언급한 셈이다. 훗날 순자는 관중의 이런 사상을 보다 이론적으로 정치하게 다듬어냈다. 그럼에도 남송대에 성리학이 등장하면서 관중과 순자 모두 이단으로 몰리게 됐다. 그러나 두 사람은 기이하게도 18세기 초에 들어와 가장 늦게 제왕학을 접한 일본에서 소라이라는 인물에 의해 재발견된 것이다. 일본제왕학이 이웃 조선과 중국의 제왕학보다 한 단계 높은 수준에 설 수 있었던 것은 바로 소라이가 순자의 작위 개념에서 '성왕의 길'을 찾아낸 결과로 볼 수 있다.

동서양의 대표적인 역사가

•사마천

사마천은 손무가 병성兵聖의 칭송을 받는 것처럼 수천 년 동안 사성史聖으로 떠받들어졌다. 치욕스런 궁형宮刑을 당하고도 부친의 유업을 잇기 위해 50여만 자에 달하는 방대한 분량의 『사기』를 펴낸 덕분이다. 그는 옥중에서도 저술을 계속했다. 기원전 95년에 그는 한무제의 신임을 회복하여 환관의 최고 자리인 중서령中書令이 되었다. 중서령은 황제의 곁에서 문서를 다루는 직책이다. 사대부들의 멸시를 받으면서 그는 사상 최초의 통사通史인 『사기』를 완성한 것이다. 인간 승리의 개가에 해당한다. 친구에게 보낸 서신인 『보임안서報任安書』에 따르면 대략 기원전 91년경에 탈고한 것으로 보인다. 그는 『사기』가 완성된 지 2년 뒤에 사망했다. 사마천은 자신이 저서를 『태사공서太史公書』로 불렀지만 후대인은 『사기』로 불렀다. 통상적인 사서를 뜻하는 보통명사인 『사기』가 고유명사로 뒤바뀐 이유다. 그만큼 높은 평가를 받았음을 보여준다.

•헤로도토스

헤로도토스는 사마천에 대비되는 서양의 대표적인 역사가이다. 그 역시 '사성'의 칭호를 듣는 사마천과 마찬가지로 '역사의 아버지'라는 영예로운 호칭을 갖고 있다. 로마시대의 사상가 키케로가 붙여준 것이다. 페르시아 전쟁사를 그리스인 가운데 사상 최초로 운문이 아닌 산문으로 기술한 『역사』를 저술한 덕분이다. 그는 『역사』를 저술하면서 눈과 귀로 확인한 것을 그대로 전하는 것을 서술의 기본원칙으로 삼았다. 직필直筆을 뜻하는 동양의 춘추필법春秋筆法과 상통한다. 그는 정확한 기술을 위해 갈 수 있는 곳이면 어디든지 찾아다녔다. 그가 사료 수집을 위해 돌아다닌 영역은 실로 방대하다. 북으로는 오늘날의 우크라이나 지방인 스키타이, 동으로는 유프라테스 강 유역, 남으로는 오늘날의 이집트 아스완 일대, 서로는 이탈리아와 시칠리아 지역에 이르렀다.

제6장
사마천과 헤로도토스

역사가는 무엇을 쓰는가?

사마천은 중국에서 사성史聖으로 불린다. 『손자병법』의 저자인 손무가 병성兵聖으로 불리는 것과 닮았다. 서양의 헤로도토스는 서양에서 '사성'에 해당하는 '역사의 아버지The Father of History'로 불리고 있다. 두 사람이 '사성' 내지 '역사의 아버지'로 불리는 이유는 무엇일까? 사상사적으로 볼 때 인류역사상 가장 위대한 시대는 인류역사상 가장 위대한 시대는 그리스 문명시대와 중국의 춘추전국시대였다. 세계 4대 성인 중 3명이 이때 출현했고, 16세기까지만 해도 서양의 과학자와 철학자 절반가량이 그리스 문명시대에 나타났고, 동양의 모든

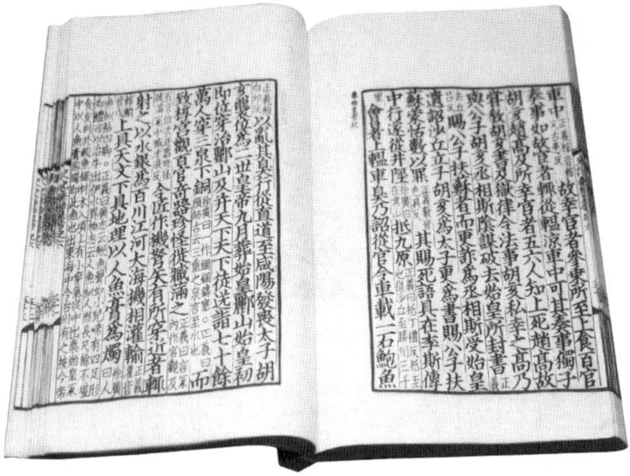

I 사마천『사기』

사상이 사실 송대의 성리학을 빼고는 춘추전국시대에 등장했다고 해도 과언이 아니다. 사마천의 『사기』와 헤로도토스의 『역사』가 바로 이런 시기를 다루고 있기에 각각 동서에서 '사성' 내지 '역사의 아버지'로 불리는 것이다. 실제로 동서의 많은 학자들은 현대 정신문명은 춘추전국시대와 그리스 문명시대의 수준에서 한 걸음도 더 앞으로 나아가지 못하고 있다는 탄식을 내뱉고 있다. 역사와 사상이 별개의 것이 아니라 하나로 붙어 있음을 방증하는 대목이다. 『사기』와 『역사』를 읽지 않으면 역사는 물론 사상도 언급할 자격이 없다는 얘기가 나옴직하다.

01

사마천은 춘추필법의 취지를 『사기』에서 어떻게 살려냈는가?

사서 속의 사마천

20세기 일본의 저명한 역사소설가인 시바료타로司馬遼太郎는 사마천司馬遷을 존경한 나머지 자신과 사마천의 수준 차이는 하늘과 땅만큼의 차이가 있다는 취지에서 '시바료타로'로 바꿨다. 료遼는 아득히 멀다는 뜻이다. 원래 사마천은 자가 자장子長으로, 한경제의 치세인 기원전 145년 사관 사마담司馬談의 아들로 태어났다. 출생년도와 관련해 기원전 145년 이외에도 기원전 135년, 기원전 134년을 주장하는 견해도 있다. 지난 2001년 인민출판사를 통해 『사혼史魂, 사마천전司馬遷傳』

을 펴내는 등 사마천과 『사기』 연구의 대가로 활약하고 있는 천퉁성陳桐生은 기원전 145년 설을 지지하고 있다. 대략 그의 주장을 좇는 게 좋을 듯하다. 그의 출생지와 관련해서도 설이 엇갈린다. 지금의 섬서성 한성시인 하양夏陽으로 보는 견해가 유력하나 『한서』의 주장을 좇아 산서성의 용문龍門으로 보는 견해도 만만치 않다. 천퉁성은 하양으로 보고 있다.

원래 사마천의 부친 사마담은 사마천이 6세 때인 한무제 건원 원년인 기원전 140년에 태사령太史令에 임명됐다. '태사령'은 천문역법을 관장하고 황실의 전적을 관리하는 사관의 우두머리로 매우 영광스런 자리였다. 사마씨 집안의 경사에 해당했다. 사마담은 제자백가의 학문에 정통했다. 『논육가요지論六家要旨』에서 음양가, 유가, 도가, 묵가, 법가, 명가에 대해 나름대로 장단점을 밝힌 게 그렇다. 그는 도가를 제외한 나머지 제자백가에 대해서는 장단점을 모두 논했으나 유독 도가에 대해서만큼은 호평 일색이다. 이를 두고 후대 사가들은 그 자신이 도가에 심취한 탓으로 보았다. 그러나 도가사상이 여타 제자백가 사상의 정수를 요약해 놓은 것만은 분명한 사실이다. 사마담이 특별히 도가에 심취한 탓에 호평 일색으로 나아간 것은 아니라는 얘기다.

반고의 『한서』「사마천전」에 따르면 사마천은 어릴 때 농사와 가축 기르는 일을 거들었다. 부친의 영향을 받아 10살 때 이미 고문古文을 익혔다. 사마담은 자식을 자신처럼 사관으로 만들기 위해 어릴 때부터 체계적인 교육을 시킨 것이다. 사마담은 사마천의 부친이기에 앞서 일종의 '멘토' 역할을 한 셈이다. 사마천 또한 부친을 스승처럼 받들었다.

사마천이 20세 때 중국 각지를 돌아본 것도 이런 맥락에서 이해할 수 있다. 당시 그는 장강과 회수 일대를 유람하고, 지금의 절강성 소흥紹興에 있는 회계산의 우임금 묘, 지금의 호남성 영원현寧遠縣 소재 구의산에 위치한 순임금 묘도 둘러보았다. 이어 노나라 도성인 지금의 산동성 곡부曲阜 일대를 돌며 공자의 발자취를 더듬었다. 이때 궁술도 익혔다. 사마천이 젊어서 천하를 주유한 것은 서양에서 '역사의 아버지'로 불리는 헤로도토스가 젊었을 때 지중해와 흑해 연안을 두루 돌아다닌 것에 비유할 만하다. 그가 중국에서 '역사의 아버지'라고 불린 것도 결코 우연이 아님을 짐작할 수 있다. 일각에서는 그를 사성史聖으로 떠받들기도 한다.

당시 사마천은 천하를 두루 돌아본 뒤 장안으로 돌아와 이내 낭중郎中의 벼슬에 오르게 됐다. '낭중'은 전국시대에 등장한 관직으로 군주의 측근에서 호위하며 시중을 들고, 자문을 하는 자리였다. 요즘으로 치면 청와대 비서관 정도에 해당한다. 사마천이 젊은 나이에 '낭중'의 자리에 오른 것은 천하를 두루 돌아다닌 경험 등을 높이 평가한 결과로 보인다.

'낭중'은 사마천이 재직할 당시만 해도 직위가 그리 높은 것은 아니었다. 그럼에도 예나 지금이나 늘 그렇듯이 황제를 지근거리에서 모신 까닭에 그 위세만큼은 막강했다. '낭중'이 진晉나라 때 상서대尙書臺에 속한 각 조사曹司의 장관 자리를 뜻하는 말로 전용된 것도 이런 맥락에서 이해할 수 있다. 수당 이후에는 청나라 말기에 폐지될 때까지 줄곧 상서尙書와 시랑侍郞 밑의 고위직을 뜻하는 말로 전용돼 또 한 차례 그 의미가 격상됐다. 요즘으로 치면 '차관보'급에 해당한다. 주목할 것은 송나라 때부터 남쪽 지역에서 의원을 '낭중'으로 높여 부른 점이다. 이는 당나라 말엽부터 오대 이후로 벼슬 직함이 범람하게 되면서 생겨난 관행이다. 젊었을 때 '낭중'의 자리에 오른 사마천은 자리가 자리인 만큼 이후 누차 황제를 수행하거나 황명을 받드는 사자 자격으로 전국 각지를 돌아다녔다. 그의 발길이 미치지 않은 곳이 없었다.

사마천은 35세가 되는 원봉 6년인 기원전 111년에 한무제의 명을 좇아 지금의 운남과 사천 일대의 서남이西南夷에 대한 공벌에 참여하게 됐다. 그가 원정에 나선 '서남이' 일대는 지금의 섬서성, 하남성, 감숙성, 내몽고, 강소성, 절강성, 호남성, 호북성, 산동성, 사천성, 귀주성, 광서성, 운남성 등을 아우르는 방대한 지역이다. 그는 이때 다양한 삶을 영위하는 인간 군상의 모습을 보고 많은 것을 깨달았을 것이다. 사마천은 훗날 『사기』를 저술할 때 천하를 두루 돌아다닐 때와 원정 당시의 경험 등을 최대한 반영했다. 『사기』「열전」에 등장하는 인물이 마치 살아 움직이는 듯한 느낌을 주는 것도 이와 무관치 않을 것이다.

이듬해인 기원전 110년에 한무제가 하늘에 제사를 올리는 봉선封禪 의식을 위해 태산을 방문했다. 사마담은 부도副都인 낙양에 있었던 까닭에 이 의식에 참가하지 못했다. 이를 한스럽게 여긴 사마담은 이내 병이 나 자리에 눕게 됐다. 원래 사마담은 고대로부터 전해 내려오는 군주와 충신, 열사들의 행적을 기록한 역사서를 완성하는 것이 소원이었다. 그러나 끝내 뜻을 이루지 못하고 병석에 눕게 된 것이다. 임종 직전 그는 원정지역인 운남 일대에서 급히 돌아온 아들 사마천을 불러 이같이 당부했다.

"주공 단旦이 죽은 지 5백년 만에 공자가 『춘추』를 저술해서 끊어졌던 역사기록의 전통이 되살아났다. 공자가 죽은 지 5백년이 지나면서 한나라가 일어나 천하를 통일했다. 그간 혼란스런 와중에 사관의 기록이 방기되거나 끊어지게 됐다. 이제 한나라가 흥기하여 국내가 통일되고 명군과 충신의사가 배출되고 있다. 나는 태사령의 자리에 있으면서도 이를 제대로 사서에 기록하거나 논평하지 못했다. 내가 가장 가슴 아파하는 바이다. 너는 이를 명심하도록 해라."

3년 상을 치른 원봉 3년인 기원전 108년, 사마천이 부친의 뒤를 이어 태사령이 됐다. 그는 부친의 유언을 좇아 사서의 집필을 결심하고 자료를 모으기 시작했다. 당시까지 남아 있던 『시』, 『서』, 『춘추』, 『전국책』을 비롯해 궁중에 비장되어 있는 각종 서적과 상소문 및 포고문 등을 섭렵한 이유다. 그는 『춘추』를 의리의 관점에서 파악하는 공양학파公羊學派의 거두 동중서董仲舒 밑에서 수학하며 직필直筆을 사서 기록의 기본원칙으로 삼았다.

태초 원년인 기원전 104년, 당도唐都 등과 함께 태초력太初曆을 다듬었다. 대략 이 어간에 『사기』의 저술에 착수한 것으로 보인다. 황실의 장서를 수시로 이용할 수 있었던 덕분에 『사기』의 저술은 의도한 바대로 순탄하게 진행됐다. 47세 때인 천한 2년인 기원전 99년, 흉노를 정벌하러 떠났던 장군 이릉李陵이 패전 후 흉노의 포로가 된 사건이 터져 나왔다. 당시 이릉은 5천명의 병사로 10만 명의 흉노 기병과 대적해 적을 1만 명 가까이 살상하는 등 분투했으나 중과부적衆寡不敵으로 부득이 포로의 신세가 되고 말았다. 적의 포로가 된 것을 책망할 수는 있으나 사실 크게 탓할 일은 아니었다.

그러나 흉노를 원수처럼 미워하며 한나라 군사를 천하무적으로 생각한 한무제의 생각은 달랐다. 이릉을 엄벌에 처할 생각으로 이내 중신회의를 소집해 이 문제를 논의케 했다. 대부분 이릉의 일족을 모두 극형에 처해야 한다는 강경론을 폈다. 이때 사마천 홀로 이릉의 충절과 용감함을 찬양하며 두둔하고 나섰다. 다혈질의 한무제가 대로한 것은 말할 것도 없다.

훗날 사마천은 궁형을 당한 후 친구 임안任安에게 보낸 서신인 「보임안서報任安書」에서 궁형을 당할 당시의 참담한 배경을 자세히 설명한 바 있다. 이 글은 사마천이 혹형酷刑을 당하고 나서 가깝게 지냈던 임안에게 쓴 답신이다. 임안은 모반죄에 연루돼 허리가 잘리는 형벌인 요참腰斬의 집행을 기다리던 인물로 익주자사益州刺史를 지낸 바 있다.

반고의 『한서』「사마천전」에 실린 「보임안서」에 따르면 사마천 스스로 자신의 삶을 일변케 만든 사건은 말할 것도 없이 이릉을 변호하다 궁형을 당한 이른바 '이릉의 화禍'이다. 당시 보신에 급급했던 백관들 모두 흉노족에 투항한 이릉 장군을 비난했지만 그는 역사적 진실에 투철해야 한다는 부친의 가르침을 거스르지 않았다. 이릉의 투항으로 화가 날대로 난 한무제 앞에서 감히 홀로 그를 두둔하다가 변을 당한 근본배경이다. 「보임안서」에 따르면 그는 한무제 앞에서 이릉을 이같이 변호했다.

"이릉은 늘 부하들과 생사고락을 같이 했습니다. 옛 명장 가운데 그 누구도 이릉을 능가하지 못합니다. 몸은 비록 적에게 붙들려있지만, 그는 적당한 기회를 틈타 한나라에 보답하고자 할 것입니다. 그가 흉노를 격파한 공적은 천하에 드러내기에 충분합니다."

무릇 사관은 아무리 역사적 진실에 충실해야 한다고 하나 이는 아무래도 지나쳤다. 화가 날대로 난 제왕을 자극하는 것은 스스로 무덤을 판 것이나 다름없다. 한무제를 탓하기 전에 '원칙주의자' 사마천의 민낯이 그대로 드러나는 대목이다. 실제로 한무제는 사마천의 이 말에 천둥 같은 분노를 폭발시켰다. 태사령이라는 고위직에 있다가 '괘씸죄'에 걸려 옥에 갇힌 뒤 죽음을 기다리는 처량한 신세로 전락한 배경이다.

천한 3년인 기원전 98년, 사마천이 태사령 자리에서 파면되고 황제를 무고 혐의로 사형이 확정된 배경이다. 한무제의 노여움이 그만큼 컸다. 천한 4년인 기원전 97년, 이내 사형선고를 받고 옥에 갇힌 이유다. 자부심이 하늘을 찌르던 사마천은 옥에 갇힌 뒤 옥리만 보면 공포감에 떠는 자신의 또 다른 모습을 보게 됐다. 살고자 하는 생존본능이 그같이 만든 것이다. 생사의 갈림길에서 '용감하고 비겁하고 강하고 약한 것은 상황에 따라 좌우된다.'는 손자의 말에 깊은 공감을 느낄 수밖에 없었다. 옥중 경험을 통해 인간을 보는 새로운 시각을 얻게 된 근본배경이 여기에 있다. 당시 사형을 면하는 방법에는 2가지가 있었다. 50만 전의 막대한 벌금을 내거나 아니면 음낭陰囊을 제거하는 궁형宮刑을 받는 것이었다. 살아가는 것도 넉넉지 못했던 사마천에게 50만전이라는 거액의 돈이 있을 턱이 없었다. 결국 그는 '궁형'을 택했다. 환관을 자처한 것이다. 당시 사람들은 궁형을 죽음만도 못한 것으로 생각했다. 2년여의 옥중생활을 마치고 다시 세상에 나왔을 때 그는 이미 예전의 그가 아니었다. 자신을 향해 손가락질을 하는 주변 사람들의 비난을 의식하지 않을 수 없었다. 죽음보다 못한 치욕이었다. 육신의 소중한 일부가 문드러진 그는 자신을 '비인간非人間' 내지 '후궁의 환관'으로 비하하며 자신을 생각하는 지경에 이르게 됐다. 그럴 거라면 그는 왜 별다른 친분도 없는 이릉을 그토록 변호하고 나선 것일까? 「보임안서」에서 그는 그 배경을 이같이 기술해 놓았다.

"이릉은 부모에게는 효도를, 친구에게는 신의를 다했다. 금전관계는 깨끗했고, 진충보국盡忠報國하려는 굳센 의지를 가진 인재였다. 그런데 이제 그가 했던 일 중의 하나가 잘못되자 몸을 사려 처자식 보호에 급급했던 자들이 앞다퉈 그의 잘못을 비방하며 왜곡했다. 나는 실로 분노를 금할 길이 없었다!"

그의 강직한 성품이 여실히 드러나는 대목이다. 그러나 '모난 돌이 정 맞는다.'는 격으로 이게 그를 사지로 몰아넣었다. 그는 「보임안서」에서 궁형의 굴욕을 당하면서까지 '모질게' 살아남으려는 이유를 이같이 밝혔다.

"고통과 굴욕을 참아내며 구차하게 삶을 이어가는 까닭은 후세에 문장을 전하지 못할까 염려했기 때문이오. 흩어져 있는 옛 기록을 모아 신위를 가려내고 세계를 세우며 흥망성쇠의 이치를 정리해, 황제黃帝로부터 오늘에 이르기까지 모든 역사를 표 10편, 본기 12편, 서 8편, 세가 30편, 열전 70편, 총 130편으로 구상했소. 그런데 이 작업을 시작한 지 얼마 안 돼 뜻밖의 재앙을 만나게 됐소. 극형을 받았으면서도 태연스럽게 살아남으려 했던 것은 이 저술 작업이 완성되지 못할까 안타깝게 여겼기 때문이오. 만일 이 작업이 완성돼 명산에 보관되고 각지의 선비에게 전해질 수만 있다면 내 치욕도 능히 씻게 될 것이오. 설령 이 보다 더 참혹한 형을 받는다 해도 어찌 후회할 리 있겠소!"

결국 그는 『사기』를 완성하여 부친의 숙원을 풀고, 자신의 한을 씻었다. 그가 소원한 바대로 『사기』는 선비들의 입을 타고 후대로 전해진 덕분에 21세기 현재까지 '불멸의 사서'로 간주되고 있다. 동양 최고의 역사서인 『사기』가 이후 중국 정사의 모범이 된 배경이다. 그도 생전에 자신의 저술 작업이 지니는 의미를 정확히 파악하고 있었다. 「보임안서」의 다음 대목이 이를 뒷받침한다.

"사람은 언젠가 죽게 마련이오. 그러나 태산보다 무겁게 죽기도 하고, 기러기 털보다 가볍게 죽기도 하오. 인생관이 다르기 때문이오."

인간도 생명체인 까닭에 언젠가는 죽게 마련이다. 문제는 어떻게 죽는가 하는 것이다. 태산보다 무겁게 죽는 방법을 찾을 필요가 있다. 사마천은 그것을 『사기』의 완성에서 찾은 셈이다. 역대 사가 집안 출신으로서 확고한 사명감이 없었다면 불가능한 일이었다. 후대의 사가들이 『사기』를 두고 부친 사마담의 유한과 사마천 개인의 통한을 하나로 녹인 희대의 걸작으로 평하는 이유다. 실제로 최초의 구상, 자료수집 및 분석, 자료 해독, 집필 등에 이르기까지 부자 2대에 걸친 노력이 없었다면 『사기』의 저술은 불가능에 가까웠다. 어디까지가 부친 사마담의 글이고, 어디까지가 아들 사마천이 보완한 것인지 확인키가 어렵다. 덕분에 그 내용은 살아있는 듯이 생생하면서도 풍부하고, 사론史論 또한 날카롭기 짝이 없다. 많은 사람이 『사기』를 사마담과 사마천 부자의 공저로 보는 이유다.

여기에는 사마천이 태시 원년인 기원전 96년에 한무제의 사면을 받아 중서령中書令에 임명된 게 크게 기여했다. '궁형'을 받은 지 1년 만이었다. 환관의 최고 자리인 '중서령'은 황제의 기밀문서를 담당하는 매우 중요한 자리였다. 중서령 임명은 아이러니하게도 그가 환관이 되어 있었기에 가능한 일이었다. 한무제를 곁에서 지켜봐야 했던 그의 심사는 그리 편치 않았을 것이다. 자신을 잠실蠶室에 내팽개쳐 환관으로 만든 한무제를 볼 때마다 무슨 생각을 했을까? 당시 궁형을 받은 자는 100일 정도 마치 누에치는 방처럼 밀폐된 온실인 '잠실'에서 몸을 조리해야만 했다. 그래야만 상처를 치유하고 다시 일상생활로 돌아올 수 있었다. 물론 남성의 역할을 끝이었다. 그러나 덕분에 그는 궁중에서 보관하고 있던 각종 사료를 마음대로 찾아볼 수 있게 됐다. 운명의 장난이었다.

사마천이 중서령에 임명된 것을 계기로 다시 『사기』의 저술에 박차를 가한 것을 보면 내심 한무제에 대한 원망을 스스로 삭인 듯하다. 현재 『사기』의 탈고 시기는 아직 정확히 밝혀지지 않고 있다. 여러 정황에 비춰 대략 정화 2년인 기원전 91년경으로 추정하는 견해가 많다. 『사기』의 완성은 수감 생활 2년을 제외하더라도 대략 10년 넘게 걸린 셈이다. 객관적으로 볼 때 『사기』는 사마천의 강고한 의지와 탁월한 재능, 예리한 관찰력, 인생의 가혹한 시련 등이 복합적으로 작용한 덕분에 '불멸의 사서'로 남을 수 있었다. 그는 마치 『사기』를 쓰기 위해 태어난 사람 같았다. 중국인들이 그를 '역사의 아버지'라고 부르는 이유를 대략 짐작할 수 있다.

사마천이 사망한 시점은 그의 출생 시점에 관한 논란과 마찬가지로 아직까지 정설이 없다. 크게 기원전 90년, 기원전 87년, 기원전 86년을 주장하는 견해가 팽팽히 맞서 있다. 사기 전문가인 천퉁성은 기원전 90년으로 보고 있다. 그의 주장을 따를 경우 사마천은 대략 41세 때 『사기』의 저술에 착수해 만 54세 때 탈고하며, 이듬해에 만55세의 나이로 타계한 셈이 된다.

『사기』와 인간학

『사기』는 헤로도토스의 『역사』보다 3백여 년 늦게 나타났으나 『사기』의 전범이 된 『춘추좌전』은 『역사』보다 3백년 앞선 시기부터 기록하고 있다. 중국인들이 오래전부터 역사를 매우 중시한 사실을 방증한다. 기원전 548년의 상황을 기록한 『춘추좌전』「노양공 25년」조에 이를 뒷받침하는 대목이 나온다.

"제나라 대부 최저가 태사太史를 죽였다. 태사의 아우 중 두 사람이 계속해 이같이 기록하다가 연이어 죽임을 당했다. 태사의 또 다른 아우가 이에 굴하지 않고 똑같이 기록하자 최저가 더 이상 죽일 수가 없었다. 남사씨南史氏가 태사의 형제들이 다 죽었다는 소식을 듣고 죽간竹竿을 갖고 갔다가 이미 사실대로 기록됐다는 얘기를 듣고는 이내 돌아갔다."

사관은 제사를 비롯해 점복과 별자리, 왕명, 사건 등을 기록하는 게 기본직무였다. 직책 및 역할에 따라 태사太史, 소사小史, 내사內史, 외사外史, 어사御史, 좌사左史, 우사右史 등이 구분이 있었다. 이는 세습이었다. 「태사공자서」에 따르면 사마천의 집안은 서주 말기인 기원전 9세기경부터 주 왕실의 사관으로 재직해 있었고 한다.

원래 사史 자는 손에 사냥한 동물을 들고 있는 모습을 그린 상형문자이다. 당시에는 사냥 자체가 커다란 일이었던 까닭에 관리를 뜻하는 이吏 및 큰일을 뜻하는 사事 자와 같은 뜻으로 사용됐다. 이후 직책이 분화하면서 사관의 뜻하는 말로 고정됐다. '사'가 사관의 뜻으로 통용되기 시작한 것은 서주시대 초기로 추정되고 있다. 사관을 관부의 서류를 담당하며 군주를 곁에서 보좌하는 직책으로 규정해 놓은 『주례周禮』의 기록이 이를 뒷받침한다. 『한서』「예문지」는 사관과 사서의 상호관계를 이같이 설명해 놓았다.

"좌사左史가 말을 기록하고, 우사右史가 일을 기록했다. 일을 기록한 것이 『춘추』이고, 말을 기록한 것이 『상서』이다."

『조선왕조실록』은 일과 말을 모두 기록해 놓았다는 점에서 『춘추』와 『상서』를 겸한 셈이다. 동양에서는 일찍부터 사서를 극히 중시한 까닭에 사관에게 높은 수준의 자질을 요구했다. 이른바 '사재3장론史才三長論'이 그것이다. 사서를 쓰기 위해서는 역사적 사실을 체계적으로 기술할 수 있는 자질인 사재史才와 역사적 사실에 관한 폭넓은 지식인 사학史學, 역사를 총체적으로 바라보고 사료를 비판적으로 선택할 줄 아는 안목인 사식史識을 갖추어야 한다는 뜻이다. 이 가운데 '사식'이 가장 중요했다. 이는 동양 최초의 사학이론서인 『사통史通』을 펴낸 당고종 때의 사관 유지기劉知幾와 관련된 일화에서 나온 것이다. 『구당서』「유자현전」의 해당 대목이다.

"예부상서 정유충鄭惟忠이 유지기에게 묻기를, '예로부터 글을 잘 쓰는 선비는 많으나 사서를 쓸 만한 인재는 적으니 그 까닭은 무엇이오?'라고 했다. 유지기가 대답키를, '사서를 쓰기 위해서는 3가지 뛰어난 자질이 있어야 하는데 그런 사람을 찾아보기가 어렵습니다.'라고 했다."

유지기는 '사재3장론' 이외에도 있는 사실을 있는 그대로 기록하는 이른바 직필론直筆論을 주장했다. 그의 이런 주장은 후대에 지대한 영향을 미쳤다. 청조 말기 장학성章學誠이 사덕史德을 언급한 게 그렇다. 이는 '직필론'을 '사덕'으로 돌려 표현한 것이다. 양계초梁啓超는 '사덕'을 유지기의 '사재3장론'에 통합시켜 이른바 '사재4장론'을 펼쳤다. 사마천은 후대인들이 '사성'으로 칭송하고 있는데서 알 수 있듯이 여러모로 유지기가 말한 '사재3장론' 내지 양계초가 새롭게 정의한 '사재4장론'에 부합한다.

중국인을 다른 민족과 비교할 때 '역사적'이라고 표현하는 것도 이런 맥락에서 이해할 수 있다. 사서의 대명사로 불리는 『사기』가 탄생하기 이전부터 역사기록을 매우 중시한 게 그렇다. 『춘추좌전』의 존재가 이를 방증한다. 『춘추좌전』은 있는 사실을 조금의 가감도 없이 있는 그대로 기록한 게 특징이다. 이른바 춘추필법이다. '춘추필법'은 후대인이 사서를 귀감龜鑑으로 삼기 위해서는 역사적 진실인 사실史實을 있는 그대로 기록해 전해야 한다는 숭고한 정신에서 나온 것이다.

『사기』는 역사적 사실을 햇수를 좇아 기록한 편년체編年體 사서의 효시 『춘추좌전』과 쌍벽을 이루는 기전체紀傳體 사서의 효시에 해당한다. 기전체 사서는 지배자 또는 지배 왕조의 일을 연대순으로 기록한 본기本紀를 기본 축으로 삼은 게 특징이다. 『사기』의 '기'는 모두 12권으로 되어 있다. '기'의 뒤를 잇는 것은 세가世家이다. 제후 왕들과 그에 준한다고 판단한 인물들의 사적과 전기를 다룬 것이다. 모두 30권으로 꾸며져 있다. '세가'에 등장하는 인물만큼은 아닐지라도 다양한 분야에 걸쳐 주목할 만한 일을 벌인 인물과 주변 민족의 역사를 다룬 열전列傳을 '세가' 뒤에 편제해 놓았다. 모두 70권이다. 특이한 것으로는 연표와 월표를 구사하며 다양한 사항의 변화를 포착하여 보여주는 표表를 들 수 있다. 모두 10권이다. 정치사가 미처 포괄하지 못한 문화, 제도, 경제, 교통, 제사 등을 다룬 서書도 기왕의 사서에서는 볼 수 없는 기전체 사서만의 특징에 해당한다. 모두 8권이다.

그밖에 『사기』의 특징으로 각 편이 끝날 때마다 '태사공왈太史公曰'로 시작하는 사마천 자신의 짧은 평론을 들 수 있다. 그러나 이는 『사기』가 처음으로 시도한 것은 아니다. 『춘추좌전』은 역사적 사실을 기록한 뒤 '군자왈君子曰'로 시작되는 사평史評을 덧붙여 놓았다. 『사기』의 '태사공왈'은 이를 흉내 낸 것이다. 『사기』가 편년체 사서와는 달리 총 130권, 52만 6,500자에 달하는 방대한 분량으로 꾸며진 것도 바로 기천체 사서의 이런 독특한 편제 방식에 따른 것으로 볼 수 있다. 사마천에 의해서 새로이 창안된 이 새로운 역사 서술 체제인 '기전체'는 이후 이전 왕조의 역사를 총망라한 정사正史 서술의 모범이 되었다.

원래 '사기'라는 명칭은 옛날의 사서를 뜻하는 말이다. 『사기』 스스로 '사기'라는 용어를 8번이나 사용하고 있다. 『사기』도 처음에는 '태사공기太史公記' 내지 '태사공서太史公書' 등으로 불렸다. '태사공기'의 약칭인 '사기'로 불리게 된 것은 삼국시대 이후이다. 사마천은 『사기』에서 온갖 종류의 인간 군상을 생생히 그려내는데 성공했다. 형식을 중시한 문어文語 대신 생동감 넘치는 구어口語를 사용한 덕분이다. 문체도 매우 세련돼 있다. 덕분에 매 인물마다 마치 살아 움직이는 듯한 느낌을 주고 있다. 『사기』를 관통하는 핵심어는 대의멸친大義滅親으로 요약되는 춘추대의春秋大義이다. 이를 뒷받침하는 「태사공자서」의 구절이다.

"요임금 이래의 일에서 시작해 한무제가 옹雍 땅에서 백린白麟을 잡은 데까지 기술했다."

백린을 잡을 것을 두고 '인지麟止'로 표현해 놓았다. 한무제가 상서로운 동물인 백린을 잡은 데서 역사 기술을 그쳤다는 뜻이다. '인지'는 원수 원년인 기원전 122년 10월의 일이다. 『춘추』도 노애공 14년인 기원전 481년에 공자가 기린을 잡았다는 획린獲麟 소식을 듣고 크게 탄식하며 절필했다고 기록해 놓았다. '인지'는 공자의 절필을 상징하는 '획린'이 그렇듯이 한무제에 대한 강력한 비판의 취지를 담고 있다.

사마천이 『사기』를 쓸 때 늘 염두에 둔 것은 바로 공자가 편찬한 것으로 전해진 『춘추』였다. 『춘추』는 공자의 고국인 노나라의 사서를 말한다. 역사상 사건과 인물에 대한 간결한 필치가 특징이다. 그러나 원래 '춘추'는 고유명사가 아닌 보통명사이다. 노나라의 역사를 다룬 『노춘추』 이외에도 『송춘추』와 『제춘추』 등이 있었다. 당시에는 진晉나라 사서 『승乘』과 초나라 사서 『도올檮杌』조차 '춘추'로 불렸다. 『노춘추』가 곧 『춘추』로 여겨지게 된 것은 후대인들이 공자가 『노춘추』를 편수한 사실을 높이 평가한 데 따른 것이다. 『노춘추』만 진정한 '춘추'로 여기는 상황에서 여타 국가들의 '춘추'가 후대에 제대로 전해질 리 없다.

『한서』「예문지」에 따르면 공자가 『춘추』를 편수하자 그 해설서에 해당하는 '전傳'이 무려 23종이 나왔다. 전한 초기에는 『춘추공양전』과 『춘추곡량전』, 『춘추좌전』, 『춘추추씨전』, 『춘추협씨전』 등 5종류만 남게 됐다. 이후 얼마 안 돼 『춘추공양전』과 『춘추곡량전』, 『춘추좌전』만이 살아남았다. 이를 소위 춘추3전春秋三傳이라고 한다.

사마천이 활약할 당시 이들 '춘추3전' 중 『춘추공양전』이 가장 유력했다. 한무제에게 유학을 유일한 관학으로 삼을 것을 건의한 동중서가 '공양학파'를 대표했다. 사마천은 그의 밑에서 공부했다. 그가 130편에 달하는 『사기』를 저술하면서 매 편마다 자신의 사상을 담으려 한 것도 이와 무관하지 않을 것이다. 사마천은 왕조의 흥망을 순환사관에 입각해 파악했다. 천명을 받은 영웅적인 인물이 나타나 나라를 세우고, 이후 어둡고 무능력한 자로 인해 쇠락의 길을 걷고, 마침내 말기에 이르러 폭군이 나타나 멸망한다는 식이다. '공양학파'의 세례를 받은 덕분이다. 하, 은, 주 삼대三代의 역사를 사마천처럼 순환사관에 입각해 바라보는 것을 이른바 '왕조순환설'이라고 한다.

'왕조순환설'의 특징은 흥망의 요인을 제왕 개인의 도덕적 기질과 능력에서 찾기보다는 역사문화의 변질에서 찾은 데 있다. 실제로 사마천은 삼대의 역사문화가 충忠, 경敬, 문文에서 일어나 말기에 이르러 조야한 야野, 미신적인 귀鬼, 경박한 사僿로 변질된 까닭에 왕조교체가 빚어진 것으로 파악했다. 이는 동중서의 역사 순환론을 약간 변형시킨 것으로 그가 내세운 '문질교대설文質交代說'을 역설한 것과 불가분의 관련을 맺고 있다. '문'은 인위적인 세련, '질'은 자연적인 질박을 뜻한다. 상반되는 특질인 '문'과 '질'이 교대로 출현하면서 역사문화의 특성이 바뀐다는 게 요지이다. '문질교대설'은 '왕조순환설'과 맥을 같이하는 것이다. 왕조교체를 역사문화의 성쇠로 해석한 것은 그의 창견創見으로 나름 일리가 있다.

객관적으로 볼 때 『사기』의 저술은 한나라의 제7대 황제인 무제武帝 유철劉徹의 행보와 불가분의 관계를 맺고 있다. 사마천이 한무제의 노여움을 자초해 궁형을 받은 뒤 혼신의 노력을 기울여 『사기』를 완성한 게 그렇다. 원래 한무제는 중국의 전 역사에 비춰볼 때 선황인 문제와 경제 때 축적된 국력을 바탕으로 적극적인 영토 확장에 나선 정복황제의 전형에 해당한다. 밖으로는 제국의 안정을 위협하는 북쪽 흉노를 비롯한 주변 민족들을 압박하고, 멀리 로마까지 이어지는 실크로드의 교통로를 장악했다. 안으로는 제후들의 권력을 사실상 소멸시키고, 민간의 유력자들을 억압했다. 대규모 토목 공사를 벌이며 황제의 위세를 드높인 것도 이런 맥락에서 이해할 수 있다. 진시황이 아방궁을 조성한 것과 닮았다.

그러나 이런 일련의 영토 확장 정책은 백성에게 엄청난 부담을 요구했다. 방만한 재정 정책 탓이다. 소금과 철에 대한 전매專賣 제도를 시행하고, 증세를 단행한 배경이다. 한무제는 유학을 유일한 관학으로 인정하는 이른바 독존유술獨尊儒術을 선포함으로써 겉으로는 덕치를 표방하면서도 속으로는 법가사상에 기초한 강력한 법치를 실시했다. 이른바 외유내법外儒內法의 통치술이다. 막강한 황권皇權을 확립하는 동시에 중앙집권화를 가속화한 배경이다. 사가들이 진시황 때 미완성으로 끝난 제왕정이 한무제 때 완성됐다고 평하는 이유다.

당시 한무제의 중앙집권화 정책을 강력 추진한 그룹은 지방에서 천거한 인재들 가운데 황제 자신이 선발한 새로운 관료집단이었다. 이들은 법률의 유연한 적용을 지향한 이전의 관료집단과 달리 법률을 엄정하게 적용하는데 방점을 찍었다. 사마천은 한무제를 곁에서 보필하면서 이런 '외유내법'의 내막을 목도했다. 게다가 그는 있는 사실을 있는 그대로 말하기 위해 궁형을 당하는 수모를 감수했다. 『사기』가 당대는 물론 21세기에 이르기까지 수천 년 동안 '불후의 사서'로 평가받는 것도 이런 맥락에서 이해할 수 있다.

『사기』가 더욱 빛을 발하게 된 것은 『사기』를 정밀하게 주석한 이른바 삼가주三家註의 공이 컸다. 북조시대 남조 송나라 배인裴駰의 『사기집해集解』을 비롯해 당나라 때 나온 사마정司馬貞의 『사기색은索隱』과 장수절張守節의 『사기정의正義』가 그것이다.

세계 최초의 통사로 평가받는 『사기』는 전설적인 성왕인 황제黃帝에서 시작해 한무제에 이르는 3천년의 역사를 기록하고 있다. 『사기』의 가치는 20세기에 들어와 고고학의 발달로 은나라 계보의 기록이 갑골문자의 내용과 정확히 일치한다는 사실이 밝혀짐으로써 거듭 확인됐다. 21세기 현재 동아3국뿐만 아니라 세계 각국어로 번역돼 널리 읽히고 있는 사실이 『사기』의 높은 인기를 뒷받침한다. 유려하고 생동감 있는 문체와 무수한 인간 군상의 사적이 깊이 있게 다뤄진 덕분으로 보인다.

실제로 『사기』에는 제왕에서 서민, 성인에서 악인, 역사의 주연에서 조연에 이르기까지 실로 다양한 인물이 아무런 꾸밈없이 민낯으로 등장하고 있다. 독자들이 자신도 모르게 등장인물과 '역사적 대화'를 나누며 독서 삼매경에 빠져드는 이유다. 『사기』를 읽으면 인간관계의 중요성을 새삼 깨달을 수밖에 없다. 군주와 신하는 과연 어떤 관계를 맺는 게 바람직하고, 군주는 무슨 관계를 맺고 있기에 인민을 하늘처럼 섬겨야 하고, 국가공동체와 그 구성원인 인민 개개인은 서로 어떤 관계를 맺고 있는가 하는 점 등을 깊이 성찰하게 만들기 때문이다.

흔히 『사기』의 꽃은 '열전'이고, '열전'의 압권은 비장미悲壯美라고 한다. 『사기』는 총 130편 중 인물에 관한 전기가 무려 112편에 달한다. 이들 중 절반가량이 비극적인 최후를 맞은 자들이다. 대략 120명가량에 달한다. 비극적인 인물을 하나로 묶은 합전合傳도 있다. 「굴원가생열전」과 「자객열전」 등이 그렇다. '열전'에서 비장미가 절절히 배어나는 이유다. 죽음보다 더한 굴욕을 참아가며 글을 써야 했던 통한어린 삶과 역사 기술에 대한 성실한 자세가 만들어낸 성과로 볼 수 있다. 사마천은 「열전」마다 자신의 심경과 생각 등을 그대로 투영시켰다. 대표적인 예로 「백이열전」의 다음 구절을 들 수 있다.

"천도는 사사롭지 않고 늘 착한 이와 함께 한다고 하는데, 백이와 숙제 같은 사람은 착한 사람인가? 그들은 행실이 그토록 고결했지만 결국 굶어죽었다. 공자는 자신의 제자들 가운데 진정 학문을 좋아하는 이는 안연이라 했지만, 안연은 자주 궁핍하여 굶주리다가 끝내 요절했다. 반면 극악무도한 도척은 날마다 무고한 사람을 죽이고 간을 꺼내 먹으며 무리 수천 명을 모아 포악무도하게 천하를 횡행했지만 끝내 천수를 다하고 죽었다. 천도라고 하는 것은 과연 옳은 것인가, 아니면 그른 것인가?"

불가항력의 상황에서 적군에 투항한 이릉을 변호하다가 궁형을 당한 사마천의 통한이 그대로 묻어나고 있다. 『사기』가 21세기 현재에 이르기까지 2천년 넘게 수많은 사람들의 사랑을 받는 이유다. 실제로 서양인이 동양을 알기 위해 가장 많이 읽는 책이 『사기』이다. 『사기』는 '고전 중의 고전'으로 꼽을 만하다. 노신魯迅도 『한문학사 강요』에서 『사기』를 두고 이같이 호평한 바 있다.

"비록 모욕을 당한 자신의 신세에 대한 느낌 등을 가미해 『춘추』의 뜻에 배치되기는 하나 사가史家의 절창絶唱이고, 운율이 없는 '이소離騷'이다. 그는 사가의 법식에 구속되지 않고, 자구에 얽매이지 않은 채 자신의 감정대로 표현하고 마음에서 나오는 대로 글을 지었다."

'이소'는 남방문학을 대표하는 『초사』에 실린 굴원의 작품을 말한다. 전국시대 말기 조국 초나라의 앞날을 근심하며 군주에게 버림받은 슬픔을 노래한 천고의 명문이다. 노신은 『사기』를 산문으로 쓴 '이소'로 평한 셈이다. 노신의 이런 극찬은 『사기』가 후대에 미친 영향이 얼마나 컸는지를 반증한다. 후대인들의 평을 정리하면 크게 2가지로 요약할 수 있다.

첫째, 『사기』는 후대의 사학발전에 큰 공헌을 했다. 이전의 사학적 성과를 종합한 위에 인물 중심의 새로운 역사 기술인 기전체紀傳體를 탄생시킨 게 그것이다. 『사기』는 「본기本紀」 12편, 「표表」 10편, 「서書」 8편, 「세가世家」 30편, 「열전列傳」 70편으로 구성돼 있다. 「본기」는 전설적인 삼황오제인 황제黃帝에서 시작해 한무제에 이르기까지 2,500년간의 역사를 다루고 있다. 일종의 개설서에 해당한다. 「표」는 즉 연대표를 말하는 것으로 그의 과학적 역사서술 정신을 보여준다. 「서」는 문화사 내지 제도사에 해당한다. 경제를 논한 「평준서」를 비롯해 수리水利를 논한 「하거서河渠書」, 천문을 논한 「천관서天官書」, 제례의식을 논한 「봉선서封禪書」 등이 있다. 「세가」는 춘추전국시대 및 전한 초기 제후들의 역사이다. 「열전」은 일세를 풍미했던 당대의 문호, 학자, 정치가, 군인, 자객, 유협, 해학가, 관리, 상인들의 삶을 기술해 놓은 것이다.

기전체가 나오기 전까지만 해도 연대기 형식의 편년체編年體가 주를 이뤘다. 그러나 『사기』가 나온 이후 2천여 년 동안 중국의 정사는 모두 기전체 형식을 따랐다. 청나라 역사평론가 조익趙翼은 역사평론서인 『이십이사차기二十二史箚記』에서 기전체의 의미를 이같이 평했다.

"사마천은 고금을 참작해 범례를 정하고 통사를 서술했다. 「본기」로 제왕을 기록하고, 「세가」로 제후국을 기술하고, 「10표十表」로 연대기를 작성하고, 「8서八書」로 제도를 밝히고, 「열전」으로 인물을 드러냈다. 이런 5가지 양식으로 한 시대의 군신과 정치의 선악득실을 한 권에 결집시켰다. 기전체 형식이 세상에 나오자 역대 사관들 모두 『사기』의 범위를 벗어날 수 없었다. 실로 사서의 완결판에 해당한다."

그러나 기전체는 이런 뛰어난 점에도 불구하고 지나치게 정통론에 치우쳐 있다는 지적을 받고 있다. 실제로 이는 주자학의 핵심 역사관인 이른바 정윤론正閏論의 근거가 됐다. 기전체는 난세의 분열시대를 기술할 때 일정한 한계를 드러낼 수밖에 없다. 기전체로 된 역대 정사가 예외 없이 앞선 왕조를 폄하하고 분열시대를 일과성 혼란기로 기술해 놓은 게 그 증거다. 정통을 고집한데 따른 생래적인 한계이다.

실제로 『사기』 역시 춘추전국시대를 일과성 혼란기로 간주했다. 천명의 교체를 '하夏 → 은殷 → 주周 → 한漢'으로 간주한 결과다. 명백한 역사왜곡이다. 이는 「본기」뿐만 아니라 「열전」의 기술에서도 그대로 관철되고 있다.

당초 사서의 성격이 강한 『춘추좌씨전』을 중시하는 '좌전학파'는 오랫동안 기를 펴지 못했다. 사서보다 경서를 중시한 분위기 탓이다. '좌전학파'가 '곡량학파'와 '공양학파'를 제압하게 된 것은 삼국시대 이후의 일이다. 난세가 1백 년 동안 지속되면서 사서의 중요성이 부각된 결과이다. 이후에는 이른바 좌전독패左傳獨霸의 시대가 청조 말까지 지속됐다. 2, 3백년 단위로 왕조교체가 이어지자 온갖 종류의 인간 군상을 있는 그대로 수록해 놓은 사서가 각광을 받은 것이다.

『춘추좌전』은 춘추시대의 '인간학'에 관한 한 독보적인 존재에 해당한다. 사마광이 송대 이전까지의 방대한 역사를 하나로 꿰는 『자치통감』을 저술하면서 춘추시대를 제외한 것은 바로 이 때문이다. 소위 '좌전벽左傳癖'을 자처한 그는 『자치통감』 서문에서 『춘추좌전』의 후속편을 쓰기 위해 붓을 들었다고 언급했다. 그가 『사기』의 기전체 방식을 버리고 『춘추좌전』의 편년체 방식을 좇은 이유다.

편년체 사서는 앞으로도 지속적인 생명력을 지닐 수밖에 없다. 중요한 사건을 시간대별로 체계적으로 정리해 놓음으로써 간명성과 종합성을 기할 수 있기 때문이다. 이에 반해 정통성을 전제로 한 기전체는 더 이상 나올 가능성이 희박하다. 기전체에서는 역사적으로 매우 중요한 의미를 지니고 있는 인물일지라도 주인공의 자리를 차지하지 못하면 「세가」나 「열전」으로 밀려날 수밖에 없다. 『춘추좌전』과 『자치통감』이 천하통일 이전의 열국을 공평히 다루고 있는 것과 내비된다.

둘째, 『사기』는 후대의 문학에 지대한 영향을 미쳤다. 『사기』가 나온 이후 중국문학에서 하나의 영역을 이루고 있는 전기문학傳奇文學의 효시가 됐다. 이는 비범한 인물 및 사건에 초점을 맞춘 문학작품을 말한다. 한고조 유방의 책사인 장량을 주인공으로 삼은 「대철추전大鐵椎傳」을 비롯해 남북조 당시 남조 동진의 선비인 도연명의 행적을 그린 「오류선생전」 등은 『사기』「열전」을 그대로 흉내낸 것이다. 작품의 구성과 문체, 인물묘사와 사건 전개 방식에서 「열전」을 모범으로 삼았다. 이들 작품은 서양의 『플루타르크 영웅전』에 비유할 만하다. 「열전」은 이보다 2세기가량 앞선 셈이다.

위진남북조시대의 전기소설은 문학과 역사가 하나로 뒤섞인 「열전」

형식에서 한 치도 벗어나지 못했다. 당나라 때 들어와 비로소 역사와 문학이 구분되기 시작했다. 원나라 이후에 유행한 단편 문어소설이나 장편 백화소설도 『사기』에서 소재를 얻었다. 명대에 나온 역사소설 『삼국연의』와 『열국지』 등도 인물형상 및 줄거리 구성 등은 「열전」을 그대로 모방했다. 많은 사람들이 『사기』를 '문학적 역사' 내지 '역사적 문학'으로 평하는 이유다. 문학과 역사에 두루 밝았던 모택동도 비슷한 취지의 발언을 한 바 있다.

"중국에는 두 편의 대작이 있다. 바로 『사기』와 『자치통감』이 그것이다."

모택동은 평생에 걸쳐 『자치통감』을 17번이나 읽은 것으로 유명하다. 그런 그가 『사기』를 『자치통감』과 같은 반열에 올려놓은 것은 '문학적 사서'인 『사기』의 가치를 그만큼 높이 평가했기 때문이다.

여기서 주목할 게 있다. 바로 '문학적 사서'의 약점이다. 이는 『사기』의 내용을 액면 그대로 받아들일 수 없다는 것을 의미한다. 실제로 적잖은 사람들이 「열전」 등에 사마천 개인의 주관적 견해가 과다하게 삽입돼 있는 점을 지적하고 있다. 「본기」와 「세가」도 예외가 아니다. 논찬論贊 형식으로 사실을 포폄褒貶하고 성패의 원인을 분석하는 과정에서 감정이 지나치게 개입됐다는 지적이다.

사실 진시황 관련 대목 등은 역사적 사실을 충실해야 한다는 사서의 한계를 넘어섰다. 항간에 나도는 얘기를 무차별적으로 수록해 놓은 게 그렇다. 이는 후대인들로 하여금 진시황 및 진제국에 대해 부정적인 생각을 갖도록 만드는데 결정적인 역할을 했다. 게다가 후대인들은 『사기』「진시황본기」의 말미에 『한서漢書』의 저자 반고班固가 후한의 효명황제孝明皇帝 유장刘莊에게 올린 표문表文인 「효명제왈孝明帝曰」의 기사를 멋대로 덧붙여 놓았다. 반고는 이 표문의 첫 대목에 진시황을 여정呂政으로 기록해 놓았다. '여정'은 『사기』 전편을 통해 유일무이한 것이다. 주목할 것은 반고가 아무런 논거도 없이 진시황을 진장양왕의 아들이 아닌 여불위의 아들로 단정한 점이다. 악의적이라고 볼 수밖에 없다. 「진시황본기」가 진시황을 여불위의 아들로 규정한 논거로 악용되는 근본 배경이 여기에 있다. 이는 사가라면 결코 취해서는 안 되는 자세이다. 21세기에 들어와 사가들 내에서 『한서』가 '더러운 사서'라는 뜻의 예사穢史로 비판받는 것도 반고의 이런 행보와 무관할 수 없다. 여기에는 『사기』가 필사본으로 전해지는 와중에 빚어진 망실과 윤색, 변조 등의 왜곡도 일조했다. 『한서』「사마천전」에 의하면 『사기』는 한선제 때 사마천의 외손인 평양후平陽候 양훈에 의해 공간公刊된 바 있다. 당시 이미 전체의 1할에 해당하는 10편의 내용이 망실돼 제목만 남아있었다. 이는 한원제와 한성제 때 활약한 저소손褚少孫이란 사람에 의해 보완됐다. 그러나 나머지 부분 역시 필사돼 전해지는 과정에서 적잖은 첨삭 및 가필이 이뤄졌다고 보아야 한다.

그럼에도 『사기』는 '인간학의 보고'에 해당한다. 총 130권 52만 6,500자 중 근 9할 가량이 온통 사람에 관한 이야기이다. 사마천이 춘추전국시대는 물론 한무제의 치세 역시 꿈과 희망과 믿음을 상실한 난세로 간주한 결과다. 덕분에 독자들은 『사기』를 통해 물러나고 나아가는 진퇴의 지혜를 비롯해 부조리한 세상에 대한 안목 등을 키울 수 있다. 기구한 삶을 '문학적 사서'의 저술로 승화시킨 사마천 덕분이다.

02

헤로도토스는 왜 『역사』에서 있는 사실의 기록을 중시한 것일까?

사서 속의 헤로도토스

헤로도토스를 두고 '역사의 아버지'로 부른 사람은 로마시대의 철학자 키케로였다. 그럼에도 정작 주인공인 헤로도토스의 삶에 관해서는 자세히 알려진 게 없다. 기록이 남지 않은 탓이다. 21세기 현재까지 그의 저작물들을 통해 추론하는 길밖에 없다. 지금까지 이뤄진 학자들의 연구결과에 따르면 그는 대략 기원전 484년경 소아시아의 그리스 식민지인 할리카르나소스의 부유한 집안에서 태어나 수준 높은 교육을 받았다. 헤로도토스는 젊은 시절 사촌 형을 비롯한 동지들과 함께 고향마을의 참주 리그다미스 2세를 쫓아내기 위해 쿠데타를 시도했으나 실패로 끝나자 이내 사모스 섬으로 망명했다. 당시 그의 친척인 서사시인 파니아시스는 붙잡혀 피살됐다. 사모스 섬으로 망명한 헤로도토스는 30세가 되는 기원전 454년부터 지중해 일대의 각국을 돌아다니는 여행길에 올랐다. 당시 그는 이집트와 메소포타미아, 다뉴브 연안, 북부 아프리카에 이르기까지 지중해와 흑해 인근의 거의 모든 지역을 여행했다. 당시는 아테네를 비롯한 그리스의 모든 도시가 페르시아와 전쟁을 벌이던 시기였다. 사가들은 이를 통상 '페르시아 전쟁'으로 표현한다.

이 전쟁은 헤로도토스가 태어나기 8년 전인 기원전 492년에서 시작해 헤로도토스가 36세가 되는 기원전 448년까지 무려 44년 동안 지속된 페르시아의 그리스 원정 전쟁을 말한다. 헤로도토스가 페르시아 전쟁을 주제로 삼은 『역사』를 쓴 배경이다. 『역사』를 달리 '페르시아 전쟁사'로 부르는 것도 이런 맥락에서 이해할 수 있다.

헤로도토스는 페르시아 전쟁이 끝난 지 3년이 되는 기원전 445년경에 아테네로 옮겨가 산 것으로 추정되고 있다. 당시 그의 나이는 39세였다. 아테네로 이주한 뒤 그는 최고의 인기강사가 됐다. 여행을 통해 얻은 지식을 토대로 사람들의 귀를 솔깃하게 만든 덕분이다. 당시 그는 어렸을 때부터 수준 높은 교육을 받은 덕분에 아테네에서 교양인으로 행세했고, 특히 문학에 정통해 명사들 내에서 그 이름을 널리 떨쳤다.

주목할 것은 그가 아테네에서 이름을 떨칠 당시 아테네가 최고의 전성기를 구가하고 있었던 점이다. 그가 민주주의의 화신으로 불리는 정치가 페리클레스를 비롯해 정치가이자 그리스 3대 비극작가 가운데 한 사람인 소포클레스 등과 친교를 맺은 배경이다. 당시 소크라테스는 아직 25세의 젊은 청년에 지나지 않았다.

페리클레스와 소포클레스 모두 소크라테스보다 약 25세가량 나이가 많았다. 특히 페리클레스는 당대 최고의 정치가로 칭송받고 있었다. 헤로도토스가 당대 최고의 인기인이었던 페리클레스와 친교를 맺은 점에 비춰볼 때 그의 명성 역시 간단치 않았을 것으로 짐작된다.

원래 귀족 출신이면서도 귀족정 대신 민주정을 지지한 페리클레스는 기원전 431년에 페르시아 전쟁에서 희생된 전몰자들을 추도하는 장례식 연설에서 아테네의 민주주의를 이같이 찬양한 바 있다.

"우리의 정치체제는 이웃나라와 전혀 다릅니다. 이는 남의 것을 본뜬 게 아니고, 오히려 남들이 우리의 체제를 본뜨고 있습니다. 몇몇 사람이 통치의 책임을 떠맡는 게 아니라 우리 모두 고루 나눠맡는 '데모크라티아'가 그것입니다. 이 체제 하에서는 개인 간의 다툼이 있으면 모두에게 공평한 법으로 문제를 해결하고, 공직자를 선출할 때 출신을 따지지 않고 오직 능력에 따라 뽑습니다. 이 나라에 뭔가 기여를 할 수 있는 사람이라면 아무리 가난할지라도 인생을 헛되이 살다가 끝내는 일이 없습니다. 실로 우리 아테네야말로 전 헬라스의 모범입니다!"

'데모크라티아'는 영어 '데모크라시'의 어원이다. 페리클레스가 아테네 시민의 전폭적인 지지를 얻은 배경이 여기에 있다. 아테네 시민들의 자부심을 적극 부추긴 덕분이다. 실제로 당시 아테네 시민들은 스스로 아테네 민주주의의 절정기에 살고 있다는 착각에 빠져 있었다.

소크라테스가 당대 최고의 민주주의 신봉자로 간주된 페리클레스를 두고 '아테네 시민에게 아부만한 정치가에 지나지 않는다.'고 일갈한 이유다. 이는 훗날 소크라테스가 독배를 마시게 되는 한 이유가 됐다.

여기서 21세기 현재까지 민주주의의 남상濫觴으로 여겨진 그리스 민주정의 허실을 간략히 살펴보기로 하자. 이는 소크라테스의 죽음을 비롯해 헤로도토스의 『역사』 저술 배경을 이해하는 기초이기도 하다. 원래 아테네는 대략 기원전 10세기경부터 형성되기 시작했다. 그러나 여러 도시국가들 가운데 두각을 나타내기 시작한 것은 기원전 6세기 무렵부터이다. 해외 식민지의 건설과 무역의 발달 덕분이었다. 이는 급격한 사회변동을 초래했다. 아테네를 포함한 그리스 도시국가들은 그때까지 농업을 기반으로 하고 있었다. 토지를 많이 가진 귀족이 지배하는 체제였다. 그러나 상공업 발달 덕분에 훗날 부르주아의 원조에 해당하는 평민 출신 부호富戶가 크게 늘면서 귀족과 평민, 부유층과 빈곤층 사이의 대립과 갈등이 빈발했다.

이런 극심한 사회분열과 갈등을 틈타 두 세력 간의 균형을 잡고 사회 안정을 내세워 권력을 장악한 인물이 등장했다. 그게 바로 선출된 독재군주인 참주僭主 즉 '티라노스'였다. 이들은 대체로 쿠데타로 정권을 잡고, 전제정치로 권력을 유지했다. 아리스토텔레스의 『정치학』에 따르면 이들은 대개 절망적인 사회분열보다는 공포 속의 안정이 낫다는 생각을 한 덕분에 권력을 유지할 수 있었다. 대표적인 인물이 기원전 561년에 정권을 잡고 이후 한동안 실각했다가 기원전 546년에 재집권에 성공한 페이시스트라토스였다. 그는 친서민적인 정책을 비롯해 농업 및 문예 진흥책을 실시해 아테네를 강국으로 성장시켰다. 참주의 행보를 보였는데도 불구하고 아테네 시민들이 적극적인 지지를 보낸 이유다. 그리스의 다른 많은 도시국가들도 이를 흉내 내며 부국강병을 추진했다.

그러나 기원전 5세기로 들어서면서 그 폐해가 드러나기 시작했다. 대다수 참주들이 겉으로는 시민의 이익을 내세우면서도 속으로는 군주의 고독한 결단을 뜻하는 '독재' 대신 자신의 이익을 챙기기 위한 '독선'을 행한 탓이다. 자신만이 옳다는 '독선'은 군주 이외의 모든 신민을 노예처럼 부리는 전제專制로 이어지게 마련이다. 많은 도시국가에서 참주들의 폭정을 견디지 못한 시민들이 들고 일어나자 참주들이 일거에 자취를 감춘 이유다. 이런 극적인 전환이 가장 빨리 일어난 도시국가가 바로 아테네였다.

인민봉기의 과실을 챙긴 인물은 이른바 '도편추방제'를 처음으로 도입한 클레이스테네스였다. '도편추방제'는 참주가 될 가능성이 높은 자의 이름을 도자기 파편에 적은 뒤 다수표를 받은 자를 골라내 도시 밖으로 내쫓는 제도를 말한다. 참주의 등장가능성을 미연에 방지코자 한 것이다. 기원전 510년 클레스테네스는 참주 히피아스를 몰아내는 데 앞장선 데 이어 기원전 508년에 아테네의 전통적 부족체제를 없애고 부족단위로 뭉쳐 서로 대립하는 악습을 척결하는 데 성공했다. 이후에 도입한 게 바로 '도편추방제'였다. 이는 아테네 민주주의에 커다란 발전을 가져왔다. 그러나 이 와중에 외부세력의 위협도 날로 높아졌다. 아테네가 본격적인 민주주의를 하기 위해서는 페르시아와 일전을 치러야만 했다. 기원전 492년에서 시작해 기원전 448년까지 무려 40여 년 동안 진행된 '페르시아 전쟁'이 바로 그것이다. 페리클레스와 소크라테스는 바로 이 와중에 태어나 서로 대립한 것이다.

당시 객관적인 전력 면에서 볼 때 아테네를 비롯한 그리스 내 모든 도시국가의 힘은 페르시아와 비교할 때 크게 열세였다. 페르시아의 다리우스 1세와 그의 아들 크세륵세스 1세의 그리스 침공은 아테네를 비롯해 그리스 모든 도시국가가 맞이한 사상 최대의 위기에 해당했다. 그러나 뜻밖에도 승리의 여신은 아테네를 비롯한 그리스 도시국가의 손을 들어주었다. 그리스의 위상이 단숨에 크게 뛰어오른 이유다. 전쟁을 승리로 이끈 결정적인 전투는 아테네의 해군을 주축으로 한 살라미스 해전이었다. 전쟁이 끝난 뒤 아테네가 문득 그리스 내 최고의 국가로 발돋움한 배경이다.

아테네의 급부상은 그리스 내 역학구도에 커다란 변화를 가져왔다. 페르시아의 재침을 막기 위한 국제기구가 필요하다는 여론이 일고, 이내 아테네를 중심으로 한 '델로스 동맹'이 이뤄진 게 그렇다. 당시 동맹국은 저마다 일정한 비율의 분담금을 내야만 했다. 시간이 지나면서 이는 아테네의 국고처럼 변질됐다. 아테네는 동맹국의 분담금을 그리스 방어를 구실로 내세워 함대를 건조하고 유지하는 데 사용했다. 이는 '아테네 해상제국'의 탄생을 의미했다.

'아네네 해상제국'의 등장은 페르시아 전쟁을 통해 그 역할이 크게 부각된 노잡이들의 지위를 격상시키는 결정적인 계기로 작용했다. 그 이전까지만 해도 군사 장비는 개인 부담이었다. 말을 소유할 수 있는 귀족 위주의 기병대가 주력군으로 활약한 이유다. 이후 갑옷과 방패를 마련할 수 있는 부유한 시민이 국방의 핵심으로 떠오르면서 권력을 장악했다. 그런데 '아테네 해상제국'의 등장으로 새로운 양상이 빚어졌다. 원래 군함의 노잡이는 팔뚝의 힘 말고는 별로 내세울 게 없는 최하층 시민들이 담당했다. 노잡이의 중요성이 크게 부각되면서 하층민들의 목소리가 커지기 시작했다. 페리클레스가 장례식장에서 언급한 것처럼 몇몇 사람이 통치의 책임을 떠맡는 게 아니라 전 시민이 고루 나눠맡는 '데모크라티아'가 등장케 된 배경이다. 아무리 가난할지라도 일정한 공무를 떠맡는 '직접민주정'이 본격 가동된 셈이다. 물론 여기에도 일정한 한계는 있었다. 여성과 노예를 '직접민주정'의 대상에서 누락시킨 게 그렇다.

후대의 사가들이 페리클레스를 두고 아테네 민주주의를 한 단계 도약시키고 아테네를 전성기로 이끈 위대한 정치가로 기록한 것도 이런 맥락에서 이해할 수 있다. '도편추방제'를 최초로 도입한 클레이스테네스의 먼 친척이기도 했던 그는 이후 보수파와 개혁파가 대립하는 와중에 개혁파의 선봉장이 되어 아테네의 정치개혁을 이끌었다. 빼어난 용모에 탁월한 인품까지 갖춘 그는 웅변에도 뛰어나 당대에 당할 사람이 없었다. 평소 내로라하는 당대의 학자나 예술가들과 교감하며 두터운 친교를 맺은 배경이다. 대표적인 인물로 철학자 아낙사고라스와 프로타고라스, 당대의 비극작가인 소포클레스, 조각가 페이디아스 등을 들 수 있다. 훗날 '역사의 아버지'로 불린 헤로도토스와 교분을 나눈 것도 유사한 맥락으로 볼 수 있다.

기원전 461년, 페리클레스는 보수파의 대표 격인 키몬을 '도편추방제'를 이용해 밖으로 내쫓는 데 성공했다. 대로한 보수파의 강경론자들이 페리클레스의 동지로서 개혁파를 주도적으로 이끈 에피알데스를 암살한 이유다. 이는 커다란 후유증을 낳았다. 이후 페리클레스가 숨을 거두는 순간까지 무려 32년 동안 아테네가 사실상 페리클레스의 독무대로 변질된 게 그렇다. 말만 민주정이었을 뿐 실은 페리클레스가 마음만 먹으면 못할 일이 없는 또 다른 유형의 '참주정'에 가까웠다. 실제로 투키디데스는 『펠로폰네소스 전쟁사』에서 당시 상황을 이같이 비판했다.

"당시는 사실상 페리클레스가 '1등 시민'으로 통치한 1인 독재 시대였다."

훗날 로마의 옥타비아누스는 '1등 시민'을 뜻하는 '프린켑스'를 자칭하며 공화정을 원수정元首政으로 탈바꿈시킨 바 있다. 그러나 페리클레스는 아테네 민주주의의 본질을 건드리지 않았다. 여러 차례에 걸쳐 심각한 정치적 위기에 몰린 이유다. 친구 페이디아스가 공금 유용 혐의로 기소되었을 때, 연인이었던 아스파시아가 신성모독 혐의를 받았을 때, 말년에 전쟁을 제대로 이끌지 못한다는 비난을 받았을 때 등이다. 그때마다 페리클레스는 도편추방을 당할 위기까지 몰렸다. 한때는 모든 공직에서 물러나기도 했다. 그는 쿠데타나 암살 등의 방법을 동원해 권력을 지키려 들지 않았다. 오직 성난 군중 앞에서 고개를 숙이며 눈물로 무죄를 주장했을 뿐이다. 후대의 사가들이 그를 아테네 민주정의 화신으로 묘사한 이유다.

페리클레스의 이런 자세는 되도록이면 무력 사용을 자제하는 등 외교정책에도 그대로 나타났다. 기원전 449년에 숙적인 페르시아, 기원전 445년에 라이벌인 스파르타와 평화조약을 맺은 게 그렇다. 그는 이런 유화적인 외교정책을 통해 비축한 힘을 내치에 쏟아 부었다. 아테네를 말끔히 재정비해 아름다운 도시로 탈바꿈시킨 게 대표적인 사례다. 21세기 현재까지 최고의 관광명소로 손꼽히는 파르테논 신전과 아크로폴리스 모두 그의 치세 때 만들어진 것이다.

페리클레스 덕분에 아테네는 문화 전반에 걸쳐 일종의 '황금시대'를 열 수 있었다. 아이스킬로스와 소포클레스 및 에우리피데스 등이 그리스를 대표하는 고전비극을 완성하고, 아낙사고라스와 엠페도클레스 및 데모크리토스 등이 자연과학의 새로운 장을 열고, 헤로도토스와 투키디데스가 각각 『역사』와 『펠로폰네소스 전쟁사』를 저술해 역사학의 새 지평을 연 게 그렇다. 소크라테스가 플라톤과 크세노폰을 비롯한 여러 제자들에게 길거리 강론 등을 통해 '철학적인 삶'과 '정치적인 삶'의 유기적 결합을 가르친 것도 그의 치세 때 시작됐다.

당시 아테네의 문화는 그리스뿐만 아니라 당시 유럽으로서는 전 세계에 해당하는 지중해 일대의 모든 나라가 닮고 싶어 하는 일종의 '롤 모델'이나 다름없었다. 실제로 그의 치세 때 만들어진 모든 사유방식과 문화양식은 수천 년 동안 서양문명의 원천으로 작용했다. 페리클레스가 장례식 연설에서 '실로 우리 아테네야말로 전 헬라스의 모범입니다!'라고 자신 있게 말한 것도 이런 맥락에서 이해할 수 있다. 이는 그만의 생각이 아니라 아테네의 전 시민이 공통적으로 지닌 자부심이기도 했다.

그러나 모든 것은 극성하면 이내 쇠퇴하기 마련이다. 막강한 페르시아를 물리치고 얻은 아테네의 영광은 오래가지 못했다. 지나친 자부심이 문제였다. '소크라테스의 독배'도 이런 맥락에서 이해할 수 있다. 아테네가 민주정의 타락한 모습인 중우정衆愚政의 나라로 치달은 결과다. 여기에는 임기응변을 가볍게 여긴 페리클레스의 고식적인 자세가 크게 기여했다.

그는 자신이 이룬 성과를 지나치게 자부한 나머지 최악의 전쟁에 해당하는 '펠로폰네소스 전쟁'을 피할 수 있는 결정적인 기회를 외면했다. 자신이 완성한 '완벽한 체제'가 일거에 무너져 내리는 모습을 참담한 심경으로 지켜봐야만 했던 이유다. 당초 전쟁의 원인은 아주 사소한 데서 출발했다. 케르키라와 코린토스가 서로 자그마한 이익을 놓고 옥신각신한 게 그것이다. 문제는 그리스의 양대 강국인 아테네와 스파르타가 여기에 말려든 데 있다.

당시 스파르타는 '아테네 해상제국'이 못마땅하기는 했으나 참지 못할 정도는 아니었다. 그러나 이 사건을 계기로 아테네가 스파르타까지 손에 넣으려 할지도 모른다는 공포가 밀려오기 시작했다. 아테네 역시 스파르타가 반 아테네 세력을 규합해 '아테네 해상제국'을 무너뜨릴지도 모른다고 의심했다. 당시 아테네의 민회는 스파르타와 일전을 겨룰 것인가 하는 문제를 놓고 주전파와 주화파 사이에 시끄러운 설전이 오갔다. 페리클레스는 스파르타를 선제공격하자는 주전파의 말을 듣지 않았고, 그렇다고 스파르타의 체면을 살려 주는 선에서 최소한의 양보를 하자는 주화파의 주장도 거부했다. 이때 그는 내심 전쟁은 되도록 피해야 하나, 부득이 전쟁을 하게 되면 결국 아테네가 이길 것으로 믿었다. 페르시아 전쟁의 승리가 가져다 준 '근거 없는 자부심'이었다. 당시 스파르타는 최강의 육군을 자랑하고 있었다. 그러나 페리클레스는 내심 지상군이 성채를 배경으로 스파르타의 예봉을 막아주면 그 사이 세계 최강의 아테네 해군을 움직여 스파르타와 그 동맹국을 격파할 수 있다고 판단했다.

그의 이런 생각은 크게 틀린 것은 아니나 3가지 가능성을 빼놓았다. 첫째, 주전파의 비난이었다. 클레온을 비롯한 데마고그들은 수십 년 간 계속된 페리클레스 체제에의 염증을 교묘히 이용해 이같이 선동했다.

"지상에서 오직 방어만 하는 전법은 지나치게 소극적이다. 적들이 우리 농지와 과수원을 마음껏 약탈하는 것을 손가락이나 빨며 지켜보라는 것이나 다름없다. 페리클레스는 겁쟁이다."

페리클레스가 한동안 모든 공직을 내놓고 물러나야 했던 이유다. 둘째, 역병의 유행이었다. 페리클레스가 물러난 지 얼마 안 돼 아테네인들은 그를 다시 복귀시켰지만 이번에는 역병이 아테네와 페리클레스를 덮쳤다. 페리클레스의 계획에 따라 모든 시민이 아테네 성벽 아래 밀집해 있었던 까닭에 역병의 피해는 엄청났다. 한때 역병의 실체는 페스트로 알려졌으나 최근의 연구결과에 따르면 장티푸스였다. 결국 페리클레스마저 장티푸스의 희생양이 되고 말았다. 기원전 429년 9월의 일이었다.

셋째, 전쟁의 장기화였다. 페리클레스를 포함한 아테네 시민은 이 전쟁이 기껏해야 1년이면 끝날 줄 알았다. 그러나 실제로는 28년이나 끌었다. 스파르타도 별반 다르지 않았다. 결국 페리클레스가 장티푸스로 희생된 지 24년이 지난 기원전 405년 아테네가 스파르타에 항복함으로써 전쟁은 끝났다. 싸움에 패한 아테네는 말할 것도 없고, 승리를 거둔 스파르타 역시 '상처뿐인 영광'밖에 남지 않았다.

이 사이 페리클레스가 그토록 자신했던 아테네 민주정치는 데마고그가 판을 치는 '중우정'으로 전락하거나 소수의 귀족이 정치를 좌우하는 '과두정'으로 바뀌었다. 나라 안에서도 당파가 갈려 서로 헐뜯거나 학살하면서 애국심도 도덕의식도 땅에 떨어지고 말았다. 아테네와 스파르타를 중심으로 그리스 내 도시국가가 둘로 나뉘어 28년 동안 싸운 펠로폰네소스 전쟁은 외침이 아닌 내분이라는 점에서 최악의 전쟁에 해당했다. 고금동서를 막론하고 내분은 자멸의 길이다. 외침은 내부를 결속시키는 동인으로 작용키도 하지만 내분은 쿠데타 등 무력을 동원해 제압하는 방법 외에는 치유할 길이 없다. 결국 내분으로 인해 극도로 약화된 그리스 전체를 손에 넣은 어부지리漁父之利의 주인공은 북쪽 마케도니아의 젊은 정복왕 알렉산드로스였다.

아테네와 스파르타가 격돌하는 펠로폰네소스 전쟁이 터졌을 때 헤로도토스는 아테네를 떠나 이미 아테네가 기원전 444년에 건설한 식민도시 투리오이로 이주해 그곳 시민이 된 뒤였다. 그는 이후에도 계속 그곳에 머물며 여생을 보냈다. 사망 시점은 기원전 425년으로 추정되고 있다. 기원전 484년에 태어났다고 볼 경우 사망 당시의 나이는 59세가 되는 셈이다.

『역사』의 기본체제와 특징

서양인들은 기원전 5세기에 『역사』를 펴낸 헤로도토스를 '역사의 아버지'라고 부른다. 동양에서 이에 버금할 수 있는 인물로 기원전 2세기에 『사기』를 저술해 후대인들로부터 '사성史聖'의 칭송을 들은 사마천을 들 수 있다. 두 사람은 후대인에게 역사의 거울인 사감史鑑을 남길 생각으로 발로 뛰어다니며 사료를 모은 후 있는 사실을 그대로 기록하기 위해 애쓴 점 등에서 서로 닮았다.

헤로도토스는 『역사』를 저술할 때 자신이 조사한 내용을 토대로 역사적 사실을 있는 그대로 묘사하는데 힘썼다. 이는 그가 전쟁과 관련한 일화를 이야기하는 데에 뛰어나 '이야기 작가'로 불린 사실과 무관치 않다. 실제로 『역사』의 명칭은 그가 편력하는 각지에서 페르시아 전쟁과 관련한 일화를 재미있는 얘기로 엮어서 들려준 데서 유래한 것이다. 그의 낭독을 들은 적이 있는 투키디데스는 크게 감동해 엉엉 울었다는 얘기가 전해진다.

투키디데스는 페르시아 전쟁을 사실적으로 묘사한 헤로도토스의 역저 『역사』의 뒤를 잇는 『펠로폰네소스 전쟁사』를 지은 당대의 사가였다. 『펠로폰네소스 전쟁사』는 『역사』와 더불어 고대 그리스 역사학의 수준을 말해주는 명저로 꼽히고 있다. 그리스의 역사가를 말할 때 통상 헤로도토스와 투키디데스를 묶어서 얘기하는 이유다. 투키디데스는 헤로도토스보다 24년 연하였다.

페르시아 전쟁이 한창 진행 중인 기원전 484년에 출생해 펠로폰네소스 전쟁이 한창 진행 중인 기원전 425년에 사망한 것으로 볼 경우 헤로도토스의 삶은 시작과 끝이 온통 전쟁이었던 셈이다. 실제로 그가 생존할 당시 아테네를 비롯한 그리스 도시국가 사람들은 온통 전쟁으로 얘기를 시작했다가 전쟁으로 얘기를 끝냈다. 아테네로 이주한 헤로도토스는 당시 남다른 재능을 보여 커다란 인기를 모았다. 여러 연회에 불려 다니며 젊었을 때 발로 뛰며 탐사한 각 지역의 풍토와 지지地誌, 민속, 역사 등을 재미있게 소개한 게 그렇다. 덕분에 막대한 사례를 받기도 했다. 아테네 시로부터는 금 10달란트를 받았다고 한다. 당시 1달란트는 20kg에서 40kg 사이를 오갔으나 통상 33kg정도였다고 한다. 금의 가격을 1그램당 10불로 계산할 경우 금 1달란트는 우리 돈으로 4억 원에 가까운 거금이다. 헤로도토스는 펠로폰네소스 전쟁이 터진 기원전 431년 『역사』를 쓰기 시작했다. 그는 『역사』의 첫머리에 이같이 썼다.

"헤로도토스는 직접 보고 들은 것을 여기에 제시하고자 한다. 이는 사람들 사이에서 일어났던 일들이 시간에 의해 지워지지 않도록 하고 그 엄청나고 놀라운 일들이 알려지지 않은 채 묻히는 것을 막기 위한 것이다."

헤로도토스는 자신의 역저인 『역사』를 스스로 '히스토리에스 아포덱시스Ιστορίης ἀπόδεξις'로 불렀다. '탐사보고' 내지 '탐사공개강연'의 뜻이다. 페르시아 전쟁의 원인을 찾아 기록하는 것이 주목적이지만 여러 민족의 역사와 풍속, 전승 등이 중간에 약방의 감초처럼 끼워져 있다. 그가 여행한 20여 개 민족의 생활상과 사회 모습이 자세하게 기록되어 있어 사료로서의 가치가 매우 높다.

그가 '탐사'를 뜻하는 그리스어 '히스토리아Ιστορία'를 택한 것도 이런 맥락에서 이해할 수 있다. 이는 『역사』의 저술이 결코 단순한 보고 차원이 아님을 밝히고자 한 것이다. 사물을 본다는 뜻의 '호로' 동사에서 파생된 '히스토리아'는 직접 보고 들은 것을 사실 그대로 기록했다는 뜻을 담고 있다. 철학자들이 논리적으로 구성하는 추상적 담론인 '로고스λόγος'나 시인들이 상상력을 발휘해 만들어낸 신화 등의 '미토스μύθος'와 대비된다. 지금도 영어권에서는 자연에 대한 탐구 등을 뜻할 때 '히스토리' 용어를 사용한다.

헤로도토스는 『역사』를 저술하면서 운문으로 된 시인들의 '미토스'와 달리 산문을 사용했다. 신화를 뜻하는 영어 미드myth의 어원이 된 운문 형식의 '미토스'는 문자가 없던 시절 인간의 기억을 돕는 데 일조했다. 그러나 문자 사용 후 운문으로는 많은 지식과 정보를 기록하는데 일정한 한계가 있을 수밖에 없었다. 헤로도토스는 바로 이런 시대적 요구에 부응하여 산문을 발명한 것이다. 『역사』가 문체혁명을 가져온 배경이 여기에 있다. 서양인들이 헤로도토스를 '역사의 아버지'로 부르는 것도 바로 이 때문이다. 『역사』는 '로고스'와 '미토스'를 추구한 철학 및 문학서와 달리 인간의 얘기를 있는 그대로 기록하기 시작했다는 점에서 사마천의 『사기』와 닮았다.

헤로도토스의 『역사』는 모두 9권으로 되어 있다. 9권의 편제는 후대의 알렉산드리아 학자들이 편의적으로 나눈 것이라는 주장이 통설이다. 『역사』를 저술하면서 처음부터 끝까지 끊이지 않고 길게 이어지는 얘기를 마치 장편소설을 쓰듯이 구성했다는 주장이다. 이에 대해 헤로도토스 자신이 당시 9개의 파피루스 두루마리로 된 『역사』를 청중 앞에서 직접 낭독한데서 비롯됐다는 카그나치Cagnacci의 반론도 있다. 카그나치의 연구에 따르면 9권의 편제는 4개로 구성된 제5권을 제외하고는 각 권마다 모두 3개의 낭독 단위로 나뉘어 있다. 모두 28개이다. 통상적인 속도로 낭독할 경우 각각 대략 4시간가량 걸린다는 것이다. 주목할 만한 견해다.

『역사』는 편제 형식을 중심으로 크게 전반부와 후반부로 나눠 볼 수 있다. 전반부에 해당되는 제1권에서 제5권 중반까지는 페르시아 전쟁의 사실적 사건을 뼈대로 이집트와 흑해 연안, 아라비아 반도, 리비아 등을 여행하며 수집한 다양한 얘기가 나온다. 헤로도토스는 전반부에 시간 순서대로 사건을 나열하는 기존의 편년체 방식을 벗어나 서사시나 희곡처럼 극적인 구성에 따라 사건을 배치하는 방식을 도입했다. 기존의 사서에서는 찾아보기 힘든 문학적 예술성이 가미됐다는 평을 받는 이유다.

제5권 중반 이후부터는 본격적인 전쟁 이야기로 구성된 후반부가 전개된다. 후반부에서는 엄격한 검증과 객관적인 기술 태도가 돋보인다. 특히 테르모필레 전투와 살라미스 해전에 대한 묘사는 마치 등장인물이 살아 움직이는 듯이 생생하면서도 박진감이 넘친다. 『역사』의 백미로 꼽는 이유다. 제9권에서는 플라타이아이 전투, 미칼레 전투를 끝으로 이야기를 끝맺고 있다. 일각에서는 제9권에 페르시아 전쟁이 한창 진행 중인 기원전 479년까지의 사실만 기록돼 있는 까닭에 미완성으로 보기도 한다.

편제 형식과 달리 그리스와 페르시아가 벌인 전쟁 얘기를 중심으로 크게 둘로 나눠 볼 수도 있다. 제1권에서 제6권까지는 페르시아 제국의 성장을 나루고 있다. 최초의 아시아 군주인 리디아의 크로이소스가 그리스 도시국가들을 정복하는 것에서 시작해 제19장의 마라톤 전투에서 페르시아 군사가 패퇴하는 것으로 끝난다.

나머지 제7권에서 제9권까지는 그 이후의 일을 기록하고 있다. 10년 뒤 마라톤 패배를 복수하고 그리스를 페르시아 제국에 흡수하려는 크세르크세스의 행보가 상세히 묘사돼 있다. 제22장에서는 테르모필레 전투, 제24장에서는 그리스의 승리를 결정짓는 살라미스 해전이 생생히 그려져 있다. 제9권의 제26장에서 마지막 장인 제28장까지는 페르시아가 패퇴하고 아테네가 '해상제국'을 수립하는 내용으로 되어 있다.

원래 『역사』의 저술은 과거의 위업을 후세의 기억 속에 남긴다는 취지에서 나온 것이다. 지중해 주변에 사는 다양한 민족의 지리와 풍속, 역사 등이 두루 기술된 이유다. 주제에서 이탈한 것처럼 보이는 것은 이 때문이다. 그러나 페르시아 전쟁을 동서 문명의 역사적 대결이라는 틀 속에 집어넣고 그 일부에 해당한다고 볼 경우 전혀 다른 해석이 가능하다. 내용의 구성 면에서 오히려 통일성이 있고, 역사를 거시적 관점에서 바라본 새로운 접근에 해당한다는 평가가 나오는 이유다.

객관적으로 볼 때 『역사』의 문체가 지니는 매력은 대단하다. 다양한 내용과 유연한 표현 덕분이다. 직설적인 묘사와 더불어 과학적 산문이라고 할 만큼 건조한 문체, 극적인 긴장을 자아내는 표현 등이 그렇다. 줄거리의 교묘함, 서사시적 웅대함, 독서의 즐거움을 주면서 지식을 전달하는 수완, 낭독을 목적으로 한 구성 등도 빼놓을 수 없다. 문체의 변화가 무쌍하다. 서양의 학자들이 헤로도토스를 두고 '산문의 호메로스'로 부른 것이 결코 근거 없는 게 아님을 알 수 있다.

『역사』에는 지금은 알 길이 없는 수많은 일화와 전설 등이 담겨 있다. 예컨대 리비아의 선조들이 사하라사막을 넘어 아프리카 오지까지 나아갔다가 키가 작은 소인의 무리를 만났다는 기록 등이 그렇다. 고대인들이 이미 '피그미족'의 존재를 알았다는 사실을 확인할 수 있다. 스키타이나 페니키아를 비롯한 고대 여러 민족의 풍습과 전설 등에 대한 기록이 매우 상세하고 객관적이어서 그 역사적 의의가 크다. 대표적인 예로 왕비의 아름다운 육체를 자랑하고 싶은 마음에 침실에 신하를 몰래 숨겨 왕비의 벗은 몸을 보게 한 대가로 신하에게 목숨을 잃은 왕의 전설을 들 수 있다. 바로 플라톤의 『국가론』에 나온 '기게스의 반지'에 관한 전설이다. 플라톤이 『역사』를 읽고 인용했을 공산이 크다.

당시 헤로도토스는 자신이 듣고 본대로 기록하는 것을 『역사』 기술의 기본원칙으로 삼았다. 보다 생생한 자료를 찾기 위해 그는 갈 수 있는 모든 곳을 찾아다녔고, 현지의 사람과 만나 당시의 상황과 관련한 생생한 얘기를 채집했다. 그 내용이 고스란히 『역사』에 담겨 있다. 그가 지중해 일대를 두루 여행한 것은 『역사』를 통해 확인할 수 있으나 그것이 언제 있었던 일인지 자세히 알 길은 없다. 그가 발로 뛰어다니며 자료를 수집한 범위는 매우 넓다. 북쪽으로 오늘날의 우크라이나 지방인 스키타이 일대, 동쪽으로 유프라테스 강 유역을 거쳐 바빌론 지역, 남쪽으로 오늘날의 이십트 아스완 지역인 엘레판디네 일대, 서쪽으로 이탈리아와 시칠리아 및 북아프리카의 키레네 산맥까지였던 것으로 추정된다.

주목할 것은 그가 신을 경배하며 오만한 인간에 대한 신의 보복을 믿은 점이다. 『역사』에서 페르시아의 패배가 크세르크세스 1세의 오만에서 비롯된 것으로 본 게 그렇다. 인간이 꾸려가는 역사의 흥망을 신의 의지가 반영된 것으로 보는 것은 미신적이기는 하나 '인간의 오만'이 패배를 자초하는 것만은 분명 역사적 진실에 해당한다. 천도天道를 거론하며 현실세계의 모순과 부조리에 대해 탄식을 토한 사마천의 사평史評과 본질적인 차이는 없다는 얘기다.

『역사』의 저술은 기원전 431년 아테네와 스파르타 사이에 펠로폰네소스 전쟁이 터져 그리스 내부가 양분되자 이를 통탄스럽게 여긴 데서 비롯된 것이다. 페르시아 전쟁 당시 그리스의 모든 도시국가가 하나가 되어 승리를 거둔 사례를 귀감으로 삼아 재차 단합을 촉구코자 한 것이다. 페르시아의 침공에 맞서 도시민의 자유를 지키기 위해 아테네와 스파르타가 합세해 싸운 것에 초점을 맞춘 이유가 여기에 있다.

현재 『역사』는 펠로폰네소스 전쟁이 터진 기원전 431년부터 시작해 6년 뒤인 기원전 425년에 탈고된 것으로 추정되고 있다. 모두 9권으로 구성된 『역사』의 편제는 언뜻 무계획적인 것처럼 보이나 꼭 그렇게 볼 것만은 아니다. 그보다는 당시 그리스에 유행한 서사시와 비극의 영향을 받은 것으로 보는 게 타당하다. 실제로 그 내용을 살펴보면 나름 매우 정연한 구성을 이루고 있다. 헤로도토스를 두고 사상 최초로 역사적 사실을 시가詩歌가 아닌 산문散文으로 쓰고, 역사 자체를 실증적 학문의 대상으로 삼은 최초의 그리스인으로 평가하는 것도 이런 맥락에서 이해할 수 있다. 『역사』를 그리스 산문사상 최초의 걸작으로 평가하는 것도 같은 맥락이다.

03

WHY

사마천과 헤로도토스는 왜 역사를 아는 자가 승리한다고 본 것일까?

역사와 정치적 삶

『사기』의 편제는 본기, 세가, 열전의 순으로 이어지고 있다. 마치 황제, 제후 왕, 사방의 이민족 추장의 서열과 닮았다. 사마천이 『사기』를 통해 중화中華 내지 화이華夷 세계관의 이분법적 틀을 확립했다는 비판을 받는 이유다. 흉노에 대해 '음습하고 불길한 땅에 사는 호전적인 야만인'으로 지목한 게 그렇다. 이에 대해 건국 이래 지속적으로 흉노의 압박에 시달린 점을 감안할 필요가 있는 반론이 있다. 요, 금, 원, 청 등 중원을 점령한 이민족의 정복왕조가 스스로 '중화'를 칭한 점에 비춰 나름 일리가 있는 반론이다. 실제로 원나라를 세운 몽골족은 남송 치하의 한족을 만자蠻子로 낮추며 자신들만이 '중화'의 주인에 해당한다고 주장했다.

사마천이 『사기』를 저술할 때 모범으로 삼은 것은 공자가 편찬한 것으로 전해지는 『춘추』이다. 『춘추』는 공자의 고국인 노나라의 연대기이다. 짤막하기 그지없는 메모 형식의 기술로 점철돼 있다. 이를 풀이한 '춘추3전' 가운데 사마천의 생존 당시에는 공양학파가 가장 유력했다. 유학을 유일한 관학으로 인정하는 '독존유술' 선포에 커다란 공을 세운 동중서가 공양학파의 거두였다. 동중서 밑에서 공부한 사마천이 평생의 역저인 『사기』에 직필과 더불어 자신만의 사평史評을 담고자 노력한 것도 이런 맥락에서 이해할 수 있다. 공양학파의 거두 동중서로부터 경전과 역사를 배운 영향이 컸다고 볼 수밖에 없다.

『사기』는 단순히 역사적 사실을 나열하는데 그치지 않은 것도 같은 맥락이다. '태사공왈' 형식의 사평을 통해 현실에 대한 날카로운 비판을 가한 게 그렇다. 엄정한 현실 비판을 통해 그 자신의 이상을 드러내고자 한 것이다. 사마천은 각 왕조의 역사를 최전성기에서 쇠망으로 나아가는 하나의 과정으로 파악했다. 영원한 1등이 존재할 수 없듯이 그 어떤 왕조든 장단의 차이만 있을 뿐 반드시 일정한 수명이 있게 마련이다. 통상 황제를 칭한 이후 중국의 역대 왕조는 2, 3백년밖에 유지하지 못했다. 가장 긴 수명을 자랑하는 한나라도 엄밀히 말하면 200년에 불과하다. 후한은 겉으로만 유씨 왕조였을 뿐 전한의 황실은 사실상 모두 도태된 뒤였다. 고려조와 조선조처럼 5백년의 수명을 자랑한 것은 극히 이례적인 것으로 중원이 아닌 주변 지역에 위치했기에 가능한 일이었다.

이를 통해 짐작할 수 있듯이 그 어떤 왕조든 중도에 일시적인 중흥기가 있기는 하나 반드시 극성기를 거쳐 쇠락기로 접어들게 마련이다. 사마천은 전설시대를 포함한 중국의 전 역사를 이런 관점에서 파악했다. 삼대三代의 흥망을 예로 들며 하나라는 조야를 의미하는 야野, 은나라는 미신을 뜻하는 귀鬼, 주나라는 경박함과 허식을 상징하는 사僿로 인해 쇠락의 길로 접어들었다고 분석한 게 그렇다. 이런 역사관에 따를 경우 왕조의 교체는 단순한 왕가王家의 교체가 아니라 역사문화의 본질과 양식을 변화시켜야 한다는 시대적 요청에 부응한 게 된다. 왕조교체의 역사를 정치문화 내지 사회문명의 변질 및 순환과정으로 파악한 사마천의 이러한 역사관은 이후 중국의 역사관을 특징짓는 핵심 요소로 작용했다. 이전 왕조의 역사를 『사기』의 체제를 좇아 기전체로 편제한 결과로 볼 수 있다.

사마천은 『사기』의 꽃에 해당하는 '열전'을 시작하면서 하늘의 도인 천도天道에 대해 강한 의구심을 드러냈다. 첫 편에 주나라 무왕의 은나라 정벌을 극구 만류하다 용납되지 않자 이내 수양산에 숨어든 뒤 고사리를 캐어먹다가 굶어죽은 백이와 숙제의 사적을 그린 게 그렇다. 「백이열전伯夷列傳」이 그것이다. 여기서 사마천은 역사에 대한 기본입장을 선명히 드러내고 있다. 그는 사평에서 이같이 말했다.

"천도는 사사롭지 않고 늘 착한 이와 함께 한다고 하는데, 백이와 숙제 같은 사람은 착한 사람인가? 그들은 행실이 그토록 고결해도 굶어죽었다. 공자는 자신의 제자들 가운데 진정 학문을 좋아하는 이는 안연이라 했지만, 안연은 자주 궁핍하여 굶주리다가 끝내 요절했다.

극악무도한 도척盜跖은 날마다 무고한 자를 죽이고 사람의 간을 꺼내 먹었다. 무리 수천 명을 모아 포악방자하게 천하를 횡행했지만 끝내 천수를 다하고 죽었다. 천도라는 것은 과연 옳은 것인가, 아니면 그른 것인가!"

불가항력의 상황에서 흉노에 투항한 이릉을 변호하다가 마른하늘에 날벼락 격으로 '궁형'을 당한 사마천의 억울해하는 심경이 절절이 묻어나고 있다. 아리스토텔레스의 이론에 따르면 그는 자업자득의 '궁형'을 택함으로써 '정치적 삶' 대신 '철학적 삶'의 길을 걸은 셈이다. 올바른 생각을 가진 자가 행복하고 그렇지 못한 자가 불행하면 정치와 철학의 갈등과 긴장은 근원적으로 해소된다.

그러나 이는 하나의 이상에 지나지 않는다. 현실은 통상 정반대의 모습으로 나타나기 때문이다. 모두 이론과 실제, 이상과 현실, 철학과 정치의 괴리로 인한 것이다. 정치를 철학적으로 해석한 '천도'로는 이런 괴리를 제대로 설명키 어렵다. 하나의 이념형을 제시한데 그치고 있기 때문이다. 인과응보의 내세관을 지닌 불교나 공과를 심판하는 옥황상제를 상정한 도교는 나름 해법을 제시했다. 현실에서 윤리도덕 내지 철학적 삶을 산 까닭에 불행을 당한 자는 내세에서 복락을 누린다고 답한 게 그렇다. 그러나 유가의 세계관과 윤리도덕에 기초한 '천도' 개념으로는 해법을 제시할 길이 없다.

사마천이 「백이열전」에서 '철학적 삶'을 역설한 유가의 예교禮敎 질서에 정면도전에 가까운 의문을 강력 제기한 이유가 여기에 있다. 이는 난세의 시기를 사는 군신 모두 '정치적 삶'에 매몰돼거나 '철학적 삶'에 대한 희망을 버려서는 안 된다는 취지에서 나온 것이다. 궁형을 당한 자신의 삶이 '철학적 삶'으로 평가됐으면 하는 바람을 「백이열전」을 통해 간접적으로 드러낸 셈이다.

이는 '철학적 삶'을 적극 권장한 유가와 '정치적 삶'을 역설한 법가 사상의 유기적 결합을 촉구한 것이나 다름없다. '제자백가학'에 대한 깊은 이해가 절실한 이유다. 객관적으로 볼 때 그리스와 로마시대에 대한 이해를 결하고는 서양문명을 논할 수 없듯이 춘추전국시대에 관한 깊은 이해가 전제되지 않으면 난세에 살아남기 힘들다. 21세기 전개 양상이 춘추전국시대를 방불하고 있기 때문이다.

춘추시대에 관해서는 『춘추좌전』, 전국시대에 관해서는 『자치통감』을 기본서로 삼을 필요가 있다. 또한 『춘추좌전』과 『자치통감』이 다루지 않은 시기는 『사기』를 토대로 보완할 수밖에 없다. 춘추시대에 관한 가장 정확한 기록은 말할 것도 없이 『춘추좌전』이다. 『사기』가 비록 춘추시대를 나름대로 소상히 다루고 있으나 그 정확성 등에서 『춘추좌전』에 비교할 수 없다.

객관적으로 볼 때 미중 간에 벌어지고 있는 경쟁의 성패는 국가총력전 양상을 보이고 있는 경제전의 승패로 판가름 날 전망이다. 이와 관련해 주목되는 것이 『사기』의 「평준서」와 「화식열전」이다. 「평준서」는 전한 초기의 경제 상황을 소상히 소개해 놓고 있다. 후한 초기 반고는 『한서』를 쓰면서 「평준서」를 참조해 「식화지」를 편제했다. 「식화지」는 해당 왕조의 경제사를 정리해 놓은 점에서 매우 귀중한 자료에 해당한다. 인구에 회자하는 조령모개朝令暮改 성어는 원래 경제정책과 밀접한 관련이 있다.

『한서』 「식화지」에 따르면 흉노의 변경침공이 잦아 부득불 많은 병력을 동원해야만 했다. 이들은 경작과 수비를 동시에 해야만 했다. 그러나 변방에서 수확하는 곡식만으로 자급자족이 어려웠다. 국가에서는 백성들이 헌납한 곡식을 변방까지 수송할 사람들을 모집하여 벼슬을 주는 비상대책을 강구했다. 한문제 때 어사대부를 지낸 조조晁錯가 건의했다.

"지금 농가에서는 부역이 과중해 춘하추동 쉴 날이 없습니다. 홍수와 한발의 재해 위에 갑자기 내려지는 세금이나 부역으로 고통을 당하고 있습니다. 더구나 이는 일정한 때도 정해져 있지 않아 아침에 영을 내렸다가 저녁에 고치고 있습니다."

'조령모개'의 전거가 된 이 계책은 소위 「논귀속소論貴粟疏」로 불리고 있다. 청조의 고증학자 왕념손王念孫은 후한의 순열荀悅이 『한기漢紀』에 기록한 것처럼 조령모개 대신 '조령모득朝令暮得'으로 고쳐 써야 한다고 주장했으나 별 반향이 없다. 21세기 현재까지 '조령모개'만이 널리 회자되고 있다.

역대 왕조의 정사는 『신오대사新五代史』를 제외하고 모두 「식화지」의 명칭을 사용하고 있다. 「식화지」가 빠진 경우는 『보송서補宋書』「식화지」처럼 후대에 보완하기도 했다. 경제사를 얼마나 중시했는지를 짐작할 수 있다.

원래 '식화'의 명칭은 『서경』의 홍범팔정洪範八政에 나오는 '일왈식이왈화一曰食二曰貨'라는 구절에서 따온 것이다. 천하를 다스리는 8가지 기본원칙 중 먹는 것이 가장 중요하고 그 다음으로 재화가 중요하다는 취지를 담고 있다. 말 그대로 먹을 것과 재화에 대한 기록이라는 뜻으로 「식화지」는 한 시대의 사회경제 역사를 집약해 놓은 것이다.

『한서』 이래 『명사』에 이르기까지 역대 중국 정사에는 「식화지」가 빠진 적이 없다. 『명사』에서 「식화지」는 백미로 꼽히고 있다. 조익은 「이십이사차기」에서 '근대의 여러 사서 중에 명사明史만큼 완벽한 것은 없다.'고 칭송한 바 있다. 명나라의 경제사를 그만큼 체계적으로 정리해 놓았다는 뜻이다. 『명사』「식화지」의 주요 내용 중 특기할 만한 것은 토지 소유자가 스스로 토지를 신고토록 한 경리법經理法이다. 이는 『금사』 및 『원사』의 「식화지」에는 나오지 않는 것이다. 금나라의 통검추배通檢推排 및 남송의 경계법經界法과 유사하기는 하나 구체적인 내용은 다르다. 농상農桑 경제를 강조한 것도 주목된다. 유목민족인 원나라도 세조 쿠빌라이가 즉위하는 13세기 중엽부터 농상을 중시하기 시작했다. 은전과 동전의 사용을 금지하며 지폐 사용을 강제한 원나라는 역사상 가장 이른 시기에 지폐를 국가의 통화수단으로 삼은 경우에 속한다. 조선조 초기에 『고려사』도 「식화지」가 편세되어 있다. 진제田制, 농상農桑, 화폐貨幣, 염법鹽法, 과렴科斂, 차대借貸, 조운漕運, 녹봉祿俸, 진휼賑恤 등이 수록돼 있다.

『사기』의 「화식열전」은 경제정책 및 경제사를 정리해 놓은 「평준서」나 후대 정사의 「식화지」와 달리 거부가 된 자들의 이야기를 실어 놓은 점에서 매우 독특하다. 그밖에도 각 지역의 풍속과 물산, 교통, 상업 등 경제경영 환경을 상세히 서술해 놓고 있다. 「화식열전」을 경제경영 이론서로 간주하는 이유다. 중국의 전 역사를 통틀어 「화식열전」과 같은 경제경영 이론서는 두 번 다시 나타나지 않았다. 「화식열전」의 독창성과 위대함이 여기에 있다. 『사기』를 읽으면서 「화식열전」을 읽지 않으면 『사기』를 읽지 않은 것과 같다고 말하는 사람도 있다. 그만큼 중요하다는 얘기다.

「화식열전」은 다양한 사업으로 거만의 재산을 모은 총 52명의 인물이 소개되어 있다. 이들 모두 각 시기별로 다양한 방법으로 부를 쌓았다. 총 71가지의 사업과 활동이 소개돼 있다. 이들 중 태공망 여상呂尙과 관중, 계연, 범리, 백규 등 5명은 경제이론가인 동시에 뛰어난 사업가에 해당한다. 「화식열전」에는 이밖에도 목장 주인, 하층 장사꾼, 부녀자 등 다양한 인물이 등장한다.

주목할 점은 「화식열전」이 21세기에 그대로 적용해도 좋은 매우 진보적인 경제사상을 담고 있는 점이다. 일례로 유가들이 입만 열면 떠드는 '인의'에 냉소를 보내면서 사람들이 삶의 질을 높이고 부자가 되고 싶어 하는 것을 '인의'에 앞서는 인간의 본성으로 못 박은 점을 들 수 있다.

맹자가 성선설性善說을 주창한 후 순자와 한비자가 각각 정악설情惡說과 성악설性惡說로 이를 반박하면서 뜨겁게 달궈진 인성논쟁에서 부자가 되고 싶어 하는 것을 인간의 본성으로 못 박은 것은 획기적인 일이다. 큰 틀에서 볼 때 「화식열전」에 나타난 사마천의 인성관은 순자의 '정악설'에 가깝다. 그러나 '부富' 자체를 특정했다는 점에서 매우 독창적이다. 관중을 사상적 비조로 한 상가는 바로 '부' 자체를 긍정 평가한데서 출발하고 있다고 해도 과언이 아니다.

사마천은 제환공이 사상 첫 패업을 이룬 것은 경제력 때문이고, 진시황이 천하를 통일한 것도 경제가 밑거름이 됐기에 가능했다고 보았다. 중농 대신 중상에 방점을 찍은 관중의 상가 이론을 그대로 수용한 결과이다. 공자의 수제자 자공을 대서특필하고 한무제의 중농억상

重農抑商 정책을 반대한 게 그 증거다.

「화식열전」에서 말하는 '화貨'는 조개가 상품과 화폐로 변용돼 사용되고 있는 점에 착안해 조개 패貝와 변화할 화化를 조합해 만든 회의문자이다. 조개를 화폐로 사용할 당시의 원시경제 상황을 반영하고 있다. '식殖'은 증식을 뜻한다. '화식'은 곧 자원의 생산 및 교환을 통해 재화의 이익을 추구하는 상공업활동을 의미한다. 사마천은 「태사공자서」에서 「화식열전」을 편제하게 된 배경을 이같이 기술해 놓았다.

"포의布衣의 필부가 정사에 해를 끼치지도 않고, 백성을 방해하지도 않고, 때에 따라 매매하면서 그 이식으로 재부를 쌓았다. 지자知者도 이를 택한 바 있다. 그래서 「화식열전」을 열전의 제69편에 편제하게 된 것이다."

거만의 재산을 모은 부상대고에 대한 그의 기본적인 입장이 잘 드러나 있다. 사마천은 부상대고가 되는 비결을 성일誠壹에서 찾았다. 한결같은 정성의 결과로 본 것이다. 그러나 반고는 「화식열전」에 극히 비판적이었다. 『한서』「식화지」에서 사마천이 '성인'의 구체적인 실례로 든 행상인 출신 거부 옹락성雍樂成 등의 치부 방법을 두고 '교화를 해치고 풍속을 깨뜨리는 대란의 길이다.'라며 혹평을 가한 게 그 증거이다. 『사기』와 『한서』의 차이를 이처럼 극명하게 보여주는 대목도 없다. 『한서』를 쓴 반고는 '유가'의 관점에서 상가를 비판적으로 본 것이다. 이에 반해 사마천은 오히려 입만 열면 인의를 떠벌이는 '유가'를 질시했다. 「화식열전」에서 상가 이론을 집대성한 취지가 극명하게 드러나는 대목이다.

사마천이 상가의 적극적인 옹호자가 된 데에는 돈이 없어 궁형을 당한 개인적인 경험이 적잖이 작용했다. 당시에는 속죄금을 내고 죽을죄까지도 사면을 받는 속사贖死 제도가 있었다. 궁형은 죽을죄보다 가벼운 죄이다. 사마천도 돈을 내기만 했으면 얼마든지 궁형을 면할 수 있었다. 그러나 그 비용이 엄청났다. 사마천의 집에는 그런 큰돈이 없었다. 그는 이를 원통하게 생각했을 공산이 크다.

사마천이 『사기』 전편에 걸쳐 큰 뜻을 가슴에 품은 진취적인 인물을 상세히 소개해 놓은 것도 이런 맥락에서 이해할 수 있다. 이들 모두 사마천처럼 온갖 고난을 무릅쓰고 자신이 세운 목표를 이룰 때까지 끊임없이 전진한 자들이다. 목숨을 버릴지언정 결코 굴하는 법이 없다. 죽음보다 못한 궁형의 굴욕을 감수하고 끝내 『사기』를 완성한 사마천의 의지를 빼닮았다. 사마천이 불요불굴의 의지로 인간승리를 이룬 인물로 꼽은 사람은 주문왕과 공자, 굴원, 좌구명, 손빈, 여불위, 한비자 등이다. 모두 '대의멸친'과 관련된 자들이다.

그러나 70편에 달하는 「열전」의 맨 마지막에 배치된 「화식열전」의 주인공들은 '대의멸친'과는 동떨어진 사람들이다. 그럼에도 사마천은 이들 부상대고에게 찬사를 아끼지 않았다. 반고가 「식화지」에서 하찮은 인물로 치부한 행상인을 존경스런 인물로 칭송해 놓은 게 그 증거다. 관중을 사상적 비조로 하는 상가에 대한 신념이 없다면 불가능한 일이다.

인류는 진화과정에서 직립보행을 시작한 후 수백만 년 동안 구석기시대를 살았다. 석기를 농기구로 사용하며 채집과 농목 등의 정착생활을 시작한 신석기시대는 불과 1만년 밖에 안 된다. 선사시대를 벗어나 문자를 사용하는 역사시대로 진입한 것은 더 짧다. 가장 앞선 이집트문명조차 기원전 3천 년 전에 역사시대로 진입했다. 가장 늦게 등장한 황하문명은 갑골문자보다 더 이전에 사용된 산동 일대 동이족의 골각문자骨刻文字를 기준으로 할지라도 기원전 2천년을 넘지 못한다. 최초의 고대국가인 은나라의 출현은 이보다 더 짧다. 인류는 과학기술 등에서는 비약적인 발전을 거듭해 왔다. 그러나 『시경』과 『서경』 등을 통해 알 수 있듯이 개인과 개인의 상호관계를 포함해 개인의 사회 및 국가 등의 공동체와 관련된 인간관계에서는 은주殷周 시대나 지금이나 별반 차이가 없다. 21세기의 경제경영 이론을 방불케 하는 「화식열전」의 존재는 고금일여古今一如의 진실을 웅변하고 있다.

헤로도토스의 『역사』도 같은 맥락에서 이해할 수 있다. 오랫동안 서양의 지식인들은 『역사』의 내용을 믿지 않았다. 민속학과 고고학 및 지리학 수준이 낮았기 때문이다. 사실 『역사』에는 동시대인이 경험하지 못한 세계, 믿어지지 않는 미지의 땅에 대한 기록이 너무 많다. 노변정담爐邊情談 형식의 다양한 얘깃거리가 본론인 전쟁 얘기 사이에 틈틈이 삽입된 탓이다. 민속학과 고고학 및 지리학의 연구가 어느 수준에 올라가는 18세기에 들어와서야 헤로도토스가 비로소 '역사의 아버지'라는 명예를 회복한 이유다. 동양에서 사마천의 『사기』를 높이 평가한 것과 대비된다. 헤로도토스도 『역사』를 저술할 때 이를 통찰하고 있었다. 이를 뒷받침하는 그의 언급이다.

"나는 들은 대로 전할 의무는 있지만, 독자들은 그것을 모두 믿을 의무는 없다!"

그는 기록할 수 있는 것은 모두 기록코자 노력했다. 동시에 다양한 시각과 의견을 최대한 반영코자 애썼다. 이로 인해 그는 오랫동안 '허풍'을 띤 것으로 간주됐다. 학문과 과학의 발달 덕분에 이제 헤로도토스는 너무나 이른 시기에 뛰어난 관찰력을 지닌 위대한 역사가이자 새로운 산문 양식을 창안해낸 뛰어한 문학자라는 사실이 밝혀졌다. 실제로 그는 인간의 과거 역사에 대한 지칠 줄 모르는 호기심을 배경으로 모든 역사적 사실을 실증적인 방법을 총동원해 규명코자 한 최초의 그리스인이기도 했다.

사가와 사서

역사가는 글로 말한다. 그게 바로 사서史書이다. 동서를 대표하는 '사성' 사마천과 '역사의 아버지' 헤로도토스 역시 『사기』와 『역사』라는 불멸의 사서를 남겼다. 주의할 점은 두 사람 모두 최초의 사서를 쓴 사람은 아니라는 점이다. 동양의 경우 사마천 이전에 이미 위대한 사서가 존재했다. 바로 『춘추좌전』이다. 비록 춘추시대에 한정돼 있기는 하나 사가와 사서가 어떤 모습을 보여야 하는지를 극명하게 보여주고 있다. 있는 것을 있는 그대로 묘사하는 직필直筆의 자세를 통상 춘추필법春秋筆法으로 칭하는 이유가 여기에 있다. 사마천이 바로 이런 '춘추필법'에 기초해 『사기』를 저술한 것임은 말할 것도 없다. 치욕스런 궁형을 당하면서까지 『사기』의 저술을 완수한 것도 바로 이런 맥락에서 이해할 수 있다.

'역사의 아버지' 헤로도토스가 『역사』를 저술한 것도 비슷한 취지에서 해석할 수 있다. 실제로 그는 비록 고대 그리스에서 새로운 역사서술의 지평을 연 위대한 역사학자인 것은 맞지만 역사적 성격의 저술을 펴낸 최초의 인물은 아니다. 헤로도토스 이전에 이미 호메로스 등이 존재했다. 다만 호메로스의 작품에는 역사적 사실이 신화 및 전설과 마구 뒤섞여 있었다. 문체 또한 산문체가 아니라 서사시와 같은 운문체였다. 이에 반해 헤로도토스는 산문체로 역사적 사실을 기록함으로써 사상 최초로 역사를 문학에서 분리시켰다. 호메로스의 신화적 역사기술 전통에서 완전히 벗어나 산문체의 새로운 역사기술 방식을 창안해 냈다는 점에서 그는 일종의 지적 혁명을 이룬 것이나 다름없다. 별다른 문헌도 없는 불모지 상태에서 여러 도시를 직접 발로 뛰면서 찾아낸 다양하고도 의미 있는 사료를 배경으로 사상 최초의 산문체 사서인 『역사』를 펴낸 게 그렇다. 안방과 문밖의 구별이 사라진 오늘날에도 많은 학자들이 그를 동양의 사마천과 비교하는 연구를 진행하는 것도 이런 맥락에서 이해할 수 있다.

객관적으로 볼 때 그가 아테네 출신이 아닌 소아시아 남부의 식민도시 출신인 점이 『역사』의 저술에 오히려 도움이 된 게 확실하다. 실제로 그는 페르시아의 도움으로 참주의 자리에 오른 자에게 반기를 들었다가 실패한 뒤 부득불 망명길에 오르는 등 파란만장한 삶을 살았다. 고금동서를 막론하고 사서의 저술은 사마천이 그렇듯이 이런 파란만장한 삶을 산 사람이 유리하다. 그런 점에서 헤로도토스와 사마천은 서로 닮았다.

그가 지중해와 흑해 일대를 여행한 뒤 돌아와 오랫동안 머물렀던 아테네는 당시 최고의 문화를 자랑하던 곳이었다. 수많은 사상가들이 그곳으로 모여들었다. 비극작가 소포클레스를 만나 지속적인 교류를 한 게 그에게는 큰 도움이 됐다. 시야를 넓히고 학자의 길로 들어서게 된 결정적인 계기로 작용한 게 그렇다. 그가 『역사』를 집필케 된 것도 따지고 보면 일련의 비극작품으로 명성을 떨친 소포클레스의 영향을 받은 탓이다. 헤로도토스 역시 아테네인들이 커다란 자부심으로 갖고 있는 페르시아 전쟁에 관한 얘기로 자신의 성가를 높이고자 했을 공산이 크다. 당시 작품을 써 낙양의 지가를 올리는 것은 부와 명성을 동시에 얻을 수 있는 유일한 길이기도 했다.

그러나 헤로도토스의 『역사』 저술이 결코 단순히 아테네인들의 자부심을 자극해 성가를 높이려는 데 그친 것은 아니었다. 아테네를 비롯한 그리스인들은 페르시아 제국에 대한 승리에 도취되어 애국과 민족정신 등에 고무돼 있었으나 식민지 출신 헤로도토스는 그 이상을 보았다. 그는 페르시아 제국이 그리 만만히 볼 대상이 아니라는 사실을 통찰하고 있었다. 그가 볼 때 페르시아는 방대한 영토와 다양한 민족, 잘 훈련된 군사 등 놀랄만한 제국 체계를 보유하고 있었다. 이에 반해 그리스 군사는 공통된 언어와 종교 및 동일한 사고방식을 지니고 있음에도 정치적으로 분열되어 있었고, 사령관들은 전략전술을 놓고 의견일치를 보지 못했다. 그리스가 페르시아와 싸워 이긴 것은 패하면 끝이라는 절박감 등이 크게 작용했다. 어찌 보면 행운이었다. 행운은 두 번 다시 찾아오지 않는 법이다. 헤로도토스는 이를 냉철한 눈으로 통찰했다.

그는 페르시아 전쟁을 기본적으로 강력한 왕권을 행사한 페르시아의 군주정과 입헌정치를 표방한 그리스의 민주정이 충돌한 것으로 파악했다. 더 나아가 그는 전쟁 상황을 지켜보면서 그리스인을 속국으로 만들고자 하는 페르시아의 야심에 맞서 불퇴전의 결전을 외치며 강력 대응한 그리스인의 자유의지에 감동을 받았다. 실제로 당시 아테네와 스파르타를 비롯한 그리스의 모든 도시국가 시민들은 어떠한 구속도 허용하지 않겠다는 결의에 차 있었다. 신분과 지위의 고하를 막론하고 용감하게 대제국 페르시아에 맞서 싸운 근본배경이다. 헤로도토스는 여기서 자유를 향한 인간의 처절한 투쟁과 몸부림을 읽었다. 자유를 향한 그리스인 전체의 투쟁이 지니는 역사적 의미를 간취한 것이다. 『역사』가 페르시아 전쟁사를 다루면서도 결코 전쟁 이야기에 그치지 않은 이유가 여기에 있다.

헤로도토스가 『역사』을 저술한 기본취지는 21세기 현재까지 면면히 이어져 오고 있다. 지난 2007년에 제작된 영화 〈300〉이 그 증거다. 페르시아 대군을 상대로 고작 300명의 결사대로 막아낸 '테르모필라이 전투'를 소재로 한 영화다. 『역사』가 없었다면 나올 수 없는 영화였다. 21세기 현재까지 그리스를 넘어 유럽 사람들 모두 페르시아 전쟁을 얼마나 중시하며 자부심을 느끼고 있는지를 엿보게 만드는 대목이다. 이는 지난 2014년 초 〈300〉의 속편으로 만들어진 〈300, 제국의 부활〉을 통해 거듭 확인할 수 있다. 이 속편은 그리스의 승리를 확정지은 '살라미스 해전'을 소재로 한 것이다. 이 역시 『역사』가 있기에 가능했다. 두 영화 모두 미국에서 만들어졌다. 21세기 현재까지 미국과 유럽 등의 구미 각국 모두 그리스를 자신들의 역사로 간주하며 환호하고 있다. 이란에 대한 고강도 제재가 오랫동안 지속된 것도 이런 사고와 무관치 않을 듯싶다.

흔히 역사를 '승자의 기록'이라고 한다. 『역사』의 기록을 모두 사실로 받아들일 수 없는 이유다. 그리스의 승리를 과도하게 미화한 게 그렇다. 그럼에도 『역사』는 구미 각국의 사람들이 21세기 현재까지 자신들의 역사로 간주하며 커다란 자부심을 지니고 있는 '승자의 기록'에 해당한다. 그들은 『역사』를 읽으며 거듭 자부심을 충전하고 있다. 로마의 정치가이자 학자인 키케로가 헤로도토스를 '역사의 아버지'로 칭하며 칭송한 취지를 모두 공유하고 있는 셈이다. 동서가 충돌할 경우 고대 그리스인 그랬던 것처럼 최후의 승리를 거둬 아편전쟁 이후 늘 그래왔듯이 세계의 역사문화를 서구 위주로 꾸려나가고자 하는 것이다. 동방의 상징이 페르시아에서 중국으로 바뀐 것만이 다를 뿐이다. 반면에 제2차 세계대전 때는 일본이었다.

그렇다면 『역사』에 그리스보다 페르시아에 관한 내용이 많은 것은 어떻게 해석하는 게 좋을까? 대제국 페르시아의 위용을 부각시킬수록 변방에 불과했던 그리스가 거둔 승리는 더욱 빛나게 된다. 마치 『삼국연의』가 조조의 군사를 백만 대군으로 부풀린 뒤 제갈량이 지략을 써 이를 일거에 격파하는 것처럼 묘사해 제갈량을 신격화해 놓은 것을 상기하면 될 것이다. 영화 〈300〉에서 소수의 결사대가 수십만 명에 달하는 페르시아 대군을 격파한 것으로 묘사해 놓은 것도 이런 맥락에서 이해할 수 있다.

고금을 막론하고 '역사'를 배우는 것은 과거의 사실을 통해서 오늘의 우리 모습을 비추고, 다가올 미래를 현명히 대처코자 하는 것이다. 역사학자 에드워드 카E. H. Carr는 이를 두고 '역사란 과거와 현재의 끊임없는 대화이다.'라고 정의했다. 헤로도토스의 『역사』는 바로 그러한 역할을 수행하고 있다. 서구인에게 서구문명은 그리스에서 출발하고 있다는 사실을 거듭 상기시키면서, 앞으로도 계속 그런 노력을 기울일 것을 주문하고 있는 게 그렇다. 『역사』가 페르시아 전쟁을 사상 최초의 동서대전으로 규정한 뒤 승리의 여신은 서양의 손을 들어주었다는 식으로 대미를 장식한 덕분이다.

주목할 것은 『역사』가 결코 시종일관 그리스를 미화해 놓은 게 아니라는 점이다. 귀감으로 삼아야 할 일화를 대거 수록해 놓았다. 모두 인내심을 갖고 끊임없이 노력해야 최후의 승리를 거둘 수 있다는 교훈과 직결돼 있다. 대표적인 예로 스파르타와 아르고스가 다툰 일화를 들 수 있다. 두 나라는 티레아 지방의 귀속 문제로 충돌했다. 티레아는 본래 아르고스의 땅이었으나 스파르타가 이곳을 분리 점령하면서 싸움이 시작된 것이다. 아르고스는 빼앗긴 티레아 땅 일부를 되찾고자 스파르타와 협상을 벌였다. 양측은 각각 병사 300명씩 선발해 전투를 벌이고, 승리하는 쪽이 티레아를 차지하기로 합의했다. 결전의 날 양국 병사 600명이 전장에 배치됐다. 싸움은 하늘이 어둑어둑해질 때까지 계속됐다. 마침내 아르고스의 병사 2명과 오트리아데스라는 스파르타 병사 1명만이 살아남았다. 승부가 가려졌다고 판단한 아르고스 병사들은 지친 몸을 이끌고 본국 진영으로 돌아갔다. 그러나 오트리아데스는 혼자 그곳에 남아 죽은 아르고스 병사들의 갑옷을 수거해 자국 진영으로 돌아갔다.

다음날 아르고스와 스파르타 사이에 치열한 설전이 벌어졌다. 아르고스는 살아남은 자의 수가 더 많으니 자기편이 승리했다고 주장했고, 스파르타는 자기편 병사가 아르고스 병사와 달리 달아나지 않은 채 끝까지 남아 적군의 무기까지 빼앗아왔으므로 자기편이 승리했다고 주장했다. 결국 말다툼 끝에 다시 전투가 벌어졌다. 이 싸움에서 스파르타가 승리하면서 티레아의 지배권은 스파르타에게 돌아갔다.

문제는 그 다음이다. 아르고스 사람들은 길게 기르던 머리카락을 모두 밀어버리고, 티레아를 되찾기 전까지 다시는 머리를 기르지 않겠다고 맹세했다. 부녀자들의 머리 장식도 금지됐다. 이에 반해 그때까지 짧은 머리를 고수했던 스파르타 사람들이 이 일이 있은 후부터 머리를 기르기 시작했다. 헤로도토스가 『역사』에서 역설코자 한 취지가 이 일화에 고스란히 담겨 있다. 오늘의 승리에 안주하는 순간 이내 패망의 길로 접어든다는 지적이 그것이다. 『주역』의 키워드인 자강불식自强不息의 취지와 하등 다를 게 없다. 『역사』가 현대인에게 전하는 최고의 메시지는 바로 '자강불식'에 있다고 해도 과언이 아니다.

역사적으로 볼 때 중국을 서양에 가장 먼저 소개한 사람은 13세기에 원나라를 찾아온 베네치아 출신 마르코 폴로였다. 그는 무려 26년간에 걸친 해외여행의 결과를 『동방견문록』이라는 책으로 남겼다. 이는 서양인들의 지리 지식을 엄청나게 변화시켰다. 16세기말 명나라 때 중국에 선교 차 온 이탈리아 선교사 마테오 리치는 『논어』와 『대학』 등 유교경전을 라틴어로 번역해 이를 서구에 소개하는 역할을 수행했다. 중국 경전에 대한 소개는 16–17세기의 '제주이트' 교단 선교사들에 의해 체계적으로 이뤄졌다. 서구의 지식인들은 이들 선교사들이 서신 또는 논문의 형식으로 펴낸 책자를 보고 중국에 심취했다. 프랑스대혁명 발발 직전에 런던에서 간행돼 파리에서 팔린 『공자자연법』은 위서僞書였음에도 불구하고 서양의 사상계에 큰 충격을 던졌다. 이 책은 공자사상을 원용해 홉스의 성악설을 비판한 책이다. 루소가 『에밀』에서 사람들에게 '자연으로 돌아가라'고 주장한 것 그 역시 도가사상의 세례를 받았음을 시사한다.

18세기 계몽주의를 대표한 소위 백과전서파百科全書派의 거두인 디드로는 '중국철학' 항목에서 공자사상은 형이상학과 자연철학을 넘어서 있는 것이라고 주장한 바 있다. 보르되는 『논어』「공야장」과 「위령공」편에 거듭 나오는 '기소불욕己所不欲, 물시어인勿施於人'의 구절에 탄복을 금치 못했다. '자신이 하고 싶지 않은 것을 남에게 시키지 마라.'는 뜻이다. 그는 이를 두고 기독교는 단지 사람들에게 악을 행하지 말라고 가르치는데 그쳤으나 공자는 사람들에게 덕을 베풀도록 권했다며 놀라움을 표했다. 그가 칭송을 아끼지 않은 중국의 제도는 매우 많다. 관청과 어전회의의 결재를 거치지 않고는 비록 천민이라도 사형에 처할 수 없도록 한 중국의 형률제도가 대표적이다. 그는 '인류의 지혜는 중국보다 더 나은 정치제도를 생각해 낼 수 없다.'고 단언했다.

중국을 이상향으로 간주하는 이러한 풍조는 백과전서파에만 그친 것이 아니었다. 중농학파의 원조 격인 케네는 성리학에서 발하는 천리天理를 기독교의 유일신인 야훼를 대신할 '자연법'으로 상정했다. 그는 무신론을 토대로 한 유교경전 및 중국의 공법체계가 자연법을 존중하지 않은 것이 없었기 때문에 이성에 입각한 통치체제를 갖추게 된 것이라고 칭송했다. 루이 15세는 케네학파의 건의를 받아들여 동양의 제왕이 몸소 농사짓는 모습을 보여주는 이른바 '적전籍田' 의식을 거행키도 했다.

그러나 이들에게 가장 큰 충격을 안긴 것은 맹자의 민본民本사상이었다. 이들은 맹자가 말한 '백성이 가장 귀하고 사직이 다음이며 군주는 가장 가볍다.'는 구절에 열광했다. 맹자의 민본사상은 프랑스대혁명의 사상적인 기초가 된 것은 물론 서양의 군주들로 하여금 입헌군주제로 나아가도록 경각심을 자극했다. 당시 볼테르는 맹자의 민본사상을 적극 도입해 서구사상의 새로운 사상적 핵심요소로 삼으려 했다. 그는 실제로 중국의 제도와 문물을 참고로 새로운 '주권' 개념을 만들어 냄으로써 미국의 독립운동과 프랑스 시민혁명의 사상적 기반을 제공했다.

독일의 지식인들은 프랑스의 지식인들과 달리 공자를 변증법 내지 관념론자로 간주했다. 이는 프랑스의 지식인들이 공자를 유물론자이자 무신론자로 간주한 것과 대비됐다. 독일 고전철학의 선구자인 라이프니츠는 중국문화를 서구 문화발전의 가장 큰 공헌자로 간주했다. 그는 17세기 말에 출간된 공자에 관한 저서를 읽고 감동스런 어조로 '전 인류의 위대한 문화·문명국으로써 대륙의 양단에 나뉘어 있는 유럽과 중국이 이제 하나로 합쳐지고 있다.'고 말했다. 라이프니츠에게 가장 큰 영향을 준 것은 『주역』이었다. 그는 18세기 벽두에 자신이 발견한 '로그함수'의 연구결과를 파리학술원에 보낼 당시 『주역』의 64괘를 이용해 풀이한 이 수학공식을 동봉해 보냈다.

그러나 칸트 이후 피히테와 셸링을 거쳐 헤겔로 넘어 오면서 동양에 대한 편견과 오해가 싹트기 시작했다. 특히 헤겔의 동양에 대한 편견은 서양인들에게 왜곡된 동양 이미지를 각인시키는데 결정적인 공헌을 했다. 그는 일찍이 『역사철학』에서 중국을 이같이 묘사해 놓았다.

"동양인은 자유라는 것을 알지 못하며, 자유라는 것을 알지 못하기 때문에 자유롭지 못하다. 그들은 한 사람이 자유라는 것을 알 따름이다. 국가란 정신의 현실이며 정신이 자기를 인식하는 곳에 성립된 의사의 자유를 법률을 통해 실현하는 곳이다. 거기서는 일반적으로 의

지의 자유를 의식하는 것이 전제조건이다. 중국이라는 국가에서는 황제의 도덕 의사가 법률이며 개인의 주관적인 또는 내면적인 자유는 배후로 밀려나 개인의 밖에 있으면서 개인을 지배하고 있다."

헤겔은 중국이 비록 역사상 처음으로 국가를 형성했음에도 불구하고 인간의 자유를 억압하고 자유를 오직 황제 한 사람의 전유물로 귀착시킨 정체된 국가였다고 규정한 것이다. 중국은 형태만 국가일 뿐 오히려 반反국가에 가깝다는 것이다. 여기서 바로 '동양적 전제'라는 해괴한 주장이 나타나게 됐다. 그의 이러한 주장은 동양에 대한 천박한 이해 위에서 성립된 것임은 말할 것도 없다. 그럼에도 이게 서양의 지식인들에게 동양을 이해하는 기본 창으로 고정되면서 서양의 동양사에 대한 무시 내지 멸시가 본격화됐다.

제국주의와 오리엔탈리즘

동양의 역사문화를 멸시하는 왜곡된 역사관을 통상 '오리엔탈리즘'으로 표현한다. 이웃 일본의 한국 및 중국에 대한 역사왜곡은 '오리엔탈리즘'의 일본버전으로 볼 수 있다. 모두 그 뿌리는 헤겔의 『역사철학』에서 나온 것이다. 『역사철학』에 드러난 헤겔의 황당한 주장과 그릇된 생각을 그대로 전수한 대표적 인물인 바로 [공산당선언]에서 전세계 피압박 노동자의 총궐기를 주창한 마르크스이다. 그는 '노동자 해방'을 역설했음에도 불구하고 서구 제국주의의 아시아 침탈을 적극 옹호하는 모순된 입장을 취했다. 그 역시 인종주의자에 지나지 않았다. 그가 말한 노동자의 인권은 오직 서양의 노동자에 한한 얘기였다. 밀이 『자유론』에서 오직 서양인만이 자유를 누릴 수 있다는 주장을 편 것과 별반 다를 게 없다. 말할 것도 없이 헤겔의 그릇된 생각을 그대로 접수한 데 따른 것이었다. 마르크스는 1853년에 《뉴욕데일리 트리뷴》에 기고한 글에서 영국의 인도경영을 이같이 옹호한 바 있다.

"영국은 인도에서 이중적 사명을 수행하지 않으면 안 된다. 이는 파괴와 재생의 사명을 말한다. 낡은 아시아 사회를 멸망시키는 것과 서구적 사회의 물질적 기초를 아시아에 뿌리내리게 하는 것이 바로 그 요체이다."

헤겔이 세계사적 전개의 필연성을 갖지 못한 동양을 '동양적 전제'로 규정한 데 반해 마르크스는 자본주의 사회로 발전해가는 필연성을 내포하지 않은 사회를 '아시아적 생산양식'이라는 이름으로 파악했다. 두 사람 모두 서구의 역사만을 세계사로 간주하여 동양의 역사는 정체된 것으로 파악한 점에서 하등 차이가 없었던 것이다. 헤겔과 마르크스에 의해 고정된 동양에 대한 무지막지한 편견은 훨씬 정제된 사회이론으로 무장한 막스 베버에 의해 더욱 교묘하면서도 설득력 있게 전파됐다. 베버는 『유교와 도교』에서 중국인의 생활양식을 다음과 같이 비판한 바 있다.

"원래 중국인에게는 모범적인 퓨리턴과 같이 내면으로부터 발하는 종교적으로 제약된 합리적인 생활방법론이 존재하지 않았다. 유교도가 엄격하게 극기克己를 추구한 것은 외면적인 몸가짐이나 예법의 권위 즉 체면을 지키기 위한 것에 불과했다."

기독교정신으로 무장한 나라에서만 자본주의가 발달할 수 있다고 주장한 서구주의자 베버의 한계가 극명하게 드러난 대목이 아닐 수 없다. 더욱 가공할 만한 것은 동양에서 유일무이하게 근대화에 성공한 일본이 이들의 그릇된 동양관을 확산시키는데 지대한 공헌을 했다는 점이다. 메이지유신 이후 일본 개화사상의 사상적 지도자 역할을 수행한 후쿠자와 유기치福澤諭吉는 1885년 《지지신뽀時事新報》의 사설에서 이같이 주장한 바 있다.

"악우惡友와 사귀는 사람은 함께 악우가 되는 것을 면치 못한다. 우리는 마음속으로부터 아시아 동방의 악우를 거절해야 한다."

그는 중국과 조선을 '악우'로 단정하면서 일본이 모색해야 할 길은 바로 '탈아脫亞'에 있다고 역설했다. '멸아蔑亞' 사상의 뿌리가 된 그의 이러한 주장은 말할 것도 없이 서양은 문명선진국이고 아시아는 비문명국이라는 이분법적 세계 인식 속에서 나온 것이다. 그의 '멸아' 사상은 《지지신뽀》에 게재된 '압제도 유쾌하지 않은가'라는 제하의 사설에서 그 진면목을 드러내고 있다.

"압제를 미워하는 것은 인간의 본성이다. 그러나 남이 나를 압제하는 것이 미울 뿐이지 나 스스로 압제를 행하는 것은 인간이 가장 유쾌하게 여기는 일이라고 할 수 있다. 우리가 원하는 것은 홀로 이 압제를 전유專有하고자 하는 것이다. 나는 혈기 넘치던 청년 시절에 일본이 영국인처럼 인도와 지나支那 중국를 제어할 뿐만 아니라 그 영국인을 몰아내고 동양의 권세를 우리가 쥘 날이 오기를 고대했던 일을 지금도 잊을 수 없다."

이는 그가 홍콩에서 방약무인하게 중국인을 대하는 영국인을 목도하고 쓴 글이다. 그는 이 글에서 장차 일본인들도 영국인들과 마찬가지로 이웃 조선인과 중국인을 압제하는 주인공이 되자고 주장한 것이다. '탈아'의 요체는 바로 일본제국의 출현이었다. 그의 이같이 주장은 말할 것도 없이 동양에 대한 헤겔 및 마르크스의 잘못된 생각에서 비롯된 것이다. 일제는 그의 이러한 주장에 입각해 이웃 조선과 중국을 침략하면서 서구 제국주의자들의 잘못된 생각을 확대재생산하는데 결정적인 역할을 수행했다.

고금동서의 세계사를 개관해 볼 때 세계 모든 나라에 시공을 뛰어넘어 적용되는 보편적인 통치이념이 존재한 적은 없다. 한반도는 동풍東風을 상징하는 중국이 서풍西風을 상징하는 미국과 정면으로 충돌하는 지점이기도 하다. 동북아시대의 중심점에 서 있는 우리로서는 한가하게 소모적인 이념논쟁에 빠질 시간적 여유가 없다. 자칫 방심했다가는 자칫 1백여 년 전의 전철을 답습할지로 모를 일이다.

우리는 이미 구한말에 '개화파開化派'와 '척사파斥邪派'의 극심한 대립으로 인해 자강自强을 도모할 수 있는 결정적인 시기를 놓치고 끝내 일제의 식민지로 전락한 뼈아픈 경험을 한 바 있다. 최근 정치권에서 표출되고 있는 이른바 '연중파連中派'와 '결미파結美派'의 대립양상은 과거 '개화파'와 '척사파'가 범한 잘못을 답습할 소지가 크다는 점에서 적잖은 우려를 낳고 있다. 이는 최근 학계에서 뜨거운 논쟁으로 등장한 '미국의 패권 지속론'과 '미중의 패권 경쟁론'이 반영된 것이기도 하다.

21세기에 들어와 상황이 일변하고 있다. '친소파'와 '친미파' 등이 각축하는 와중에 국토가 분단된 지 70여 년 만에 한반도통일이 현실화되고 있는 게 그렇다. 이는 미중의 각축 속에 타협안으로 성사될 공산이 크다. 오늘날 미국은 중국과 경제뿐만 아니라 군사외교 면에서 치열한 각축전을 전개하고 있다. 일본은 미국과 같은 입장이다. 미일

두 나라는 중국을 제1의 가상 적국으로 삼아 더욱 긴밀한 결속을 다지고 있다. 자칫 한반도에 변란이 일어날 경우 미국과 연계된 일본의 자위대가 한반도에 상륙할지도 모를 일이다. 우리는 지정학적 특성을 최대한 활용해 이러한 난세를 주도적으로 이끌 필요가 있다.

주의할 점은 중국을 중시한 나머지 미국을 소홀히 대해서는 안 된다는 점이다. 한반도는 미국을 등져서는 한반도통일에 도움이 되기는 커녕 치명적인 국익손상을 자초할 수 있다. 마찬가지 이유로 미국과 행보를 같이하며 중국을 무시해서도 안 된다. 그랬다가는 세계의 시장으로 부상한 중국시장에서 퇴출돼 이내 낙오할 수밖에 없게 된다.

히포크라테스의 서양의술이든 편작扁鵲의 동양의술이든 환자의 병만 잘 치료하면 된다. 의술은 사람의 병을 고치기 위한 수단에 불과한 것이다. 의사는 두 가지를 모두 배워 가장 적절한 치료법을 시술하는 게 바람직하다. 의료진이 한쪽만을 고집하며 시술방법을 놓고 서로 다투면 그 사이 환자는 죽고 만다. 한반도의 상황이 꼭 이와 같다. 21세기는 우리에게 위기이자 기회이다. 이를 제대로 살릴 수 있는지 여부는 전적으로 우리에게 달려 있다.

짚고 가자

'혁명론'과 '반역론'의 사론史論 대립

동양에서는 수천 년 동안 지속된 논쟁 가운데 하나가 과연 바람직한 통치가 어떤 것인가에 관한 이른바 치도治道 논쟁이다. 맹자가 주창한 왕도王道와 한비자가 역설한 패도覇道 가운데 어느 쪽이 더 바람직한가 하는 문제이다. 치도 논쟁은 역성혁명易姓革命에 대한 해석에 커다란 차이점을 보이고 있다. 맹자로 상징되는 유가는 인의를 실현하지 못하는 군주는 신하들이 쫓아내는 것은 물론 아예 새 왕조를 세울 수도 있다고 했다. 이른바 '혁명론'이다. 이에 반해 한비자를 위시한 법가는 어떤 일이 있어도 군주를 쫓아내서는 안 된다고 역설했다. 이른바 '반역론'이다. 신하들이 주도한 쿠데타를 놓고 그 해석이 정반대되는 것이다.

『사기』에 나타난 사마천의 사론史論은 기본적으로 '혁명론' 쪽에 서 있다. 그렇다고 그가 '반역론'을 반대한 것도 아니다. 대략 왕도를 앞세우면서도 부득이한 경우 패도를 구사할 수도 있다는 이른바 선왕후패先王後霸의 입장을 보인 순자와 닮았다. 원래 맹자는 국가의 주인을 군주가 아닌 백성으로 보았다. 그가 천명의 수명受命은 백성의 지지를 의미하는데 불과하다고 단언한 이유다. 백성을 괴롭히는 폭군은 갈아치우는 게 당연했다. 맹자는 자신의 이런 주장을 제선왕 앞에서 거리낌 없이 밝혔다. 『맹자』「양혜왕 하」에 따르면 맹자는 탕왕과 무왕의 역성혁명을 시군弑君으로 해석코자 하는 제선왕의 언급을 통박했다. 해당 대목이다.

"인仁을 해치는 자를 적賊, 의義를 해치는 자를 잔殘, '잔적'의 인물을 '일부一夫'라고 합니다. 나는 '일부'를 주벌誅罰했다는 얘기는 들었어도 '시군'했다는 얘기는 듣지 못했습니다."

맹자의 그 유명한 '일부가주론一夫可誅論'이 나온 배경이다. 흔히 폭군방벌론暴君放伐論으로 불리는 이 이론은 백성을 괴롭히는 폭군은 일개 사내에 불과한 까닭에 가히 주벌할 수 있다는 과격한 내용으로 이뤄져 있다. '주벌'은 목숨을 빼앗는 주살誅殺을 포함하고 있다는 점에서 보위에서 쫓아내는 방벌放伐보다 훨씬 과격한 뜻을 지니고 있다. 신분세습의 봉건정을 유지한 일본의 에도막부가 메이지유신 이전까지 『맹자』의 구독을 금한 것도 바로 이 때문이었다.

진시황의 분서갱유焚書坑儒로 처참한 상황에 몰렸던 유가는 한나라가 성립된 후 법가의 존군尊君 이념을 도입해 유방의 천하통일을 '왕도에 순하는 패도'로 미화하고 나섰다. 이로써 이들은 마침내 유학을 유일무이한 관학官學으로 삼는데 성공했다. 그러나 이는 맹자의 '귀민경군' 사상과 배치되는 것이었다. 그럼에도 중국에서는 원·명·청대를 거치면서 군주에 대한 무조건적인 충성이 강조됐다. 이는 후대의 유자들이 군권君權을 강화한 원나라와 명나라 및 청나라 황실과 타협한 데 따른 것이다.

이에 반해 성리학이 극성한 조선에서는 전혀 다른 양상이 나타났다. 정몽주와 길재 등으로 이어지는 이른바 의리학義理學에 뿌리를 둔 조선성리학은 신권臣權의 우위를 확보하기 위해 군권과의 타협을 거부했다. 네 차례에 걸친 사화士禍와 두 차례에 걸친 반정反正이 그 증거다. 반정은 신하가 주동이 되어 모시던 군주를 몰아낸 점에서 본질적으로 반역에 해당한다.

그러나 역설적으로 민주주의가 보편화된 21세기 스마트혁명 시대의 관점에서 볼 때 백성을 중시하고 군주를 가볍게 여기는 맹자의 귀민경군貴民輕君 사상은 커다란 호소력을 지니고 있다. 헌법학에서 말하는 이른바 저항권抵抗權이 그렇다. 이는 맹자의 '일부가주론' 주장과 맥을 같이 하고 있다. 그럼에도 왕도정치는 춘추전국시대의 시대적 상황에 비춰볼 때 애초부터 실현가능성이 전혀 없었다. 춘추시대에도 패자가 천자를 끼고 제후들을 호령하는 이른바 '협천자挾天子'의 위력을 통해서만 그나마 천하질서를 어느 정도 유지할 수 있었다. 그러나 7웅七雄이 천하의 패권을 놓고 한 치의 양보도 없는 혈전을 치른 전국시대에 들어와서는 왕도는커녕 제환공과 관중이 성취한 패도조차 사실상 자취를 감춰 버렸다. 전국시대에 7웅이 이상적으로 그린 인물은 왕도를 실현한 요순이 아니라 패도를 실현한 제환공과 관중이었다.

이런 관점에서 볼 때 맹자의 왕도설은 '일부가주론'과 같은 혁명적인 이론의 뒷받침에도 불구하고 신분세습에 기초한 주왕조의 봉건정을 옹호한 게 아닌가 하는 의심을 사기에 충분했다. 사실 이는 그의 '법선왕론法先王論'에서 더욱 극명하게 나타나고 있다. '법선왕론'은 요순우탕 등 고대의 성왕이 만든 제도는 더 이상 고

칠 데가 없는 만세의 전범인 까닭에 당연히 이를 좇아야 한다는 생각에서 나온 것이다. 순자의 '법후왕론法後王論'과 극명한 대조를 이룬다.

맹자사상에 기초한 성리학의 가장 큰 폐해는 이기론理氣論과 같은 공허한 사변론에 빠져 실리보다 명분을 지나치게 추구한 나머지 대사를 그르치는 데 있다. 난세의 시기에 이는 치명타로 작용한다. 조선조의 패망이 대표적인 사례에 속한다. 바로 강고한 명분론에 입각한 '조선성리학' 때문이다. 조선성리학은 중국성리학과는 비교할 수 없을 정도로 명분론에 집착했다. 이는 붕당정치朋黨政治로 인한 군약신강君弱臣强 현상을 일상화하고, 마침내 국가의 패망을 초래했다. 붕당정치는 사림세력이 신권臣權의 주축이 되어 붕당을 형성함으로써 왕권王權을 압도하는 '군약신강'이 특징이다. 『한비자』가 시종 난세에 등장하는 신권국가臣權國家의 위험성을 지적한 이유다.

그간 조선조 패망의 원인과 관련해 여러 분석이 나왔으나 정작 가장 중요한 배경으로 작용한 '군약신강'의 측면에 대해서는 제대로 된 분석이 아직 나오지 않고 있다. '군약신강' 현상의 일상화는 사림세력이 독점적으로 사실상의 통치권력을 장악해 서로 치열한 권력다툼을 전개한 조선조 특유의 붕당정치에서 비롯된 것이다. 동양의 붕당정치는 북송대의 사마광司馬光과 왕안석王安石의 각각 구법당舊法黨과 신법당新法黨을 만들어 대립한 데서 비롯됐다. 북송대의 붕당은 서양의 의회정치에 나타나는 정당과 별반 차이가 없다. 이는 구법당과 신법당이 조선조의 붕당들과 달리 북방 이민족의 위협 앞에서 국가보위 차원의 치국방략 방략을 둘러싸고 대립한 사실을 통해 쉽게 알 수 있다. 당시 사마광이 『맹자』를 과거시험 과목으로 채택하는 것을 반대하고, 정적인 왕안석도 『맹자』의 채택을 강력 주장했음에도 법가적인 패도를 추구한 사실이 이를 뒷받침한다.

원래 정쟁으로 정국이 요동치면 관기官紀가 무너지고, 관기가 무너지면 부정부패가 만연하고, 부정부패가 만연하면 탐관貪官이 횡행하고, 탐관이 횡행하면 가렴주구苛斂誅求가 일상화하고, 가렴주구가 일상화하면 민생의 피폐케 되고, 민생이 피폐케 되면 민란이 접종接踵하고, 민란이 접종하면 끝내 나라는 망하기 마련이다. 조선조의 붕당은 표면상 성리학 이론에 대한 해석 차이를 붕당 출현의 이유로 내세웠다. 그러나 사실 권력투쟁의 일환에 지나지 않았다. 조선조의 붕당정치는 붕당의 수도 많았을 뿐만 아니라 붕당간이 다툼이 시간이 지날수록 도를 넘을 정도로 매우 파괴적으로 진행됐다는 점에서 적잖은 문제를 안고 있었다.

성리학은 치국평천하의 학문으로 출발한 유학을 수신제가의 윤리도덕 철학으로 전락시킨 장본인이다. 이를 더욱 강화한 게 바로 '조선성리학'이다. 이에 대한 철저한 비판을 생략한 채 조선성리학이 이룬 이론적인 성과만을 강조하는 것은 본말이 전도된 것이다. 21세기를 슬기롭게 헤쳐 나가기 위해서라도 조선성리학에 대한 철저한 비판이 선행될 필요가 있다. 일본이 공학孔學의 정맥을 이은 순학荀學을 발견해 '일본제왕학'을 정립함으로써 19세기 말 이래 1백여 년 동안 동아시아를 제패한 점을 감안할 때 더욱 그렇다.

전 국민을 슬픔 속에 몰아넣은 2014년의 '세월호 사건' 이후 과거 맹학孟學에 함몰돼 나라를 패망의 위기로 몰아간 조선조의 악몽을 연상시키는 장면이 연출되고 있어 적잖은 우려를 낳고 있다. 지역별 할거구도에 기초한 정치권이 내각제를 기치로 내걸고 여야가 서로 야합하는 이른바 '제왕적 국회'를 획책하는 게 그렇다. 여러모로 성리학이 만연한 시절의 치평治平 논리와 닮았다.

당나라 때 마련된 정교한 통치기구인 이른바 삼성육부三省六部 체제에 비춰보면 현재 국회는 문하성門下省, 행정부는 상서성尙書省, 청와대는 중서성中書省에 해당한다. 문하성의 우두머리가 문하시중門下侍中이다. 군왕의 힘이 미약해질 때 신권臣權의 상징인 문하성과 문하시중의 권력이 한없이 팽창한다. 남북이 대치하고 있고, 주변의 4강국이 무력을 강화하고 있는 상황에서 '상서성'에 이어 '중서성'마저 무력화될 경우 이는 패망을 뜻한다. 난세의 제왕학에 기초한 강력한 왕권王權 체제의 구축이 필요한 이유다.

동서양 영웅들의 이야기

• 진수

진수가 쓴 정사 『삼국지』는 나관중의 역사소설 『삼국연의』와 사뭇 다르다. 『삼국연의』 조조를 간웅奸雄으로 묘사한 것과 달리 만고의 영웅으로 기록해 놓은 게 그렇다. 정사 『삼국지』는 사료를 매우 엄격하게 선별한 것으로 유명하다. 문장 또한 매우 간결하고 명확하다. 주목할 것은 그가 위나라의 선양을 받아 세워진 서진西晋에서 벼슬을 한 까닭에 위나라를 정통으로 삼아 『삼국지』를 저술했음에도 삼국을 대등하게 취급한 점이다. 제목을 '삼국지'로 하고, 본문도 위서魏書, 촉서蜀書, 오서吳書로 나누어 기술한 게 그렇다. 그럼에도 남송 때 촉한정통론蜀漢正統論이 대두되면서 위나라를 정통으로 역사를 서술했다는 이유로 비난을 받기도 하였다. 본말이 전도된 잘못된 평가인 것은 말할 것도 없다.

• 플루타르코스

서양에서 『성경』 다음으로 널리 읽히는 책을 꼽으라면 단연 플루타르코스의 『영웅전』을 들 수 있다. 동양에서 비록 역사소설의 형식이지만 『삼국지』가 널리 읽히는 것에 비유할 만하다. 실제로 『영웅전』은 고래 그리스와 로마시대에 활약한 영웅들의 이야기를 옴니버스 식으로 기술해 놓았다. 정통사서의 형식을 띤 『삼국지』와 다른 체제이기는 하나 영웅의 사적을 있는 그대로 생생히 전달코자 한 점에서는 하등 차이가 없다. 『영웅전』에 등장하는 인물들은 매우 다양하다. 나라를 창건한 인물과 몰락을 자초한 인물, 제국의 황제와 공화정의 지도자, 민주정의 연설가와 공화정의 웅변가 등이 그렇다. 그의 『영웅전』에서 눈에 띄는 것은 알렉산드로스 대왕과 카이사르의 비교다. 알렉산드로스는 '철학', 카이사르는 '욕망'을 추구한 것으로 묘사한 게 그렇다. 일각에서는 이를 두고 플라톤과 아리스토텔레스의 결합으로 평하고 있다. 철학적 성찰을 통해 정치적 야망을 절제할 줄 알아야 한다는 입장이라는 것이다.

제7장 진수와 플루타르코스

시대가 영웅을 만드는가?

동서의 대표적인 영웅은 누구인가? 한중일 등 동아3국에서는 『삼국지三國志』의 영웅인 조조와 유비 등을 꼽는 사람이 많다. 서양에서는 알렉산더와 시저 등을 꼽는다고 한다. 진수의 정사 『삼국지』는 나관중의 역사소설 『삼국연의』와 달리 조조를 시대를 뛰어넘는 초세超世의 영웅으로 묘사해 놓았다. 정사 『삼국지』 65권 가운데 절반에 가까운 30권이 조조가 세운 위나라의 역사를 다룬 「위서」이고, 「촉서」와 「오서」는 '본기'로 간주한 「위서」와 달리 '열전'으로 취급한 게 그 증거다. 『삼국연의』에 의해 왜곡된 '난세의 영웅'에 관한 진면목을 살피고

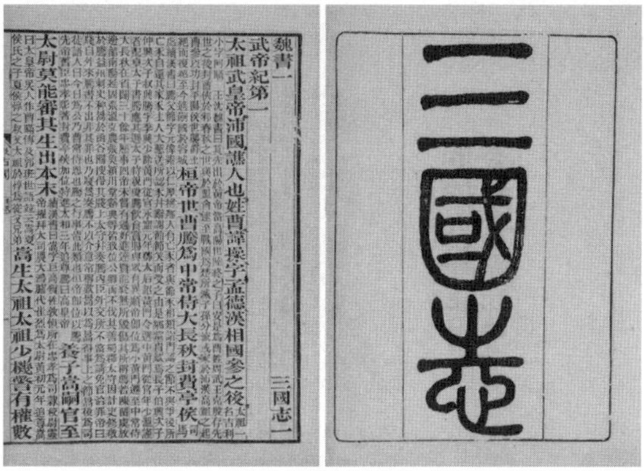

| 진수 『삼국지』

자 하면 반드시 정사 『삼국지』를 읽어야 하는 이유다. 플루타르코스의 『영웅전』도 유사한 평가를 할 수 있다. 21세기 현재까지 서양 최고의 영웅으로 꼽히고 있는 알렉산드로스와 카이사르를 대비시킨 게 대표적이다. 『영웅전』은 유사한 행보를 보인 그리스와 로마시대의 영웅을 짝을 지어 대비시킨 게 특징이다. 『영웅전』은 그리스와 로마시대를 대표하는 난세의 영웅을 다뤘다는 점에서 대략 '이국지二國志'로 부를 만하다. 본서가 동서를 대표하는 영웅들의 진면목을 『삼국지』와 '이국지'의 성격을 띤 『영웅전』에서 찾고자 한 이유다.

01

진수는 난세의 영웅을 『삼국지』에서 어떻게 그려냈는가?

역사 속의 진수

정사 『삼국지』의 저자 진수陳壽는 삼국시대 당시 유비가 다스리던 촉한蜀漢의 파서군 안한安漢 출신이다. 지금의 사천성 중북부의 항구도시 남충南充에 해당한다. 자는 승조承祚이다. 그가 태어난 해는 촉한의 연호를 기준으로 하면 후주 유선의 건흥 11년(233)에 해당한다. 위나라를 기준으로 하면 위문제 조비의 청룡 원년이 된다.

한때 그의 부친은 촉한의 장수로 있던 진식陳式인 것으로 알려졌다. 원래 진식은 마속馬謖의 참군으로, 제갈량이 눈물을 흘리며 마속의 목을 베는 이른바 읍참마속泣斬馬謖을 결행할 때 머리를 깎이는 곤형髡刑을 받은 인물이다. 그러나 현재는 진식의 아들이라는 주장의 근거가 명확치 않아 이를 부인하는 견해가 많은 상황이다.

진수는 젊었을 때 제갈량이 익주목益州牧으로 있을 당시 그 밑에서 권학종사勸學從事로 있던 초주譙周를 스승으로 삼아 학문을 배웠고, 벼슬길에 들어선 후 관각령사觀閣令史 등의 벼슬을 지냈다. 당시 후주 유선 밑에서 환관 황호黃皓가 권력을 전횡하자 중신衆臣들이 전전긍긍하며 그에게 아첨했다. 유독 진수만은 그러지 않았다. 이로 인해 여러 차례 관직에서 쫓겨나게 됐다. 사천과 운남 등 중국 서남부 일대의 역사를 기록한 『월절서越絶書』와 더불어 중국 최초의 지방지地方志로 꼽히고 있는 『화양국지華陽國志』에 따르면 그는 부친이 세상을 떠난 뒤 3년 상을 행하는 와중에 공교롭게도 병이 나 자리에 눕고 말았다. 시비를 시켜 약을 달이게 하자 이를 본 자들이 복상服喪을 제대로 하지 않았다며 비판했다.

경요 6년(263) 11월, 촉한이 서진 규사의 기습공격을 받고 이내 패망하고 말았다. 촉한의 관원으로 있다가 문득 포의布衣의 신분이 된 진수는 오랫동안 천거를 받지 못했다. 서진의 조정에서 사공으로 있던 장화張華가 진수의 재능을 높이 평가해 효렴으로 천거하며 저작랑著作郞 또는 양평현령陽平縣에 제수할 것을 청했다. 이때 그는 제갈량의 문집을 정리한 『제갈량집諸葛亮集』을 엮어 조정에 바쳤다. 양평현령 대신 저작랑의 자리를 맡게 된 이유다. 고향인 파서군의 중정中正 자리도 겸하게 됐다. '중정'은 효렴 등을 천거하는 권한을 지닌 자리이다.

후한 광무제 이후 파촉 출신의 태위太尉 조겸趙謙 등이 『기구전耆旧

傳』을 만들었다. 진수는 이 책이 후대에 제대로 전해지지 않을까 우려해 『익부기구전益部耆舊傳』 10편을 지었다. 산기상시散騎常侍 문립文立이 이를 조정에 바치자 진무제 사마염이 칭찬을 아끼지 않았다. 이에 고무된 장화가 곧바로 진수를 중서랑中書郎에 천거코자 했다. '중서랑'은 황제 곁에서 조서 등을 작성하는 자리이다. 그러나 평소 장화와 진수를 꺼린 중서감中書監 순욱荀勗이 진수를 장광長廣 태수로 보낼 뜻을 밝혔다. '순욱'은 후한 말기 사공을 지낸 순상荀爽의 증손이다. 당시 진수는 노모 봉양을 이유로 순상의 제안을 받아들이지 않았다. 『화양국지』에 따르면 순욱은 처음에는 진수를 높이 평가했으나 이후 진수가 『삼국지』의 전 단계로 완성한 『위서魏書』의 내용에 불만을 품고 광한 태수로 보낼 생각을 갖게 됐다고 한다.

함녕 4년(278) 진남장군 두예杜預가 형주荊州를 지키기 위해 낙양을 떠나기 직전 진수를 조정에 천거하면서 황문시랑黃門侍郎이나 산기상시散騎常侍에 제수할 것을 건의했다. 진수가 치서시어사治書侍御史에 제수된 배경이다. '치서시어사'는 여러 어사 가운데 하나로 주로 소송사건을 다룬다. 의문이 많은 어려운 사건을 법률에 근거해 판정하는 게 주요 임무이다. 현대의 판사와 비슷하다. 녹봉은 600석이다.

얼마 후 모친이 세상을 떠나자 복상을 위해 관직을 떠났다. 모친은 낙양에 묻어줄 것을 유언으로 남겼다. 그는 모친의 유언에 따라 낙양에 장지를 마련했다. 그러나 그를 시기하는 자들이 이를 두고 '불효'라고 비난하고 나섰다. 당시에는 죽으면 고향에서 장례를 치르는 게 하나의 관행이었다. 그가 탄핵을 받고 벼슬이 깎인 이유다. 당초 그의 스승 주초는 그를 두고 이같이 당부한 바 있다.

"자네는 재주와 학문이 뛰어나 훗날 틀림없이 그 이름을 널리 떨칠 것이다. 그러나 동시에 주변에서 헐뜯으며 음해하는 자가 많아 뜻하지 않게 불행한 일을 맞닥뜨릴 소지가 크니 반드시 일을 할 때 신중을 기해야 할 것이다."

주초의 이 말이 그대로 맞아떨어진 셈이다.

태강 원년(280), 서진이 마침내 동오를 멸하고 진나라와 한나라의 뒤를 이어 사상 세 번째로 천하를 통일했다. 진수가 이때 『삼국지』 65편을 완성했다. 사람들이 크게 놀라며 그를 뛰어난 사가인 양사良史의 자질이 있다고 칭송했다.

이후 진무제 사마염의 원강 7년(297) 다시 태자중서자太子中庶子의 자리를 제수 받았으나 이내 숨을 거두는 바람에 명을 따르지 못했다. 당시 그의 나이 64세였다. 그가 세상을 떠난 직후 양주梁州의 대중정大中正으로 상서랑尙書郎을 맡고 있던 범균范頵 등이 상서를 올려 이같이 건의했다.

"전에 한무제 때 조령을 내려 '사마상여司馬相如의 병이 위중하니 사람을 보내 그의 저작을 거둘 만하다.'며 사자를 파견해 사마상여가 남긴 서적을 거둔 바 있습니다. 치서시어사 진수의 『삼국지』는 실로 권계勸誡하는 말이 많고, 선대의 시비득실是非得失을 논한 게 세상을 교화하는데 커다란 도움이 될 만합니다. 비록 문장은 사마상여만 못하나 그 내용이 질박質朴하고 실재적實在的입니다. 청컨대 사람을 보내 이를 채록토록 하십시오."

진무제가 이를 받아들여 하남윤과 낙양령 등에게 명해 속히 사람을 진수의 집으로 보내 이를 채록토록 했다. 이를 통해 알 수 있듯이

『삼국지』는 저술 당시부터 비상한 관심을 모았다. 당시 명문장가로 이름이 높던 하후담夏侯湛은 진수의 『삼국지』를 보고는 크게 감탄하며 자신이 저술한 『위서魏書』를 부끄러워했다. 장화도 서진의 역사 편수를 진수에게 맡겨야 할 것이라며 찬탄을 금치 못했다. 『삼국지』는 진무제의 뒤를 이은 진혜제 때 삼국시대의 정사로 공식 승인됐다.

『삼국지』와 영웅들

당나라 때 방현령 등의 저서를 합쳐 놓은 『진서晉書』는 진수의 사적을 기록한 「진수전」을 편제해 놓았다. 이에 따르면 진수는 『삼국지』를 저술하면서 사사로운 원한으로 인해 제갈량과 그의 아들인 제갈첨을 폄하하고, 위나라 문인이었던 정의丁儀의 후손들에게 그의 전기를 쓰는 대가로 금품을 요구한 것으로 되어 있다. 이는 항간의 얘기를 옮겨 놓은 것이다.

그럼에도 남송 때에 들어와 성리학자들은 이를 사실로 믿었다. 유비가 세운 나라를 정통으로 인정하는 이른바 '촉한정통론'이 당연시된 결과다. 진수가 성리학자들로부터 촉한의 신하로 있다가 서진에서 벼슬을 받고 위나라를 정통으로 삼아 역사를 기술했다는 호된 비난을 받은 이유다. 심지어 일각에서는 『삼국지』를 두고 역사적 사실을 왜곡한 더러운 사서인 예사穢史로 깎아내렸다.

그러나 이는 역사적 사실과 다르다. 정의는 위문제 조비曹丕에게 미움을 사 주살된 까닭에 후손이 없다. 그의 후손에게 금품을 요구했을 리 없다. 물론 제갈량과 관련해 그의 군사전략가로서의 자질에 비판적인 견해를 피력한 것은 사실이나 제갈량의 정치가로서의 자질에 대해서는 매우 높은 점수를 주었다. 전체적으로 보면 오히려 제갈량을 크게 높였다고 보는 게 옳다. 촉한에 대해 매우 우호적인 표현을 동원한 것 등이 이를 뒷받침한다. 『진서』「진수전」은 진수를 두고 이같이 호평해 놓았다.

"『한서』의 저자 반고와 『사기』의 저자 사마천을 이을 자는 오직 『삼국지』의 저자 진수뿐이다."

이를 통해 진수가 제갈량을 폄하하고 정의의 후손에게 금품을 요구했다는 「진수전」의 내용은 항간의 얘기를 실어놓은 것에 불과하다는 것을 알 수 있다. 당초 진수는 『삼국지』를 편찬할 때 촉한의 사료가 부족해 커다란 어려움을 겪었다. 당시 촉한에는 위나라 및 오나라와 달리 엄밀한 의미의 사관이 존재하지 않았다. 그나마 진수가 촉한의 관원으로 재직한 덕분에 부족한 사료에 대한 갈증을 어느 정도 메울 수 있었다.

정사 『삼국지』는 총 65권, 36만 7천여 자이다. 52만자로 된 『사기』와 비교할 때 10분의 7가량에 해당하는 분량이다. 그러나 반드시 참조해야만 하는 배송지裴松之의 주까지 감안하면 오히려 『사기』보다 더 분량이 많다. 『사기』의 경우는 주석을 참조하지 않아도 큰 무리가 없을 정도로 본문의 내용이 매우 상세하다. 『삼국지』는 예로부터 사마천의 『사기』와 반고의 『한서』 및 범엽의 『후한서』와 더불어 전사사前四史로 불렸다. '전사사'는 고대 중국의 역사를 다룬 4종의 대표적인 사서를 말한다. 그만큼 중시됐음을 반증한다.

『삼국지』는 다루는 내용도 매우 폭이 넓다. 삼국시대의 정치경제뿐만 아니라 문학과 예술 및 과학과 기술 등과 관련된 인물을 비롯해 주변 국가 및 민족과 관련된 다양한 풍습 등을 두루 기록해 놓은 게 그렇다. 우리의 경우는 먼 조상에 해당하는 부여와 고구려, 동옥저東沃沮, 읍루挹婁, 예濊, 마한馬韓, 진한辰韓, 변한弁韓 등에 관한 얘기를 「위서」의 '동이전東夷傳'을 통해 살펴볼 수 있다. 이는 『사기』의 「조선전」과 더불어 우리 고대사에 관한 최고最古의 사료에 해당한다.

편제 면에서 볼 때 『삼국지』는 크게 3부분으로 구성돼 있다. 「위서魏書」 30권, 「촉서蜀書」 15권, 「오서吳書」 20권이 그것이다. '삼국지'라는 명칭은 삼국이 각축을 벌이다가 궁극적으로는 사마씨에 의해 통일된 만큼 삼국을 공평히 다루는 게 합리적이라는 판단에서 나온 것이다. 『삼국지』에는 기전체紀傳體 사사의 특징 가운데 하나인 '표表'와 '지志' 등이 없다. 나아가 「위서」에만 '제기帝紀'와 '세가世家'를 두고 「촉서」와 「오서」는 일종의 '열전' 형식으로 꾸몄다. 여타 정사에서는 찾아볼 수 없는 『삼국지』만의 특징이다. 삼국 가운데 위나라를 정통으로 간주한 결과로 해석할 수 있다.

그러나 이게 훗날 촉한을 정통으로 삼은 성리학자들로부터 거센 비판을 받는 계기로 작용했다. 촉한을 정통으로 한 이종의 삼국시대 관련 사서가 나온 배경이다. 성리학을 집대성한 주희도 예외가 아니다. 그는 사마광의 『자치통감』을 축약한 『통감강목通鑑綱目』를 펴내면서 삼국시대 부분을 위나라가 아닌 촉한의 연호로 기록한 게 그렇다. 이는 사마광이 『자치통감』을 펴낸 기본취지를 왜곡한 것일 뿐만 아니라 진수가 『삼국지』를 편제하면서 「위서」에만 '제기'와 '세가'를 두고 「촉서」와 「오서」를 '열전' 형식으로 꾸민 취지를 거스른 것이다.

객관적으로 볼 때 진수는 『삼국지』를 저술하면서 사마천과 마찬가지로 시종 '춘추필법'을 구사했다. 삼국의 역사를 공평하게 다루면서 해당국의 사료를 매우 엄정하게 선별한 게 그렇다. 간결하고 명확한 문체를 택한 것도 이런 맥락에서 이해할 수 있다. 삼국을 공평히 다루면서도 조씨의 위나라를 정통으로 삼은 것은 사마씨의 서진이 위나라로터 선양을 받아 세워진 사실과 무관치 않다. 위나라를 정통으로 삼지 않을 경우 서진의 기반이 송두리째 무너지게 된다. 나아가 그 자신이 서진에서 벼슬을 살았다. 객관적으로 볼지라도 삼국의 정통성은 위나라에 있었다.

그렇다고 진수가 촉한과 동오를 결코 무시한 것은 아니다. 삼국을 공평하게 다룬다는 취지에서 「위서」, 「촉서」, 「오서」 등의 명칭을 단 게 그 증거다. 이는 삼국의 역사서를 하나로 집성했다는 취지를 담고 있다. 여타 사서들이 『위서』 등의 제목 아래 촉한과 동오의 역사를 부수적으로 다룬 것과 대비된다. 이 또한 진수가 촉한 출신인 사실과 무관치 않을 듯싶다. 『진서』「진수전」이 그를 두고 제갈량을 폄하했다고 비판한 것은 아무래도 지나쳤다. 항간의 얘기를 수록한 것으로 간주하는 이유다. 그러나 진수의 『삼국지』는 결정적인 단점을 지니고 있었다. 뛰어난 문장과 사평에도 불구하고 기사와 인용된 사료가 지나치게 간략하다는 점이 그것이다. 남북조시대 남조 송나라 문제文帝가 429년에 배송지에게 명해 주를 달게 한 이유가 여기에 있다. 『삼국지』에 합각合刻돼 있는 배송지주裴松之註가 그것이다. 줄여서 배주裴註라고 한다. 『삼국지』는 다른 정사와 달리 '배주'가 본문의 일부처럼 돼 있는 게 특징이다. 배송지가 『사기』를 주석한 배인과 장수절 등과 달리 본문의 뜻을 주석하기보다는 누락된 역사적 사실을 보완하는 데 힘쓴 덕분이다.

'배주'에는 어환魚豢의 『위략魏略』과 하후담夏侯湛의 『위서魏書』를 비롯해 많은 사서와 별전別傳, 문집 등이 인용돼 있다. 총 140여 종에 달한다. 이들 책은 거의 태반이 산일散逸된 까닭에 '배주'에 인용된 글들은 당시의 역사적 사실을 고증하는 데 매우 귀중한 사료로 취급받고 있다. 그중에도 어환의 『위략』이 특히 중시되고 있다. 청나라 때 장붕일張鵬一은 '배주'를 기본으로 삼고, 여타 일문逸文을 추가한 『위략집본魏略輯本』 25권을 편찬한 게 그 실례다. 일각에서 '배주'를 진수의 원문보다 더 중시하는 경향을 보이는 것도 이런 맥락에서 이해할 수 있다.

『삼국지』는 특이하게도 여타 사서에서는 볼 수 없는 2가지 특징이 있다.

첫째, '배주'를 모방한 참고서가 21세기 현재까지 무수히 만들어지고 있는 점이다. 대표적인 저서로 청나라 때 전대소錢大昭가 쓴 『삼국지변의三國志辨疑』 3권을 들 수 있다. 유사한 책으로 양장거梁章鉅의 『삼국지방증三國志旁證』 30권과 항세준杭世駿의 『삼국지보주三國志補注』가 있다. 20세기에 들어와서도 유사한 작업이 지속됐다. 지난 1957년 베이징의 고적출판사古籍出版社가 펴낸 노필盧弼의 『삼국지집해三國志集解』 65권과 보권補卷 2권이 그것이다. 청대 말기의 대학자 왕선겸王先謙의 『한서보주漢書補注』 체제를 모방한 노필의 『삼국지집해』는 지금까지 나온 『삼국지』 해설서로는 가장 상세하고 완벽한 해설서라는 찬사를 듣고 있다.

둘째, 『삼국지』를 저본으로 삼은 '역사소설'이 21세기 현재까지 끊임없이 생산되고 있는 점이다. 한국을 포함해 중국과 일본 등 동아3

국의 국민들은 정사 『삼국지』 대신 역사소설 『삼국연의』를 더 열심히 읽는 현실이 이를 방증한다. 그 인기는 하늘을 찌른다. 인터넷을 포함한 각종 매체에 『삼국연의』가 단연 수위를 유지하고 있는 게 그렇다. 현재 중국 인민들이 가장 좋아하는 작품은 『삼국연의』와 『수호지』이다. 중국에서는 예로부터 이런 말이 전해온다.

"젊어서는 『수호지』를 읽지 말고, 늙어서는 『삼국연의』를 읽지 마라!"

한자로는 '소불간수호少不看水滸, 로불간삼국老不看三國'로 표현한다. 혈기가 넘치는 청년이 『수호지』를 읽고 혹시 흉악한 적도賊徒가 될까 두렵고, 노회한 노인들이 『삼국연의』를 읽고 혹여 사특한 간도奸徒가 될까 염려한데서 나온 말이다. 그러나 젊어서 『수호지』를 읽는다고 해서 '적도'가 되는 것도 아니고, 늙어서 『삼국연의』를 읽는다고 '간도'가 되는 것도 아니다. 중요한 것은 『수호지』와 『삼국연의』에서 강조하는 충의忠義를 얼마나 진지하게 받아들이는가 하는 데 달려 있다.

현재 중국에서는 『삼국연의』는 말할 것도 없고 정사 『삼국지』에 대한 학술논문을 비롯해 일반인을 겨냥한 응용서적들이 연일 쏟아져 나오고 있다. 우리나라와 일본도 크게 다르지 않다. 다만 우리나라의 경우는 마구 평역을 시도한 소설 『삼국지』가 쏟아져 나오고 있어 의아하기만 하다. 원대 말기에 활약한 나관중羅貫中 원본의 『삼국연의』 해독이 만만치 않은데 어느 결에 평설까지 덧붙인 것인지 놀랍기만 하다. 불행하게도 2014년 현재까지 240회로 구성된 나관중 원본의 번역서는 나오지 않고 있다. 모두 청나라 때 모종강毛宗岡 부자가 개정한 판본을 '나관중본'이라고 호도하고 있을 것일 뿐이다. 원본에 대한 정밀한 검토 없이 멋대로 지어내는 것은 모래 위에 성을 쌓는 것이나 다름없다.

『삼국연의』는 다른 역사소설과 달리 겉모습만 소설일 뿐 실은 사료를 바탕으로 한 엄연한 역사서라는 사실을 상기할 필요가 있다. '연의'라는 말이 『수호지』나 『금병매』, 『서유기』에 붙어 있지 않은 이유가 바로 여기에 있다. 독자들을 위해 정사 『삼국지』의 내용을 알기 쉽게 풀어 썼다는 의미이다. 『삼국연의』가 『수호지』나 『서유기』 내지 『금병매』 등과 달리 중국문학을 전공하는 자들로부터 그다지 큰 주목을 받지 못하는 것도 이와 무관치 않을 것이다.

제대로 된 『삼국연의』 평설을 쓰려면 중국의 통사 및 제자백가 사상 등에 관한 기본지식이 필요하다. 그렇지 못하면 오히려 역사적 사실을 크게 왜곡시킬 수 있다. 『삼국연의』는 기본적으로 구세제민救世濟民을 기치로 내건 수많은 영웅호걸들이 천명天命을 놓고 다툰 일화를 다룬 책이다. 현재 시중에 팔리고 있는 소설 『삼국지』 가운데 근거 없는 평설을 시도한 대표적인 예로 조조의 여백사呂伯奢 살해 대목을 들 수 있다.

시중의 모든 소설 『삼국지』는 조조가 자신을 융숭히 대접한 여백사와 그 자식들을 무참히 죽이는 것으로 묘사해 놓고 있다. 그러나 정사 『삼국지』「위서·무제기」의 배송지 주에 인용된 『세어世語』 등에는 조조가 여백사를 죽였다는 기록이 전혀 나오지 않고 있다. 명백한 허구이다. 이를 제대로 검토하지 않고 멋대로 평설을 시도하는 것은 유비를 높이고 조조를 깎아내리고자 한 모종강 부자의 의도에 그대로 놀아나는 지이다.

또 『삼국연의』에는 조조가 원술을 칠 때 군량미 부족으로 인한 병사들의 원성을 잠재우기 위해 죄 없는 군량관 왕후王垕를 죽인 것으로 나오고 있다. 왕후는 말할 것도 없이 조조를 수단방법을 가리지 않는 비열한 인간으로 그리기 위해 등장시킨 가공의 인물이다. 이 대목과 관련해 일부 소설 『삼국지』는 이런 평설을 덧붙여 놓았다.

"일반적으로 조조의 간교함과 표독스러움을 말할 때 먼저 손꼽는 것이 여백사의 가족을 몰살한 일과 왕후를 죽인 일이다. 이는 자신의 안전이나 이득을 위해 죄 없는 사람을 죽였다는 것, 특히 자기편을 죽였다는 데서 오는 섬뜩함 때문일 것이다. 대저 영웅이란 간교할 간奸, 흉포할 흉凶, 꾀 많을 계計, 표독스러울 독毒 등을 다 품어야 한다던가!"

대다수 독자들은 이런 평설을 읽게 되면 조조를 그야말로 간흉계독奸凶計毒의 원흉으로 여기게 될 것이다. 더 큰 문제는 나라의 기둥이 돼야 할 젊은이들이 무릇 영웅은 '간흉계독'의 인물이 되어야 하는 것으로 오해할 공산이 크다는 데 있다. 물론 민국 초기 이종오李宗五는 『후흑학』에서 난세의 영웅이 되기 위해서는 낯가죽이 두껍고 속마음이 시꺼먼 면후심흑面厚心黑의 대가가 될 필요가 있다고 주장했다. 그러나 그의 이런 주장은 서구 열강의 침탈로부터 중국을 구하기 위한 계책으로 나온 것이다. 이른바 후흑구국厚黑救國이다. 그런 차원에서 활용돼야만 그 취지를 살릴 수 있다는 게 골자이다. 죄 없는 여백사와 왕후를 죽이는 '간흉계독'과는 천양지차가 있다. 성리학의 정통론에 입각해 나관중의 원본을 마구 가위질한 모종강본 『삼국연의』조차 이런 평을 달아놓지는 않았다.

나관중의 원본 『삼국연의』는 조조를 칭송해 놓은 대목이 매우 많다. 나름 정사 『삼국지』의 내용에 충실코자 애쓴 것이다. 어설픈 평설을 덧붙인 소설 『삼국지』를 읽게 되면 삼국시대에 활약한 영웅호걸의 난세리더십을 곡해할 소지가 너무나 크다. 평역의 가장 큰 위험성이 바로 여기에 있다. 대표적인 예로 동오의 마지막 군주인 손호孫皓에 대한 평설이다. 『자치통감』을 비롯해 정사 『삼국지』는 말할 것도 없고 나관중과 모종강의 『삼국연의』에 이르기까지 모두 신랄한 평을 달아놓았다. 배송지가 사평을 통해 "오직 손호만 아니었다면 동오는 결코 망하지 않았을 것이다."라고 단언한 게 그렇다. 그런데도 일부 소설 『삼국지』는 다음과 같은 평설을 달아 놓았다.

"여기서 다시 한 번 살펴보고 싶은 것은 손호의 사람됨이다. 그가 망국의 군주인 데다가 천하통일의 실세實勢 및 '촉한정통론'의 비호도 업지 못한 탓에 『삼국연의』는 줄곧 그를 나쁘게만 몰아왔다. 그러나 실제로 그는 당차고 똑똑한 인물이었을 것으로 보인다. 그가 진晉나라에 항복한 것은 그야말로 역부족 때문이었다. 진제晉帝 사마염의 물음에 답한 그의 말로도 넉넉히 짐작이 간다."

도대체 이런 평설이 나오게 된 근거는 무엇일까? 정사 『삼국지』의 기록에 따르면 동오가 패망한 뒤 손호는 낙양으로 압송됐다. 사마염 앞에 끌려 왔을 때 사마염이 "짐이 이 자리를 만들어 놓고 경이 오기를 기다린 지 오래되오!"라고 말하자 "신도 남쪽에서 이런 자리를 만들어 놓고 폐하를 기다린 지 오래됩니다!"라고 대꾸했다. 그러나 이런 대꾸가 과연 손호를 당차고 똑똑한 인물로 간주할 수 있는 근거로 원용할 수 있는 것일까?

객관적으로 볼 때 손호는 삼국시대의 군주 가운데 가장 잔혹하고 기괴한 인물이었다. '손호만 아니었다면 동오는 결코 망하지 않았을 것이다!'라고 단언한 배송지 주가 이를 뒷받침한다. 그의 행보는 난세의 군주리더십과 동떨어진 것이다. 명분론에 치우친 왕도와 현실론에 입각한 패도 사이를 편의에 따라 오락가락하면서 근거 없는 평설을 가했다는 지적을 면키 어렵다. 중국의 통사 및 제자백가 사상에 대한 지식은 그렇다 치더라도 정사 『삼국지』조차 제대로 읽지 않고 평설을 가했다는 비난을 받을 소지가 크다.

게다가 이들이 쓴 소설 『삼국지』는 오역이 너무 많아 근본적인 문제를 안고 있다. 지난 2003년 조선족 리동혁은 『삼국지가 울고 있네』를 통해 국내에서 가장 널리 팔리는 일부 소설 『삼국지』는 저본底本으로 삼은 모종강본 『삼국연의』 가운데 무려 9백 곳이나 잘못 번역해 놓았다고 지적했다. 자타가 공인하는 21세기 한국판 소설 『삼국지』가 되려면 일본의 대문호 요시가와 에이지吉川英治 수준의 창작으로 가거나, 아니면 충실한 번역이 전제된 일관된 평설이 필요하다. 이와 관련해 리동혁은 나관중의 초기 원본인 가정본嘉靖本에 가깝게 번역했다는 또 다른 소설 『삼국지』에 대해 이런 비판을 덧붙여 놓았다.

"최근 출간된 모씨의 '삼국지'를 죽 훑어보다가 하마터면 눈물을 흘릴 뻔했다. 역시 이 수준이었던가? 같은 민족으로서 부끄러움을 금할 수 없었다. 모씨의 평역본은 그래도 고치느라고 애를 쓴 흔적이 역력한데 비해 새로 출간된 번역본은 옛날 판본의 오류를 그대로 답습한 부분이 너무 많았기 때문이다."

정사 『삼국지』는 나관중이 『삼국연의』를 저술할 때 저본으로 삼은 책이다. 명대 말기 풍몽룡馮夢龍이 춘추전국시대를 다룬 역사소설 『동주열국지』를 펴내면서 『춘추좌전』과 『사기』, 『전국책』 등을 저본으로 삼은 것에 비유할 만하다. 『삼국연의』와 『동주열국지』를 『금병매』 및 『수호지』 등과 달리 '역사소설'로 부르는 이유가 여기에 있다. 독자들의 기호에 맞춰 역사적 사실을 멋대로 왜곡해서는 안 된다는 경고를 담고 있는 것이다. 학자들은 통상 풍몽룡의 『동주열국지』는 90%, 나관중의 『삼국연의』는 80%, 모종강 부자의 『삼국연의』는 70%가량이 사서의 기록과 일치하는 것으로 보고 있다. 사서에 기록이 나오지 않는 것은 창작의 영역이다.

원래 '역사소설'은 창작의 영역이 적을수록 사서에 가까워지고, 많을수록 소설의 의미를 강하게 띤다. 여기에 '역사소설'의 딜레마가 있다. 사서에 가까울수록 독자들의 흥미가 떨어지고, 소설에 가까울수록 독자들의 흥미를 북돋울 수 있다. 실제로 나관중도 그랬지만 모종강 부자는 나관중 원본에 대대적인 손질을 가해 낙양의 지가를 올린 바 있다. 한국에서 최근 우후죽순으로 쏟아져 나온 소설 『삼국지』는 사서보다 소설의 색채가 짙어 대략 60% 가량만 사서의 기록과 일치하고 있다. 덕분에 모종강 부자와는 비교도 안 될 정도로 낙양의 지가를 올린 것은 말할 것도 없다.

그러나 '역사소설'의 경우는 순수 창작물과 달리 넘지 말아야 할 일정한 선이 있다. 독자들의 흥미를 자아내기 위해 사서의 기록을 멋대로 왜곡하는 일만은 지양해야 한다는 게 그것이다. 정사에 대한 정밀한 분석도 없이 임의로 평설을 가하는 것은 더욱 불가하다. 비록 영리의 목적이 개입되기는 하나 독자에게 '롤 모델'과 '반면교사'로 삼을 만한 얘기를 자연스럽게 들려주고자 하는 '역사소설' 저술의 기본 취지만큼은 후대인에게 귀감을 전하고자 한 정사의 편제 취지와 하등 다를 게 없기 때문이다.

삼국시대 당시 '난세의 영웅' 조조에게는 인재가 끊이지 않았다. 아직도 많은 사람들이 『삼국연의』 영향으로 인해 조조보다는 인과 덕으로 사람을 대한 유비를 더 높게 평가하곤 하나 당대의 인재들은 조조 앞으로 구름같이 모여들어 충성을 다짐했다. 천하대사의 시작은 사람이고, 인간관계는 이해관계에서 시작한다는 사실을 통찰한 결과다. 조조는 고금동서를 통틀어 난세리더십의 정수를 보여준 대표적인 인물에 속한다. 진수는 정사 『삼국지』를 펴내면서 「무제기」의 사평에서 조조를 두고 이같이 평한 바 있다.

"후한 말기의 천하대란 시기에 영웅호걸이 동시에 일어났다. 그 가운데 원소는 4개 주를 근거로 호시탐탐 천하를 엿보았는데 그 강성함은 당할 자가 없었다. 태조는 장막 안에서 책략을 세워 천하를 편달鞭撻하고, 신불해申不害와 상앙商鞅의 법술法術을 통달했고, 한신韓信과 백기白起의 기발한 책략을 구사했다. 또 재능 있는 자에게 관직을 주면서 각자의 재능을 최대한 살리게 했다. 이는 자신의 감정을 자제하며 냉정한 계책에 따른 것으로 그는 옛날의 악행을 전혀 염두에 두지 않았다. 마침내 천하대사를 능히 장악해 대업을 이룬 배경이 여기에 있다. 이는 그의 명석한 책략이 가장 우수했기에 가능한 일이었다. 그는 비범한 인물이며 시대를 뛰어넘는 초세超世의 영웅이었다."

한마디로 극찬이다. 조조를 '난세의 간웅'으로 그려놓은 『삼국연의』의 기술과 정반대된다. 주목할 것은 '신불해와 상앙' 운운한 대목이다.

원문은 '남신상지법술擥申商之法術, 해한백지기책該韓白之奇策'이다. '신상지법술'은 신불해의 술치술術治術과 상앙의 법치술法治術을 통칭한 말이다. 남擥은 꽉 움켜쥐었다는 뜻으로 통달했다는 의미로 사용된 것이다. '한백지기책'은 초한전 때 천하무적의 용병술을 자랑한 한신韓信과 전국시대 말기 진秦나라 최고의 장수로 활약했던 백기白起의 용병술을 뜻하는 말로 『손자병법』이 역설하는 기모기책奇謀奇策을 상징한다. 해該는 갖췄다는 뜻으로 여기서는 기모기책이 전쟁터에서 예외 없이 구사됐다는 의미로 사용된 것이다.

이 대목은 조조가 법가사상의 원조에 해당하는 상앙과 법가사상을 집대성한 한비자를 깊이 연구했음을 방증한다. 상앙의 저서인 『상군서』와 한비자가 쓴 『한비자』는 법가사상의 정수를 모아놓은 명저이다. 조조가 이들 법가사상서를 탐독하면서 동시에 전래의 『손자병법』을 깊이 연구하며 이를 새롭게 편제해 냈음을 알 수 있다. 법가사상과 병가사상을 하나로 녹인 장본인이 바로 '난세의 영웅' 조조였다는 얘기다.

난세에 난세의 논리를 모르면 개인이든 국가든 이내 패망의 길로 접어들 수밖에 없다. 삼국시대 당시 모든 면에서 압도적인 우위를 점한 원소가 끝내 사람 취급을 받지도 못한 환관집안 출신인 조조에게 패해 피를 토하며 죽은 게 그렇다. 초한전 당시 명문가 출신 항우가 시골의 건달 출신 유방에게 패해 손에 넣은 천하강산을 고스란히 '상납'하면서 후대의 웃음거리가 된 전철을 밟은 꼴이다. 조조와 유방은 난세의 논리를 알았고, 원소와 항우는 몰랐기 때문에 흥망이 갈렸다.

조조가 젊었을 때부터 숨을 거두는 순간까지 보여준 난세리더십은 크게 7개로 요약할 수 있다. 호랑이처럼 천하를 내려다보며 크게 도모하는 호시원략虎視遠略, 폭력을 제거하고 인민을 구제하는 것을 기치로 내세우는 제포구민除暴救民, 참모들의 건의를 경청한 뒤 모든 책임을 떠안은 채 고독하게 결단하는 경청독단傾聽獨斷, 인재를 알면 반드시 발탁하면서 신뢰를 주고 그렇지 못하면 아예 쓰지 않는 불신물용不信勿用, 시의를 좇아 기존의 룰과 관행 및 가치 등을 과감히 내던지고 자발적으로 변신하며 변혁을 주도하는 임기응변臨機應變, 공을 세운 자는 반드시 포상하고 죄를 지은 자는 반드시 처벌하는 신상필벌信賞必罰, 부단히 배우고 익히면서 잠시도 손에서 책을 놓지 않는 수불석권手不釋卷의 리더십이 그것이다. 여기에 조조가 보여준 탁월한 용인술用人術과 용병술用兵術, 치국술治國術이 총망라돼 있다.

사상사적으로 볼 때 조조는 전국시대 말기 법가사상을 집대성한 한비자의 사상적 제자에 해당한다. 난세의 군주리더십을 집대성한 한비자 사상의 가장 큰 특징은 모든 인간관계를 이해관계로 파악한데 있다.

이해관계가 얽히게 되면 가장 가까운 가족공동체 내에서도 유혈 참극이 빚어진다. 21세기라고 크게 달라졌을 리 없다. 난세에는 난세의 논리를 적용해야 하는 이유다. 진수가 『삼국지』에서 삼국시대에 등장한 여러 영웅 가운데 조조를 두고 시대를 뛰어넘는 '초세超世의 영웅'으로 평한 것도 이런 맥락에서 이해할 수 있다.

02

플루타르코스는 왜 『영웅전』에서 짝을 만들어 비교해 놓은 것일까?

역사 속의 플루타르코스

『영웅전』의 저자 플루타르코스는 서기 46년경 보에오티아 섬의 북쪽에 있는 카이로네이아에서 태어났다. 『역사』를 쓴 헤로도토스보다는 약 4백년, 『사기』의 저자 사마천보다는 약 1백년 가량 늦게 태어난 셈이다. 또 정사 『삼국지』의 저자 진수보다는 약 2백년 가량 앞서 태어난 게 된다. '신 중화제국'의 창업주인 모택동이 평생 『사기』와 『삼국지』를 탐독한 것처럼 서양에서는 큰 뜻을 품은 사람이라면 헤로도토스의 『역사』와 플루타르코스의 『영웅전』을 반드시 읽어야 할 사서로 꼽고 있다. 그만큼 유명하다.

원래 그가 태어난 카이로네이아는 기원전 447년 아테네에 복속된 이래 쉴 새 없이 전쟁의 상흔이 엎치고 덮친 곳이다. 기원전 338년 아테네와 테베 연합군이 마케도니아의 필리포스 2세에게 대패하고, 기원전 146년 마케도니아에 승리를 거둔 메텔루스가 고린도에서 로마 사절이 당한 모욕을 보복키 위해 주민을 대량 학살한 곳이 바로 이곳이다. 기원전 86년에는 로마 역사상 최초로 휘하 병사를 이끌고 로마로 진군하는 쿠데타를 통해 집권한 술라가 로마의 속주를 침공한 폰투스왕 미트라다테스 4세와 일전을 벌인 곳이기도 하다.

그러나 플루타르코스가 태어날 당시 그의 고향은 아우구스투스가 구축한 '팍스 로마나Pax Romana'의 평화를 만끽했다. 주민들 모두 그리스인이라는 자부심과 더불어 구석구석 스며든 로마의 전성기 문화를 향유한 덕분이다. 그가 3세 때인 서기 43년 당시 로마는 황제 클라우디우스의 영도 아래 영국을 제국의 영토에 편입시키고 북아프리카 마우레타니아와 발칸반도의 트라스까지 영역을 확장하는 등 전성기를 구가하고 있었다. 이후에도 '팍스 로마나'의 성세는 거침이 없었다. 그가 세상을 떠나는 서기 120년경에는 오히려 로마의 영토가 더 넓어졌다. 동으로는 유프라테스 강, 서로는 대서양, 북으로는 브리타니아와 도나우 강까지 팽창한 게 그렇다. 정작 본인은 자신의 『영웅전』에 등장하는 인물들이 살던 거칠고도 유혈이 낭자한 시대와는 사뭇 동떨어진 매우 평화로운 시대를 살다 간 셈이다.

현재 플루타르코스의 생장과정에 대해서는 자세히 알 길이 없다. 그는 자신의 저작 속에 가족에 관한 얘기를 간헐적으로 언급해 놓았다.

이를 종합해 보면 그의 집안은 지역을 대표하는 명문 귀족이자 부호였던 것으로 보인다. '팍스 로마나'의 평화를 누구보다 더 향유했을 공산이 크다. 그의 조부는 풍부한 교양과 뛰어난 언변을 지니고 있었다. 도덕적 삶을 중시하는 가풍을 만든 배경이다. 그의 부친 역시 양마養馬의 취미 속에서 손님들과 어울리는 것을 즐겼다. 관후하면서도 자유로운 사고방식을 지닌 귀족의 전형에 해당한다. 아테네로 유학을 떠나는 20세 때까지 이런 조부와 부친의 영향을 크게 받았을 것으로 짐작된다.

그는 아테네로 가 10년가량 플라톤이 세운 '아카데미아'에서 열심히 공부했다. 이때 그는 플라톤철학의 대가인 암모니오스로부터 철학과 수학 및 수사학 등을 배웠다. 그렇다고 그가 이상국을 지향한 플라톤 철학에 함몰된 것은 아니었다. 『영웅전』의 내용을 보면 오히려 현실을 중시한 아리스토텔레스에 경도된 듯한 느낌을 준다. 철학과 이상에 대비되는 역사와 현실의 친근성 때문인 듯싶다. 실제로 그는 「모랄리아」에서 악인은 절대 선인이 될 수 없다는 스토아학파의 주장을 배척하면서 습관과 훈련을 통해 천성을 바꿀 수 있다는 아리스토텔레스의 주장을 옹호한 바 있다.

당시 아테네에는 '소피스트 운동'이 크게 일고 있었다. 그 역시 교양과목인 수사학을 이수하며 상당 수준의 연설 실력을 닦았을 것으로 보인다. 다만 그가 '소피스트'의 색채가 짙은 현란하고 과시적인 연설에 혹했을 가능성은 크지 않다는 게 중론이다.

현재 그가 아테네에 머문 기간을 두고 논란이 있으나 아테네 시민권을 획득한 점에 비춰 '아카데미아' 학업이수 기간에 한정되지 않았을 것으로 보는 게 중론이다. 그는 유학이 끝나자 이내 알렉산드리아와 로마를 비롯해 지중해의 여러 도시를 두루 여행했다. 학자들은 대략 이때를 기점으로 40대 중반이 되는 90년대 초까지 그가 주로 로마에 머물며 사람들에게 철학과 수사학을 가르친 것으로 추정하고 있다.

당시 그가 보여준 풍부한 학식과 탁월한 언변은 많은 사람에게 적잖은 감명을 준 게 거의 확실하다. 유력한 후원자들이 대거 생겨난 게 그렇다. 아테네 유학시절부터 친분을 쌓은 원로원의 실력자 소시우스가 대표적이다. 그는 플루타르코스가 『테세우스』를 비롯해 자신의 여러 저서를 헌정한 인물이다. 로마시민권의 보증인이자 그에게 로마시민의 성씨를 하사한 베스파니아누스 황제 가문의 메스트리스도 있다. 가장 신분이 높은 사람은 그에게 델포이 신전의 복원을 맡긴 트라야누스 황제다. 황제를 후원자로 두었다는 것은 그의 실력과 명성이 간단치 않았음을 방증한다.

그는 로마에 머물면서도 고향의 일에도 적극적으로 참여했다. 고향 사람들의 그에 대한 신뢰와 기대를 저버릴 수 없었기 때문이다. 그는 서기 92년 이후 고향으로 돌아간 것으로 추정되고 있다. 이후의 삶도 매우 평온했다. 지역의 유력 인사 자격으로 여러 명예직을 맡은 게 그렇다. 50세가 되는 96년경에는 델포이 신전의 사제가 됐다. 이는 그가 40대 초에 아폴론의 비의종교에 입문한 사실과 무관치 않다. 그는 델포이의 신관과 가깝게 지내면서 신탁의 부흥에도 힘썼다.

학자들은 그가 델포이 신전의 사제에 선출된 이후에도 74세로 고향에서 숨을 거둘 때까지 계속 교육과 저술에 전념하며 평온한 삶을 살았을 것으로 보고 있다. 만년에 하드리아누스 황제의 명을 받아 아카이아의 정치와 행정을 책임진 게 그렇다. 실제로 그는 죽기 전까지 아테네의 명예시민이자 아카이아주의 지사知事로 있었다.

플루타르코스는 생전에 철학과 신학, 윤리, 자연과학, 문학 등 다방면에 걸쳐 많은 작품을 남겼다. 시끄럽게 말로 유세하는 것보다 조용히 글로 남기는 것을 선호한 게 확실하다. 그가 남긴 작품은 총 227종에 달한다. 이들 작품 가운데 21세기 현재까지 가장 널리 읽히는 것은 흔히 '플루타르코스 영웅전'으로 불리는 『영웅전』과 그 자신이 직접 쓴 78편의 에세이를 모아놓은 『모랄리아Moralia』이다. 서구에서는 오랫동안 『모랄리아』를 수필隨筆의 효시, 『영웅전』을 전기傳記의 효시로 간주해 왔다.

『모랄리아』에 나오는 에세이 가운데 '젊은이는 시가를 어떻게 들어야 하는가?' '자유인의 자식은 어떻게 교육해야 하는가?' '철학자들의 강의는 어떻게 들어야 하는가?' '아첨꾼과 친구는 어떻게 구별할 수 있는가?' '덕을 쌓는 사람은 어떻게 알아볼 수 있는가?' 등의 에세이는 디오게네스, 플라톤, 아이스킬로스, 소포클레스, 에우리피데스 등이 제시한 질문이기도 하다. 『영웅전』에 앞서 나온 『모랄리아』는 서양의 고대 지식인과 영웅호걸의 정신세계를 살펴볼 수 있는 매우 귀중한 자료에 해당한다.

플루타르코스의 많은 작품 가운데 최고의 걸작은 말할 것도 없이 『영웅전』이다. 『영웅전』은 서양에서 『성경』 못지않은 대우를 받고 있다. 동아3국에서 교양필수로 『삼국지』를 드는 것과 닮았다. 『삼국지』와 『영웅전』 모두 일세를 풍미한 영웅의 사적을 소상히 기록해 놓은 대표적인 사서라는 점에서도 서로 통하는 바가 있다. 플루타르코스도 자신의 책이 당대는 물론 후대에도 교양필수로 읽힐 것을 기대했다. 집필 배경을 설명한 『영웅전』의 서문이 이를 뒷받침한다.

"우리의 영혼은 본래 배우기를 좋아하고 보기를 좋아한다. 볼 가치도 들을 가치도 없는 것을 생각하느라 아름답고 유익한 것을 소홀히 하는 자들이야말로 비난받아 마땅하지 않겠는가?"

『영웅전』을 쓴 저자의 자부심이 한껏 묻어나는 대목이다. 실제로 『영웅전』을 읽지 않고는 서양의 역사문화를 논할 길이 없다. 동양처럼 해당 왕조의 사서를 체계적으로 정리해 놓지 않은 서양에서는 『영웅전』이야말로 서양의 역사문화 뿌리에 해당하는 그리스와 로마의 정수를 총망라해 놓은 유일무이한 보고에 해당하기 때문이다.

『영웅전』의 원래 그리스어 명칭은 '영웅비교열전βίοι παράλληλοι'이다. 비오이βίοι는 영웅에 해당하는 자들의 삶, 파랄렐로이παράλληλοι는 대비시킨다는 뜻의 형용사이다. '영웅비교열전' 명칭은 그리스와 로마의 영웅 가운데 서로 유사한 업적을 이룬 인물을 하나의 쌍으로 묶어 기술한데서 나온 것이다. 『영웅전』에 수록된 인물은 모두 50명이다. 로마와 그리스의 대비되는 23쌍의 영웅 46명의 '비교열전'과 4명의 '단독전기'로 구성돼 있다. 23쌍의 명단은 다음과 같다.

테세우스와 로물루스, 리쿠르고스와 누마 폼필리우스, 솔론과 포플리콜라, 테미스토클레스와 카밀루스, 페리클레스와 파비우스 막시무스, 알키비아데스와 코리올라누스, 티몰레온과 아이밀리우스 파울루스, 펠로피다스와 마르켈루스, 필로포이멘과 플라미니누스, 피로스와 카이우스 마리우스, 리산드로스와 술라, 키몬과 루쿨루스, 니키아스와 크라수스, 세르토리우스와 에우메네스, 아게실라오스와 폼페이우스, 알렉산드로스와 율리우스 카이사르, 포키온과 소小 카토, 아기스와 클레오메네스 및 그라쿠스 형제, 데모스테네스와 키케로, 디미트리오스와 안토니우스, 디온과 브루투스가 그것이다. 에파미논다스와 스키피오의 비교 사례는 전해지지 않고 있다. 아기스와 클레오메네스 및 그라쿠스 형제는 2쌍의 비교로 간주하고 있다.

4명의 '단독전기'는 아라토스, 아르타크세르크세스, 갈바, 오토 등이다. 현재 전해지지 않는 '단독전기'는 로마의 경우가 스키피오 아프리카누스, 아우구스투스, 티베리우스, 클라우디우스, 네로, 카이우스 황제, 비텔리우스 등 8명에 달한다. 그리스의 경우는 헤라클레스, 헤시오도스, 핀다로스, 크라테스 등 4명이다. 원래 '단독전기'는 플루타르코스가 『영웅전』을 펴내기 이전에 이미 『황제열전』과 『위인전』을 쓴 데서 비롯됐다. 그 내용이 모두 전해지지 않자 후대인이 『황제열전』 중의 2명, 『위인전』 중의 2명의 전기를 『영웅전』에 끼워 넣은 것이다. 결국 현존 『영웅전』은 원래의 『영웅전』 위에 『황제열전』과 『위인전』의 내용을 덧붙인 셈이다.

『영웅전』의 가장 큰 미덕은 플루타르코스가 언급했듯이 인간의 약점이 오히려 덕성의 훈련에 도움이 돼 나중에 큰일을 이룰 수 있다는 사실을 깨우쳐주는 데 있다. '너무나 인간적인' 약점을 지닌 영웅들의 절차탁마切磋琢磨 행보를 본보기로 삼아 용맹 정진해 나갈 것을 충고한 게 그렇다. 그가 영웅들의 사소한 부분도 빠뜨리지 않기 위해 노력한 이유다. 영웅들의 야망과 좌절, 미덕과 수치 등을 가감 없이 담담한 필치로 묘사해 놓은 게 그렇다. 그들의 삶을 있는 그대로 보여주고

자 한 것이다.

후대 사가들이 『영웅전』을 두고 등장인물의 진면목을 유감없이 드러냈다고 평하는 것도 이런 맥락에서 이해할 수 있다. 고대 그리스와 로마시대를 풍미한 신화 속의 영웅이 아니라 인간이 기록한 역사의 기록물 속에 분명한 족적을 남긴 현실의 인간을 영웅으로 선정한 게 그렇다. 사람의 마음을 다독여 주는 여러 처세론, 사물에 대한 동심의 호기심, 인간미 넘치는 자유로운 방담 등도 이런 맥락에서 나온 것이다. 역사가이자 『모랄리아』를 쓴 문필가의 시각으로 접근한 결과다. 단순히 정치적인 사건에 초점을 맞추지 않고 해당 인물이 왜 그런 행보를 보이게 됐는지 그들의 내면세계로 들어가 분석을 시도한 게 그렇다.

『영웅전』의 위대한 면모가 여기에 있다. 서양의 역사문화를 알고자 하면 반드시 고대 그리스와 로마를 알아야 하고, 그리스와 로마를 이해코자 하면 반드시 『영웅전』을 읽어야 한다는 말이 나오는 이유다. 서양에서 교양인의 필수 독서목록에 『성경』과 더불어 반드시 『영웅전』이 빠지지 않고 올라가는 것도 이런 맥락에서 이해할 수 있다. 『영웅전』의 등장을 계기로 서양인이 신화와 전설의 세계에서 벗어나 비로소 역사의 세계로 진입케 됐다는 평이 나오는 것도 같은 맥락이다. 지성사의 관점에서 볼 때 영웅의 모델을 신화나 전설이 아닌 역사 속에서 찾게 된 것은 코페르니쿠스적 대전환에 해당한다. 인간 지성의 거대한 진보로 부를 만하다. 실제로 『영웅전』의 등장인물은 르네상스 이후 19세기 말까지 서구의 교육에서 최상의 '롤 모델'로 간주됐다.

『영웅전』의 내용과 특징

『영웅전』은 크게 「그리스 영웅전」과 「로마 영웅전」을 합본한 것이나 다름없다. 비록 그리스와 로마의 영웅 가운데 서로 비슷한 사람을 선택해 비교하는 형식을 취했으나 사실 표면적인 유사성만 있을 뿐이다. 『삼국지』의 편제 취지에서 보면 플루타르코스가 그리스와 로마의 영웅을 나란히 거론한 것은 '삼국지'를 흉내 낸 일종의 '이국지二國志'에 가깝다. 방점은 '그리스 영웅전'에 찍혀 있다. 객관적으로 볼지라도 「그리스 영웅전」에 등장하는 인물이 훨씬 뛰어나다. 가장 대표적인 인물로 리쿠르고스와 솔론, 클레이스테네스, 테미스토클레스, 페리클레스, 알렉산드로스 등을 들 수 있다. 모두 6명이다. 이들의 삶을 간략히 살펴보기로 하자.

첫째, 리쿠르고스이다. 고대 그리스 스파르타의 정치가인 그는 최초의 의무교육인 '스파르타 식 교육'을 포함해 스파르타의 모든 제도를 만든 인물로 알려져 있다. 그러나 19세기 이후 독일을 중심으로 한 비판적인 연구는 그의 실재를 부정하며 신화 내지 전설 속의 인물로 보고 있다. 실제로 스파르타를 비롯해 펠로폰네소스 일대에서 같은 이름의 신이 숭배된 바 있다. 최근의 고고학적 연구결과에 따르면 스파르타의 제도가 등장하기 시작한 것은 기원전 600년 이후이다. 그가 실존 인물이었다면 대략 기원전 8–7세기였을 것으로 추정된다. 플루타르코스도 「리쿠르고스전」에서 '리쿠르고스의 존재를 둘러싸고 논쟁의 씨가 되지 않는 것은 하나도 없다.'며 그의 실존에 커다란 의구심을 표한 바 있다. 「리쿠르고스전」에 전설적인 얘기가 대거 실린 것도 이런 맥락에서 이해할 수 있다.

이에 따르면 그는 델포이의 아폴로 신전에서 신탁을 받고 법률을 만들었다고 한다. 그리스 도시국가에 광범하게 민회와 장로회, 민선관民選官 등이 나타난 배경이다. 또 그는 국가공동체의 공동체의식을 고양하기 위해 인민 모두 정해진 시간에 공동식사를 하도록 하고, 근로정신을 갉아 먹으며 폭리를 부추기는 금화와 은화의 사용을 엄히 금했다. 공동급식은 전쟁과 농사짓는 것을 함께하는 것을 목표로 삼은 것이다. 상앙이 시행한 농전農戰의 취지와 닮았다. 공동급식의 특징은 음식을 맛없게 만들어 식욕으로 인해 나태해지는 것을 경계한 데 있다. 남녀를 가리지 않고 용감한 전사를 육성키 위해 용맹한 여자를 선발해 이른바 '속옷 행진' 등을 시킨 것도 같은 맥락이다. 스파르타에서는 강간이 없다고 할 만큼 여성들이 용맹했다는 이야기가 전해진 배경이다. 여자들에게 레슬링, 원반던지기의 운동을 시켜서 체력을 기르고 건강한 아이를 낳고 결국 용맹한 전사 집단을 만들겠다는 것이 리쿠르고스의 생각이었다.

금화와 은화의 사용을 언급하며 돈을 쇠로 무겁게 만든 것은 금융을 이용한 폭리를 원천 봉쇄키 위한 고육책이었다. 훗날 아리스토텔레스가 『정치학』에서 세상의 모든 직업 가운데 최악의 직업으로 고리대금업을 든 것도 리쿠르고스와 취지를 같이하는 것이다. 모두 스파르타 인민들로 하여금 열심히 농사를 짓고, 전쟁이 벌어졌을 때 용감한 전사로 싸우게 만들고자 한 것이다. 스파르타가 농업을 중시하며 막강한 무력을 보유한 배경이 여기에 있다. 리쿠르고스는 법제도의 혁명적인 개혁을 통해 스파르타를 최강의 나라로 만든 위대한 개혁가에 해당한다. 스파르타가 걸은 길은 활발한 해상무역으로 벌어들인 부를 바탕으로 민주정의 꽃을 피우다가 이내 쇠락한 아테네와 여러모로 대비된다.

그런 점에서 플라톤이 『국가론』에서 스파르타를 이상국의 '롤 모델'로 상정한 것도 결코 우연으로 볼 수 없다. 「리쿠르고스전」의 내용과 상당부분 일치하고 있기 때문이다. 전설적인 입법가인 리쿠르고스의 개혁입법에 관한 얘기가 기원전 8세기경부터 그리스 내 여러 도시국가에 널리 퍼졌을 가능성을 시사한다.

둘째, 솔론이다. 그는 기원전 7세기 후반에서 6세기 전반에 활약한 인물로 고대 그리스를 대표하는 7인 현자 가운데 1명이다. 당시 아테네는 빈부의 격차가 매우 커 커다란 문제를 안고 있었다. 부채로 인해 땅을 잃거나 노예로 팔리는 사람이 속출했다. 귀족과 평민 사이의 갈등이 격화될 무렵 최고 지도자인 아르콘으로 선출된 솔론이 해법을 제시했다. 인신과 농토를 담보로 한 채무를 법으로 금지하고, 신분이 아닌 재산 등급에 따라 관직에 진출할 수 있는 길을 열었다. 객관적으로 볼 때 아테네의 현자 솔론이 시행한 개혁은 아테네가 스파르타와 여러 면에서 대비되듯이 리쿠르고스의 개혁과 비교된다. 리쿠르고스의 개혁은 전면적이고, 비타협적이고, 강압적이고, 중농적重農的인 개혁에 해당한다. 이에 반대 솔론의 개혁은 부분적이고, 타협적이고, 자발적이고, 중상적重商的인 개혁에 속한다. 솔론이 상업적인 개혁에 초점을 맞춘 이유다. 당시 아테네는 극심한 빈부격차로 몸살을 겪고 있었다. 상업을 통해 막대한 부를 축적한 부호가 등장한 결과다. 이대로 두다간 내분이 일어날 소지가 컸다. 그렇다고 스파르타처럼 농업국가로 돌아갈 수도 없는 일이었다. 솔론이 택한 개혁은 '부채의 탕감'과

'이자의 경감' 조치였다. 일정한 한계가 있기는 했으나 빈자와 부자를 공히 만족시키고자 한 방안으로는 나름 최상의 계책을 제시한 셈이다. 그를 두고 후대 사가들이 그리스 민주정의 씨를 뿌린 장본인으로 꼽는 것도 이런 맥락에서 이해할 수 있다.

셋째, 클레이스테네스이다. 그는 7세기 초에서 6세기 후반에 활약한 귀족 집안 출신 정치가로 아테네 민주정의 기초를 확립한 인물이다. 그의 이름은 시키온의 참주였던 같은 이름의 외조부 클레이스테네스에서 따온 것이다. 그의 외조부는 특이한 인물이었다. 퓨치아나 올림피아경기에 직접 참가하여 전차경주에서 우승하는가 하면, 딸 아가리스테의 신랑감을 그리스 전국에서 구하면서 경쟁 끝에 승리한 아테네의 알크마이온 가문의 메가클레스와 결혼시킨 게 그렇다. 아가리스테와 메가클레스 사이에서 얻은 손자가 바로 같은 이름의 클레이스테네스이다. 손녀 아가리스테는 클레이스테네스의 뒤를 이어 아테네 민주정의 기반을 확고히 한 페리클레스의 아내가 되었다. 그가 활약할 당시 아테네는 세습귀족과 평민간의 갈등으로 몸살을 앓고 있었다. 기원전 546년 평민의 불만을 이용한 페이시스트라토스가 아테네를 무력으로 점령한 뒤 정적인 메가클레스와 알크마이온 일족을 아테네에서 추방했다. 그는 기원전 527년 사망할 때까지 20년간 참주정을 실시했다. 클레이스테네스가 20년 가까이 아테네 근처에 얼씬도 하지 못한 이유다.

페이시스트라토스 사후 그의 아들 히피아스는 유화책을 펴며 추방된 귀족들을 받아들였다. 덕분에 클레이스테네스는 아테네로 돌아와 기원전 525년부터 기원전 524년까지 최고 행정관인 아르콘을 역임할 수 있었다. 기원전 514년 히피아스는 형제인 히파르코스가 암살되자 다시 억압 정책을 펴기 시작했다. 클레이스테네스는 다른 귀족과 연합해 이에 맞섰다. 기원전 510년 클레이스테네스는 스파르타의 클레오메네스 1세를 끌어들여 히피아스를 쫓아낸 뒤 세습 귀족 세력을 대표한 이사고라스와 대립했다. 스파르타가 이사고라스를 지원한 탓에 아테네에서 추방됐으나 아테네 시민들은 그의 편이었다. 이내 아테네로 돌아와 정치적 실권을 장악한 배경이다. 기원전 508년 클레이스테네스는 민회와 연합해 민주정이 초석이 될 만한 일련의 개혁을 강력 추진했다. 이른바 '클레이스테네스의 개혁'이다. 이 개혁의 골자는 귀족의 특권을 약화시키고 모든 시민에게 평등한 참정권을 부여한데 있다. 이를 이소노미아ἰσονομία라고 한다. 모든 시민에게 동등한 권리를 보장해 나라를 다스린다는 뜻이다. 당시 그는 전통적인 4부족 체제를 해체한 뒤 아테네를 거주지에 따라 10개 행정구역으로 재편해 귀족의 권력 기반을 약화시켰다. 데모스demos로 불리는 촌락공동체가 정치의 기본단위가 된 배경이다. 그는 또 시민법정을 설치하고, 참주의 출현을 원천 봉쇄하기 위해 도편추방제陶片追放制를 도입했다. 사가들은 기원전 490년에 아테네가 '마라톤 전투'에서 페르시아 대군에 승리를 거둔 배경을 '클레이스테네스의 개혁'에서 찾고 있다.

넷째, 테미스토클레스이다. 그는 기원전 6세기 초에서 5세기 중반에 활동한 인물로 페르시아 전쟁의 영웅이다. 「테미스토클레스전」에 따르면 그는 아테네의 명문가 출신이다. 기원전 493년 집정관에 선출된 것을 계기로 해군의 증강에 박차를 가했다. 육군의 증강을 주장한 정적 밀티아데스가 죽은 뒤 세력을 더욱 강화했다. 기원전 483년 민회를 설득해 라우레이온 은광에서 나오는 수익을 군함 건조에 충당토록 하면서 이를 반대한 정적 아리스테이데스를 도편추방으로 내쫓았다. 그의 진두지휘 덕분에 아테네는 문득 200척의 3단 노선櫓船을 보유한 해군 강국으로 발돋움했다. 기원전 480년 페르시아 대군이 육로로 아티카를 공격하자 노인과 부녀자를 살라미스 등으로 피난시킨 뒤 모든 아테네 시민을 군함에 태웠다. 이어 페르시아 함대를 살라미스의 좁은 수로로 유인한 뒤 협격을 가해 대승을 거뒀다. 그러나 이후 스파르타와 갈등을 빚으면서 아테네의 성벽을 재건하는 등 방비를 강화하는 과정에서 인심을 잃고 마침내 도편추방을 당하는 신세로 전락했다. 추방된 상황에서 페르시아 왕과 내통하고 있다는 무함을 받고 사형선고를 당하자 이내 소아시아로 탈출했다. 페르시아의 아르타크세르크세스 1세의 보호 하에 여생을 보내다가 기원전 462년 사망한 것으로 알려졌다. 그의 파란만장한 삶은 변덕스러운 민심무상民心無常의 실체를 선명히 보여주고 있다.

다섯째, 페리클레스이다. 그는 기원전 5세기 말에서 초까지 활약한 정치가로 바다와 육지에서 모두 9차례에 걸쳐 승리를 거둬 아테네의 위세를 크게 드높였다. 부친은 크산티포스, 모친은 클레이스테네스의 실녀인 아가리스테였다. 사자의 태몽을 꾸고 태어났고 얼굴이 길어 '스키노케팔로스'로 불렸다고 한다. 젊었을 때 소피스트의 교육을 받은 덕분에 뛰어난 웅변을 자랑했다. 그의 이름이 거론되기 시작한 것은 기원전 472년 아이스킬로스의 『페르시아인』이 상연될 때 그 비용을 부담하는 합창대 봉사자가 되었을 때이다. 귀족 출신임에도 밀티아데스의 아들인 키몬에 대항하기 위하여 귀족파가 아닌 민주파의 지도자가 되었다. 기원전 462년 에피알테스와 함께 귀족세력의 거점인 아레오스파고스 회의의 권리를 박탈한 뒤 평의회와 민중재판소 및 민회에 실권을 부여하는 법안을 민회에 제출하였다. 이듬해 에피알테스가 정적에게 살해당하고 키몬이 도편추방으로 쫓겨나자 권력기반을 확고히 다지게 됐다. 제3신분까지 최고의 관직인 아르콘에 취임할 수 있게 되고, 관원을 희망자 중에서 추첨으로 선출하는 등 민주정의 전성기를 구가한 이유다. 기원전 454년 그의 제안으로 델로스동맹의 기금을 아테네로 옮겼다. 이때부터 동맹의 여러 도시는 거의 모두 아테네의 속국이 되었다. 이후 페르시아 및 스파르타와 화약을 맺어 평화체제를 구축했다. 기원전 443년에는 죽을 때까지 매년 스토라테고스로 불리는 장군직에 선출돼 '지상의 제우스'라 불리게 됐다. 이름만 민주정일 뿐 사실상 1인 지배 체제가 등장했다. 사실 이때가 아테네의 전성기이기도 했다. 그러나 기원전 431년 스파르타와 펠로폰네소스 전쟁이 시작되면서 상황이 일변했다. 그를 권좌에서 끌어내리려는 음모가 진행되는 와중에 아테네에 유행한 질병에 걸려 병사하고 말았다.

여섯째, 알렉산드로스이다. 『영웅전』의 꽃은 「알렉산드로스전」이라고 해도 과언이 아니다. 여기에는 명언도 많이 나온다. 동방원정에 나선 알렉산드로스가 헬레스폰토스 해협을 넘어갈 때 모든 전리품을 나눠주겠다고 하자 휘하장수 페트릭카스가 그에게 물었다.

"그럼 대왕은 무엇을 갖겠다는 것입니까?"

알렉산드로스의 대답이 걸작이다.

"나는 희망을 얻을 것이다!"

이 얼마나 멋진 말인가? 사실 여부를 떠나 플루타르코스가 「알렉산드로스전」에 세심한 주의를 기울였음을 짐작케 해주는 대목이다. 원래 알렉산드로스는 기원전 4세기 초반에 활약하며 유럽에서는 사상 최초로 거대한 제국을 세운 뒤 32세를 일기로 굵고 짧은 생을 마감한 인물이다. 그가 태어날 당시 그리스는 커다란 혼란에 휩싸여 있었다. 이는 페르시아가 막강한 국력을 이용해 그리스의 도시국가들을 이간시킨 결과였다. 아테네의 변론가 이소크라테스는 그리스 도시국가의 단결을 역설하며 아테네에 기대를 걸었지만 아테네는 그럴 만한 힘이 없었다. 그는 차선책으로 북방변경의 신흥국 마케도니아에 기대를 걸었다.

원래 마케도니아 왕국은 펠로폰네소스 반도의 동해안 아르고스 출신의 페루디카스가 세운 나라다. 마케도니아인은 파란 눈에 금발 및 하얀 피부를 지녔고 독자적인 언어를 사용했다. 오랫동안 그리스인들로부터 야만족을 뜻하는 '바르바로이'로 불린 이유다. 기원전 454년, 페루디카스 2세가 펠로폰네소스 전쟁에 참가해 미개국이라는 오명을 씻는 데 성공했다. 이후 보위 쟁탈전으로 시끄러웠으나 기원전 356년 최후의 승리를 거두고 보위에 오른 필리포스 2세가 부국강병에 박차를 가했다. 청년 시절 테베에서 3년 동안 인질로 잡혀 있을 때 막강한 무력을 지닌 테베의 군사에 깊은 인상을 받은 탓이다. 그는 동맹시同盟市 전쟁에 참여해 정복한 판가이온 광산과 새 정복지의 자금을 기초로 군사력을 크게 강화했다. 기원전 356년 10월 그의 아내 올림피아스가 왕자 알렉산드로스를 낳았을 때 그는 수도 페라에서 멀리 떨어진 전쟁터에서 그 소식을 들었다. 알렉산드로스는 모친의 교육을 받으며 자란 이유다. 그는 모친의 교육을 받으며 신의 선택을 받은 사람이라는 자긍심과 절도 있는 행동을 익혔다. 소년 알렉산드로스는 몸이 가냘프고 살결도 부드러웠다. 필리포스 2세가 알렉산드로스의 스승으로 아민타스 2세의 궁정의사였던 니코마코스의 아들 아리스토텔레스를 영입한 이유다. 그리스인의 지성을 갖춘 동시에 마케도니아인의 용감함을 이해할 수 있는 인물을 엄선한 결과다. 알렉산드로스는 스승 아리스토텔레스 밑에서 2년 동안 가르침을 받았다. 그러나 아리스토텔레스도 알렉산드로스의 마음속 깊이 뿌리내린 신비주의와 엘리트의식을 불식시키지는 못했다.

알렉산드로스는 16세 때 처음으로 전투에 참가해 대공을 세웠다. 이듬해인 기원전 338년 훗날 플루타르코스가 태어나는 카이로네이아 전투에서 아테네와 테베 동맹군을 격파하고 그리스 지배를 확립한다. 이 전투에서 17세의 알렉산드로스는 기병대를 이끌고 승패를 좌우할 만한 공을 세웠다. 이로써 그리스 도시 국가들의 독립 시대는 끝이 났고, 사상 처음으로 하나의 국가가 되었다. 기원전 337년 가을, 필리포스 2세가 코린트에서 동맹회의를 열었다. 스파르타를 제외한 그리스 도시 국가들의 대표자들이 모두 모였다. 페르시아 전쟁 때 맺어진 코린트 동맹을 방불하는 '신코린트 동맹'이 결성됐다. 이때 필리포스 2세는 장군이며 친척인 아탈로스의 조카딸과 사랑에 빠졌다. 그는 젊은 애인이 제시한 조건대로 올림피아스와 정식으로 헤어졌다. 기원전 336년, 필리포스 2세가 마케도니아 귀족 청년의 칼을 맞고 숨을 거뒀다. 백성들의 환호 속에 즉위한 알렉산드로스는 '알렉산드로스 3세'를 칭했다. 젊은 알렉산드로스를 얕잡아본 그리스 도시 국가들이 반기를 들었다. 북방 원정에 나선 그가 여러 번 큰 부상을 당했을 때 전사했다는 소문이 그리스에 전해졌고, 아테네의 선동에 넘어간 테베가 파견된 마케도니아 장교를 죽이고 반역을 공식화했다. 알렉산드로스가 군대를 돌린 뒤 하루 평균 32km로 진군해 테베를 제압했다. 신코린트 동맹의 처분에 맡겨진 테베는 철저히 파괴됐다.

기원전 334년 4월, 그리스를 통일한 22세의 알렉산드로스가 마침내 소아시아 원정에 나섰다. 밀집 방진方陣을 펴는 보병대가 주력군이었다. 약 3만 명가량이었다. 이들은 사리사라는 장창을 사용하는 천하무적의 강군이었다. 신 코린트 동맹의 보병 7천 명이 원정에 참가했다. 마케도니아 기병은 귀족 출신으로 대략 2천 명가량 됐다. 북방의 여러 부족도 동방원정에 참여했다. 낯선 동방의 국가들을 조사하려는 학자와 상인도 동행했다. 지금의 다르다넬스 해협인 헬레스폰토스를 끼고 있는 그리스 세계와 소아시아의 거리는 대략 1.5km밖에 안 되었다. 알렉산드로스의 군선 160척이 페르시아 해군의 습격을 경계하며 해협을 지났다. 페르시아 군선의 모습은 보이지 않았다. 다리우스 3세의 대응이 늦은 탓이다. 헬레스폰토스의 맞은 편 해안의 아비도스에는 이미 필리포스 2세 때 구축된 교두보가 있었다. 아비도스의 병사 1만과 합류한 알렉산드로스는 지금의 트로이인 일리움으로 향했다. 호메로스의 「일리어스」에 감명을 받은 바 있는 알렉산드로스는 관람하러 온 일리움과 이웃 도시의 시민들에게 페르시아인들을 소아시아에서 추방하겠다고 맹세했다. 당시 페르시아군은 필리포스 2세가 파견했던 원정군을 격파한 장군 멤논이 지휘하고 있었다. 그는 로도스섬 출신의 그리스인 용병대장이었다. 멤논이 초토화 전술을 건의했으나 페르시아 지휘관들은 정공법을 주장하며 그라니코스 강 해반海畔

에 병력을 배치했다. 페르시아군의 주력인 기병대가 깎아지른 듯한 둑 위에 배치돼 창을 던지고 활을 쏘기엔 유리하지만 말을 몰기에는 불리했다. 마케도니아의 중무장 보병이 좁은 강변에서 옴쭉 달싹 못하는 페르시아군 기병대를 대파한 이유다. 페르시아군 보병대는 거의 모두 그리스 용병이었다. 알렉산드로스는 포위작전을 펴 전멸시켰다. 이 싸움의 승리로 알렉산드로스는 그리스의 생명선인 흑해 연안의 곡물 유통을 장악해 그리스의 전 도시국가에 압력을 가할 수 있게 됐다.

대다수 도시가 알렉산드로스의 군대가 오면 저항하지 않고 문을 열어 주었다. 알렉산드로스는 페르시아 제국의 지방행정 조직을 그대로 둔 채 마케도니아와 그리스인이 다스리도록 했다. 그리스인이 사는 대다수 도시는 마케도니아 군사를 환영했지만 미트레스는 페르시아를 추종하며 저항했다. 신 코린트 동맹에 세금을 내고 알렉산드로스에게 군자금을 제공하는 것을 거부한 것이다. 알렉산드로스는 중립을 원하는 미트레스의 요구를 거절하고 선공을 가했다. 미트레스는 알렉산드로스에게 상당한 타격을 주었으나 결국 패하고 말았다. 패전의 책임을 지고 에페소스에서 추방당해 반격을 꾀한 멤논은 이 도시의 전투에서도 패해 카리아 왕국의 수도인 할리카르나소스로 달아났다. 멤논은 만반의 준비를 하고 알렉산드로스를 기다렸다. 예상대로 격전이 벌어졌다. 알렉산드로스는 멤논이 있는 요새만은 함락시킬 수가 없어 감시를 위한 군대만 남겨 놓고 철수해야만 했다. 그는 휘하 군사를 이끌고 리키아 지방에서 북쪽으로 올라가 판퓨리아, 프리기아 지방을 정복했다. 이때 멤논은 다리우스 3세에 의해 해군의 최고 사령관에 임명돼 에게 해海를 장악했으나 기원전 333년 여름에 문득 병사하고 말았다. 멤논의 조카 파르나바조스가 멤논의 뒤를 이어 작전을 계속했다.

기원전 333년 봄, 알렉산드로스가 '고르디우스의 매듭'으로 유명한 고르디움을 출발해 카파도키아를 평정한 여세를 몰아 아나톨리아를 정복한 뒤 남하했다. 아무 저항 없이 타르소스에 도착했으나 페르시아 수비대는 이미 달아난 뒤였다. 더위를 견디지 못한 알렉산드로스가 알몸으로 큐도노스 강으로 뛰어들었다. 이 강은 물이 차기로 유명했다. 풍토병인 '키리키아 열병'에 걸린 이유다. 이때 페르시아의 다리우스 3세가 대군을 이끌고 진격해 왔다. 이해 10월, 건강을 회복한 알렉산드로스가 시리아로 출발했다. 다마스쿠스를 경유하여 키리키아에서 남하하는 페르시아 군사와 유리한 지형을 찾아 시리아 안에서 이동하던 마케도니아 군사가 이소스에서 격돌했다. 기병을 주력으로 하는 페르시아 군사가 마케도니아의 자랑인 중무장 보병의 밀집대형에 압도당했다. 다리에 부상을 입은 다리우스 3세가 황급히 달아났다. 알렉산드로스는 포로가 된 다리우스 3세의 어머니, 왕비, 두 명의 딸을 정중히 대했다. 다리우스 3세가 인질이 된 가족의 반환과 강화를 청했으나 알렉산드로스는 이를 거절했다. 페르시아 제국의 정복이 그의 목적이었다.

알렉산드로스는 다리우스 3세를 즉시 추적하지 않고 페르시아 해군의 근거지인 페니키아로 향했다. 에게 해에서는 여전히 페르시아가 우세했다. 페니키아의 옛 수도이며 연안 지역 최강의 도시 티루스가 적대적인 태도를 취했다. 알렉산드로스는 섬에 건설된 이 도시를 육지에서 공격하기 위해 바다를 매립하고 제방을 만들었다. 티루스는 전술이 뛰어났고 모든 수단을 동원해 반격했다. 알렉산드로스가 이 도시를 함락시키는데 7달이 걸린 이유다. 이후 승세를 몰아 이집트로 진격해 함락시켰다. 그는 이곳에 그리스풍 도시를 건설할 생각으로 나일 강 델타 지대의 파로스 섬을 선택했다. 이곳이 바로 훗날 이집트 수도가 된 알렉산드리아이다. 철저한 계획도시였다.

기원전 331년 알렉산드로스가 티루스에 돌아왔다. 그 사이 페르시아는 모든 재력을 동원해 군을 재정비했다. 양측 군사가 가우가멜라 부근의 평원에서 격돌했다. 격전 도중 다리우스 3세는 다시 말을 타고 달아났다. 추격 도중 바빌론의 주州장관 마자이오스가 싸우지 않고 문을 열었다. 알렉산드로스는 궁전의 재물과 보화를 병사들에게 나눠주고 약탈을 금했다. 알렉산드로스는 마자이오스를 바빌로니아 전체의 부왕副王으로 임명했다. 이를 계기로 알렉산드로스는 정복지의 주장관 자리에 페르시아인을 임명하기 시작했다. 페르시아의 금고로 불린 수사의 보물창고에는 금 1천 톤에 상당하는 귀금속이 쌓여 있었다. 페르시아의 제1도시인 페르세폴리스도 저항 없이 문을 열었지만 알렉산드로스는 병사들에게 약탈을 허용했다. 남자들은 모두 죽음을 당했고, 여자들은 더 비참한 일을 당했다. 1백 년 전에 당한 아테네의 약탈을 보복한 것이다. 알렉산드로스 자신도 이 도시에서 금 3천 톤에 상당하는 보화를 손에 넣었다. 그는 페르세폴리스 왕궁에 불을 질러 초토화시켰다. 다리우스 3세가 설욕전을 별렀다. 바빌론에 동원한 병력은 이전보다 훨씬 컸다. 기병이 약 4만5천 명, 보병이 20만 명이었다. 이소스 전투의 패배를 거울삼아 기병전에 유리한 가우가멜라 마을 근처의 평원에 군사를 배치했다. 티루스를 출발해 유프라테스와 티그리스 강을 건넌 마케도니아군은 가우가멜라 평원에서 페르시아 대군과 대치했다. 이해 10월 1일, 알렉산드로스가 평소처럼 기병대의 선두에 서서 다리우스 3세를 향해 돌진했다. 다리우스 3세는 마케도니아 보병대를 향해 낫이 장착된 전차를 전진시켰다. 마케도니아군은 창과 활로 대항하면서 말과 마부를 쓰러뜨리는 전법으로 전차를 무력화했다. 알렉산드로스가 이끄는 기병대는 적군의 허리를 자르는 수법으로 길을 열며 다리우스 3세에게 다가갔다. 다리우스 3세가 황급히 전차에서 내린 뒤 말을 타고 도주했다. 그가 직접 지휘하던 중앙군도 함께 달아났다. 싸움은 마케도니아의 승리로 끝났다. 다리우스 3세는 알렉산드로스의 추적을 피해 다니다가 박트리아 기병을 이끄는 주장관 베소스의 음모로 객사하고 말았다. 알렉산드로스는 박트리아를 공략코자 했으나 병사들은 계속되는 전쟁에 크게 지쳐 있었다. 베소스를 진압한 뒤 기원전 329년부터 빈발하는 반란을 진압키 위해 동분서주한 이유다. 박트리아의 북쪽 소그디아나 일대의 반란을 진압한 알렉산드로스는 박트리아의 귀족의 딸 록사네와 결혼했다. 소그디아나 호족들이 알렉산드로스를 따랐다. 당시 알렉산드로스는 페르시아 왕처럼 굴었다. 마케도니아 군사도 알현할 때 페르시아 식으로 무릎을 꿇고 절해야만 했다.

기원전 327년 봄, 박트리아와 소그디아나를 평정한 여세를 몰아 인도로 향했다. 옛 인도의 자료에는 마케도니아 군사가 야만족으로 묘사돼 있다. 인도 왕 폴로스와 격돌한 전투에서 승리한 알렉산드로스는 갠지스 강 맞은편 기슭에 위치한 마가다국의 존재를 알게 되었다. 인더스 강의 지류 중 하나인 비파사 강과 갠지스 강 사이에는 타르사막이 가로놓여 있었다. 사막을 가로지르는데 통상 1년이 걸렸다. 알렉산드로스는 이를 결행코자 했으나 마케도니아 군사의 인내심은 이제 한계에 다다랐다. 사기를 북돋우려는 알렉산드로스의 연설에 호응하는 군사는 단 한 명도 없었다. 알렉산드로스는 부득불 해로와 육로로 나누어 돌아가기로 했다. 육로를 지나는 병사들은 불모의 사막에서 잇달아 쓰러졌다. 기원전 325년, 알렉산드로스는 지옥 같은 행군 끝에 페르세폴리스로 귀환한 뒤 페르시아 제국의 정치적 도시인 수사에 정착했다. 원래 알렉산드로스가 철저히 파괴한 페르세폴리스는 다리우스 1세가 각국 사신들을 맞이하기 위해 건설한 의식용 수도였다. 알렉산드로스는 수사에서 축하연을 성대히 열고 합동결혼식을 거행해 이민족과 마케도니아인의 융합을 꾀했다. 페르시아 청년 3만 명에게 마케도니아 군사교련을 실시해 입대시키고 페르시아 기병대에게 '동료'의 칭호를 주기도 했다.

기원전 323년 알렉산드로스는 수도 바빌론으로 돌아가 아라비아 원정을 준비하던 중에 말라리아로 추측되는 병에 걸렸다. 10일 뒤인 이해 6월 13일 해가 질 무렵 후계자도 정하지 못한 채 숨을 거두고 말았다. 그는 임종 직전 후계자를 묻는 질문에 '크라티스토'라고 답했다. 가장 강한 자라는 뜻이다. 그의 아들 헤라클레스의 이름을 부르려고 했다는 설도 있다. 측근들은 후계자를 결정하는 회의를 열면서, 알렉산드로스의 유해를 관에 넣은 채 며칠 동안 방치했다. 그가 정복한 땅은 이내 '크라티스토'를 자처한 그의 부하들에 의해 4개의 왕국으로 분할됐다. 대제국 페르시아를 적당한 크기로 되돌려 놓은 셈이다. 그의 사후 서방이 다시 한 번 통합될 때까지는 로마의 출현을 기다려야만 했다.

알렉산드로스는 훌륭한 군인이기는 했으나 뛰어난 통치자는 아니었다. 부친으로부터 사랑받지 못하고, 모친으로부터 부담스러울 정도의 기대를 받고 자란 그는 절묘하게도 페르시아 타도의 영웅을 갈구하는 시대적 요청에 부응한 덕분에 사상 초유의 대제국을 건설할 수 있었다. 그의 군사적 업적은 휘황했다. 그는 자신이 정복한 땅에 헬레니즘 도시를 건설했다. 문화와 인종, 기술이 확산되고 융합된 배경이다. 멀리 한국까지 전해진 '간다라 양식'이 대표적이다. 실제로 플루타르코스는 「알렉산드로스전」에서 많은 지면을 할애해 그의 업적을 소상히 소개해 놓았다.

『영웅전』에는 로마 영웅의 사적도 대거 수록해 놓았지만 21세기 관점에서 볼 때 주목할 만한 인물은 크게 2명 정도밖에 안 된다. 그라쿠스 형제와 카이사르가 그들이다. 가장 눈길이 가는 인물은 알렉산드로스와 대비시킨 카이사르이다. 『영웅전』에 등장하는 23쌍 가운데 가장 조합이 잘 된 경우에 속한다. 이들 3인의 사적을 간략히 살펴보자.

첫째, 그라쿠스 형제이다. 로마의 명문 귀족가문 출신인 이들은 크게 힘들이지 않고 귀족의 특권을 마음껏 누릴 수 있었다. 그러나 이들은 로마 제국의 부와 과실을 가난한 시민에게도 고루 나눠주어야 한다는 신념을 갖고 있었다. '노블레스 오블리주'의 화신에 해당한다. 형제가 잇달아 대대적인 개혁을 시도한 이유다. 고금동서를 막론하고 이런 혁명적인 개혁인 이른바 변법變法에는 늘 기득권세력의 엄청난 반발이 뒤따르게 마련이다. 여기서 패하면 이내 멸문의 화를 당하고,

승리하면 권력을 틀어쥘 수 있다. 이들은 실패한 경우에 속한다. 원로원 기득권세력의 거센 반발에 무릎을 꿇은 결과다. 이로 인해 타협을 통한 절충안 모색도 무의미해졌다. 로마공화정이 시대 상황에 맞는 쇄신의 기회를 잃고 쇠락의 길로 접어들게 된 결정적인 배경이 여기에 있다. 이들이 몰락한 후 처절한 내전이 1백 년 가까이 지속된 게 그렇다.

둘째, 카이사르이다. 영어 '줄리어스 시저'라는 명칭이 더 널리 알려진 인물이다. 『영웅전』의 한 축을 이루고 있는 「로마 영웅전」의 대표적인 인물에 해당한다. 영국의 대문호 셰익스피어가 희곡 『줄리어스 시저』에서 유행시킨 '브루투스Brutus, 너마저도you too?' 구절의 주인공이기도 하다.

「카이사르전」에 따르면 그는 기원전 100년에 대표적인 귀족 가문 자손으로 태어났다. 귀족은 이름이 길다. 그의 라틴어 명칭은 '가이우스 율리우스 카이사르'이다. 가이우스는 인명人名, 율리우스는 족명族名, 카이사르는 가명家名에 해당한다. 인명은 세습됐다. 그의 부친도 이름이 '가이우스 율리우스 카이사르'이다. 폭군으로 유명한 로마의 제3대 황제 카라칼라도 본명은 '가이우스 율리우스 카이사르 게르마니쿠스'이다. 뒤에 붙은 게르마니쿠스는 훗날 존경의 뜻으로 덧붙인 존명尊名에 해당한다.

카이사르가 탄생한 기원전 100년의 로마는 비록 지중해 세계의 승자로 군림했지만 안팎으로 많은 적들을 두고 있었다. 카이사르가 탄생했을 무렵 평민 출신의 장군 가이우스 마리우스가 로마의 최고위 공직인 집정관으로 선출됐다. 기원전 115년 법무관 선거에 당선된 마리우스는 카이사르의 고모 율리아와 결혼한 까닭에 카이사르에게는 고모부가 된다. 그를 포함해 그의 휘하 장수 루키우스 코르넬리우스와 술라는 카이사르의 소년기를 격동의 도가니로 몰아넣은 장본인이다. 특히 술라는 사후에도 카이사르의 적으로 존재하며 커다란 영향을 끼쳤다.

로마를 건국한 전설적인 인물 로물루스는 현재의 로마보다 내륙에 있던 알바왕국의 왕족 혈통이다. 율리우스 일족 역시 이 왕국의 유력자로 출발한 명문 귀족이다. 카이사르 가家는 율리우스 일족의 직계는 아니고 비교적 후대에 나온 가명家名이다. 카이사르 집안은 가이우스라는 이름을 세습하는 가족과 본가에 해당하는 루키우스 가족으로 나뉜다.

그가 태어날 당시 카이사르의 부친은 집정관 다음가는 법무관으로 있었다. 가문의 힘이 약해 독자적인 힘만으로는 집정관이 될 수 없었다. 본가인 루키우스 집안에 비해 힘이 약했다. 정략결혼으로 그럭저럭 귀족의 체면을 유지한 이유다. 카이사르의 모친 아우렐리아의 친정은 학자 집안인데다 출세한 자가 매우 많았다. 당시 집정관 마리우스는 로마군을 징병제에서 직업군인제로 바꾸는 군제 개편을 단행했다. 병역이무에서 시민들을 해방시키고, 실업자에게 군인 직업을 주어 서민층의 지지를 얻어내는 데 성공했다. 그러나 휘하 장수 루키우스 코르넬리우스와 술라가 소아시아의 폰투스 왕 미트라다테스에 대한 원정 지휘권 문제를 놓고 갈등을 벌이다가 반기를 들었다. 기원전 88년 집정관에 임명된 술라가 캄파니아의 노라에 주둔한 군대를 움직여 수도 로마로 진군했다. 집정관이 군대를 이끌고 수도로 진군한 것은 사상 최초의 일이었다.

많은 사람이 카이사르를 '쿠데타'의 원조로 알고 있으나 사실 술라가 원조에 해당한다. 술라의 군대는 비난을 퍼부은 시민을 학살하고, 일부는 방화와 약탈을 자행하기도 했다. 수도 로마는 몇 시간 만에 제압되고, 마리우스는 황급히 로마 밖으로 달아났다. 쿠데타를 통해 소아시아 원정의 지휘관으로 복귀한 술라는 소아시아를 평정하고, 여세를 몰아 그리스 전역을 항복시켰다. 이 사이 기원전 87년에 집정관 루키우스 킨나가 원로원의 다수파를 장악한 뒤 아프리카에 있던 마리우스를 불러들였다. 마리우스는 병력 6천 명을 이끌고 로마로 귀환하는 식으로 역逆쿠데타를 성사시켰다. 그는 자신을 쫓아내는데 협조한 원로원 의원 50명, 기사계급 1천 명을 학살했다. 희생자들 중에는 집정관을 지낸 옥타비우스도 들어 있었다. 옥타비우스의 죽음은 집정관 출신이 같은 로마인에게 죽음을 당한 첫 번째 사건에 해당한다. 이 사건으로 카이사르의 큰아버지가 2명 희생되었다. 당시 13세의 카이사르는 친척인 마리우스가 자신의 백부를 살해하는 것을 보고 커다란 충격을 받았다. 이듬해인 기원전 86년 마리우스는 킨나와 함께 집정관이 됐으나 임기 개시 13일 만에 열병으로 급사했다. 킨나가 서민들의 호응을 얻으면서 정권은 '서민파'가 독점하게 됐다. 당시 카이사르는 킨나의 딸 코르넬리아와 결혼했다. 이때 마리우스의 학살에서 살아남은 '원로원파'는 속속 술라 진영으로 망명하고 있었다. 킨나는 조만간 로마로 돌아올 술라에 대비해 방위군을 정비코자 했으나 군제개편의 와중에 목숨을 잃고 말았다.

기원전 84년, 술라가 로마 귀환을 시도하면서 2년에 걸친 내전이 시작됐다. 당시 술라의 군대에는 훗날 카이사르와 깊은 관련을 맺는 2명의 인물이 있었다. 한 사람은 훗날 로마 최고의 갑부가 된 마르쿠스 크라수스였다. 카이사르보다 14세 연상인 그는 마리우스파에게 부형을 잃었다. 다른 한 사람은 마리우스파에게 부친을 잃은 그나이우스 폼페이우스였다. 카이사르보다 6세 위인 폼페이우스는 자신이 편성한 3개 군단을 이끌고 있었다. 그의 전략가 자질은 카이사르를 능가했다. 이들이 참가한 술라의 군사는 총 7만5천 명에 달했다. 이에 맞선 '서민파'의 전력은 12만 명이나 되었지만 상대가 되지 않았다. 마리우스의 장남은 전사했고, 임시 집정관 카르보는 자살했다. 술라가 휘하 군사를 이끌고 로마에 입성했다. 술라 역시 대대적인 보복학살을 시작했다. 피가 강물을 이뤘다. 술라의 목표는 마리우스파의 근절이었다. 그는 뛰어난 자질의 소유자로 평민 집안에서 태어나 가난한 청년시절을 보냈으나 품위를 잃지 않았다. 군사적 재능도 뛰어나 일단 적과 맞서면 반드시 승리를 거뒀다. 냉정하고 결단력이 빠른데다 민첩하게 움직인 덕분이다.

당시 로마는 진보파인 '서민파'와 보수파인 '원로원파'가 크게 대립해 있었다. 카이사르의 고모부 마리우스는 '서민파', 술라는 '원로원파'의 선봉에 서 있었다. 이게 훗날 술라와 카이사르가 대립하는 배경이 됐다. 당시 술라는 '서민파' 수천 명의 명단을 발표했다. 상대를 공포에 떨게 만들 속셈이었다. 여기에 카이사르 이름도 들어 있었다. 카이사르는 재빨리 로마를 빠져나가 소아시아 쪽으로 달아났다. 소아시아 총독 마르쿠스 미누치우스 테무르스의 군대에 몸을 의탁한 카이사르는 이내 비티니아 왕국에 사자로 가게 되었다. 임무는 무사히 달성했지만 추문에 휘말리고 말았다. 동성애자로 소문난 니코메데스와 어울렸다는 소문이 그것이다. 로마는 동성애에 관용적이지 않았다. 이 추문은 평생 그를 따라다녔다.

얼마 후 카이사르는 소아시아 남안의 키리키아 지방에서 근무했다. 총독 세르빌리우스 익사리우스는 휘하의 카이사르를 후대했다. 얼마 후 술라가 죽었다는 소식이 들리자 카이사르는 서둘러 로마로 돌아갔다. 기원전 78년, 카이사르가 4년 만에 로마로 귀환했다. 당시 그의 나이 22세였다. 술라는 죽었지만 그의 영향력은 여전했다. 뜻을 펴기가 어렵다고 판단한 카이사르는 곧 변호사로 개업한 뒤 원로원파와 논쟁을 벌였지만 번번이 패하고 말았다. 당시 폼페이우스는 4만 명의 휘하 병력을 이끌고 혁혁한 군공을 세우고 있었다. 설상가상으로 카이사르는 술라파의 미움을 산 까닭에 다시 국외로 달아나야만 했다. 그는 유학생이 많은 로도스 섬으로 가고자 했다. 그러나 파르막사 섬 인근에서 유명한 키리키아 해적에게 붙잡혔다. 그는 겁내는 기색도 없이 자신의 몸값을 올린 뒤 해적들과 뒤섞여 태연히 무술 훈련을 하기도 했다. 돈을 실은 배가 온다고 속여 석방된 카이사르는 곧 배를 모아 소굴을 급습했다. 소아시아 소속 총독으로부터 권한을 위임받은 까닭에 포획된 해적들을 일거에 처단했다. 이 얘기가 그리스에 영웅담으로 전해졌다.

로도스 섬에서 학문을 익히며 유유자적하게 시간을 보내던 카이사르는 얼마 후 천지의 신을 섬기는 신기관神祇官에 임명돼 로마로 돌아오게 됐다. 곧 로마군대의 대대장으로서 입후보해 당선됐다. 6개 대대 600명을 통솔하는 자리였다. 당시 그는 책값과 옷값 및 유흥비 등으로 인해 엄청난 빚더미에 올라 있었던 것으로 유명하다. 많은 여인에게 값비싼 물건을 마구 선물한 게 가장 큰 원인이다. 10개 군단 이상의 병사들을 1년 동안 먹여 살릴 수 있을 정도의 액수에 달했다고 한다. 그는 재무관 자격으로 스페인에 부임했다. 재무관은 로마의 속주를 다스리는 총독 휘하의 고위직이었다. 재무와 공문서를 담당했다. 그가 떠맡은 로마 원로원의 첫 번째 공직이기도 했다. 그는 임지인 가데스 시의 헤라클레스 신전에 들렀을 때 알렉산드로스 대왕의 상 앞에서 이같이 탄식했다고 한다.

"아, 벌써 알렉산드로스가 세계를 지배했던 나이가 되었건만 나는 아직 아무것도 못하고 있구나!"

그의 방탕한 생활은 재무관 임기를 마치고 로마로 돌아온 뒤에도 여전했다. 다만 재무관으로서의 능력만큼은 널리 인정받아 원로원에 쉽게 들어갈 수 있었다. 35세가 되는 기원전 65년 집정관과 법무관 다음가는 고위직인 안찰관按察官에 임명됐다. 이는 로마 시의 가로와 수도를 관리하고, 공적인 행사를 제공하는 자리이다. 그는 로마의 주요 간선도로인 '아피아 가도'를 복구하고, 검투사 시합을 개최하는 등 적극적으로 움직였다. 주목할 것은 이들 사업 모두 빚을 끌어들인 그의 호주머니에서 나온 점이다. 천문학적인 금액에 달했으나 덕분에 서민들의 전폭적인 지지를 얻을 수 있었다. 선거자금을 넉넉히 쓰며 잇달아 모든 선출직에 무난히 당선된 배경이 여기에 있다. 서민의 주머니를 털지 않고 마구 돈을 빌려 자비로 조달한 게 그렇다.

원로원 의원이 된 카이사르는 보수파 세력의 음모와 몇 건의 스캔들을 요령 있게 피해갔다. 재판이 주요 업무인 법무관직 임기가 채 끝나지 않은 채 속주 총독이 된 게 그렇다. 그는 재무관 시절부터 인연이 있는 스페인 남부로 부임해 갔다. 속주 총독은 법무관직과 동격이었지만 군단을 지휘할 수 있었다. 39세 때인 기원전 61년 카이사르는 마침내 정계의 공식 무대에 우뚝 선 셈이다. 속주의 총독 임기를 마치면 집정관이 되는 것도 그리 어려운 일이 아니었다. 1년 후 무사히 귀국한 카이사르는 즉각 행동에 들어갔다. 개선식도 포기한 채 집정관 선거에 입후보한 뒤 당선을 확정짓기 위해 곧바로 폼페이우스에게 접근한 게 그렇다. 폼페이우스 휘하의 병사들 표가 있으면 상대방인 '원로원파' 후보를 제압할 수 있었다. 카이사르는 당선되면 폼페이우스의 옛 부하에게 농지를 나눠주겠다고 약속했다. 폼페이우스의 승낙을 받자 곧 로마 최고의 갑부이며 카이사르의 최대 채권자인 크라수스 설득에 나섰다. 제1회 '삼두정치'가 성립된 배경이다. 덕분에 카이사르는 압도적 다수로 당선됐다.

그는 취임하자마자 즉시 일대 개혁에 나섰다. 먼저 대자보를 작성해 밀실에서 이뤄지던 원로원 회의를 시민들에게 숨김없이 공개했다. 이어 많은 선배들이 실패한 '농지법'을 통과시켰다. '농지법'은 기득권세력에게 일종의 반체제 운동이나 다름없었다. 보수파인 '원로원파'의 원성이 높아지면 높아질수록 서민들이 지지목소리 또한 높아졌다. 그는 이때 얻은 자신감과 폼페이우스의 인기를 적극 활용해 집회에 모인 군중을 열광케 만들었다. 또 한 사람의 집정관인 비브루스는 있으나 마나한 존재가 됐다. 1년의 임기 동안 자신이 평소 생각한 바를 구체화하는데 성공한 그는 임기를 마치자마자 라인 강 서쪽의 갈리아 총독으로 부임해 갔다. 이때 그는 딸 율리아를 폼페이우스에게 시집보내

뒤탈을 없앴다. 그가 부임했을 당시 중부 및 북부 갈리아는 게르만족의 압박으로 인해 여러 문제가 빈발하고 있었다. 이는 게르만족이 약탈을 일삼으면서 부족 간 단결이 잘 이뤄지지 않는 갈리아인의 분쟁을 적극 부추긴데 따른 것이었다.

당시 게르만족에게 거주지를 빼앗긴 갈리아인들이 다른 부족의 땅으로 도망치자, 연쇄적으로 혼란을 야기했다. 이 와중에 헬베티족이 세콰니족 및 하이두이족과 충돌했다. 하이두이족에게 원군 요청을 받은 카이사르는 싸움에 개입해 항복하는 자는 용서하고, 계속 저항하는 자는 가차 없이 제거했다. 약 40만 명의 헬베티족 가운데 원래의 거주지로 돌아간 것은 4분의 1에 지나지 않았다. 헬베티족에 이어 카이사르의 공격 대상이 된 것은 게르만족의 두목 아리오비스투스였다. 카이사르는 군사를 재빨리 이동시켜 기습전을 펴는 전격전에 능했다. 아리오비스투스과 벌인 회담이 결렬되자 곧바로 공격을 개시한 게 그렇다. 그는 게르만측이 점성술 때문에 결전을 망설이고 있다는 정보를 얻자 이를 놓치지 않았다. 질서정연한 로마 군단은 오합지졸의 모습을 보인 게르만 병사를 압도했다. 결정적 공을 세운 인물은 카이사르의 최대 채권자인 크라수스의 아들이었다. 아리오비스투스는 황급히 조각배를 타고 라인 강 동쪽으로 달아났다.

기원전 57년, 갈리아 북부의 벨기에족이 반기를 들었다. 카이사르의 다음 표적이 될 것으로 생각한 벨기에족이 카이사르에게 선제공격을 가한 것이다. 다른 갈리아인과 달리 벨기에족은 단결이 잘돼 있었다. 병력도 만만치 않았다. 약 40만 명에 달했다. 카이사르의 병력은 원로원이 승인한 4개 군단과 자비로 창설한 4개 군단, 여기에 용병과 현지

병력을 모두 합쳐도 채 6만 명이 안 되었다. 카이사르는 이번에도 전격전을 구사했다. 신속히 적의 영내로 진격해 영채를 차린 뒤 벨기에족 병사 30만 명과 맞서 싸웠다. 숫자는 적의 5분의 1에 불과했지만 기선제압의 선수를 친 로마군이 유리했다. 이때 카이사르는 게르만족과의 싸움 이후 동맹관계로 돌아선 하이두이족을 적극 활용했다. 벨기에족의 후방을 교란시키는 유격대로 활용한 게 그렇다. 카이사르는 전술 측면에서 폼페이우스에게 약간 떨어지는 게 사실이지만 전략 및 정략 면에서는 그를 압도했다. 그만큼 재능이 뛰어났다는 얘기다. 동맹을 맺은 하이두이족을 마치 직속부대처럼 운용한 게 그렇다. 결국 하이두이족에게 본거지를 빼앗긴 베로바치족은 전투를 계속할 수 없었다. 벨기에족의 부족 연합 가운데 최강으로 불린 베로바치족이 철수하자 나머지 벨기에족 역시 황급히 사방으로 흩어졌다. 카이사르의 대승이었다. 당시 벨기에족을 총지휘한 인물은 갈바였다. 그는 스에시오네스족 출신이다. 그의 본거지인 노비오드눔을 공략할 때 카이사르는 그들의 뛰어난 토목 기술을 적극 활용했다. 순식간에 대규모 야영지를 세우고, 다리를 놓고, 거대한 공성 기구를 뚝딱 만들어 낸 게 그렇다. 공성 기구를 본 갈바는 경악한 나머지 곧바로 항복했다.

카이사르는 이처럼 임기응변에 능했다. 배를 잘 다루는 대서양 안의 베네티족과 싸울 때 로프를 감아 돛대 위에 건너지른 활대를 꺾고 적의 배로 옮겨 타는 백병전으로 승리를 거둔 게 그렇다. 이는 로마군의 장기를 최대한 활용한 것이기도 했다. 게르만족의 한 부족인 시칸브리족과 싸울 때는 역사상 처음으로 라인 강에 부교浮橋를 놓기도 했다.

주목할 것은 로마인에게 전혀 낯선 지금의 영국인 브리타니아도 2

번에 걸쳐 원정에 성공한 점이다. 후대의 나폴레옹과 히틀러 모두 실패한 일을 그는 2번이나 성사시킨 셈이다. 당시 브리타니아인들은 숲속에 몸을 숨긴 채 전신을 파랗게 물들이고 전차와 기병으로 파상공격을 하는 게릴라전에 능했다. 카이사르는 브리타니아인의 총대장 카시베라누스를 투항케 만들었다. 물론 그가 매번 승리를 거둔 것은 아니다. 갈리아에서는 우호적이었던 에브로네스족의 배반으로 1개 군단을 통째로 잃은 적도 있다. 싸움의 전체 맥락에서 볼 때 이는 사소한 패배에 지나지 않았다.

가장 큰 위기는 강력한 카리스마를 지닌 오베르뉴족 출신 베르킨게토릭스가 갈리아의 여러 부족을 결속시켜 저항할 때였다. 그는 첫 전투에서 다소 출발이 늦기는 했으나 이내 차분한 대응으로 갈리아 부족의 봉기를 차례로 제압해 나갔다. 그는 알레시아 일대의 고지에 지은 성채에 머물며 저항하는 베르킨게토릭스를 로마군의 자랑인 공병을 활용해 포위망을 구축했다. 외부의 지원이 끊긴 베르킨게토릭스가 이내 손을 들고 말았다. 베르킨게토릭스를 제압한 이후에는 더 이상 큰 싸움이 벌어지지 않았다. 이런 우여곡절 끝에 갈리아 일대를 완전 복속시키는 데 모두 7년의 시간이 소요됐다.

그 사이 로마의 상황은 심각하게 돌아가고 있었다. 말할 것도 없이 그를 실각시키려는 원로원파의 집요한 음모로 인한 것이었다. 그가 베르킨게토릭스와 접전을 벌일 당시 로마에서는 폼페이우스와 그를 이간시키려는 원로원파의 공작이 활발히 전개되고 있었다. 기원전 53년 크라수스가 원정지인 파르티아에서 전사한 까닭에 제1차 삼두정치의 기본틀은 이미 무너진 것이나 다름없었다. 폼페이우스를 카이사르로부터 떼어놓으면 삼두정치는 완전 해체되는 셈이었다. 카이사르 입장에서 보면 양 날개를 모두 잃는 셈이었다. 원래 폼페이우스는 보수파 성향이었다. 원로원파의 집요한 설득으로 그는 마침내 카이사르의 반대편에 서게 됐다. 카이사르에게 최악의 상황이 닥친 셈이다. 게다가 원로원파는 갈리아 지방을 평정한 카이사르가 집정관 재선을 노릴 것으로 예상하고 여러 함정을 준비해 두었다. 당시 집정관에 입후보하려면 본인이 직접 로마 시내로 들어가 신고해야만 했다. 그러나 속주의 총독은 군사를 이끌고 로마로 들어가는 게 법으로 금지되어 있었다. 군대를 해산시킨 뒤 개인 자격으로 들어가야만 했다. 이는 사지로 자청해 걸어 들어가는 짓이나 다름없었다.

당시 원로원파는 카이사르를 고발해 법정에서 단죄하면 총독의 자리에서 곧바로 실각시킬 수 있을 것으로 낙관했다. 카이사르가 원로원의 재가를 얻지 않고 독단적으로 행한 일을 꼬투리 삼아 재판을 길게 끌고 가면 카이사르의 입후보를 미연에 막을 수 있다고 생각한 것이다. 카이사르도 나름 꾀를 냈다. 군사력의 지원도 없이 원로원파와 맞서는 위험을 피하기 위해 속주 총독의 임기 연장을 요청했다. 그러나 원로원파는 그의 속셈을 읽고 이를 기각했다. 반反카이사르 흐름에 앞장선 인물은 보수파 집정관인 마르케루스였다. 그는 폼페이우스에게 전군의 편성권과 최고 지휘권을 부여하며 카이사르 타도를 명했다. 카이사르는 북이탈리아의 라벤나에서 이 소식을 들었다. 아무리 생각해도 이제는 무력으로 원로원파를 제압하는 길밖에 없었다.

그는 로마진군을 결단했다. 곧 갈리아에 주둔중인 군단을 불러 모았다. 이를 미리 예상한 원로원파는 비장의 카드인 '원로원 최종 권고'

를 제시했다. 원로원의 명을 좇지 않는 카이사르를 '국적國賊'으로 간주한 게 그것이다. 생사를 건 일전이 불가피해졌다.

당시 본국과 속주의 경계선인 루비콘 강을 군대를 이끌고 건너면 술라와 마찬가지로 국법을 어긴 '국적'이 되고 만다. 그러나 아무런 조치도 취하지 않으면 로마의 정규군에 의해 카이사르는 앉은 채 죽음을 맞는 좌사坐死를 당하게 된다. 객관적으로 볼 때 '쿠데타'를 촉발시킨 1차 책임은 원로원파에 있었다. 객관적으로 볼 때 당시 로마는 지배 영역이 전례 없이 커져 새로운 청사진이 필요했다. 그럼에도 기득권에 안주하는 원로원파 세력은 개혁을 지향하는 자들을 억누르고자 했다. 아리스토텔레스가 『정치학』에서 지적했듯이 공화정의 타락형태인 과두정이 지닌 한계였다.

로마의 원로원파가 보여준 이런 한계가 카이사르의 쿠데타 욕구를 자극했다. 당시 속주의 총독은 자기 군단을 수족처럼 이용할 수 있어 당사자가 원하기만 하면 언제라도 가능한 일이었다. 카이사르는 원로원의 과두정치가 이미 한계에 달했다는 사실을 경험을 통해 확신하고 있었다. 로마의 통치시스템을 혁명적으로 바꾸고 싶어 했다. 카이사르가 마침내 "신들과 적이 기다리는 장소로 진격하라. 주사위는 이미 던져졌다!"고 외치면서 휘하 장병에게 루비콘 강의 도강을 명한 이유다. 기원전 49년 1월 12일의 일이다. 그의 나이 50세였다.

도강 당시 카이사르 휘하 병력은 1개 군단에도 미치지 못했다. 4천 5백 명가량이었다. 대신 행군속도를 빨리해 수적인 열세를 보완했다. 대응이 늦은 폼페이우스측이 머뭇거리는 사이 카이사르의 전격전은 그대로 적중했다. 주요 도시를 차례로 공략하면서 순식간에 수도 로마까지 육박해 들어갔다. 모두 3일 만에 벌어진 일이다. 원로원파는 카이사르 군단의 전광석화電光石火 같은 모습을 보고 공포에 떨었다. 로마에는 쿠데타를 우려해 군사를 배치하지 않았다. 크게 놀란 폼페이우스는 황급히 수도 로마를 빠져나갔다. 2명의 집정관을 포함해 반카이사르 여론을 주도한 대다수의 원로원 의원들이 로마를 버리고 도망쳤다. 카이사르는 빠른 속도로 밀어붙여 폼페이우스의 기반을 무너뜨렸다. 반격할 틈을 주지 않고자 한 것이다. 폼페이우스와 대다수 원로원 의원들이 본국을 버리고 그리스로 도주하는 사이 카이사르는 이탈리아 반도와 수도 로마를 손에 넣었다.

그는 심복 안토니우스에게 로마의 방위를 맡기고, 자신은 폼페이우스의 기반인 스페인을 제압하러 떠났다. 불과 반년 만에 스페인 내의 폼페이우스 군사기반을 모두 해체하고 스페인을 손에 넣었다. 그는 나라가 위기에 처했을 때 집정관을 대신해 선출되는 독재관 즉 딕타토르dictator에 선출됐다. 독재관의 권한으로 선거운동을 전개해 집정관의 자리에 오른 카이사르는 후환을 제거하기 위해 폼페이우스가 머물고 있는 그리스로 향했다. 폼페이우스는 드라키움 남부의 공방전에서 전신戰神으로 불린 젊은 날의 군사적 재능을 유감없이 발휘했다. 완벽을 자랑하던 카이사르의 포위진을 격파한 게 그렇다. 카이사르는 의기소침하지 않았다. 오히려 반격은 더 신속했다. 그는 사기가 오른 폼페이우스 군단을 파르사르스 평원으로 유인해 결전을 벌였다. 당시 카이사르는 기병을 이용해 적을 포위하는 정공법을 포기하는 대신 적의 기병대 말을 경무장의 보병으로 교란시키는 전술을 펼쳤다. 이게 주효했다. 수적으로 앞서는 폼페이우스 군단은 치명적인 타격을 입었다.

카이사르는 패하여 달아나는 폼페이우스를 쫓아 이집트로 향했다. 폼페이우스는 카이사르가 알렉산드리아에 상륙하기도 전에 부하에 의해 암살당했다. 당시 이집트는 보위를 둘러싼 암투가 치열했다. 싸움에 휘말린 카이사르는 소년 왕인 프톨레마이오스 13세를 제거한 뒤 왕녀 클레오파트라 7세와 마지막 왕자 프톨레마이오스 14세를 공동 통치자로 삼았다. 이 사이 그는 클레오파트라 7세 사이에서 아들 카이사리온을 두게 됐다. 이어 반란을 제압키 위해 알렉산드리아를 출발한 그는 소아시아의 절반을 공략한 폰투스 왕 파르나케스를 카파도키아의 제라에서 간단히 제거한 뒤 원로원에 간명하기 그지없는 첩보를 올렸다.

"왔노라Veni, 보았노라Vidi, 이겼노라Vici!"

수도로 개선한 카이사르는 다시 한 번 독재관에 임명됐다. 독재관의 통상적인 임기는 반년이지만 그는 기원전 46년 취임할 때 10년의 임기를 보장받았다. 그는 아프리카의 타프수스 전투, 스페인의 문다 전투에서 폼페이우스 잔당의 숨통을 완전히 끊어 놓았다. 이에 그를 상대할 자는 아무도 없었다. 고금동서를 막론하고 새 술은 새 부대에 담아야 하는 법이다. 그 역시 거대 제국으로 변한 로마는 새 질서가 필요하다고 보았다. 새 구상을 펼치기에 앞서 반드시 먼저 확보해야 할 일이 있었다. 마키아벨리가 『군주론』에서 신생군주에게 거듭 역설했듯이 바로 인민의 전폭적인 지지를 얻는 게 그것이다. 그러기 위해서는 인민을 이롭게 할 필요가 있었다. 대대적인 구제救濟 사업을 전개한 이유다. 도로 건설 등의 사회정책과 '율리우스 력曆'의 달력 개정 등도 이런 맥락에서 이해할 수 있다.

얼마 후 그는 종신 독재관으로 임명됐다. 당시 그는 과두정으로 타락한 공화제를 해체하는 방안을 적극 강구했을 공산이 크다. 이미 그럴만한 힘은 충분히 비축했다. 객관적으로 볼 때 실행의 시기만이 문제였다. 그가 내심 왕정을 꾀했는지 여부는 드러난 게 없어 단정키는 어렵다. 그러나 중요한 것은 반대파가 그같이 생각했다는 점이다. 그에게 모든 권력이 집중되자 보위를 노리고 있다는 소문이 나돌았다. 카이사르의 입장에서 볼 때 이는 매우 불길한 조짐이었다. 로마는 전통적으로 '왕정'이라는 말에 민감했다. 군주제에서 공화제로 이행하는 과정에서 숱한 유혈극을 경험했기 때문이다. '왕정'에 대한 로마 시민의 거부 반응은 카이사르의 예상을 뛰어넘었다. 카이사르는 결국 폼페이우스가 설립한 극장 근처의 대회랑에서 카시우스 롱기누스, 마르쿠스 브루투스 등이 주동이 된 공화정 옹호파들의 칼에 찔려 쓰러지고 말았다. 기원전 44년 3월 15일의 일이다. 루비콘 강을 건넌 지 5년 만의 일이다. 당시 그는 나이는 55세였다.

03

WHY

진수와 플루타르코스는 왜 영웅을 역사의 주인공으로 묘사한 것일까?

난세와 영웅

치세의 치도는 왕도王道이고 난세의 치도는 패도覇道이다. 치세에는 왕도를 구사해야 하나 오로지 왕도만을 구사하고 패도의 이치를 방삭하면 난세를 자초하게 된다. 치세를 오랫동안 유지시키기 위해서는 패도에 입각한 결단이 필요하다. 반대로 난세에는 패도를 구사해 어지러운 세상을 평정해야 하나 오로지 패도만을 구사하고 왕도의 이치를 잃게 되면 더욱 어지럽게 되는 법이다. 난세를 속히 치세로 변전시키기 위해서는 왕도에 입각한 관용이 필요한 것이다. 화복이 상의相倚하듯 치란 또한 맞물려 있어 왕王과 패覇는 치자가 가지고 있는 두 개의 보도寶刀인 것이다. 후한 말기 상서랑尙書郞을 지낸 중장통仲長統은 『창언昌言』에서 이같이 설파했다.

"천명을 받은 호걸이 처음부터 천하의 명분을 갖고 시작하는 것은 아니기 때문에 자연 천하를 거머쥐려는 인물이 분분히 일어나게 된다. 드디어 한 명의 지존만이 남게 되면 후계자가 설령 하우下愚의 인물일지라도 능히 은덕을 베풀 수 있게 된다. 이때에는 설령 수천 명의 공자가 나오더라도 그와 덕을 겨룰 수 없게 된다. 그러나 보위를 이은 어리석은 군주들은 천하에 감히 자신과 대항할 자가 없어 자신의 보위는 영원히 망하지 않을 것으로 착각하게 된다. 이에 멋대로 방종하게 되고 자신의 욕심을 끝없이 키워 마침내는 천하 고혈을 모두 태워 버리고 만민의 골수까지 빼먹게 된다. 끝내 원성이 길에 들끓으면서 재난과 전란이 어지러이 동시에 일어나 대세가 순식간에 기울어지게 되면 이미 시운이 바뀐 것이다. 이로써 존망存亡은 부단히 다시 바뀌게 되고 천하의 치란治亂은 다시 돌기 시작하는 것이다. 이는 천도天道가 늘 그러한 이치이기도 한 것이다."

마치 밤낮과 사계의 순환이 그러하듯이 고금의 역사 또한 필연적으로 치세와 난세가 서로 뒤바뀌며 전개될 수밖에 없음을 지적한 것이다. 현군賢君이 지속적으로 출현하게 되면 치세가 오랫동안 계속될 수 있고 암군暗君이 계속 출현하게 되면 난세가 계속될 수밖에 없다는 사실을 지적한 것이기도 하다.

그러나 고금의 역사에 나타난 군주는 현군 및 암군보다는 범군凡君 내지 용군庸君이 대부분이었다. 동일한 군주의 재위 기간 중에도 치세와 난세가 한데 섞여 나타나는 이유다. 그럼에도 모든 사서가 왕조가 망할 때 암군이 많이 나타난 것으로 기록하고 있다. 패망한 왕조를 뒤이어 등장한 신왕조가 전왕조의 마지막 군주를 암군으로 몰아간 데서 그 원인을 찾을 수 있다. 그렇다면 현군이 계속 출현토록 하는 방법은 없는 것일까? 이를 두고 노자는 다음과 같이 충고했다.

"광풍은 아침 한나절 동안 불지 못하고 폭우는 하루 내내 내리지 못한다. 유약한 것이 굳센 것을 이기니 더욱 세게 잡을수록 잃기 마련이다. 스스로를 과시하는 사람은 공을 세울 수 없고 스스로를 자랑하는 사람은 오래 갈 수 없다."

무릇 지존의 자리에 선 군주가 겸하謙下의 미덕을 체득하지 못하면 곧바로 폭주暴主로 전락하는 것이고 이를 체득한 자만이 진정한 민주民主가 될 수 있는 것이다. 원래 동양에서 사용된 민주民主라는 말은 군주君主라는 용어의 또 다른 명칭이기도 했다. 『춘추좌전』과 『서경』등에 나타난 용례를 보면 民之主 내지 불사민주不似民主 등으로 되어 있다. '민지주'는 백성의 주인이 될 만하다는 뜻으로 곧 '군주'의 의미이다. '불사민주'는 백성의 주인답지 못하다는 뜻으로 이 역시 '군주'의 의미로 사용된 것이다. 서양에서 발달한 민주주의는 원래 '민치주의民治主義'로 번역하는 게 옳았다. 진정한 민주는 스스로의 공을 감추고 아래에 임하기를 자처하는 군주만이 실현할 수 있는 것이다. 노자는 『도덕경』 제31장에서 겸하의 미덕을 이렇게 풀이해 놓았다.

"무기는 상서롭지 못한 것이어서 누구나 그것을 싫어한다. 부득이하게 그것을 쓰더라도 조용히 하는 것이 제일이다. 용병술에 뛰어난 사람은 위기극복의 목적이 달성되면 그만이기 때문에 큰 공을 이루고

도 뽐내지 않으며 그 강함을 드러내지도 않는다. 대개 기세가 왕성해지고 나면 노쇠하게 마련인데 이는 치도治道에 부합하지 못하기 때문에 그런 것이다."

노자가 말한 무기는 곧 패도를 말한다. 쾌도난마를 속성으로 하는 패도는 많은 사람들을 두렵게 만들기 때문에 누구나 좋아하지 않는다. 그러나 아무리 성세盛世라 할지라도 부득이하게 쓰지 않으면 안 될 때가 있다. 난세에 패도를 쓰는 것은 더 이상 말할 필요가 없다. 그러나 아무리 극심한 난세라 할지라도 오직 패도만을 써서는 안 된다. 난세일수록 치세에 대한 인민들의 열망은 더욱 고조될 수밖에 없고 이에 따라 왕도에 대한 갈망 또한 극히 커지기 마련이다.

난세의 진정한 영웅은 패도를 기본으로 삼으면서도 왕도를 추구할 줄 알아야 한다. 치세의 진정한 영웅 역시 왕도를 기본으로 삼으면서도 패도를 구사할 줄 알아야 한다. 1백년 간 진행된 삼국시대는 일종의 과도기에 해당한다. 한나라가 전한과 후한을 합쳐 4백 년 만에 분열됐다가 서진으로 통일되는 와중에 나타났기 때문이다. 『삼국연의』는 첫머리에 '천하대세론'을 전개하며 이같이 언명했다.

"합친 지 오래되면 분열되고, 분열된 지 오래되면 합쳐진다."

이는 맹자의 '일치일란설一治一亂說'과 중국 전래의 음양오행설인 '오덕종시설五德終始說'을 결합한 것이다. 중원에 들어온 수많은 이민족이 바로 이 '천하대세론'을 이용해 자신들의 중원점령을 합리화했다. '천하대세론'은 원래 노자사상에서 나온 것이다. 이를 뒷받침하는 『도덕경』 제58장의 해당 대목이다.

"화禍여, 복福이 의지하고 있구나! 복이여, 화가 숨어 있구나! 누가 그 궁극窮極을 알겠는가?"

세상사가 모두 화복이 맞물려 돌아가는 이치 속에 있다는 얘기다. 이런 이치를 화복상의禍福相倚라고 한다. 화가 다하면 복이 오고, 복이 지나치면 화가 닥치는 법이다. 화가 닥쳤다고 낙담하거나, 복이 터졌다고 환호할 일이 아니다. 그럼에도 사람들은 겉만 보고 일희일비한다. 화복이 원래 같은 뿌리에서 나온 것을 모르기 때문이다. 공자가 『논어』「팔일」에서 '낙이불음樂而不淫, 애이불상哀而不傷'을 언급한 이유다. 이에 따르면 하루는 공자가 이같이 말했다.

"관저關雎는 즐거울 때도 지나치지 않고, 슬플 때도 화기和氣를 상하게 하지 않는다."

'관저'는 평생을 같이 지내는 징경이 새를 말한다. 『시경』의 첫 편인 「국풍國風, 주남周南」의 첫머리에 나온다. '낙이불음'의 음淫은 즐거움이 지나쳐 절제를 잃고, '애이불상'의 상傷은 슬픔이 지나쳐 균형을 잃는 것을 말한다. 공자는 '낙이불음'과 '애이불상'을 예禮의 근본정신과 통하는 것으로 보았다. '화복상의'를 통치차원에서 보면 치治와 난亂이 서로 맞물려 돌아가는 이치와 같다. 치세가 오래 되면 난세가 찾아오고, 난세가 오래 되면 치세가 도래하는 게 그렇다. 『삼국연의』에서 역설한 '천하대세론'과 하등 차이가 없다.

역사를 바라보는 사관史觀의 차원에서 해석하면 이는 서양의 발전사관發展史觀과 대비되는 순환사관循環史觀에 해당한다. '합친지 오래되면 분열되고, 분열된 지 오래되면 합쳐진다.'는 『삼국연의』의 '천하대세론' 언급은 바로 '순환사관'에 입각해 역사를 바라봐야 한다는 취지를 담고 있는 것이다.

'천하대세론'은 진시황 이래의 역대 왕조사를 개관하면 쉽게 알 수 있다. 지난 세기 후반 대륙을 소용돌이 속으로 몰아넣은 문화대혁명 당시 진시황은 '천고일제千古一帝'로 떠받들어졌다. 1천 년 만에 1번 나올까 말까하는 성군이라는 뜻이다. 이는 수천 년 동안 '만고의 폭군'으로 매도한 기존의 평가를 완전히 뒤엎는 것이다. 왜 이런 극적인 반전이 일어난 것일까?

정답은 전에 인물을 평가할 때 절대적인 기준으로 작용해온 성리학의 잣대를 내던진 데 있다. 성군과 폭군을 구분할 때 '철학적 삶'을 추구하는 윤리도덕의 잣대 대신 '정치적 삶'에 근거한 현실정치의 잣대를 적용하는 게 관건이다. 당시 수천 년 동안 '만고의 간웅奸雄'으로 매도된 조조가 문득 '초세의 영웅'으로 재조명된 것도 이런 맥락에서 이해할 수 있다. 춘추전국시대에 버금하는 삼국시대의 난세에 대한 새로운 접근이 필요한 이유가 여기에 있다.

'천고일제'와 '초세의 영웅'이 '만세의 폭군'과 '만세의 간웅'으로 매도된 것은 분명 불행한 일이다. 성리학이 등장한 이후 동양이 '정치적 삶' 대신 '철학적 삶'을 높이 평가하는 바람에 점차 쇠락의 길로 접어든 게 그 증거다. 서양이 마키아벨리의 『군주론』 이후 일련의 과학혁명 내지 산업혁명을 통해 '철학적 삶'을 대던지고 '정치적 삶'을 추구한 것과 극명한 대조를 이룬다. 청대의 한 만주족 출신 귀족가문이 몰락해 가는 과정을 그린 『홍루몽』의 다음 대목은 진시황과 조조가 오랫동안 매도된 배경을 선명히 보여주고 있다.

"세상에 사람이 태어날 때는 아주 인자한 자와 간악한 자의 두 부류를 제외하고는 모두 다 어슷비슷한 사람이기 마련이다. 아주 인자

한 자는 좋은 운수를 타고 나고 아주 간악한 자는 나쁜 운수를 타고 나게 된다. 좋은 운수를 타고난 사람이 많게 되면 세상은 태평해지고 나쁜 운수를 타고난 사람이 많게 되면 세상은 이내 어지러워진다. 요堯, 순舜, 우禹, 탕湯, 문왕文王, 무왕武王, 공자孔子, 맹자孟子, 동중서董仲舒, 한유韓愈, 주희朱熹 등은 모두 좋은 운을 타고난 아주 인자한 사람들이었다. 이들이 나타난 때는 천하가 잘 다스려졌다. 그러나 걸桀, 주紂, 진시황秦始皇, 왕망王莽, 조조曹操, 안록산安祿山 등은 모두 나쁜 운을 타고난 아주 간악한 사람들이었다. 이들이 나타난 때는 천하가 어지럽게 됐다."

우리나라에서 『홍루몽』은 『삼국연의』와 『수호지』, 『서유기』, 『금병매』 등 소위 4대 기서奇書에 비해 상대적으로 잘 알려져 있지 않으나 중국에서는 오히려 이들 4대 기서보다 더욱 널리 읽히고 있다. 중국 내에서는 심지어 '만리장성은 잃을지언정 『홍루몽』은 잃을 수 없다.' 고 할 정도로 중국문학의 백미白眉로 손꼽히는 책이다. 중국뿐만 아니라 일본 등 여러 나라에서 『홍루몽』을 다각적으로 연구하여 '홍학紅學' 이라는 명칭까지 나올 정도이다. 명대와 청대의 중국문화를 이해하기 위해서는 반드시 읽어야 하는 책이 바로 『홍루몽』이다. 이 책의 '아주 간악한 사람' 운운 구절을 통해 진시황과 조조가 오랫동안 하나라의 전설적인 폭군인 걸桀과 은나라의 폭군인 주紂와 하등 다를 바 없는 인물로 인식돼 왔음을 알 수 있다.

그러나 진시황과 조조는 왕망이나 안록산 등과는 차원이 다른 인물이다. 진시황은 천하를 통일하여 550년간에 걸친 난세를 종식시켰고, 조조는 각지에 할거한 군웅을 차례로 무너뜨림으로써 도탄에 빠진 백성을 구해냈다. 그럼에도 이들 모두 일언지하에 천하의 폭군으로 치부된 것이다. 이런 잘못된 풍조가 만연케 된 데에는 주희의 성리학이 결정적인 공헌을 했다.

성리학의 사상적 조종祖宗은 공자가 아니라 전국시대 말기에 활약한 맹자이다. 맹자는 오직 덕치를 통해서만 난세를 구하고 천하를 통일할 수 있다고 역설하고 다녔다. 열국의 제후들은 아무도 그의 주장에 귀를 기울이지 않았다. 당시 이들이 택한 것은 법가와 병가 및 종횡가 등이 주장한 통치술이었다. 실제로 진시황 이들 법가와 병가 및 종횡가의 이론을 적극 도입해 천하통일의 위업을 이뤘다. 그럼에도 한무제가 독존유술獨存儒術을 선언하며 유학을 유일한 관학으로 내세운 이후 난세조차 덕치로 다스려야 한다는 황당한 주장이 수천 년 동안 지속됐다. 이런 황당한 이론이 성리학의 등장을 계기로 하나의 '도그마'로 굳어지는 바람에 이에 반대하는 주장은 이내 이단으로 몰렸고, 당사자는 목숨을 부지키도 어렵게 됐다. 해방 이후 우리나라에서 번역된 숱한 종류의 소설 『삼국지』도 바로 이런 사상의 연장선상에 있다.

객관적으로 볼 때 삼국시대 영웅이 행적을 제대로 살피기 위해서는 문학적인 소양보다 중국의 통사와 제자백가 사상에 밝을 필요가 있다. 『자치통감』을 쓴 사마광司馬光은 물론 정사 『삼국지』의 저자인 진수陳壽와 주석을 단 배송지裴松之를 비롯해 서중徐衆, 부현傅玄, 손성孫盛, 어환魚豢, 원굉袁宏, 우희虞喜, 주희朱熹, 조익趙翼, 왕부지王夫之 등의 사평을 두루 참조해야 한다. 이밖에도 두보杜甫와 이백李白, 두목杜牧, 소동파蘇東坡를 비롯한 저명한 시인묵객이 삼국시대의 인물 및 사건 등을 거론한 시부詩賦도 일별할 필요가 있다. 문제는 21세기를 사는 현대인들이 여러 이유로 인해 이를 이행키가 쉽지 않은데 있다. 결국 제대로 된 해설서를 접하는 길밖에 없다는 얘기가 된다.

원래 동양에서는 문무文武를 겸비한 가운데 인간과 관련한 모든 소양을 두루 갖춘 사람을 가장 바람직한 신사 및 선비로 생각해 왔다. 국난의 위기상황이 닥치면 선비들이 붓을 내던지고 말을 몰며 의병을 지휘한 이유다. 『삼국지』에 문무를 겸비한 여러 유형의 유장儒將이 등장하는 것도 결코 우연으로 볼 수 없다. 공교롭게도 이는 인문학적 소양을 강조하는 21세기의 바람직한 리더십 유형과 닮아 있다.

『삼국지』에는 다양한 '유장'이 나온다. 대표적인 인물이 조조이다. 많은 사람들이 그를 무인으로 알고 있으나 그는 원래 문인이다. 전장에서조차 손에서 책을 놓지 않았고 감흥이 일 때마다 시를 읊은 게 그 증거이다. 병법에 능했던 그는 전투를 벌일 때마다 탁월한 전술을 구사해 매번 승리를 거두었다.

유비와 손권이 나름대로 최상의 계책을 구사했음에도 번번이 조조의 책략에 넘어간 것도 이와 무관치 않았다. 독서량이 부족했던 유비와 손권은 애초부터 조조의 상대가 될 수 없었다. 이는 바로 '인간학'에 대한 이해가 상대적으로 부족했음을 의미한다. 조조는 '인간학'을 제대로 이해해야만 치국평천하에 성공할 수 있다는 사실을 통찰하고 있었다. '인간학' 연마의 출발을 중지衆智에서 시작한 사실이 이를 뒷받침한다. 그는 위기 때마다 설령 초부樵夫일지라도 천하를 구하는 방략을 거리낌 없이 개진하기를 권하는 '구언령求言令'을 수시로 내렸다. 삼국시대 당시 문무를 겸비한 삼국시대 최고의 선비를 꼽으라면 주저

없이 조조를 꼽을 수 있는 이유다.

삼국시대는 춘추전국시대 못지않게 책사들의 기책奇策과 권모權謀, 궤도詭道가 난무하는 가운데 군웅들의 목숨을 건 다툼이 치열하게 전개된 시기였다. 21세기 비즈니스스쿨의 새로운 화두로 등장한 '인간학'을 연마하는데 이들 시대만큼 풍부한 사례를 제공한 시기도 없다. 국가공동체의 최종 책임자인 최고통치권자를 비롯한 위정자와 기업공동체의 사령탑인 기업CEO들 모두 『삼국지』를 통해 당시의 군웅들이 어떤 지략을 구사해 난국을 헤쳐 나갔는지 소상히 파악할 필요가 있다. 난세일수록 지도자의 리더십이 더욱 중요해지기 때문이다.

플루타르코스의 『영웅전』도 같은 맥락에서 이해할 수 있다. 객관적으로 볼 때 『영웅전』은 당대 최고의 지식인인 플루타르코스의 모든 지혜와 통찰이 녹아 있는 작품으로 평할 수 있다. 영웅들의 개인적인 사적事迹은 물론 당시의 시대 상황을 면밀히 추적한 게 그렇다. 여기에는 통상적인 사료뿐만 아니라 많은 일화와 회고록 등 지금은 남아 있지 않는 다양한 출전이 수록돼 있다. 르네상스 이후 서양의 많은 작가와 지식인은 『영웅전』을 통해 고대 그리스와 로마의 영웅과 현자와 대화하며 뛰어난 영감을 얻을 수 있었다. 몽테뉴와 몽테스키외, 루소, 프리드리히 2세, 나폴레옹, 괴테, 실러, 베토벤 모두 『영웅전』에 등장하는 여러 영웅들로부터 무언의 감화를 받은 자들이다.

실제로 서양에서는 플루타르코스 『영웅전』을 『성경』에 버금가는 고전으로 높이 평가하고 있다. 서구 역사문화의 뿌리가 되는 고대 그리스와 로마의 번득이는 지혜와 방대한 지식이 이 책에 오롯이 담겨 있기 때문이다. 후대인들은 이를 자신의 처지에 맞게 가공해 사용했다.

나폴레옹이 『영웅전』을 탐독한 뒤 카이사르를 흉내 내 쿠데타에 성공했다는 얘기가 그렇다.

셰익스피어도 예외가 아니다. 그의 작품을 관통하는 키워드인 '비극적 영웅'은 바로 『영웅전』에서 힌트를 얻은 것이다. 학자들은 통상 영국의 역사를 16세기 후반에서 17세기 초에 활약한 셰익스피어의 등장을 계기로 전사前史와 후사後史로 갈린다고 평한다. 이는 과장된 말이 아니다. 셰익스피어가 등장하기 전까지만 해도 표준 영어가 존재하지 않았다. 역으로 말하면 그만큼 미개했다는 얘기가 된다. 18세기 이후 영국이 2백 년 가까이 '해가지지 않는 제국'을 자랑할 수 있었던 것은 바로 그의 등장을 계기로 '표준 영어'가 널리 통용되면서 국민교육을 체계적으로 실시할 수 있었기 때문이다. 결국 『영웅전』이 셰익스피어를 통해 영국을 개화시켜 세계사의 주인공으로 만든 셈이다. '팍스 브리타니카'의 공을 플루다르코스와 셰익스피어에게 공히 돌려야 하는 이유다.

실제로 셰익스피어는 『영웅전』을 표절에 가까울 정도로 모방했다. 그의 대표적인 작품인 『리어왕』과 『멕베드』, 『오델로』 등이 모두 『영웅전』에서 모티브를 따온 것이다. 표절 여부를 컴퓨터의 키보드 하나로 단박에 찾아낼 수 있는 21세기의 기준에서 보면 그는 '창작의 천재'가 아닌 '모방의 천재'였다. 그는 자신의 '표절'을 교묘히 감추기 위해 『영웅전』에 나오는 여러 인물의 사적과 특징을 마치 퍼즐을 맞추듯이 이리저리 쪼개고 붙이는 작업을 통해 새로운 인물 형상을 만든 뒤 자신의 창작인 양 내세웠다. 이런 '세탁'이 낯간지럽다고 여겨질 경우에는 『줄리어스 시저』 및 『안토니와 클레오파트라』처럼 『영웅전』의 인물을 그대로 사용키도 했다. 그의 대표작인 『햄릿』도 원래는 북유럽의 전설에서 따온 것이다. 그의 작품이 나오기 훨씬 전에 이미 유사한 내용의 『햄릿』이 나돈 사실이 이를 뒷받침한다. 셰익스피어의 '표절' 행각은 여기에 그치지 않았다. 로마시대를 대표하는 시인 오비디우스의 『변신Metamorphoses』을 베낀 것도 있다. 『한여름 밤의 꿈』이 그것이다. 『변신』은 오비디우스가 『영웅론』을 보고 크게 감명을 받고 저술한 것으로 고대 그리스와 로마신화를 시로 읊은 것이다.

이를 통해 짐작할 수 있듯이 셰익스피어의 모든 작품이 이처럼 고전에서 따온 것이다. 놀라운 것은 '표절'을 마치 '창작'인 양 호도한 놀라운 필치이다. 셰익스피어는 학자가 아닌 만큼 '표절'의 잣대를 들이대 그의 '창작' 능력을 폄하하는 것도 결코 공평치 못할 것이다. 다만 『영웅전』이 그의 이런 '표절에 가까운 창작'에 커다란 기여를 한 사실만큼은 분명 짚고 넘어갈 필요가 있다.

플루타르코스는 『영웅전』에서 2명씩 짝을 맞춘 21개의 인물 쌍에 요약을 달아 놓았다. 어떤 기준에서 2명을 한 쌍으로 하여 비교했는지를 친절하게 설명해 놓았다. 그러나 테세우스와 로물루스, 데모스테네스와 키케로 등을 한 쌍으로 만든 이유는 납득키 어려운 부분이다. 그런데도 그는 왜 굳이 이런 식의 인물 쌍을 구상한 것일까? 대략 '팍스 로마나'의 주인공인 로마인의 비위를 맞추기 위한 것으로 짐작된다. 초점이 「로마 영웅전」이 아닌 「그리스 영웅전」에 맞춰져 있는 듯한 느낌을 주는 게 그렇다. 진수가 『삼국지』에서 위, 촉, 오를 공평히 다루면서도 서진의 뿌리에 해당하는 위나라에 정통성을 부여한 것과 닮았다.

그렇다면 플루타르코스는 『영웅전』을 통해 과연 누구를 이상적인 영웅의 모습으로 제시코자 한 것일까? 그가 수필의 원조 격인 『에티카Ηθικά』에서 '철학자'를 자처했기에 이런 질문은 나름 적잖은 의미가 있다. 학계에서 이 문제를 놓고 여전히 논쟁을 벌이는 게 그렇다. 정사 『삼국지』는 그 의도가 분명히 드러난다. 『삼국연의』와는 정반대로 조조를 이상적인 영웅으로 간주했다. 『영웅전』은 이 점이 뚜렷이 드러나지 않고 있다.

『영웅전』은 매우 다양한 인물을 다루고 있다. 새 나라를 창건한 인물과 몰락을 자초한 인물은 물론 제국의 황제에서 공화정의 지도자를 비롯해 민주정을 상징하는 연설가로부터 공화정을 대변하는 웅변가에 이르기까지 실로 다양하기 짝이 없다. 플루타르코스가 과연 무슨 기준으로 이들을 '영웅'으로 간주해 그런 식으로 묘사했는지에 대해 다양한 견해가 나올 수밖에 없는 구도이다. 그럼에도 한 가지 분명한 게 있다. 그가 자처한 '철학자'는 단지 이론에 침잠한 사람이 아니라 바로 이론을 행동에 옮기 실천가라는 점이다. 『영웅전』의 등장인물은 바로 이런 기준을 통과한 자들이다. 그리스의 철학적 유산 위에 로마의 실용적 기질을 하나로 녹인 자들이 바로 '영웅'의 대상이 된 것이다. 이런 관점에서 볼 때 『영웅전』에 나오는 2가지 비교 사례가 학자들로부터 많은 주의를 끌고 있다.

첫째, 데모스테네스와 키케로의 비교다. 이들은 각각 아테네 민주정과 로마 공화정을 대표하는 당대의 변설가들이다. 플루타르코스는 「데모스테네스전」에서 전자는 인민, 후자는 원로원 의원을 대상으로 연설을 한 점을 지적하면서도 '철학'과 '수사학'을 분리하는 아티카주의자와 반대되는 입장에서 양자를 비교하고 있다. 이는 라틴어 『모랄리아』로 번역된 『에티카』에서 데마고그의 선동을 배격하면서 리더십은 곧 '설득력'이라고 언급한 것과 맥을 같이하는 것이다. '철학'과 '수사'의 간극을 최대한 좁히고자 한 것이다. 인민이든 원로원이든 제대로 설득만 할 수 있다면 정치적 수사가 결코 대중적 선동이 될 수 없고 나아가 결코 철학적 실패도 아니라는 점을 강조한 셈이다. 정치적 수사의 바람직한 방향을 제시했다는 평을 받는 이유다.

둘째, 알렉산드로스와 카이사르의 비교다. 주목할 것은 플루타르코스가 두 사람을 전혀 다른 인물로 묘사하고 있는 점이다. 두 사람을 모두 야심가로 규정하면서도 알렉산드로스에게는 '덕성', 카이사르에게는 '욕망'의 옷을 입힌 게 그렇다. 그는 「알렉산드로스전」에서 알렉산드로스를 아리스토텔레스의 가르침을 받아 덕성을 체득한 인물로 묘사한데 반해 「카이사르전」에서 카이사르를 위기 국면에서 욕망을 절제하지 못한 인물로 그려 놓았다. 이런 차별은 피로스와 마리우스에 대한 비교에도 그대로 이어진다. 전자의 덕성과 후자의 욕망을 대비시킨 게 그렇다. 「로마 영웅전」보다 「그리스 영웅전」에 방점을 찍은 게 아니냐는 평이 나오는 이유다.

플루타르코스가 「로마 영웅전」과 「그리스 영웅전」에서 차이를 보이는 것은 '영웅' 개념에 대한 그의 절충주의 입장에 따른 것이다. 주목할 것은 플루타르코스가 「테세우스전」에서 '좋은 평판'이 자칫 정반대의 결과를 초래할 가능성을 경고한 점이다. 속인들이 기예 즉 테흐네 τέχνη를 영웅의 덕목인 탁월함 즉 아레테αρετή로 착각할까 우려한 게 그렇다. 그는 『에티카』에서 이같이 지적했다.

"시인들이 경우에 따라 그 의미를 바꾸거나 변화시킬 때 특별한 관심을 기울여야 할 단어가 있다. '아레테'가 그렇다. 시인들은 좋은 명성과 영향력만 있으면 '아레테'로 말하려고 한다. 올리브와 밤의 열매가 곧 그것들을 만들어낸 나무와 똑같은 올리브와 밤이라는 이름으로 불리듯 그들에게 이런 이름을 부여코자 하는 것이다."

올리브와 밤의 열매를 나무와 구별하라고 주문한 것이다. 젊은이들이 영웅의 삶을 모방코자 할 때 주의할 사항을 상세히 일러준 것이나 다름없다. 그가 알렉산드로스와 카이사르의 삶을 다르게 묘사한 근본배경이 여기에 있다. 알렉산드로스의 행보는 '아레테'에 해당하나, 카이사르의 행보는 '테흐네'에 불과하다고 본 것이다. 실제로 그는 「필로포이멘전」에서 이런 차이를 알기 위해서는 철학자들의 가르침을 좇아 진정한 '아레테'를 이루기 위해 부단히 노력해야 한다고 주장했다.

학계에서 플루타르코스를 오랫동안 '철학적 삶'과 '정치적 삶'을 융합시키고자 노력한 절충주의자로 평가한 것도 이런 맥락에서 이해할 수 있다. 이는 그를 플라톤주의자로 간주하는 기존의 통설과 대비된다. 기존의 통설은 아리스토텔레스 역시 플라톤의 철학에서 크게 벗어나지 않았다고 본다. 아리스토텔레스를 플라톤의 범주에 넣어 해석하고 있는 만큼 플루타르코스를 플라톤주의자로 해석하는 것을 이상하게 생각할 것도 없다.

그러나 아리스토텔레스는 플라톤과 구분하는 게 옳다. 플루타르코스를 단순히 플라톤주의자로 규정해서는 안 된다는 얘기다. 플루타르코스는 스토아 철학자처럼 감정의 영향을 받지 않는 아파테이아απάθεια를 찬양하는가 하면 플라톤과 아리스토텔레스처럼 절제를 강조하기도 했다. 또 플라톤처럼 '철학적인 삶'을 지향하면서도 아리스토텔레스처럼 '실천적인 삶'을 중시하고, 스토아 철학자들처럼 도덕을 지향하면서도 인간적인 약점에 관대한 모습을 보이고, 에피쿠로스처럼 감정을 중시하면서도 이성에 의한 감정의 절제를 역설했다. 그를 절충주의자로 평하는 이유다. 이는 그가 젊었을 때 '아카데미아'에 유학하면서 아리스토텔레스의 사상을 깊이 흡인한 사실과 무관치 않다.

사상사적으로 볼 때 플루타르코스가 『영웅전』을 통해 드러낸 기본 입장은 '철학적 삶'과 '정치적 삶'의 유기적 결합에 있다. 아리스토텔레스의 입장과 하등 다를 게 없다. 그는 인간의 약점에 대해 관대한 모습을 취하면서도 영웅으로 불릴 만한 지도자만큼은 교육을 통해 '아레테'가 몸에 배도록 해야 한다고 생각했다. '철학적 삶'과 '정치적 삶'을 하나로 녹일 줄 아는 성찰을 통해 '아레테'에 이르도록 용맹 정진하라고 주문한 것이다. 『주역』의 키워드 자강불식自强不息과 하등 다를 게 없다.

『영웅전』에 등장하는 인물 중에는 이런 '아레테'를 잘 보여준 인물이 있는가 하면 반면교사로 삼아야 할 인물도 있다. 플루타르코스는 「알렉산드로스전」에서 영웅이라면 현실에 뿌리를 내리고 성찰을 통해 스스로 절제할 줄 알아야 한다고 역설했다. 이는 21세기를 사는 현대인이 플루타르코스가 20년간에 걸쳐 50명의 영웅의 삶을 기록한 『영웅전』을 읽을 때 반드시 염두에 두어여 할 기본자세이기도 하다.

동서의 영웅 비교

플루타르코스의 『영웅전』은 기본적으로 「그리스 영웅전」과 「로마 영웅전」을 합본해 놓은 것에 지나지 않는다. 「그리스 영웅전」의 최고 영웅은 말할 것도 없이 알렉산드로스이고, 「로마 영웅전」을 대표하는 인물은 카이사르이다. 플루타르코스가 두 사람을 비교한 것은 매우 적절하다. 『삼국지』와 『영웅전』을 같은 맥락에서 바라볼 경우 알렉산드로스 및 카이사르와 어깨를 나란히 할 수 있는 삼국시대의 인물은 단연 조조이다. 이들 3인의 공통점과 차이점을 요약하면 다음과 같다.

당초 알렉산드로스의 고국 마케도니아는 그리스의 변방국에 지나지 않았다. 아테네를 비롯한 그리스 내 도시국가 모두 '야만국'으로 취급한 게 그렇다. 조조의 부친이 사람들의 손가락질을 받는 환관 집안 출신인 것과 별반 다를 게 없다. 그런 점에서 명문가 출신인 카이사르는 약간 다르다고 할 수 있다. 그러나 카이사르 역시 로마의 권력 암투 속에서 언제 목숨을 잃을지 모를 위험한 고비를 여러 번 넘긴 점에서 이들보다 그리 좋은 상황은 아니었다. '원로원파'인 술리가 집권했을 때 '서민파'로 몰려 목숨을 구하기 위해 황급히 로도스 섬으로 망명을 떠나야 했던 사실이 이를 뒷받침한다.

알렉산드로스가 그리스 각국을 손에 넣고 동방원정에 성공해 천하를 호령한 모습은 『삼국지』에 나오는 군웅의 모습을 합쳐 놓은 것과 닮았다. 병법의 대가 조조, 용맹무쌍한 무력을 자랑한 여포, 너그럽고 베풀기를 잘하는 유비의 모습을 두루 보인 게 그렇다. 알렉산드로스는 매번 싸움이 벌어질 때마다 기병대를 이끌고 적진을 향해 돌진했다. 이는 조조에게서는 볼 수 없는 모습이다. 오히려 여포와 사뭇 닮았다. 카이사르는 지략을 써 갈리아족과 게르만족을 제압한 점에서 조조와 많이 닮았다. 지금의 영국인 브리타니아를 2번이나 건너가 평정한 것은 조조가 멀리 오환족 원정에 나서 배후의 위험을 제거한 것에 비유할 만하다.

알렉산드로스의 원정은 몇 가지 특징이 있다. 적은 군자금, 소규모 병사가 그렇다. 그러고도 멀리 인더스 강까지 공략했다. 성공 요인으로 용맹과 결단력 등을 들 수 있지만 사실 결정적인 요인은 전리품을 아낌없이 부하들에게 나눠준 데 있다. 그는 싸움을 할 때마다 휘하 장병들이 온갖 종류의 전리품을 마음껏 취할 수 있도록 허락했다. 인도 원정에 나설 때는 전리품이 너무 많아 끌고 갈 수 없을 정도였다고 한다. 이익을 향해 무한 질주하는 인간의 호리지성好利之性을 통찰한 결과로 볼 수 있다. 카이사르가 빚을 얻어 조성한 막대한 자금을 살포하며 서민들의 전폭적인 지지를 얻어낸 것도 비슷한 맥락이다. 조조 역시 늘 파격적인 포상으로 부하들의 신임을 얻었다. 이들 3인 모두 전리품을 비롯한 재물과 명예를 휘하에게 아낌없이 베푼 공통점을 지니고 있다. 난세의 군주리더십은 바로 여기서 나온다. 이를 뒷받침하는 유명한 일화가 『장자』「거협」에 나온다. 이에 따르면 옛날 전설적인 도적인 도척盜跖의 무리 가운데 한 사람이 우두머리인 도척에게 물었다.

"도둑질 하는 데도 도가 있습니까?"

도척이 대답했다.

"어디엔들 도가 없겠는가? 남의 집 안에 감춰진 재물을 멀리서 바라보는 것만으로도 짐작해 알아내는 것이 성聖, 도둑질할 때 먼저 들어가는 것이 용勇, 맨 뒤에 나오는 것이 의義, 도둑질이 가능한지 여부를 아는 것이 지知, 도둑질한 물건을 고르게 나누는 것이 인仁이다. 이

5가지를 갖추지 않고 큰 도둑이 된 자는 천하에 아직 없다."

이를 두고 장자는 이같이 평해 놓았다.

"선한 사람도 성인의 도를 얻지 못하면 선행을 이룰 수 없고, 천하의 큰 도둑인 도척도 성인의 도를 얻지 못하면 도둑질을 제대로 할 수 없다."

전리품을 제대로 분배하지 못하면 도적의 무리에서도 우두머리 역할을 할 수 없다는 지적이다. 하물며 한 나라를 다스리는 군주와 천하를 호령하는 천자의 경우는 더 말할 게 없다는 취지를 담고 있다.

알렉산드로스와 카이사르 및 조조 모두 여색을 밝혔다. 조조는 목숨을 잃기 직전까지 가는 위기를 맞기도 했다. 그럼에도 이들 모두 나름 절제의 미덕을 발휘했다고 평할 수 있다. 원래 운명을 예측하는 사주학과 관상학 등 동양의 '추명학推命學'은 남자에게 여자는 재운財運으로 작용하고, 여자에게 남자는 관운官運으로 작용한다고 본다. 처가 덕에 걱정 없이 공부에 전념할 수 있고, 남편 덕에 후비의 자리까지 오른 점을 감안하면 전혀 터무니없는 연관도 아닌 듯하다. 주목할 것은 재운과 관운 모두 세상의 모든 사람들이 하나같이 바라는 것이고, 이를 억지로 손에 넣으려면 오히려 도망가게 되어 있다는 점이다. 무리하게 추구하면 패가망신할 수도 있다.

그런 점에서 알렉산드로스는 여인에 대해 나름 매우 절제된 모습을 보여주었다고 평할 수 있다. 대표적인 게 바로 천하의 중심지로 통한 페르시아의 페르세폴리스를 점령했을 때였다. 수많은 미희가 전리품으로 잡혔다. 그 역시 젊은 남자였던 까닭에 욕심이 나지 않을 수 없었다. 그러나 그는 절제했다. 「알렉산드로스전」은 이같이 묘사해 놓왔다.

“아, 아름다운 여인들이 나의 눈에 한없이 고문을 해대는구나!”

미희를 무조건 취하려 들지 않고 자신의 명예에 걸 맞는 여인을 취하기 위해 애쓴 이유다. 페르시아 공주의 손녀로서 멤논의 부인으로 있던 바르시네를 제1호 비공식 부인으로 삼은 것도 이런 맥락에서 이해할 수 있다. 카이사르가 클레오파트라를 취해 아들 카이사리온을 얻은 것도 비슷한 맥락이다. 다만 조조는 알렉산드로스와 카이사르와 비교할 때 약간 무절제한 모습을 보인 점이 다르다. 그 후과는 컸다. 적장의 부인을 취했다가 암계에 걸려 비록 간신히 목숨을 구했지만 장남과 조카를 잃은 것은 물론 충성스런 장수 전위를 잃는 참화를 당한 게 그렇다.

초한전 당시 한고조 유방 역시 비슷한 덫에 걸려 대사를 그르칠 뻔한 적이 있다. 유방은 연거푸 승리할 때마다 정복지의 미희를 모두 손에 넣었다. 『사기』「고조본기」에 나오는 항우의 책사 범증의 증언이 이를 뒷받침한다.

“유방은 함양이 있는 관중關中에 들어오기 전까지만 해도 보물을 탐하고 미녀를 좋아했습니다!”

그가 관중에 들어오기 전에 얼마나 많은 여인을 취했는지는 자세히 알 길이 없다. 사서에 자세한 기록이 나오지 않고 있기 때문이다. 그러나 범증의 증언을 통해 대략 영토를 넓힐 때마다 미희와 보물을 거의 모두 손에 넣었음을 짐작할 수 있다. 범증은 유방이 함양에 입성한 이후의 모습을 보지 못했으나 사실 유방은 함양 입성 이후에도 별로 변한 게 없었다. 『사기』「유후세가」의 다음 기록이 이를 뒷받침한다.

"유방이 우회노선을 택한 덕분에 항우에 한 발 앞서 함양의 궁 안으로 들어갔다. 궁실과 휘장, 구마狗馬, 귀중한 보물, 궁녀는 모두 수천 단위로 헤아려야 될 정도로 호화스러웠다. 유방은 궁전에 눌러앉고자 했다."

훗날 유방의 총애를 받고 아들을 낳은 뒤 정실부인 여후呂后와 후사後嗣 문제를 다투다가 유방 사후 비참한 최후를 맞은 척부인戚夫人도 함양 점령 이후에 취한 여인이다. 『삼국지』의 영웅 조조는 유방처럼 인구에 회자하는 영웅호색英雄好色의 면모를 그대로 보여준 셈이다.

그렇다고 조조가 여색에 대해 무절제한 모습을 보인 것으로 해석해서는 안 된다. 아들과 조카를 잃는 위기를 겪은 뒤에는 매우 신중한 모습을 보였다. 원소를 격파한 뒤 원소의 며느리인 견씨甄氏를 취하지 않은 게 그렇다. 견씨는 아들 조비의 몫이 되었다. 조비와 견씨 사이에서 난 아들이 바로 조비의 뒤를 이어 보위에 오른 명제明帝 조예曹睿이다.

알렉산드로스와 카이사르 및 조조가 지닌 공통적인 특징 가운데 가장 두드러지는 것은 세계를 정복코자 한 웅지雄志이다. 서양에서는 청년장교 시절부터 『영웅전』을 탐독한 나폴레옹을 비롯해 로마제국과 신성로마제국의 뒤를 잇는 제3제국을 건설코자 한 히틀러가 알렉산드로스와 카이사르의 뒤를 잇고자 했으나 결국 실패했다. 21세기에 들어와 비록 모습을 약간 달리하기는 했으나 유사한 인물이 등장했다. 바로 애플제국의 창업주 스티브 잡스이다. 그의 야심은 알렉산드로스와 카이사르를 뛰어넘는다. 유럽과 아메리카를 넘어 아시아와 아프리카 등 전 세계의 시장을 석권코자 했기 때문이다.

잡스는 여러모로 조조와 닮았다. 어렸을 때부터 남의 집에 입양돼 생장했다. 조조는 희로애락의 정서를 거의 여과 없이 드러냈지만 천하의 선비와 백성들 모두 통상적인 예절에 얽매이지 않는 그의 파탈擺脫 행보에 감복했다. '우주를 놀라게 하자'는 좌우명으로 애플제국을 창건한 잡스 역시 새 제품을 발표할 때마다 정장 대신 청바지를 입고 온갖 독설과 자화자찬을 늘어놓았지만 전 세계의 소비자들은 열렬히 환호했다.

조조와 잡스가 수천 년을 격해 천하를 호령케 된 것은 대격변의 시대상황과 파탈의 리더십이 절묘하게 맞아떨어진 결과이다. 세계 최빈국이었던 중국이 '사회주의 시장경제' 하에서 문득 G2로 부상한데서 알 수 있듯이 모든 것이 급변하고 있는 21세기의 격동기는 새로운 차원의 리더십을 요구하고 있다. 마르크스의 출현 이래 매사를 좌와 우, 유산자와 무산자로 나눠보는 낡은 이념의 틀에서 벗어나 동서고금을 하나로 꿰는 새로운 패러다임을 추구할 필요가 있다.

조조와 잡스가 그랬듯이 자유롭고 창조적인 발상과 기존의 관행과 가치에 얽매이지 않는 '파탈' 행보가 관건이다. 이는 천하를 삼켰다 뱉을 정도의 웅혼한 기개와 포부, 작은 성과에 안주하지 않고 끊임없이 전진하는 자강불식自强不息의 자세, 천하의 인재를 그러모아 자유자재로 부릴 줄 아는 탁월한 용인술 등이 전제돼야 한다. 『삼국지』와 『영웅전』에 이런 지혜가 가득하다. 난세의 영웅을 집대성해 놓은 『영웅전』과 『삼국지』가 지니고 있는 역사적 의미가 여기에 있다.

짚고 가자

'독경讀經'과 '독사讀史'의 길

과거 조선조의 학문은 내면적인 수양과 덕치의 구현을 위한 것이었다. '치국평천하'는 곁다리였고, '수신제가'가 핵심이었다. 주객이 뒤바뀐 셈이다. 모두 심성훈련을 중시하는 성리학性理學을 유일무이한 통치이념으로 삼은 탓이다. 조선조는 말기에 이르러 강제로 문호를 개방하면서 서구 학문을 처음으로 접했다. 개화파 인사들은 전래의 학문은 낡고 봉건적인 것으로 치부했고, 고루한 사대부들은 서양 학문을 사학邪學으로 몰아붙였다. 합세해 열심히 부국강병을 도모해도 모자랄 판에 지식인들이 양분된 꼴이다. 공자가 역설한 온고지신溫故知新은 설 자리가 없었다. 그 후과가 바로 나라의 패망과 그 이후의 국토분단이다.

이 와중에 조선조의 지식인을 세뇌시킨 성리학이 '사이비 학문'으로 몰려 학문의 영역에서 퇴출된 것은 불행 중 다행이다. 그러나 공자와 맹자, 순자, 손자, 한비자 등 제자백가의 학문마저 함께 휩쓸려 나간 것은 적잖은 문제가 있다. 학문의 전통은 둘째 치고 역사문화의 뿌리마저 스스로 제거했기 때문이다. 이웃 일본은 말할 것도 없고 반半식민지로 전락한 중국에서마저 없는 일이 조선에서 빚어진 것이다. 서구 학문에 대한 맹종 풍조는 여기서부터 시작됐다고 해도 과언이 아니다. 그 후유증이 21세기 현재까지 지속되고 있다. 각 대학의 정치외교학부 강의에서 미국에서 유행하는 '정치과학'이 대부분이고, 본령인 '정치사상'도 서양 위주로 편성돼 있는 게 그렇다. 교수진은 더욱 심각해 전체의 90%가 넘는 교수가 온통 미국에서 학위를 딴 사람들로 채워져 있다.

원래 동양에서는 예로부터 경전을 읽는 독경讀經과 사서를 읽는 독사讀史를 하나로 묶어서 보았다. 칸트의 말을 인용해 표현하면 '독경을 배제한 독사는 공허하고, 독사를 배제한 독경은 맹목적이다.'는 사실을 통찰한 결과다. 독경과 독사의 궁극적인 목표는 '치국평천하'의 방략을 찾아내는데 있다. 그게 바로 공자를 시조로 한 유가를 비롯해 제자백가 학문의 존립목적이었다.

후대의 성리학조차 '독경'의 대상을 『맹자』와 『대학』 등 사서삼경으로 좁힌 게 문제였지 최소한 겉으로는 '독경'과 '독사'를 공히 중시한 점에서 그 이전과 크게 다르지 않았다. 북송 때 사마광이 '독경'을 곁들인 '독사'의 관점에서 역대 왕조사를 평한 『자치통감』을 저술하자, '독경' 차원에서 성리학을 집대성한 남송 때의 주희가 그 축약본인 『통감강목』을 펴낸 게 그 증거다. 사마광 역시 『주역』 등 유가경전에 대한 주석서를 펴내는 등 '독경'을 소홀히 하지 않았다. 그럼에도 성리학의 만연으로 인해 사대부 내에서는 '독경'을 '독사'보다 중시하는 풍조가 만연한 게 사실이다. 이는 치국평천하 사상의 편식에 해당한다.

청조 건륭제 때의 고증학자 전대흔錢大昕은 사학을 경학보다 경시하는 풍조를 질타하면서 '독사'를 '독경'과 같은 차원에서 접근해야 한다고 주장한 이유가 여기에 있다. 그가 역대 왕조사를 비판적으로 검토한 『이십이사고이二十二史考異』를 펴낸 것도 이런 맥락에서 이해할 수 있다.

청대 말기 태평천국의 난을 진압해 풍전등화의 청조를 구한 증국번曾國藩도 전대흔의 이런 주장에 공명했다. 그의 글을 모아 놓은 『증국번가서曾國藩家書』에 이런 구절이 나온다.

"뒤숭숭한 날에는 경전을 읽고, 차분한 날에는 사서를 읽는다!"

원문은 '강일독경剛日讀經, 유일독사柔日讀史'이다. 원래 '강일'과 '유일'은 『예기』「곡례 상」에 나오는 말이다. '강일'은 비교적 마음이 고양돼 있는 날을 뜻하고, '유일'은 마음이 차분하거나 울적한 때를 상징한다. '강일'에는 경전을 읽으며 고양된 마음을 다독이고, '유일'에는 사서를 읽으며 투지를 불태운다는 취지에서 나온 것이다. 원래 이 말은 명말 청초의 작가 장조張潮가 『유몽영幽夢影』에서 언급한 다음 구절에서 힌트를 얻은 것이다.

"경서는 겨울에 읽는 게 좋다. 마음을 집중해 읽을 수 있기 때문이다. 사서는 여름에 읽는 게 좋다. 날이 길기 때문이다."

원문은 '독경의동讀經宜冬, 독사의하讀史宜夏'이다. '독경'은 정신을 집중시키기 위해 추운 겨울에 읽는 게 좋고, '독경'은 읽는 분량이 많은 만큼 낮 시간이 긴 여름에 읽는 게 좋다는 취지이다. 『유몽영』은 독서에 관한 얘기가 매우 많다. 이런 얘기도 나온다.

"소년少年의 독서는 작은 틈 사이로 달을 엿보는 극중규월隙中窺月, 중년中年의 독서는 뜰 안에서 달을 바라보는 정중망월庭中望月, 노년老年의 독서는 누각 위에서 달을 감상하는 대상완월臺上玩

月과 같다."

젊은 시절에는 과감히 결단해 전진하고, 중년에는 크고 원만한 뜻을 지닌 채 사업에 임하고, 노년에는 세상을 관조하는 자세로 삶을 즐기는 여유를 지녀야 한다고 주문한 것이다. 세상의 이치는 무상無常해 고정불변은 없다. 구름이 아름다운 것은 머무르지 않기 때문이고, 달이 아름다운 것은 차고 이지러지기 때문이다. '독서'는 단순히 책을 읽는데 그치는 게 아니라 인생을 살아가는 지혜를 터득해야 한다는 취지를 담고 있다.

우리는 IT강국을 자처하며 세계 최상위권의 출판대국을 자랑하고 있지만 독서 인구는 그리 많지 않다. 더 우려되는 상황은 마치 '부익부, 빈익빈' 양상처럼 책을 읽는 사람만 독서량이 증가하는 '독서 양극화' 현상이 심화되고 있는 점이다. 인터넷 및 영상 매체의 발달, 게임문화 확산 등이 원흉으로 꼽히고 있다. 그러나 역으로 생각할 필요가 있다. 인터넷시대를 선도하는 마이크로 소프트의 빌 게이츠는 이같이 말한 바 있다.

"나는 반드시 평일에는 1시간, 주말에는 3-4시간가량의 독서시간을 갖는다. 나의 안목을 한없이 넓혀주고 있기 때문이다."

고금동서를 막론하고 사고의 깊이를 더하고 지혜를 얻고자 할 경우 책보다 나은 게 없다. 이와 관련한 유명한 일화가 있다. 『속자치통감續資治通鑑』에 따르면 조보趙普는 송태조 조광윤趙光胤을 도와 천하를 통일하는 데 대공을 세운 일등공신이다. 그러나 그는 어릴 때부터 전쟁터에 나가느라 글공부를 할 틈이 없어 학문에 어두웠다. 늘 이 점이 염려돼 퇴근 후 두문불출하며 글을 읽었다. 태조 사후 조광윤의 동생인 태종 조광의趙匡義가 즉위한 뒤에도 승상으로 있으면서 국정을 다스렸다. 시기하는 자들이 그를 몰아내기 위해 이런 소문을 퍼뜨렸다.

"승상은 학문이 천박하다. 겨우 『논어』밖에 읽지 못해 중책을 맡기기 어렵다."

태종이 이 소문을 듣고 조보를 불러 따지듯이 물었다. 그러자 그가 이같이 대답했다.

"신이 평생에 아는 바는 실로 『논어』를 넘지 못합니다. 그러나 그 『논어』 반권 정도의 지식으로도 능히 태조가 천하를 평정할 때 곁에서 보필할 수 있었습니다. 지금 그 나머지 반으로 폐하가 태평성대를 이루는 것을 곁에서 도울까 합니다."

훗날 조보가 죽은 뒤 가족이 유품을 정리하다가 책 상자를 열어 보니 과연 『논어』밖에 들어 있지 않았다고 한다. 여기서 나온 성어가 바로 반부논어半部論語이다. 반부논어치천하半部論語治天下라고도 한다. 후대에는 학문을 하는 사람이 자신의 지식을 겸양해 표현하는 의미로 사용됐다. 송나라 나대경羅大經의 『학림옥로鶴林玉露』에도 이 성어가 나온다. 21세기에도 그대로 통용되는 말이다. 『논어』는 경전의 으뜸에 해당된다. '반부논어'는 '독경'의 중요성을 잘 보여주는 일화에 해당한다. 이와 정반대되는 일화도 있다. 모택동은 '독경' 대신 '독사'의 중요성을 몸으로 보여준 인물이다. 그는 생전에 공자를 반동의 괴수로 몰아간 문화대혁명을 배후에서 지휘한 인물이다. 그러나 그는 죽을 때까지 '독사'의 기본텍스트가 되는 『자치통감』을 17번이나 읽었다. '신 중화제국'의 창업주가 된 배경이다. '독경'의 상징인 『논어』를 멀리하고 '독사'의 상징인 『자치통감』을 가까이 한 덕분으로 해석할 수도 있다.

이처럼 '독경'과 '독사'는 서로 불가분의 관계를 맺고 있다. 어느 쪽이 반드시 낫다고 할 수 없다. 똑같이 중요한 것이다. 증국번이 언급한 '강일독경剛日讀經, 유일독사柔日讀史'도 정반대의 해석이 가능하다. '강일독사剛日讀史, 유일독경柔日讀經'이 그것이다. 지난 세기 『중국철학사』로 유명한 중국의 대표적인 철학자 풍우란馮友蘭은 후배 철학자 이택후李澤厚에게 보낸 서신에서 그같이 표현했다. 풍우란처럼 뒤숭숭한 날에는 사서를 읽으면서 흥망의 이치를 깨닫고, 차분한 날에는 경서를 읽으면서 마음을 다잡는 게 좋다는 식으로 해석해도 전혀 무리가 없다. '강일'이든 '유일'이든 가리지 않고 상황에 따라 '독경'이나 '독사'를 하면 된다. 굳이 '강일'에 '독경' 또는 '독사'를 고집할 이유가 없다는 얘기다. 보다 중요한 것은 '독경'과 '독사'가 불가분의 관계를 맺고 있는 만큼 '독경'과 '독사'를 멈추지 않는 자강불식自强不息을 행하는 것이다. 지도자라면 응당 죽을 때까지 그리해야 한다.

아리스토텔레스도 『정치학』 제7권에서 비슷한 언급을 한 바 있다. 지도자의 삶을 크게 '철학적 삶'과 '정치적 삶'으로 나눈 게 그것이다. '철학적 삶'은 '관조적 삶' 내지 '이론적 삶'으로도 표현된다. '정치적 삶'이 '세속적 삶' 내지 '실제적 삶'으로 표현되는 것과 대비된다. 양자는 마치 『대학』에서 말하는 수신제가와 치국평천하의 관계와 닮았다. 경서를 읽는 독경과 사서를 읽는 독사의 관계에 대입시켜 해석하면 '독경'은 수신제가와 '철학적 삶', '독사'는 치국평천하와 '정치적 삶'과 밀접한 관련이 있다. 동서의 성현들이 언급한 지도자의 삶의 유형을 도식화해 표현하면 다음과 같다.

〈고금동서를 관통하는 지도자의 삶의 유형〉

철학적 삶 = 관조적 삶 = 이론적 삶 = 이상적 삶 =

독경讀經 = 수제修齊 = 왕도王道 = 덕치德治

⇕

정치적 삶 = 세속적 삶 = 실제적 삶 = 현실적 삶 =

독사讀史 = 치평治平 = 패도霸道 = 역치力治

동서고금의 왕조교체 역사를 통해 확인할 수 있듯이 치세에는 '철학적 삶' 내지 왕도가 바람직하나, 난세에는 '정치적 삶' 내지 패도가 바람직하다. 이를 뒷받침하는 구절이 현존 『손자병법』의 원형인 삼국시대 조조의 『손자약해孫子略解』 서문에 나온다.

"상고에는 무기를 써 세상을 바로 잡는 이로움인 호시지리弧矢之利가 있었다. 『논어』「안연」에서 확고한 군비를 뜻하는 족병足兵을 얘기하고, 『상서』「홍범」에서 8정八政을 예로 들며 군사문제를 언급한 이유다. 『주역』「사괘師卦」는 '군사가 바르니 현명한 군주가 이끌면 길하다.'고 했다. 『시경』「대아, 황의」에서는 '주문왕이 크게 화를 내며 군사를 가지런히 갖춰 침략의 무리를 막았네!'라고 했다. 황제黃帝와 은나라 탕왕湯王, 주나라 무왕武王 모두 무력을 동원해 세상을 구제했다. 병서 『사마법』에 이르기를, '큰 잘못을 저질러 세상의 질서를 어지럽힌 자는 죽여도 좋다.'고 했다. 예로부터 칼의 힘에만 의지하는 시무자恃武者도 패망하고, 붓의 힘에만 의지하는 시문자恃文者도 패망했다. 오왕 부차夫差와 서언왕徐偃王이 바로 그런 자들이다. 성인의 용병은 평소 무기를 거두었다가 필요한 때에만 움직이는 집이시동戢而時動에 그 요체가 있다. 『도덕경』에 나오듯이 부득이할 때에 한해 용병하는 부득이용병不得已用兵이 그것이다. 내가 수많은 병서와 전략 등을 두루 살펴보았으나 이런 이치를 담은 『손자병법』만이 가장 심오하다. 그는 생전에 오왕 합려를 위해 병법 13편을 지었다. 당시 그는 합려의 궁녀들을 이끌고 시범을 보인 뒤 문득 오나라 장수에 발탁됐다. 이후 서쪽으로는 남방의 강국 초나라를 격파해 도성인 영도郢都까지 쳐들어갔고, 북쪽으로는 제齊나라와 진晉나라를 벌벌 떨게 만들었다. 그의 사후 1백여 년 뒤 손빈孫臏이 나타났는데 그는 손무의 후손이다. 손무의 병법은 주밀하게 생각하고 신중히 움직이는 심계중거深計重擧와 분명하게 계책을 세우고 깊이 도모하는 명획심도明畫深圖에 기초해 있어 멋대로 논할 수 없다. 세인들이 그 이치를 깊이 헤아려 깨닫기가 어려운 이유다. 더구나 여러 사람이 장황한 설명과 함께 멋대로 개작한 번다한 원문을 덧붙여 세상에 퍼뜨린 후에는 근본 취지와 핵심을 잃고 말았다. 내가 뒤늦게 간략한 풀이를 덧붙인 『손자약해』를 펴낸 것은 바로 이 때문이다."

이는 조조가 『손자병법』을 새롭게 편제한 『손자약해』를 펴내면서 그 취지를 밝히기 위해 쓴 것이다. 조조는 여기서 나라를 제대로 보존하지 못한 두 사람을 들었다. 춘추시대 말기의 오왕 부차와 서주시대 중엽의 서언왕이 그들이다.

부차는 춘추5패의 일원이다. 그러나 그는 오자서의 간언을 무시하고 막강한 무력에만 의지하다가 끝내 월왕 구천에게 패망하고 말았다. 지나치게 잦은 용병과 지나친 자신감이 화근이었다. 서언왕의 사적은 자세히 알려진 게 없다. 『후한서』「동이전」 등의 기록에 따르면 그는 주목왕 때 인정仁政을 펼쳐 장강과 회수 사이의 제후 가운데 36국이 그를 따랐다. 그러나 주목왕이 초나라를 시켜 토벌케 했을 때 백성들을 너무 사랑한 나머지 접전을 피하다가 목숨을 잃고 나라마저 패망했다고 한다. 부차는 무력에만 의지한 시무자恃武者, 서언왕은 붓의 힘에만 의지한 시문자恃文者의 상징이다. 앞서 분류한 지도자의 삶의 유형에 끼워 넣어 해석하면 부차는 '정치적 삶'과 패도, 서언왕은 '철학적 삶'과 왕도로만 일관하다가 패망한 경우에 속한다.

조조가 오왕 부차와 서언왕을 거론한 것은 평소 무기를 거두어 들였다가 부득이할 때에 한해 용병하는 병법의 대원칙을 설명하기 위한 것이다. 이를 집이시동戢而時動으로 표현했다. '집이시동'은 『손자병법』「시계」의 첫머리에서 전쟁을 국가대사의 일환으로 파악한 것과 동일한 취지이다. 조조는 병도가 바로 '집이시동'임을 통찰한 것이다. 이는 노자의 무위지치를 병가의 입장에서 재해석한 것에 해당한다. 이를 뒷받침하는 『도덕경』 제32장의 해당 대목이다.

"병기는 상서롭지 못한 기물로 군자가 사용하는 기물이 아니다. 부득할 때 용병해야 한다. 용병은 담백한 마음을 높이 친다. 이겨도 이를 좋게 여기지 않는 이유다. 이를 좋게 여기는 자는 살인을 즐기는 자이다. 무릇 살인을 즐기는 자는 천하에 뜻을 얻을 길이 없다."

노자는 비록 반전反戰의 입장에 서 있기는 했지만 부득이한 경우에 한해 전쟁을 용인했다. 『도덕경』은 이를 '부득이용병不得已用兵'으로 표현해 놓았다. 『도덕경』의 '부득이용병'은 조조가 『손자약해』 서문에서 말한 '집이시동'의 취지와 같다. 조조가 정립한 병가사상과 노자의 도가사상이 가장 높은 수준에서 서로 만나는 지점이 바로 여기에 있다.

동서고금의 모든 병서를 통틀어 '집이시동'만큼 전쟁에 관한 노자사상을 한마디로 응축해 표현해 놓은 것도 없다. 『손자병법』의 진면목이 조조의 『손자약해』에 있음을 뒷받침하는 대목이다. 많은 사람들이 이를 간과하고 조조의 서문을 생략한 채 『손자병법』을 풀이해 놓았다. 이는 상자의 화려한 장식에 현혹돼 정작 중요한 상자 속의 구슬은 빼놓은 채 상자만을 사는 이른바 매독환주買櫝還珠의 우를 범하는 짓이나 다름없다. 『손자약해』 서문에 나오는 '집이시동'과 『도덕경』 제 32자에 나오는 '부득이용병'은 바로 상황에 따른 임기응변을 역설한 것이다. 바꿔 말하면 조조와 노자 모두 임기응변을 멀리한 채 무턱대고 '정치적 삶'과 패도, 또는 '철학적 삶' 내지 왕도로만 일관할 경우 결국 패망할 수밖에 없다고 경고한 셈이다.

아리스토텔레스가 『정치학』에서 역설한 참된 지도자의 길도 같은 맥락이다. 지도자는 응당 수신제가를 뜻하는 '철학자의 삶'과 치국평천하를 의미하는 '정치적 삶'을 하나로 녹일 줄 알아야 한다고 주문한 것이다. '독경'과 '독사'를 공히 중시하는 게 관건이다.

플루타르코스가 『영웅전』을 집필한 것도 바로 이 때문이다. 공자가 군자인 제왕이 다스리는 이상국을 그리며 유가를 창시한 것도 같은 취지에서 나온 것이다. 정치학이 동양과 서양에서 각각 제왕학帝王學 내지 '학문의 제왕'으로 불린 배경도 여기서 찾을 수 있다.

| 참고문헌 |

1. 기본서

『관자』, 『논어』, 『맹자』, 『순자』, 『묵자』, 『상군서』, 『한비자』, 『윤문자』, 『도덕경』, 『장자』, 『손자병법』, 『오자병법』, 『안자춘추』, 『국어』, 『춘추좌전』, 『춘추공양전』, 『춘추곡량전』, 『전국책』, 『귀곡자』, 『여씨춘추』, 『회남자』, 『춘추번로』, 『오월춘추』, 『신어』, 『세설신어』, 『잠부론』, 『염철론』, 『설원』, 『논형』, 『공자가어』, 『정관정요』, 『자치통감』, 『독통감론』, 『일지록』, 『명이대방록』, 『근사록』, 『송명신언행록』, 『설문해자』, 『사기』, 『한서』, 『후한서』, 『삼국지』.

2. 저서 및 논문

1) 한국

가나야 사다무 외, 『중국사상사』(조성을 역, 이론과 실천, 1988).

가리노 나오끼, 『중국철학사』(오이환 역, 을유문화사, 1995).

가이쯔까 시게끼, 『제자백가』(김석근 외 역, 까치, 1989).

강상중, 『오리엔탈리즘을 넘어서』(이산, 1997).

고성중 편, 『도가의 명언』(한국문화사, 2000).

곽말약, 『중국고대사상사』(조성을 역, 도서출판 까치, 1991).

관중, 『관자』(김필수 외 역, 소나무, 2006).

김승혜, 『원시유교』(민음사, 1990).

김충열, 『노장철학 강의』(예문서원, 1995).

김학주, 『순자』(을유문화사, 2002).

______, 『장자』(연암서가, 2010).

나카지마 다카시, 『한비자의 제왕학』(오상현 역, 동방미디어, 2004).

니담, 『중국의 과학과 문명』(이석호 역, 을유문화사, 1988).
니시지마 사다이끼, 『중국고대사회경제사』(변인석 편역, 한울아카데미, 1996).
대진, 『맹자자의소증』(임옥균 역, 홍익, 1998).
두웨이밍, 『문명들의 대화』(김태성 역, 휴머니스트, 2006).
라이샤워 외, 『동양문화사』상하 (고병익 외 역, 을유문화사, 1973).
량치차오, 『중국문화사상사』(이민수 역, 정음사, 1980).
리쩌허우, 『중국현대사상사의 굴절』(김형종 역, 지식산업사, 1998).
마루야마 마사오, 『일본정치사상사연구』(김석근 역, 한국사상사연구소, 1995).
마쓰시마 다까히로 외, 『동아시아사상사』(조성을 역, 한울아카데미, 1991).
마오쩌둥, 『실천론·모순론』(이승연 역, 두레, 1989).
마키아벨리, 『군주론』(강정인 외 역, 까치글방, 2008).
__________, 『군주론』(최장집 편, 박상훈 역, 후마니타스, 2014).
__________, 『군주론/정략론』(황문수 역, 동서문화사, 2007).
__________, 『군주론』(박상섭 역, 서울대출판문화원, 2011).
__________, 『군주론』(신철희 역, 책마루, 2013).
__________, 『군주론』(신복룡 역, 을유문화사, 2007).
__________, 『군주론/전술론』(이상두 역, 범우사, 2002).
__________, 『로마사 논고』(강정인 외 역, 한길사, 2003).
__________, 『전술론』(이영남 역, 스카이, 2011).
모리모토 준이치로, 『동양정치사상사 연구』(김수길 역, 동녘, 1985).
모리야 히로시, 『한비자, 관계의 지략』(고정아 역, 이끌리오, 2008).
미조구치 유조, 『중국 사상문화 사전』(김석근 외 역, 책과 함께, 2011).
박춘석, 『한국정치사상사』(삼영사, 1982).
박한제, 『중국역사기행』1-3사계절, 2003.
북경대중국철학사연구실 편, 『중국철학사』(박원재 역, 자작아카데미, 1994).
사이드, 『오리엔탈리즘』(박홍규 역, 교보문고, 1997).
서복관, 『중국예술정신』(이건환 역, 이화문화사, 2001).
서울대동양사학연구실 편, 『강좌 중국사』1-7 (지식산업사, 1989).
소공권, 『중국정치사상사』(최명 역, 서울대출판부, 2004).
솔즈베리, 『새로운 황제들』(박월라 외 역, 다섯수레, 1993).

송영배, 『제자백가의 사상』(현암사, 1994).
슈월츠, 『중국고대사상의 세계』(나성 역, 살림출판사, 1996).
신동준, 『춘추전국의 제자백가』(인간사랑, 2014).
______, 『무경십서』(역사의 아침, 2012).
______, 『후흑학』(인간사랑, 2010).
______, 『덕치, 인치, 법치』(예문서원, 2003)
신창호, 『관자, 최고의 국가건설을 위한 현실주의』(살림출판사, 2013).
아리스토텔레스, 『정치학』(천병희 역, 숲, 2009).
____________, 『니코마코스 윤리학』(천병희 역, 숲, 2013).
____________, 『시학』(천병희 역, 문예출판사, 2002).
왕방웅, 『맹자철학』(서광사, 2005).
옌리에산 외, 『이탁오평전』(홍승직 역, 돌베개, 2005).
옌자지, 『수뇌론』(한인희 역, 희성출판사, 1990).
오까다 히데히로, 『세계사의 탄생』(이진복 역, 황금가지, 2002).
오동환, 『공자처럼 읽고 소크라테스처럼 생각하라』(세시, 2000).
오카모토 류조, 『한비자 제왕학』(배효용 역, 예맥, 1985).
유필화, 『역사에서 리더를 만나다』(흐름출판, 2010).
윤무학, 『순자』(성균관대출판부, 2005).
윤사순, 『한국유학사상론』(열음사, 1986).
이기동, 『공자』(성균관대 출판부, 1999).
이병도, 『한국유학사』(아세아연구소, 1987).
이성규 외, 『동아사상의 왕권』(한울아카데미, 1993).
이철, 『가슴에는 논어를, 머리에는 한비자를 담아라』(원앤원북스, 2011).
이치카와 히로시, 『영웅의 역사, 제자백가』(이재정 역, 솔, 2000.)
이탁오, 『분서』(김혜경 역, 한길사, 2004).
장치쥔 외, 『중국철학사』(송하경 외 역, 일지사, 1995).
전목, 『중국사의 새로운 이해』(권중달 역, 집문당, 1990).
전세영, 『공자의 정치사상』(인간사랑, 1992).
전일환, 『난세를 다스리는 정치철학』(자유문고, 1990).
전해종 외, 『중국의 천하사상』(민음사, 1988).

정동국, 『공자와 양명학』(태학사, 1999).
조미니, 『전쟁술』(이내주 역, 지만지, 2010).
진고응, 『노장신론』(최진석 역, 소나무, 1997).
차이런허우, 『순자의 철학』(천병돈 역, 예문서원, 2000).
차주환, 『공자』(솔, 1998).
체스타 탄, 『중국현대정치사상사』(민두기 역, 지식산업사, 1979).
초굉익후, 『노자익』(이현주 역, 두레, 2000).
최명, 『춘추전국의 정치사상』(박영사, 2004).
캉유웨이, 『대동서』(이성애 역, 민음사, 1994).
카이사르, 『갈리아 원정기』(천병희 역, 숲, 2012).
_______, 『내전기』(김한영 역, 사이, 2005).
칼 포퍼, 『열린사회와 그 적들』(이한구 역, 민음사, 2006).
크릴, 『공자, 인간과 신화』이성규 역, 지식산업사, 1989.
크세노폰, 『키로파에디아』(이은종 역, 주영사, 2012).
_______, 『페르시아 원정기- 아나바시스』(천병희 역, 숲, 2011).
_______, 『헬레니카』(최자영 역, 아카넷, 2012).
_______, 『소크라테스 회상』(최혁순 역, 범우시, 2002).
클라우제비츠, 『전쟁론』(허문순 역, 동서문화사, 2009).
__________, 『전쟁론』1-3 (김만수 역, 갈무리, 2006-2009).
타키투스, 『게르마니아』(천병희 역, 숲, 2012).
_______, 『연대기』(박광순 역, 범우, 2005).
투키디데스, 『펠로폰네소스 전쟁사』(박광순 역, 범우, 2011).
펑유, 『천인관계론』(김갑수 역, 신지서원, 1993)
풍우란, 『중국철학사』(정인재 역, 형설출판사, 1995).
플라톤, 『국가』(천병희 역, 숲, 2013).
_____, 『국가론』(이환 편역, 돋을새김, 2006).
_____, 『법률』(박종현 역주, 서광사, 2009).
_____, 『소크라테스의 변명』(황문수 역, 문예출판사, 1999).
_____, 『소크라테스의 변론, 크리톤, 파이돈, 향연』(천병희 역, 숲, 2012).
_____, 『알키비아데스 1,2』(김주일 외 역, EJB, 2007).

_____, 『소피스트』(이창우 역, EJB, 2011).
플루타르코스, 『영웅전』(천병희 역, 숲, 2010).
_________, 『영웅전』(홍사중 역, 동서문화사, 2007).
_________, 『영웅전』1-7 (이다희 역, 휴먼앤북스, 2000-2014).
한국공자학회 편, 『공자사상과 현대』(사사연, 1986).
한국도교문화학회, 『도교와 생명사상』(국학자료원, 1998).
한국동양철학회 편, 『동양철학의 본체론과 인성론』(연세대출판부, 1990).
한국철학사연구회 편, 『한국철학사』(이성과 현실사, 1988).
함재봉, 『유교자본주의, 민주주의』(전통과 현대, 2000).
헤로도토스, 『역사』(천병희 역, 숲, 2009).
________, 『역사』(박현태 역, 동서문화사, 2008).
________, 『페르시아 전쟁사』(강은영 역, 시그마북스, 2008).
황원구, 『중국사상의 원류』(연세대출판부, 1988).
후스, 『중국고대철학사』(송긍섭 역, 대한교과서주식회사, 1983).
후쿠나가 미쓰지, 『장자, 고대중국의 실존주의』(이동철 외 역, 청계, 1999).

2) 중국

耿振東, 『管子研究史-戰國至宋代』學苑出版社, 2011.
高亨, 『老子正詁』中華書店, 1988.
高懷民, 「中國先秦道德哲學之發展」『華岡文科學報』141982.
顧頡剛 外, 『古史辨』1926-1941上海古籍出版社.
郭沂, 『郭店竹簡與先秦學術思想』上海教育出版社, 2001
郭末若, 『十批判書』古楓出版社, 1986.
冀昀, 『韓非子』線裝書局, 2008.
羅世烈, 「先秦諸子的義利觀」『四川大學學報哲學社會科學』1988-11988.
童書業, 『先秦七子思想研究』齊魯書社, 1982.
羅根澤, 『管子探源』岳麓書社, 2010.
樓宇烈, 『王弼集校釋』中華書局, 1999.
牟宗三, 『中國哲學的特質』臺灣學生書局, 1980.
方立天, 『中國古代哲學問題發展史上,下』中華書局, 1990.

傅樂成,『漢法與漢儒」『食貨月刊』復刊5-101976.
徐復觀,『中國思想史論集』臺中印刷社, 1951.
蕭公權,『中國政治思想史』蕭公權先生全集4臺北聯經出版事業公司, 1980.
蘇誠鑑,『漢武帝"獨尊儒術"考實」『中國哲學史硏究』11985.
蘇俊良,『論戰國時期儒家理想君王構想的産生」『首都師範大學學報』21993.
孫謙,『儒法法理學異同論」『人文雜誌』61989.
宋洪兵,『新韓非子解讀』人民大學出版社, 2010.
梁啓超,『先秦政治思想史』商務印書館, 1926.
楊寬,『戰國史」上海人民出版社, 1973.
楊榮國 編,『中國古代思想史』三聯書店, 1954.
楊幼炯,『中國政治思想史』商務印書館, 1937.
楊義,『韓非子還原』中華書局, 2011.
楊鴻烈,『中國法律思想史』上,下商務印書館, 1937.
呂思勉,『秦學術槪論』中國大百科全書, 1985.
吳光,『黃老之學通論』浙江人民出版社, 1985.
吳辰佰,『皇權與紳權』儲安平, 1997.
王文亮,『中國聖人論』中國社會科學院出版社, 1993.
王先愼,『新韓非子集解』中華書局, 2011.
饒宗頤,『老子想爾注校證』上海古籍出版社, 1991.
千霞,『千古帝王術, 韓非子』江西敎育, 2007.
熊十力,『新唯識論- 原儒』山東友誼書社, 1989.
劉澤華,『先秦政治思想史』南開大學出版社, 1984.
游喚民,『先秦民本思想』湖南師範大學出版社, 1991.
李錦全 外,『春秋戰國時期的儒法鬪爭』人民出版社, 1974.
李宗吾,『厚黑學』求實出版社, 1990.
李澤厚,『中國古代思想史論』人民出版社, 1985.
人民出版社編輯部 編,『論法家和儒法鬪爭』人民出版社, 1974.
張固也,『管子硏究』齊魯書社, 2006.
張寬,『韓非子譯注』上海古籍出版社, 2007.
張君勱,『中國專制君主政制之評議』弘文館出版社, 1984.

張岱年,『中國倫理思想硏究』上海人民出版社, 1989.
蔣重躍,『韓非子的政治思想』北京師範大出版社, 2010
錢穆,『先秦諸子繫年』中華書局, 1985.
鍾肇鵬,「董仲舒的儒法合流的政治思想」『歷史硏究』31977.
周立升 編,『春秋哲學』山東大學出版社, 1988.
周燕謀 編,『治學通鑑』精益書局, 1976.
陳鼓應,『老子注譯及評價』中華書局, 1984.
馮友蘭,『中國哲學史』商務印書館, 1926.
許抗生,『帛書老子注譯與硏究』浙江人民出版社, 1985.
胡家聰,『管子新探』中國社會科學出版社, 2003.
胡適,『中國古代哲學史』商務印書館, 1974.
侯外廬,『中國思想通史』人民出版社, 1974.
侯才,『郭店楚墓竹簡校讀』大連出版社,1999.

3) 일본

加藤常賢,『中國古代倫理學の發達』二松學舍大學出版部, 1992.
角田幸吉,「儒家と法家」『東洋法學』12-11968.
岡田武彦,『中國思想における理想と現實』木耳社, 1983.
鎌田　正,『左傳の成立と其の展開』大修館書店, 1972.
高文堂出版社 編,『中國思想史上,下』高文堂出版社, 1986.
高須芳次郎,『東洋思想十六講』新潮社, 1924.
顧頡剛,『中國古代の學術と政治』小倉芳彦 等 譯, 大修館書店, 1978.
館野正美,『中國古代思想管見』汲古書院, 1993.
溝口雄三,『中國の公と私』硏文出版, 1995.
宮崎市定,『アジア史硏究I-V』同朋社, 1984.
金谷治,『秦漢思想史硏究』平樂寺書店, 1981.
大久保隆郎也,『中國思想史上-古代,中世-』高文堂出版社, 1985.
大濱晧,『中國古代思想論』勁草書房, 1977.
渡邊信一郎,『中國古代國家の思想構造』校倉書房, 1994.
服部武,『論語の人間學』富山房, 1986.

上野直明,『中國古代思想史論』成文堂, 1980.
西野廣祥,『中國の思想 韓非子』德間文庫, 2008.
西川靖二,『韓非子 中國の古典』角川文庫, 2005.
小倉芳彦,『中國古代政治思想硏究』青木書店, 1975.
守本順一郎,『東洋政治思想史硏究』未來社, 1967.
守屋洋,『右手に論語 左手に韓非子』角川マガジンズ, 2008.
安岡正篤,『東洋學發掘』明德出版社, 1986.
安居香山 編,『讖緯思想の綜合的硏究』國書刊行會, 1993.
宇野茂彦,『韓非子のことば』斯文會, 2003.
宇野精一 外,『講座東洋思想』東京大出版會, 1980.
栗田直躬,『中國古代思想の硏究』岩波書店, 1986.
伊藤道治,『中國古代王朝の形成』創文社, 1985.
日原利國,『中國思想史上,下』ぺリカン社, 1987.
竹內照夫,『韓非子』明治書院, 2002.
中島孝志,『人を動かす「韓非子」の帝王學』太陽企畵出版, 2003.
中村哲,「韓非子の專制君主論」『法學志林』74-41977.
中村俊也,「孟荀二者の思想と'公羊傳'の思想」『國文學漢文學論叢』201975.
紙屋敦之,『大君外交と東アジア』吉川弘文館, 1997.
貝塚茂樹 編,『諸子百家』筑摩書房, 1982.
戶山芳郎,『古代中國の思想』放送大敎育振興會, 1994.
丸山松幸,『異端と正統』每日新聞社, 1975.
丸山眞男,『日本政治思想史硏究』東京大出版會, 1993.
荒木見悟,『中國思想史の諸相』中國書店, 1989.

4) 서양

Ahern, E. M., *Chinese Ritual and Politics* London−Cambridge Univ. Press, 1981.

Allinson, R.ed., *Understanding the Chinese Mind- The Philosophical Roots* Hong Kong−Oxford Univ. Press, 1989.

Aristotle, *The Politics* London−Oxford Univ. Press, 1969.

Barker, E., *The Political Thought of Plato and Aristotle* New York–Dover Publications, 1959.

Bell, D. A., "Democracy in Confucian Societies–The Challenge of Justification." in Daniel Bell et. al., *Towards Illiberal Democracy in Pacific Asia* Oxford–St. Martin's Press, 1995.

Carr, E. H., *What is History* London–Macmillan Co., 1961.

Cohen, P. A., *Between Tradition and Modernity-Wang T'ao and Reform in Late Ch'ing China* Cambridge–Harvard Univ. Press, 1974.

Creel, H. G., *Shen Pu-hai. A Chinese Political Philosopher of The Fourth Century B.C.* Chicago–Univ. of Chicago Press, 1975.

Cua, A. S., *Ethical Argumentation- A study in Hsün Tzu's Moral Epistemology* Honolulu–Univ. Press of Hawaii, 1985.

De Bary, W. T., *The Trouble with Confucianism* Cambridge, Mass./London–Harvard Univ. Press, 1991.

Fukuyama, F., *The End of History and the Last Man* London–Hamish Hamilton, 1993.

Hsü, L. S., *Political Philosophy of Confucianism* London–George Routledge & Sons, 1932.

Moritz, R., *Die Philosophie im alten China* Berlin–Deutscher Verl. der Wissenschaften, 1990.

Munro, D. J., *The Concept of Man in Early China* Stanford–Stanford Univ. Press, 1969.

Peerenboom, R. P., *Law and Morality in Ancient China-The Silk Manuscripts of Huang-Lao* Albany, New York–State Univ. of New York Press, 1993.

Plato, *The Republic* London–Oxford Univ. Press, 1964.

Pott, W. S., *A Chinese Political Philosophy* New York–Alfred. A. Knopf, 1925.

Rubin, V. A., *Individual and State in Ancient China-Essays on Four Chinese Philosophers* New York–Columbia Univ. Press, 1976.

Schwartz, B. I., *The World of Thought in Ancient China* Cambridge—Harvard Univ. Press, 1985.

Stewart, M., *The Management Myth* New York, W. W. Norton & Company, 2009.

Taylor, R. L., *The Religious Dimensions of Confucianism* Albany, New York— State Univ. of New York Press, 1990.

Tomas, E. D., *Chinese Political Thought* New York—Prentice—Hall, 1927.

Tu, Wei—ming, *Way, Learning and Politics-Essays on the Confucian Intellectual* Albany, New York—State Univ. of New York Press, 1993.

Waley, A., *Three Ways of Thought in Ancient China* New York—doubleday & company, 1956.

Wu, Geng, *Die Staatslehre des Han Fei-Ein Beitrag zur chinesischen Idee der Staatsräson* Wien & New York—Springer—Verl., 1978.

동서 인문학의 뿌리를 찾아서

발행일 1쇄 2015년 9월 30일
지은이 신동준
펴낸이 여국동

펴낸곳 도서출판 인간사랑
출판등록 1983. 1. 26. 제일-3호
주소 경기도 고양시 일산동구 백석로 108번길 60-5 2층
물류센타 경기도 고양시 일산동구 문원길 13-34(문봉동)
전화 031)901-8144(대표) | 031)907-2003(영업부)
팩스 031)905-5815
전자우편 igsr@naver.com
페이스북 http://www.facebook.com/igsrpub
블로그 http://blog.naver.com/igsr
인쇄 인성인쇄 **출력** 현대미디어 **종이** 세원지업사

ISBN 978-89-7418-753-8 03100

이 도서의 국립중앙도서관 출판시도서목록(CIP)은 서지정보유통지원시스템 홈페이지(http://seoji.nl.go.kr)와 국가자료공동목록시스템(http://www.nl.go.kr/kolisnet)에서 이용하실 수 있습니다.(CIP제어번호: CIP2015025042)